1re ET 2e ANNÉES

PARCOURS BTS

Économie

Sous la direction de Jean-Charles Diry
IA-IPR, Académie de Lyon

Régine Aidemoy
Agrégée d'économie-gestion, classes de BTS, Lycée Rimbaud, Sin-le-Noble

Cédric Canis
Agrégé d'économie-gestion, CPGE, lycée Gaston Berger, Lille

Florent Chaumard
Agrégé d'économie-gestion, classes de CPGE ECT et de BTS, lycée René Cassin, Tarare

Isabelle Chaupart
Agrégée de STS économie et MGUC, classes de BTS, lycée Monnet-Mermoz, Aurillac

Pierre Vaudelin
Certifié d'économie-gestion, classes de BTS, Lycée d'Estournelles de Constant, La Flèche

Gilles Virot
Certifié en éco-gestion, classes de BTS, lycée Pierre et Marie Curie, Saint-Lô

FOUCHER

Votre parcours...

Ouverture de chapitre

Un ensemble de **documents** pour entrer dans le chapitre

Un **« itinéraire bis »** numérique pour prolonger, compléter ou remplacer le document d'accroche Pour accéder à la ressource, utilisez le flash code ou le lien URL

Les **compétences** du programme à acquérir

Un **questionnement** pour découvrir la problématique du chapitre

Le cours

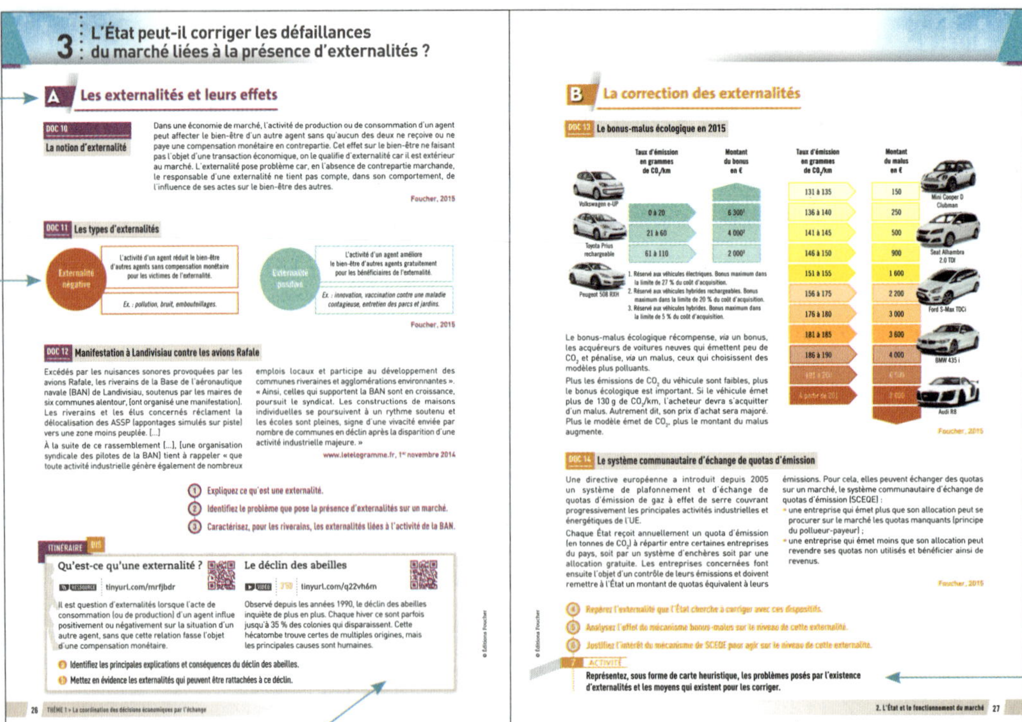

Un **plan** balisé pour se retrouver facilement dans l'étude

Des **documents** accessibles, courts et attractifs pour découvrir les notions pas à pas à travers un questionnement ciblé

Pour certaines parties, une **question de « mise en activité »** pour faire le point sur les connaissances acquises

Un **« itinéraire bis »** numérique pour aborder sereinement les notions plus difficiles du programme et proposer une alternative originale dans le cours

ISBN 978-2-216-13204-1

… sur les deux années

L'étape synthèse

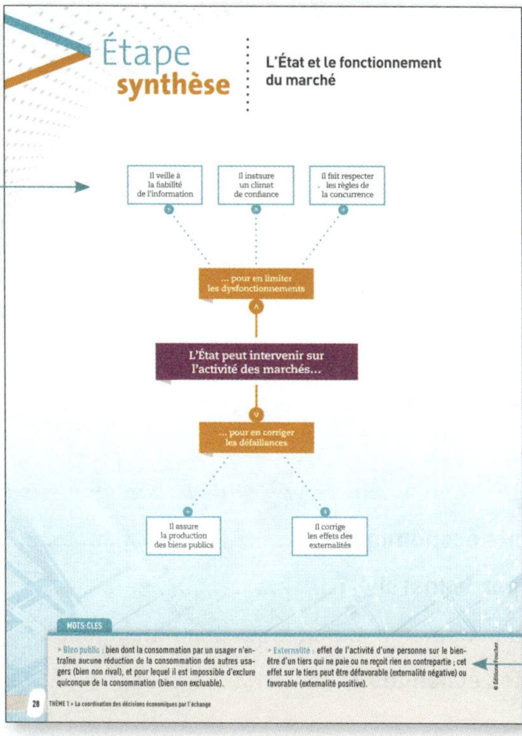

L'essentiel du cours sous forme de schéma de synthèse

La **liste des mots-clés** à retenir pour les connaissances liées au chapitre

Le parcours balisé

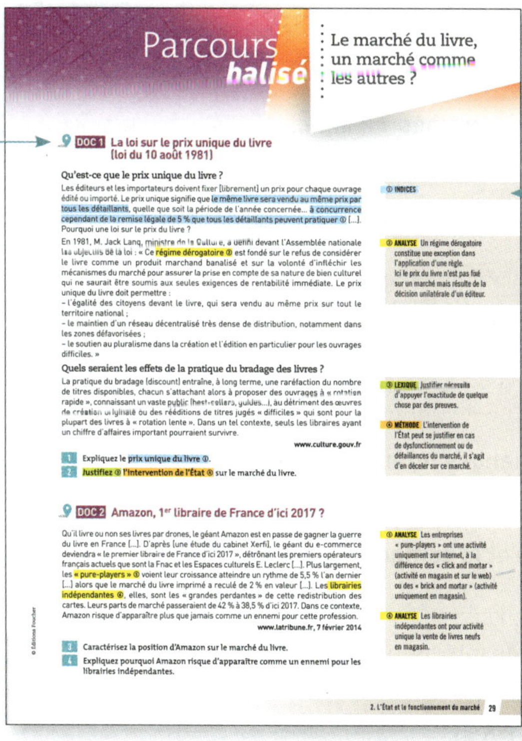

Un **entraînement pas à pas**, avec des documents variés et de difficulté progressive pour se préparer à l'épreuve sur 2 ans

En marge, des **conseils méthodologiques** (analyse des questions, méthode, traduction de termes techniques…) pour apprendre à l'étudiant à acquérir les bons réflexes en économie

Les entraînements

Un **entraînement pour chaque thème** du programme et un **sujet d'examen original**

Sommaire

Thème 1
La coordination des décisions économiques par l'échange

Thème 2
La création de richesses et la croissance économique

Thème 3
La répartition des richesses

Thème 5
La politique économique dans un cadre européen

Thème 6
La gouvernance de l'économie mondiale

1

Les prix et la monnaie dans les échanges

> Rencontre avec la première promotion du permis citoyen

Victor [fait] partie des premiers bénéficiaires du dispositif « permis citoyen ». La mairie s'est engagée à [l']aider à hauteur de 500 €, à peu près la moitié de la somme nécessaire pour passer le permis de conduire, en échange d'un travail d'intérêt général [...]. Victor a 18 ans et est en terminale ES au lycée Jeanne-Hachette. [Il] détient un brevet de sauveteur, s'est engagé à surveiller un bassin de l'Aquaspace [et devra] s'acquitter de 70 heures de travail afin de pouvoir débloquer les 500 € promis par la municipalité.

A. Guy, www.leparisien.fr, 27 novembre 2014

1. Quel est le principe de ce « permis citoyen » ou « bourse au permis » ?
2. Quel intérêt ont la mairie et les bénéficiaires à réaliser cet échange ?
3. Dans quelles limites cet échange reste-t-il profitable pour la mairie et pour les bénéficiaires ?

ITINÉRAIRE BIS

Mairie offre permis de conduire contre heures de bénévolat

VIDÉO 1'51 tinyurl.com/lnk6kyb

Pour aider les jeunes à trouver un emploi et pour éradiquer la conduite sans permis, la ville de Romilly-sur-Seine, dans l'Aube, propose de financer tout ou partie des cours d'auto-école moyennant des travaux de bénévolat.

COMPÉTENCES

À l'issue de ce parcours, vous serez capable
- > d'analyser l'influence du niveau d'un prix ou de ses variations sur les décisions d'agents économiques ;
- > d'expliquer les variations de l'offre et de la demande sur un marché ;
- > d'analyser les effets de la quantité et de la qualité de la monnaie sur les décisions des agents économiques.

1 Comment sont organisés les échanges entre les agents économiques ?

A Les échanges s'organisent sur un marché

DOC 1 L'échange est profitable à tous

Une famille pourrait essayer de subvenir à tous ses besoins – cultiver ce qu'elle mange, coudre ses propres vêtements, se fournir elle-même en spectacles [...]. Mais essayer de vivre de cette manière serait extrêmement difficile. La clé d'un bien meilleur niveau de vie pour tout le monde est l'échange, par lequel les individus se répartissent entre eux les tâches : chaque personne fournit un bien ou un service que les autres désirent en échange de différents biens et services qu'elle désire elle-même.

La raison pour laquelle nous avons une économie, et non pas de nombreux individus autosuffisants, est qu'il y a des gains à l'échange : en divisant les tâches et en échangeant, deux personnes (ou 6 milliards) peuvent obtenir chacune davantage.

P. Krugman et R. Wells, *Microéconomie*, De Boeck, 2013

DOC 2 Le marché est un mode d'organisation des échanges économiques

Par « marché » on entend habituellement plusieurs choses, qui correspondent à des degrés d'abstraction différents. Au départ, il y a l'idée d'un lieu où se retrouvent des acheteurs et des vendeurs, qui effectuent des échanges sur la base de prix, fixés par l'une des parties ou après marchandage, [par exemple le marché hebdomadaire d'un quartier]. À un niveau d'abstraction plus élevé, le mot marché désigne l'ensemble des transactions concernant un bien, ou un type de biens, dans une zone géographique définie (ville, région, pays, etc.), par exemple le marché immobilier à Paris. De façon encore plus générale, l'expression « économie de marché » sert à caractériser des sociétés où la plus grande partie des transactions se réalisent sur la base de prix établis par les échangistes. Certains vont même jusqu'à parler du marché comme s'il était une personne, qui « fait » ceci ou cela, qui est « optimiste » ou « pessimiste » [...].

Toutes ces [significations] du mot marché [...] ont en commun le fait qu'elles accordent un rôle essentiel aux échanges par le biais de prix.

B. Guerrien, « Marché », *Encyclopædia Universalis*, www.universalis.fr, 6 décembre 2014

DOC 3 La variété des marchés

1. Précisez en quoi l'échange est profitable à tous.
2. Expliquez comment le marché organise les échanges.
3. Associez à chaque image du document 3 le nom du marché représenté et identifiez ce que l'on y échange.

B Le cadre du marché facilite les échanges

DOC 4 Les acheteurs et les vendeurs tirent profit de la concurrence

La [...] concurrence contribue à stimuler l'esprit d'entreprise et la productivité, à élargir l'offre pour les consommateurs, à faire baisser les prix et à améliorer la qualité des biens et services

Des prix bas pour tous
La façon la plus simple de conquérir des parts de marché est d'offrir un meilleur prix. Sur un marché concurrentiel, les prix sont tirés vers le bas.

Une meilleure qualité
La concurrence incite [...] les entreprises à améliorer la qualité des produits et des services qu'elles vendent, afin d'attirer plus de clients.

Plus de choix
[...] Les entreprises cherchent à distinguer leurs produits des autres. Pour le consommateur, cela signifie plus de choix.

De l'innovation
Pour offrir ce choix aux consommateurs, et produire mieux, les entreprises doivent être innovantes.

ec.europa.eu

DOC 5 Axa lance son comparateur d'assurance auto

Axa [vient de lancer un] site Internet testezvotreassurance.com, qui doit permettre aux Français, sur Internet ou mobile, de comparer les garanties de ses propres contrats auto avec celles de onze autres assureurs (Maif, GMF, MAAF...), représentant selon lui 80 % du marché. À partir de situations très simples (un bris de glace, une panne...), l'internaute qui aura sélectionné l'assurance [...] qu'il souhaite mesurer à celle d'Axa saura par exemple si l'une et l'autre remboursent bien les rétroviseurs cassés ou le dépanneront en bas de chez lui le jour où sa voiture refusera de démarrer. Sans avoir à éplucher les conditions générales des contrats, puisque Axa a fait ce travail pour lui.

A. Bodescot, www.lefigaro.fr, 13 novembre 2014

DOC 6 Pour PayPal, la sécurité des utilisateurs est la priorité n° 1

La protection des achats PayPal[1] est une solution simple pour accroître la sécurité des achats :

- pour tout achat [...] jusqu'à 1 000 € de remboursement si l'objet [...] payé avec PayPal [n'est pas conforme ou pas reçu] ;
- PayPal agit en tant qu'arbitre entre le vendeur et l'acheteur en cas de réclamation ;
- PayPal s'efforce de résoudre le litige et d'aboutir à une décision juste pour les deux parties.

1. PayPal est un service de paiement en ligne permettant de payer des achats ou de recevoir des paiements. Les transactions sont effectuées sans communiquer de coordonnées bancaires, uniquement à partir d'une adresse de courrier électronique et d'un mot de passe. Les informations bancaires ne sont donc partagées qu'avec PayPal, pas entre acheteurs et vendeurs.

www.paypal.com

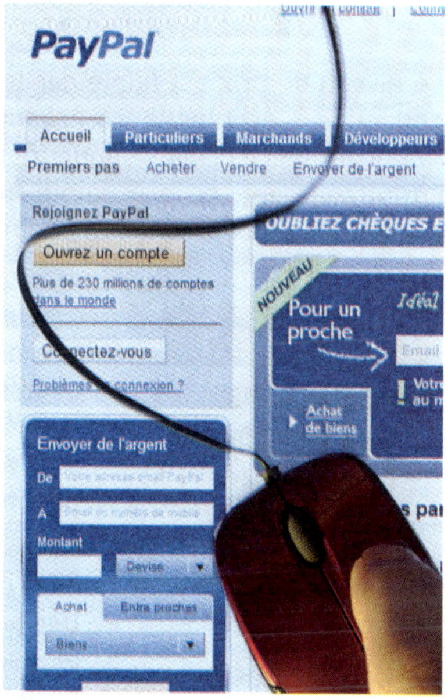

4 Montrez pourquoi la concurrence bénéficie simultanément aux acheteurs et aux vendeurs d'un marché.

5 Expliquez comment le comparateur d'Axa peut améliorer le fonctionnement du marché de l'assurance.

6 Expliquez pourquoi PayPal facilite les échanges marchands sur Internet.

7 ACTIVITÉ

Présentez, sous forme d'une diapositive, l'intérêt de recourir au marché pour organiser les échanges.

2 : Quels sont les effets de l'organisation des échanges par le marché ?

A Le marché permet de fixer un prix qui équilibre les échanges

DOC 7 L'équilibre des échanges sur un marché

Le marché confronte, pour chaque bien ou service, l'offre et la demande.

La **demande** d'un bien ou service est la quantité que les acheteurs souhaitent et sont capables d'acheter. La loi de la demande suppose que la demande d'un bien varie en fonction inverse de son prix : moins un produit est cher, plus les consommateurs sont nombreux à vouloir l'acquérir.

L'**offre** d'un bien ou service est la quantité que les vendeurs souhaitent et sont capables de vendre. La loi de l'offre postule que l'offre d'un bien s'accroît au fur et à mesure de l'augmentation de son prix.

Le marché est équilibré au niveau de prix pour lequel les acheteurs ont acheté tout ce qu'ils voulaient acheter et les vendeurs ont vendu tout ce qu'ils voulaient vendre ; les quantités offertes sont alors égales aux quantités demandées. Lorsque les quantités demandées sont inférieures aux quantités offertes, il y a surproduction.

Marché en situation de surproduction

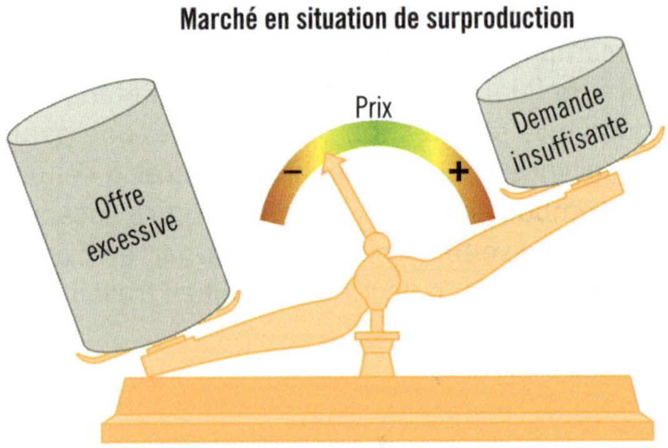

Le niveau de prix est faible car les entreprises ont des difficultés à écouler leurs produits. Ce niveau de prix va décourager certains vendeurs : l'offre va baisser (1). Simultanément, ce prix faible incite les acheteurs à consommer : la demande va augmenter (2).

La surproduction se réduit progressivement car l'offre baisse et la demande augmente.

Le prix du marché s'ajuste jusqu'à attendre un niveau qui équilibre les échanges sur le marché (3). Le même mécanisme équilibre le marché lorsque la demande dépasse l'offre (pénurie).

Marché en situation d'équilibre

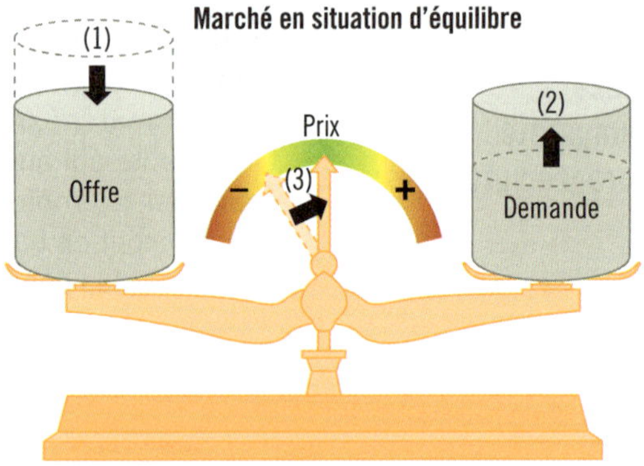

Dans ce cas, un niveau de prix élevé (le produit est rare) va décourager les acheteurs et attirer de nouveaux vendeurs. Ces modifications vont orienter le prix à la baisse jusqu'au niveau où il équilibre le marché.

Foucher, 2015

DOC 8 Garde d'enfants, le tarif des baby-sitters en hausse

L'heure de la rentrée n'a pas encore sonné, que déjà les parents s'organisent pour trouver le mode de garde adéquat pour leurs enfants. Le site Internet Yoopies, une plate-forme de mise en relation entre baby-sitters [...] et parents, vient de publier son rapport annuel qui dévoile une flambée du salaire horaire net moyen de l'intervenant. Celle-ci s'établit à 6,16 % en moyenne dans les départements où plus de 50 % des élèves sont déjà concernés par l'application de la réforme des rythmes scolaires [...].

« Nous avons observé une augmentation de demande de garde d'enfants de l'ordre de 30 % dans les villes ayant mis en place la réforme des rythmes scolaires dès 2013 » indique Benjamin Suchar, cofondateur de Yoopies. Le mécanisme de l'offre et de la demande a fait le reste. « Les enfants sortent plus tôt de l'école. Et les parents se plaignent aussi parfois de la mauvaise organisation des activités sur leur commune, et préfèrent les faire garder à titre privé », commente-t-il. Ce nouveau besoin généré par la réforme des rythmes scolaires pourrait être responsable de l'augmentation des tarifs, là où la réforme est déjà appliquée [...].

F. Delaire, www.lejdc.fr, 26 août 2014

1. Identifiez l'élément qui permet au mécanisme de marché d'équilibrer l'offre et la demande.
2. Expliquez, en vous appuyant sur le mécanisme du marché, pourquoi le coût de la garde d'enfants est en forte hausse.
3. Représentez par un schéma le mécanisme d'ajustement du marché en situation de pénurie.

B Les décisions des agents sont influencées par les prix du marché

DOC 9

Le chauffage est trop cher

Dès que les températures baissent [...], de nombreux foyers se retrouvent confrontés à un dilemme : comment chauffer la maison correctement et se sentir bien dedans, sans que la facture explose ?

[En effet], 40 % des Français ont des difficultés à payer leur facture de chauffage. Et cette proportion grimpe à 60 % quand les revenus du foyer sont inférieurs à 1 500 € par mois [...].

Et comme le chauffage coûte cher et qu'il s'agit du poste de dépenses énergétiques le plus important pour la plupart des ménages français, beaucoup font attention et chauffent avec parcimonie [...].

Se chauffer correctement serait-il en train de devenir un luxe en France ? 60 % des Français, en tout cas, privilégient d'abord les économies d'énergie au confort de la maison [...]. Dans 20 % des foyers, la température du chauffage est même une source de dispute [...]. Dans 33 % des cas, il s'agit d'une inquiétude liée au coût du chauffage.

www.itrmanager.com, 6 décembre 2014

DOC 10 **Free déclenche une guerre des prix dans le mobile**

En lançant une offre tarifaire très agressive, Free Mobile [a obligé] ses concurrents à baisser leurs tarifs [...].

En imposant le « 19,99 », comme nouveau prix emblématique du mobile illimité, [...] Free [a reproduit] la révolution qu'il [avait] provoquée en 2001 sur le marché de l'Internet. En lançant son forfait illimité à 29,99 euros pour la Freebox, dans une jungle de tarifs tous incomparables, il a obligé ses concurrents à s'aligner et a érigé le « 29,99 » en véritable standard du marché pendant neuf ans.

© M.-C. Renault, www.lefigaro.fr, 17 janvier 2012

DOC 11

Les dangers d'une baisse continue des prix

En juillet [2014], les prix à la consommation ont reculé de 0,3 % en France, après trois mois de stabilité [...]. Si vous êtes certain de payer moins cher une machine à laver ou un téléviseur dans peu de temps, pourquoi l'achèteriez-vous maintenant ? Vous patientez. La demande s'effondre.

[Comme la demande s'effondre, les entreprises anticipent une baisse des prix et] produisent moins. De plus, pour rendre leurs produits plus attractifs et pour inciter les ménages à consommer [...], elles diminuent encore plus leurs prix. Mais, inévitablement, leurs marges baissent. Conséquences : elles [n'investissent plus], réduisent les salaires ou licencient.

Boris Marchal, www.entreprises.ouest-france.fr, 13 août 2014

4 Expliquez comment le prix peut influencer les décisions des consommateurs.

5 Montrez comment le prix peut influencer les décisions des producteurs.

6 Identifiez le rôle des anticipations de prix dans les décisions des agents économiques.

7 ACTIVITÉ

Représentez par un schéma les interactions entre le prix et les comportements des agents économiques sur un marché.

3 : Quel est le rôle de la monnaie dans l'échange ?

A Les fonctions de la monnaie facilitent l'échange

DOC 12

Utiliser une monnaie, c'est mieux que d'échanger une chose contre une autre

Supposons un instant que la monnaie n'existe pas. Pour acheter ou vendre quelque chose, il faut faire du troc. Si un boulanger veut se faire couper les cheveux en échange de cinq baguettes, il doit d'abord trouver un coiffeur qui accepte cet échange. Et si ce coiffeur a besoin d'une nouvelle paire de chaussures, il lui faut trouver un magasin dont le propriétaire est prêt à en échanger une paire contre du pain. Pour résumer, nous devrions tous trouver une personne intéressée par ce que nous avons à offrir et qui puisse, de son côté, nous proposer en échange une chose que nous voulons. Et en admettant que nous trouvions cette personne, il faudrait se mettre d'accord sur un « taux d'échange » approprié, par exemple le nombre de baguettes qu'il faut donner pour acheter une paire de chaussures.

La monnaie nous simplifie la vie de différentes façons. Premièrement, elle constitue un moyen d'échange : il n'est plus nécessaire que chaque offre corresponde à chaque demande, et inversement, comme dans une économie de troc. Deuxièmement, la monnaie est une unité de compte : les prix sont indiqués en unités monétaires et non en unités de biens ou de services. Troisièmement, la monnaie sert de réserve de valeur : on peut la conserver pour un achat futur.

www.ecb.europa.eu

DOC 13 Face à la crise, les monnaies locales se développent

Eusko au Pays basque, Sol Violette à Toulouse, Abeille à Villeneuve-sur-Lot, Galléco en Ille-et-Vilaine… depuis quelques années, de nouvelles monnaies se développent en France. Créées par des associations citoyennes et soutenues par les collectivités locales, ces nouvelles monnaies, diffusées sous la forme de billets, sont convertibles en euros et permettent aux citoyens d'une région de faire leurs achats ou leurs ventes dans une autre monnaie que l'euro.

Acceptées uniquement par des acteurs économiques engagés, elles permettent de redynamiser l'activité des centres-villes et de favoriser le développement de circuits économiques courts entre producteurs d'une région et consommateurs locaux.

Elles peuvent aussi circuler uniquement entre acteurs soucieux de promouvoir un développement durable. Dans ce cas, les acteurs non respectueux des critères environnementaux et sociétaux ne peuvent adhérer à l'association qui porte la monnaie.

Autre caractéristique de ces nouvelles monnaies, leur aspect éphémère. Certaines d'entre elles sont dites « fondantes » : leur durée de vie est limitée afin d'inciter les utilisateurs à la faire circuler et non à la thésauriser ! Car l'enjeu est bien là : redonner à l'argent son rôle d'outil permettant de recréer du lien entre les individus sur un territoire donné […].

Ces monnaies sont-elles en concurrence avec l'euro ? « Pas du tout », répondent les initiateurs de la monnaie basque baptisée Eusko. « Il s'agit d'offrir un outil monétaire, qui permet au final de créer des emplois locaux. Nous nous efforçons d'enlever de la tête des gens l'idée selon laquelle c'est une monnaie de substitution. Elle est complémentaire », précise un responsable de l'association de bénévoles qui porte cette nouvelle monnaie […].

Y. Roudaut, www.lemonde.fr, 14 novembre 2013

1. **Repérez les trois principales fonctions de la monnaie.**
2. **Expliquez pourquoi ces fonctions facilitent l'échange sur un marché.**
3. **Montrez si les monnaies locales ont les mêmes fonctions que les monnaies traditionnelles.**

B La qualité de la monnaie influence les échanges

DOC 14 Le « pouvoir d'achat » de la monnaie

Que peut-on acheter pour 10 euros ? Avec cet argent, vous pouvez par exemple acheter deux CD (single), ou votre magazine préféré chaque semaine pendant un mois. Mais comment cela est-il possible ? Comment se fait-il que l'on puisse échanger un bout de papier contre un produit ou un service ? Après tout, un billet de banque ne coûte que quelques centimes ! Tout est une question de confiance [...]. Si votre meilleur(e) ami(e) vous emprunte 10 euros, vous savez qu'il ou elle vous les rendra. De même, avec une monnaie stable comme l'euro, vous êtes sûr(e) que vous pourrez toujours acheter des produits et des services dont la valeur correspond à celle du billet que vous avez en poche [...]. On dit que les prix restent stables lorsque la monnaie – votre argent – garde la même valeur dans le temps. C'est important si on met de l'argent de côté en prévision d'un achat futur [...].

Mais si l'argent venait à perdre une grande partie de sa valeur, vous n'auriez plus confiance dans la monnaie [...]. Supposons que vous ayez économisé 10 euros pour acheter deux singles. Dans le magasin, vous vous apercevez que le prix a augmenté et qu'ils valent désormais 12 euros [...]. Votre « pouvoir d'achat » a diminué, car cette somme ne suffit plus pour acheter deux singles [...].

La stabilité des prix est essentielle [...]. [Lorsque] les prix varient [...] de manière imprévisible, [cela crée] une situation qui peut être dramatique pour certains d'entre nous [en réduisant] considérablement la valeur de notre [pouvoir d'achat et de notre] épargne.

www.ecb.europa.eu

DOC 15 Euro en baisse, une bonne nouvelle pour l'Europe

L'évolution de la conjoncture mondiale [...] pourrait favoriser le retour de la croissance en Europe [...]. Et en particulier [...] la baisse du prix de l'euro [qui] atteint désormais le seuil de 1,20 dollar, soit un niveau inédit depuis près de neuf ans [...].

[Cette] baisse [...] représente un avantage significatif pour toutes les entreprises qui produisent leurs biens ou services dans la zone euro et les exportent en dehors de celle-ci. Elle leur permet de vendre plus facilement leurs produits [qui] deviennent moins chers que ceux libellés en dollars. En résumé, une baisse de l'euro favorise la « compétitivité prix » des entreprises européennes. Parmi les secteurs concernés on cite le plus souvent l'automobile, le luxe, le vin ou encore l'aéronautique. D'après une note publiée par le Cepii (Centre de recherche français dans le domaine de l'économie internationale), une baisse de 10 % de l'euro [...] fait grimper la valeur des exportations [...] d'environ 6 % en moyenne. Cette augmentation est variable selon les secteurs [(secteur automobile + 8,4 %, agroalimentaire + 4,6 %)]. La chute de la valeur de la monnaie a, elle, en revanche, plutôt pour conséquence de pénaliser les ménages, en faisant grimper les prix des produits importés.

G. Dhellemmes, www.lejdd.fr, 6 janvier 2015

4. Expliquez pourquoi un agent économique pourrait perdre confiance dans la monnaie.
5. Décrivez les conséquences de l'instabilité des prix.
6. Montrez les effets, sur les échanges internationaux, de la perte de valeur de l'euro par rapport au dollar.

7 ACTIVITÉ

Représentez, sous forme d'une carte heuristique, les différents rôles que joue la monnaie dans les échanges économiques.

4 La quantité de monnaie en circulation affecte-t-elle les échanges ?

A La masse monétaire mesure la quantité de monnaie en circulation

DOC 16 Comment définir la monnaie ?

Les économistes définissent la monnaie [...] comme tout ce qui est généralement accepté en [moyens de] paiement de biens ou de services ou [de] remboursement de dettes. Le numéraire (ce que l'on appelle communément l'argent liquide) consiste en pièces et en billets et correspond à cette définition [...]. Mais, pour les économistes, le numéraire ne représente qu'une petite partie de la monnaie. Comme les chèques [ou les paiements par cartes bancaires] sont en général acceptés en paiement, les dépôts en compte courant bancaires [...] sont également considérés comme de la monnaie. Une définition encore plus large est aussi employée car les dépôts sur des comptes d'épargne peuvent aussi servir de monnaie s'ils peuvent être transformés rapidement et facilement en numéraire ou virés sur des comptes courants.

F. Mishkin, *Monnaie, banque et marchés financiers*, Pearson, 2013

DOC 17 La mesure de la quantité de monnaie

La masse monétaire mesure la quantité de monnaie en circulation dans l'économie. Pour réaliser cette mesure, on utilise des agrégats monétaires qui regroupent les différentes formes de monnaie en fonction de leur liquidité[1]. Ces agrégats sont au nombre de trois, du plus étroit (M1) au plus large (M3) construits par emboîtements successifs.

1. Capacité d'une forme de monnaie à se transformer plus ou moins rapidement en argent « liquide ».

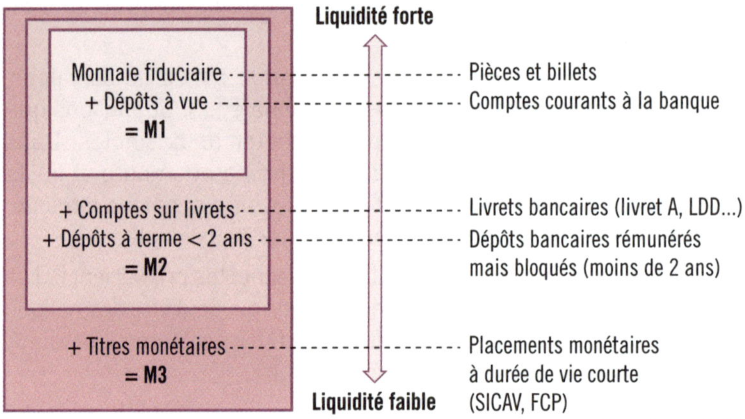

Foucher, 2015

DOC 18 D'où viennent les évolutions de la masse monétaire ?

Contrairement à ce que l'on croit souvent, les instituts d'émission (BCE[1], Réserve fédérale américaine et toutes les autres Banques centrales), seuls habilités à imprimer des billets et à frapper des pièces, ne sont à l'origine que d'environ 10 % [de la masse monétaire] en circulation. Pour l'essentiel, ce sont en effet les banques commerciales, comme la BNP ou le CIC, qui créent la monnaie.

Comment font-elles ? Elles accordent des crédits à leurs clients, voilà tout ! Certes [...] elles doivent posséder en réserve les sommes qu'elles prêtent – et même un peu plus, afin de faire face aux retraits. Pour 100 euros déposés dans leurs caisses, elles ne peuvent ainsi offrir qu'un crédit d'environ 80 euros à un particulier, une entreprise, ou à l'État. Mais, ce faisant, elles créent bel et bien de la monnaie. La preuve ? Les 100 euros de dépôt existent toujours, puisque leur possesseur peut en jouir à sa guise. Et les 80 autres existent aussi, leur emprunteur les a peut-être déjà dépensés le temps que nous écrivions ces lignes. La banque les a donc fabriqués de toutes pièces. Juste retour des choses, lorsqu'on les lui remboursera, ils seront automatiquement détruits.

On le voit, la monnaie n'est pas une masse stable, un gros tas d'argent réparti entre les agents économiques, comme on l'imagine intuitivement. C'est une somme de liquidités mouvante, qui gonfle et se rétracte en permanence, en fonction des crédits offerts.

1. BCE : Banque centrale européenne.

www.capital.fr, Prisma Media, 4 juin 2013

1. **Présentez les différentes formes de la monnaie.**
2. **Identifiez les moyens qui permettent de créer ou détruire de la monnaie.**
3. **Précisez le rôle des banques commerciales dans l'évolution de la masse monétaire.**

B Les variations de la masse monétaire affectent l'activité économique

DOC 19 L'impact des évolutions de la masse monétaire sur le niveau des prix

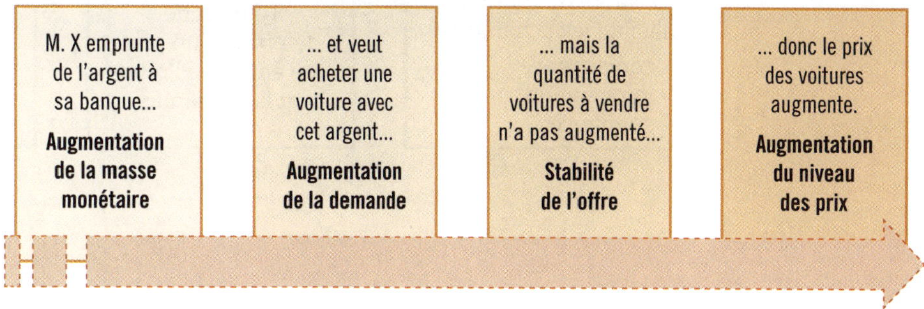

Les évolutions de la quantité de monnaie en circulation dans l'économie peuvent avoir un effet sur le niveau des prix. Si cette quantité est trop importante par rapport aux biens et services qui peuvent être achetés dans l'économie, les prix augmentent (voir schéma). À l'inverse, si cette quantité est trop faible, les prix baissent (les consommateurs n'ayant pas assez d'argent pour acheter, les entreprises doivent diminuer leurs prix pour écouler leurs stocks). La régulation de la masse monétaire est donc une question importante. Dans l'Union européenne, c'est la Banque centrale européenne (BCE) qui a pour missions de garantir la stabilité des prix et de contrôler l'évolution de la masse monétaire.

Foucher, 2015

DOC 20 La stabilité des prix, utile pour la croissance et l'emploi

La stabilité des prix est très utile pour la croissance économique et l'emploi :

- car elle permet de comparer facilement les prix.

Quand les prix sont stables, il est plus facile de comparer les prix et donc de choisir tel produit ou tel service. Lorsque les prix sont stables, vous savez tout de suite si le prix du jean le plus à la mode a augmenté par rapport à celui du tout dernier modèle de baskets. En tant que consommateur, vous pouvez ainsi gérer au mieux votre argent en faisant le bon choix. De la même manière, les entreprises peuvent prendre leurs décisions d'investissement en toute connaissance de cause. Elles peuvent donner à leurs ressources l'affectation la plus productive, ce qui accroît le potentiel de production de l'économie [...].

- car elle réduit le coût des crédits.

Lorsque les prix sont stables, les épargnants et les prêteurs acceptent des taux d'intérêt moins élevés, car ils s'attendent à ce que leur épargne conserve sa valeur sur une longue période [...]. En conséquence, les emprunteurs bénéficient de taux d'intérêt relativement bas. Cela signifie que le crédit est moins cher pour les entreprises qui ont besoin d'équipements plus modernes et pour les particuliers qui veulent contracter un prêt pour acheter, par exemple, une voiture ou une maison. Encourager les entreprises à effectuer de tels investissements contribue à l'amélioration de leur compétitivité et favorise la création d'emplois.

www.ecb.europa.eu

4. Schématisez l'impact sur le niveau des prix d'une quantité trop faible de monnaie dans l'économie.
5. Expliquez l'impact de la stabilité des prix sur les comparaisons de prix effectuées par les agents économiques.
6. Mettez en évidence les liens entre l'évolution de la masse monétaire, les taux d'intérêt, la croissance économique et l'emploi.

7 ACTIVITÉ

Résumez dans un tableau les origines et les conséquences d'une évolution de la masse monétaire dans l'économie.

ITINÉRAIRE BIS

Dessine-moi l'éco – La création monétaire : un juste équilibre

VIDÉO 3'46 tinyurl.com/k3nt5nv

Cette vidéo explique les mécanismes de la création monétaire dans notre économie et le contrôle de son juste équilibre.

a. Précisez le rôle des banques dans la création et la destruction de monnaie.
b. Expliquez le mécanisme liant la masse monétaire et les prix.
c. Présentez les problèmes que pose l'instabilité des prix.
d. Montrez comment une banque centrale peut contrôler l'évolution de la masse monétaire.

Étape synthèse

Les prix et la monnaie dans les échanges

Les déterminants de l'échange économique sont multiples

Les échanges s'opèrent et sont organisés sur les marchés

- Le cadre du marché facilite les échanges :
  - concurrence
  - information
  - confiance
- Le marché détermine un prix qui équilibre l'offre et la demande
- Les décisions des agents sont influencées par les prix des marchés

Les échanges sont influencés par la monnaie

- Les fonctions de la monnaie facilitent l'échange
- La valeur de la monnaie influence les échanges
- L'évolution de la masse monétaire oriente les prix et la croissance

MOTS-CLÉS

▸ **Concurrence :** rivalité sur un marché entre les offreurs et les demandeurs d'un même bien et/ou service.

▸ **Marché :** lieu de rencontre entre une offre et une demande qui aboutit à la formation d'un prix d'équilibre.

▸ **Masse monétaire :** quantité de monnaie en circulation dans l'économie.

▸ **Monnaie :** ensemble des moyens de paiement utilisés sur un territoire donné.

Parcours *balisé*

La jungle du marché des billets de spectacle

DOC 1 Miss France 2015, les billets vendus en 5 minutes !

Un vrai raz-de-marée ! Rares sont ceux qui ont obtenu des places pour l'élection de Miss France 2015 ① [...]. Nous étions parmi les malchanceux, dans la file d'attente d'une billetterie. Certains sont venus tôt pour avoir des places. Les premiers sont arrivés [...] vers 10 h-10 h 30. Les suivants sur les coups de midi. Il fallait donc s'armer de patience... l'ouverture officielle à la vente des billets étant fixée à 14 heures.

Dans la file d'attente, trois jeunes qui ne se connaissaient pas encore il y a quelques minutes sympathisent [...]. Ils l'avouent, ils sont un peu stressés et concluent en disant : « Nous espérons avoir des places, mais nous sommes confiants, il n'y a que quelques personnes devant nous... »

Mais très vite... le ton est donné. Dès l'ouverture des guichets à 14 heures pétantes, l'annonce est la suivante : « Il n'y a plus de places à 50 et 60 euros... il reste seulement des places à 40 euros. » Dans la file d'attente, c'est l'incompréhension... D'autant que la plupart, même s'ils font la queue, essayent, en même temps, d'acheter des places sur les sites Internet.

Avec difficulté, les trois hôtesses d'accueil parviendront à sortir 30 places réparties en seulement quelques clients. La première personne passée au guichet prend à elle seule 10 places. Les autres se partagent les 20 places restantes... ils sont une petite poignée... Cinq minutes plus tard, une des hôtesses d'accueil annonce au micro « La soirée de Miss France 2015 est complète... »

Alors forcément, la colère et la grogne se font entendre [...]. Virginie Lorain, hôtesse d'accueil explique : « Il y avait sur le réseau billet de France 1 500 places en vente. 4 000 en tout sur les trois réseaux. Mais dès 14 heures passées de seulement quelques secondes, nos écrans ont indiqué qu'il n'y avait plus de places à 50 et 60 euros... mais seulement des places à 40 euros. Les gens sur Internet ont été très rapides. Ils étaient déjà tous connectés » [...]. Autre problème, le nombre de places acheté par personne n'est pas limité ①. Virginie Lorain souligne : « D'ordinaire, les organisateurs limitent le nombre de places à 2, maximum 4 par personne. Là ce n'est pas le cas... alors certains en ont acheté beaucoup... »

Le constat est là... dans les prochains jours, il y a aura sûrement de la revente de places ①... Mais à quel prix ②...

D. Cros, france3-regions.francetvinfo.fr, 7 novembre 2014

1 **Présentez ③ le problème économique décrit dans cet article ①.**

2 **Expliquez pourquoi on ne peut pas considérer que cette vente de billets est organisée dans le cadre d'un marché ④.**

3 **Montrez quels ajustements ⑤ auraient eu lieu si ces billets avaient été vendus sur un marché.**

① INDICES

② ANALYSE Ces places risquent d'être revendues à un prix supérieur à celui auquel elles ont été achetées.

③ LEXIQUE Présenter consiste à faire connaître en donnant les principales informations sur le problème.

④ MÉTHODE Comparez le cadre théorique d'un marché avec l'organisation de cette vente de billets, en vérifiant par exemple l'application de la loi de l'offre.

⑤ MÉTHODE Repérez au préalable le déséquilibre entre offre et demande qui caractérise cette vente de billets.

DOC 2 Contre le marché noir, l'Olympia lance une bourse officielle de billets non utilisés

Pour lutter contre le marché noir ⑥ et des reventes à prix d'or, l'Olympia est la deuxième salle parisienne de spectacles après l'Opéra de Paris en 2012, à mettre en place une bourse officielle de billets non utilisés.

« Grâce à cette bourse, les spectateurs ayant acheté leur billet pour un concert ou une représentation et ne pouvant s'y rendre peuvent le revendre à une tierce personne à un prix qui ne dépassera pas sa valeur faciale ⑦ » […].

Lorsqu'un spectacle est complet, la billetterie en ligne de l'Olympia invitera à se rendre sur le site ZePass pour tenter sa chance. Des festivals comme Solidays, les Vieilles Charrues, Hellfest et les Francofolies ont également confié le même service à ZePass.

Il y a deux ans, une vingtaine d'artistes dont Pascal Obispo, Zaz, Yannick Noah ou Christophe Maé, s'étaient élevés contre les reventes de billets au marché noir sur Internet, demandant aux pouvoirs publics d'agir contre cette pratique qui fait s'envoler les prix et courir des risques d'escroquerie.

Plusieurs organisateurs de spectacles sont allés en justice. En 2012, le TGI[1] de Paris a interdit au site Starlight-Europe de revendre des billets pour les Enfoirés de 199 à 249 euros, alors que le prix officiel culminait à 65 euros.

1. TGI : Tribunal de grande instance.

www.20minutes.fr, 12 février 2014

⑥ **ANALYSE** Le marché noir est un marché clandestin où s'échangent des biens rares ou illicites.

⑦ **ANALYSE** La valeur faciale est le prix auquel a été acheté le billet dans le circuit légal ; cette valeur est inscrite sur le billet.

4 **Expliquez ⑧ si le marché noir des billets a toutes les caractéristiques d'un marché concurrentiel ⑨.**

5 **Identifiez le problème posé par ce marché noir.**

⑧ **LEXIQUE** Expliquer nécessite de faire comprendre quelque chose en donnant les éléments nécessaires.

⑨ **MÉTHODE** Utilisez la définition d'un marché concurrentiel.

DOC 3 Le vrai billet : remettons les places à leur prix

Ne vous faites plus avoir

À l'heure où les spéculateurs vendent à prix d'or des billets de spectacle, où les spectateurs se voient proposés des dizaines de tarifs différents pour le même événement, où de nouveaux revendeurs de billets illicites apparaissent chaque jour sur le marché, qu'est-ce qu'un « vrai » billet ? Quel est le « vrai » prix d'un spectacle ? Comment s'y retrouver sans se faire avoir […].

Pour répondre à ces enjeux le PRODISS[1] a créé levraibillet.fr

Levraibillet.fr est le premier espace d'information de référence conçu par le PRODISS pour alerter les publics en ligne sur la vraie valeur des billets de spectacle mis en vente *via* les différents canaux de distribution, expliquer la nécessité de s'adresser aux vendeurs de billets autorisés par les producteurs de spectacles et les recours en cas de litige, en opposition aux prix et conditions de vente pratiqués par les revendeurs de billets illicites du marché noir de la billetterie de spectacle.

1. Le PRODISS est le syndicat national des producteurs, diffuseurs et salles de spectacles.

www.levraibillet.fr

6 **Précisez les objectifs du site levraibillet.fr.**

7 **Montrez ⑩ quels changements ce site apporte au fonctionnement du marché des places de spectacles ⑪.**

⑩ **LEXIQUE** Montrer suppose de faire connaître quelque chose en le décrivant.

⑪ **MÉTHODE** Réfléchissez aux différents éléments du cadre du marché qui facilitent les échanges.

En savoir plus...

Vidéo dénonçant les pratiques des revendeurs de billets de spectacles

VIDÉO 1'09 tinyurl.com/o45m2uf

2

L'État et le fonctionnement du marché

> Des arnaques démasquées qui ont changé votre quotidien

1. Quelles sont les conséquences de ces « arnaques » pour les consommateurs ?
2. Pour quelles raisons le mécanisme de marché fonctionne-t-il mal ici ?
3. Quel rôle l'État peut-il jouer dans ces situations ?

• Non mais allô quoi

Début des années 2000. Au lieu de chasser les clients avec des offres alléchantes, Bouygues, Orange et SFR décident de se partager le marché. Les trois opérateurs se connaissent bien puisque, depuis 1997, ils s'échangent des informations stratégiques. Tout cela évidemment sur le dos – ou plutôt le portefeuille – des consommateurs [...]. Les opérateurs sont condamnés [en 2005] à une amende de 534 millions d'euros.

• Tomber dans le panneau

Pendant dix ans, les collectivités locales – donc, les contribuables – ont payé très cher les panneaux et autres articles de circulation routière. Encore une fois, en raison d'une entente entre les fabricants. Elle a pris fin en mars 2006, lorsque les participants ont été pris en flagrant délit lors d'un déjeuner dans un grand restaurant parisien [...]. En 2010, ils ont été condamnés à 52,7 millions d'euros. Certains dirigeants ont également écopé de peines de prison avec sursis.

C. Boff, www.20minutes.fr, 3 mars 2014

ITINÉRAIRE BIS

Soldes : attention aux arnaques sur Internet

VIDÉO | 1'16 | tinyurl.com/q64lypj

Attention aux promesses de rabais mensongères pour les soldes sur Internet. Avec les pratiques de certains sites marchands, l'internaute est souvent loin d'être gagnant. Certains sites gonflent les prix juste avant les soldes, d'autres font des promesses de rabais qui ne collent pas à la réalité.

COMPÉTENCES

À l'issue de ce parcours, vous serez capable
> d'identifier et analyser des dysfonctionnements de marchés ;
> d'identifier et analyser des défaillances de marchés.

1 : L'État peut-il réagir face aux dysfonctionnements des marchés ?

A L'État veille à la fiabilité de l'information donnée aux consommateurs

DOC 1

Un avis de consommateurs sur deux est faux sur Internet

La Direction générale de la concurrence, de la consommation et de la répression des fraudes[1] (DGCCRF) a fait le bilan des infractions constatées en matière d'avis de consommateurs sur Internet.

Le taux d'anomalies constaté par elle atteint en moyenne 28,8 % entre 2010 et 2013 avec une augmentation en 2013 où il a atteint 45 %, tous secteurs confondus. L'enjeu est de taille car près de 9 Français sur 10 consultent les avis de consommateurs sur Internet [...].

Les principales infractions sont la suppression de tout ou partie des avis négatifs au profit des avis positifs ; [...] la rédaction de faux avis, parfois de manière artisanale, parfois par recours à un prestataire de services ; l'allégation de conformité[2] à la norme NF Z 74-501 [...] qui définit des principes de collecte, modération et restitution d'avis de consommateurs [...] sur Internet.

Suite à l'enquête de la DGCCRF, le TGI de Paris a condamné le 20 juin 2014 un site se présentant comme un « guide des bonnes adresses » à 7 000 euros d'amende, et son gérant à 3 000 euros d'amende ainsi qu'à la publication d'un communiqué sur le site Internet. La pratique commerciale incriminée consistait en la rédaction et la publication de faux avis de consommateurs, rédigés pour partie par une société domiciliée à Madagascar et pour une autre partie par le gérant et des proches de son entourage.

1. La DGCCRF, qui relève du ministère de l'Économie, veille notamment à la qualité de l'information des consommateurs et au respect de leurs droits.

2. Situation d'une entreprise qui prétend se conformer à une norme alors que ce n'est pas le cas en réalité.

www.service-public.fr

1. **Expliquez les conséquences des faux avis de consommateurs pour les entreprises concurrentes et les consommateurs d'un marché.**
2. **Montrez comment l'État peut améliorer la fiabilité de l'information donnée aux consommateurs.**

B L'État instaure un climat de confiance sur les marchés

DOC 2 Tous les étudiants peuvent désormais bénéficier d'une caution locative garantie par l'État

Voilà un sacré coup de pouce offert aux quelque 1,12 million d'étudiants en quête d'un logement pour la rentrée [...] : le déploiement d'une caution locative publique ouverte à tous les étudiants âgés de moins de 28 ans [...] qui envisagent de louer un logement [...]. Objectif : aider les jeunes qui ne disposent pas de garant[1] à trouver un logement en crédibilisant leur dossier auprès des propriétaires [...].

Concrètement, cette garantie de l'État – baptisée CLé (caution locative étudiante) – vise à prendre en charge les défauts de paiement des locataires à hauteur de 10 mois de loyers (soit une année universitaire) [...]. Pour fonctionner, le dispositif va s'appuyer sur un fonds de garantie de 600 000,00 euros abondé [notamment par] la Caisse des dépôts[2] [...]. Attention toutefois à ne pas prêter trop de vertus à cette super assurance [...]. Il s'agit d'une aide ponctuelle qu'il vous faudra bien rembourser à un moment donné : la caution locative étudiante vise avant tout à rassurer les [propriétaires] en palliant les éventuels défauts de paiement de locataires fragiles.

1. Le garant s'engage auprès du propriétaire à payer le loyer si le locataire n'est plus en mesure de le faire.

2. La Caisse des dépôts est une institution financière publique française qui exerce des activités d'intérêt général pour le compte de l'État et des collectivités territoriales.

G. Chazouillères, www.capital.fr, Prisma Media, 9 septembre 2014

3. **Identifiez le risque pris par un propriétaire qui louerait un logement à une personne ne disposant pas de garant.**
4. **Expliquez comment l'intervention de l'État facilite l'accès des jeunes au marché du logement locatif.**

C L'État s'assure du respect des règles de la concurrence

DOC 3 Une bonne dose de concurrence

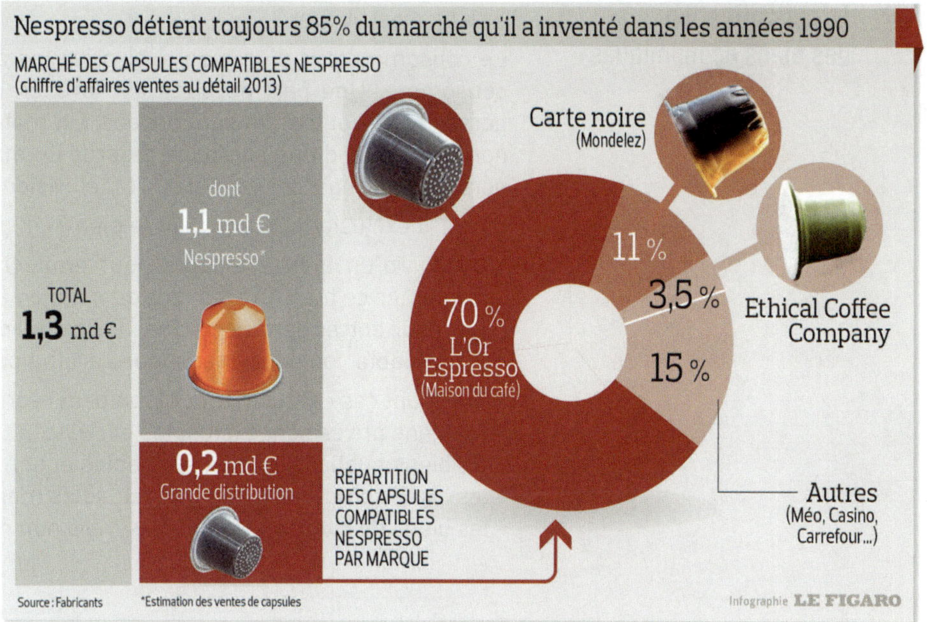

Les concurrents de Nespresso en France peuvent se frotter les mains. L'Autorité de la concurrence vient de leur faciliter largement la tâche en imposant de nouvelles contraintes à la division du suisse Nestlé. La décision fait suite aux plaintes déposées par divers groupes [...] qui commercialisent des dosettes compatibles avec les machines Nespresso [...].

Ces entreprises reprochaient pour l'essentiel à Nespresso [...] de modifier ses machines pour rendre leurs dosettes inutilisables. Elles accusaient également la division du géant suisse de multiplier les mentions commerciales et techniques susceptibles de dissuader les consommateurs d'acheter d'autres dosettes que les Nespresso. Tout comme elles reprochaient au groupe suisse de refuser de faire jouer la garantie des machines lorsque les clients utilisaient d'autres marques de dosettes.

Menacé de devoir s'acquitter d'une amende équivalente à 10 % de son chiffre d'affaires mondial, le groupe s'est engagé en avril à changer d'attitude et à aider ses concurrents [...]. L'Autorité estime que « les consommateurs pourront ainsi bénéficier d'un choix plus large de produits, de prix et de points de vente ».

M.-J. Cougard, www.lesechos.fr, 4 septembre 2014

DOC 4 L'Autorité de la concurrence

L'Autorité de la concurrence est une autorité administrative indépendante, spécialisée dans le contrôle des pratiques anticoncurrentielles, l'expertise du fonctionnement des marchés et le contrôle des opérations de concentration. Au service du consommateur, elle a pour objectif de veiller au libre jeu de la concurrence [...].

Créée par la loi de modernisation de l'économie n° 2008-776 du 4 août 2008, [...] l'Autorité de la concurrence agit au nom de l'État, sans pour autant relever de l'autorité du Gouvernement dans l'exercice de ses pouvoirs. Elle intervient soit après avoir été saisie par un plaignant, soit après s'être autosaisie [...].

L'Autorité de la concurrence détient le pouvoir de prononcer des injonctions, d'infliger des sanctions pécuniaires, d'accepter des engagements et d'accorder le bénéfice de la clémence à certaines entreprises qui coopèrent en aidant à détecter ou à constater l'existence d'ententes. Elle réprime les ententes, les abus de position dominante et les prix abusivement bas. Par ailleurs, elle peut être amenée à rendre, même de sa propre initiative, des avis sur diverses questions de concurrence. [...]

Qu'elles prennent la forme d'ententes ou d'abus de position dominante, les pratiques anticoncurrentielles sont en effet de nature à produire des conséquences très dommageables pour les consommateurs comme pour les entreprises, notamment les PME.

www.autoritedelaconcurrence.fr

5 **Décrivez les problèmes posés par le comportement de Nespresso sur le marché des dosettes.**

6 **Justifiez le rôle joué par l'Autorité de la concurrence dans ce litige.**

7 ACTIVITÉ

Réalisez un schéma présentant différentes possibilités d'intervention de l'État en présence d'un dysfonctionnement de marché.

2 L'État peut-il se substituer au marché pour fournir certains biens ?

A Les spécificités des biens publics

DOC 5 La classification des biens économiques

Les différents biens présents dans l'économie peuvent être différenciés selon deux caractéristiques :

- Le bien est-il rival ?

Le consommateur d'un bien rival prive les autres agents des unités de biens qu'il consomme. Une part de pizza est un bien rival : quand elle est mangée par une personne, les autres en sont privées. Un match de football à la télévision est un bien non rival : quand une personne regarde un match à la télévision, elle ne prive aucune personne de regarder ce match à la télévision.

- Y a-t-il exclusion d'usage pour le bien ?

L'offreur d'un bien excluable peut empêcher une personne qui ne paie pas de consommer ce bien. Une séance de natation à la piscine est un bien excluable : il faut payer pour entrer dans la piscine. Une baignade en mer ou dans une rivière est un bien non excluable : on peut y nager sans avoir à payer.

En utilisant ces caractéristiques, on peut regrouper les biens en quatre catégories :
– les biens privés sont excluables et rivaux ;
– les biens publics sont non excluables et non rivaux ;
– les biens communs sont non excluables mais rivaux ;
– les biens de club sont excluables mais non rivaux.

Foucher, 2015

DOC 6 Des exemples de biens économiques

DOC 7 Les problèmes posés par les biens publics

Il faut en fait distinguer deux types de biens publics. D'une part les biens publics immédiatement disponibles aux individus sans qu'ils aient une action quelconque à mener. C'est le cas de l'air, des eaux internationales, etc., donc un ensemble de ressources librement disponibles. Il s'agit de biens publics naturels [...]. Dans ce cas, le problème n'est pas celui de la fourniture de ce bien puisqu'il préexiste à l'action humaine, il est celui de sa conservation ou de sa dégradation. D'autre part les biens publics qui doivent être fournis par l'action humaine, par exemple l'éclairage public la nuit. Dans ce cas, le problème n'est plus seulement celui de son utilisation mais celui de sa production ou de sa fourniture.

developpementdurable.revues.org

1. Expliquez ce qu'est un bien public.
2. Construisez un tableau permettant de classer les différents biens présentés dans le document 6 selon leur caractère rival ou non, excluable ou non.
3. Justifiez les problèmes posés par chaque type de bien public.

B Le financement des biens publics

DOC 8 Le passager clandestin

De manière générale, si un bien est non excluable, les consommateurs [...] ne seront pas disposés à payer pour y avoir accès, ils se comporteront en [passager clandestin] par rapport à ceux qui paient [...]. [Le passager clandestin] laisse les autres financer le bien puis le consomme sans payer et profite de ses avantages, c'est un « resquilleur ».

On trouve beaucoup d'exemples de [passager clandestin] dans la vie quotidienne. Vous avez peut-être été confronté à cela lorsque vous demandez à des étudiants de préparer un projet collectif. Des membres d'un groupe [...] ont parfois tendance à tirer au flanc, comptant sur les autres membres du groupe pour achever le travail. Les tire-au-flanc se comportent en [passagers clandestins] par rapport à ceux qui fournissent les efforts.

En raison de ce problème de [passager clandestin], l'intérêt personnel à lui seul ne peut mener à un niveau [correct] de production d'un bien public. [...]. Aucun individu n'est prêt à payer pour en avoir davantage et donc aucun producteur n'est disposé à l'offrir.

P. Krugman et R. Wells, *Microéconomie*, De Boeck, 2013

DOC 9 Les principaux modes de financement d'un bien public

Les biens publics peuvent être financés de différentes manières.

- Certains biens publics sont offerts par le biais de contributions volontaires.
  Ex. : la recherche scientifique est parfois soutenue par des donations privées.
- Certains biens publics sont offerts par des firmes qui y ont intérêt parce qu'en les produisant, elles sont capables de gagner de l'argent de manière indirecte.
  Ex. : la diffusion de programmes de télévision permet de gagner de l'argent avec la publicité.
- Quand ces solutions ne sont plus opératoires, c'est à l'État de fournir les biens publics. Ils sont alors financés par des fonds publics provenant le plus souvent d'impôts et de taxes.
  Ex. : la défense nationale est financée par le budget de l'État.

Foucher, 2015

4 Expliquez le comportement d'un passager clandestin en présence d'un bien public.

5 Identifiez, sur un plan collectif, le problème posé par ce comportement pour financer le bien public.

6 Montrez comment les principaux modes de financement d'un bien public apportent une solution au problème du passager clandestin.

7 ACTIVITÉ

Concevez un schéma présentant de manière synthétique la notion de bien public et la question de son financement.

3 : L'État peut-il corriger les défaillances du marché liées à la présence d'externalités ?

A Les externalités et leurs effets

DOC 10 La notion d'externalité

Dans une économie de marché, l'activité de production ou de consommation d'un agent peut affecter le bien-être d'un autre agent sans qu'aucun des deux ne reçoive ou ne paye une compensation monétaire en contrepartie. Cet effet sur le bien-être ne faisant pas l'objet d'une transaction économique, on le qualifie d'externalité car il est extérieur au marché. L'externalité pose problème car, en l'absence de contrepartie marchande, le responsable d'une externalité ne tient pas compte, dans son comportement, de l'influence de ses actes sur le bien-être des autres.

Foucher, 2015

DOC 11 Les types d'externalités

Externalité négative

L'activité d'un agent réduit le bien-être d'autres agents sans compensation monétaire pour les victimes de l'externalité.

Ex. : pollution, bruit, embouteillages.

Externalité positive

L'activité d'un agent améliore le bien-être d'autres agents gratuitement pour les bénéficiaires de l'externalité.

Ex. : innovation, vaccination contre une maladie contagieuse, entretien des parcs et jardins.

Foucher, 2015

DOC 12 Manifestation à Landivisiau contre les avions Rafale

Excédés par les nuisances sonores provoquées par les avions Rafale, les riverains de la Base de l'aéronautique navale (BAN) de Landivisiau, soutenus par les maires de six communes alentour, [ont organisé une manifestation]. Les riverains et les élus concernés réclament la délocalisation des ASSP (appontages simulés sur piste) vers une zone moins peuplée. [...]

À la suite de ce rassemblement [...], [une organisation syndicale des pilotes de la BAN] tient à rappeler « que toute activité industrielle génère également de nombreux emplois locaux et participe au développement des communes riveraines et agglomérations environnantes ». « Ainsi, celles qui supportent la BAN sont en croissance, poursuit le syndicat. Les constructions de maisons individuelles se poursuivent à un rythme soutenu et les écoles sont pleines, signe d'une vivacité enviée par nombre de communes en déclin après la disparition d'une activité industrielle majeure. »

www.letelegramme.fr, 1er novembre 2014

1. Expliquez ce qu'est une externalité.
2. Identifiez le problème que pose la présence d'externalités sur un marché.
3. Caractérisez, pour les riverains, les externalités liées à l'activité de la BAN.

ITINÉRAIRE BIS

Qu'est-ce qu'une externalité ?

RESSOURCE : tinyurl.com/mrfjbdr

Il est question d'externalités lorsque l'acte de consommation (ou de production) d'un agent influe positivement ou négativement sur la situation d'un autre agent, sans que cette relation fasse l'objet d'une compensation monétaire.

Le déclin des abeilles

VIDÉO : 3'50 : tinyurl.com/q22vh6m

Observé depuis les années 1990, le déclin des abeilles inquiète de plus en plus. Chaque hiver ce sont parfois jusqu'à 35 % des colonies qui disparaissent. Cette hécatombe trouve certes de multiples origines, mais les principales causes sont humaines.

a) Identifiez les principales explications et conséquences du déclin des abeilles.

b) Mettez en évidence les externalités qui peuvent être rattachées à ce déclin.

B La correction des externalités

DOC 13 Le bonus-malus écologique en 2015

Volkswagen e-UP

Toyota Prius rechargeable

Peugeot 508 RXH

Taux d'émission en grammes de CO_2/km	Montant du bonus en €
0 à 20	6 300[1]
21 à 60	4 000[2]
61 à 110	2 000[3]

1. Réservé aux véhicules électriques. Bonus maximum dans la limite de 27 % du coût d'acquisition.
2. Réservé aux véhicules hybrides rechargeables. Bonus maximum dans la limite de 20 % du coût d'acquisition.
3. Réservé aux véhicules hybrides. Bonus maximum dans la limite de 5 % du coût d'acquisition.

Taux d'émission en grammes de CO_2/km	Montant du malus en €
131 à 135	150
136 à 140	250
141 à 145	500
146 à 150	900
151 à 155	1 600
156 à 175	2 200
176 à 180	3 000
181 à 185	3 600
186 à 190	4 000
191 à 200	6 500
À partir de 201	8 000

Mini Cooper D Clubman

Seat Alhambra 2.0 TDI

Ford S-Max TDCi

BMW 435 i

Audi R8

Le bonus-malus écologique récompense, *via* un bonus, les acquéreurs de voitures neuves qui émettent peu de CO_2 et pénalise, *via* un malus, ceux qui choisissent des modèles plus polluants.

Plus les émissions de CO_2 du véhicule sont faibles, plus le bonus écologique est important. Si le véhicule émet plus de 130 g de CO_2/km, l'acheteur devra s'acquitter d'un malus. Autrement dit, son prix d'achat sera majoré. Plus le modèle émet de CO_2, plus le montant du malus augmente.

Foucher, 2015

DOC 14 Le système communautaire d'échange de quotas d'émission

Une directive européenne a introduit depuis 2005 un système de plafonnement et d'échange de quotas d'émission de gaz à effet de serre couvrant progressivement les principales activités industrielles et énergétiques de l'UE.

Chaque État reçoit annuellement un quota d'émission (en tonnes de CO_2) à répartir entre certaines entreprises du pays, soit par un système d'enchères soit par une allocation gratuite. Les entreprises concernées font ensuite l'objet d'un contrôle de leurs émissions et doivent remettre à l'État un montant de quotas équivalent à leurs émissions. Pour cela, elles peuvent échanger des quotas sur un marché, le système communautaire d'échange de quotas d'émission (SCEQE) :

- une entreprise qui émet plus que son allocation peut se procurer sur le marché les quotas manquants (principe du pollueur-payeur) ;
- une entreprise qui émet moins que son allocation peut revendre ses quotas non utilisés et bénéficier ainsi de revenus.

Foucher, 2015

4. Repérez l'externalité que l'État cherche à corriger avec ces dispositifs.
5. Analysez l'effet du mécanisme bonus-malus sur le niveau de cette externalité.
6. Justifiez l'intérêt du mécanisme de SCEQE pour agir sur le niveau de cette externalité.

7 ACTIVITÉ

Représentez, sous forme de carte heuristique, les problèmes posés par l'existence d'externalités et les moyens qui existent pour les corriger.

Étape synthèse

L'État et le fonctionnement du marché

Il veille à la fiabilité de l'information

Il instaure un climat de confiance

Il fait respecter les règles de la concurrence

... pour en limiter les dysfonctionnements

L'État peut intervenir sur l'activité des marchés...

... pour en corriger les défaillances

Il assure la production des biens publics

Il corrige les effets des externalités

MOTS-CLÉS

▸ **Bien public :** bien dont la consommation par un usager n'entraîne aucune réduction de la consommation des autres usagers (bien non rival), et pour lequel il est impossible d'exclure quiconque de la consommation (bien non excluable).

▸ **Externalité :** effet de l'activité d'une personne sur le bien-être d'un tiers qui ne paie ou ne reçoit rien en contrepartie ; cet effet sur le tiers peut être défavorable (externalité négative) ou favorable (externalité positive).

Parcours balisé

Le marché du livre, un marché comme les autres ?

DOC 1 La loi sur le prix unique du livre (loi du 10 août 1981)

Qu'est-ce que le prix unique du livre ?

Les éditeurs et les importateurs doivent fixer [librement] un prix pour chaque ouvrage édité ou importé. Le prix unique signifie que le même livre sera vendu au même prix par tous les détaillants, quelle que soit la période de l'année concernée… à concurrence cependant de la remise légale de 5 % que tous les détaillants peuvent pratiquer ① […].

Pourquoi une loi sur le prix du livre ?

En 1981, M. Jack Lang, ministre de la Culture, a défini devant l'Assemblée nationale les objectifs de la loi : « Ce régime dérogatoire ② est fondé sur le refus de considérer le livre comme un produit marchand banalisé et sur la volonté d'infléchir les mécanismes du marché pour assurer la prise en compte de sa nature de bien culturel qui ne saurait être soumis aux seules exigences de rentabilité immédiate. Le prix unique du livre doit permettre :
- l'égalité des citoyens devant le livre, qui sera vendu au même prix sur tout le territoire national ;
- le maintien d'un réseau décentralisé très dense de distribution, notamment dans les zones défavorisées ;
- le soutien au pluralisme dans la création et l'édition en particulier pour les ouvrages difficiles. »

Quels seraient les effets de la pratique du bradage des livres ?

La pratique du bradage (discount) entraîne, à long terme, une raréfaction du nombre de titres disponibles, chacun s'attachant alors à proposer des ouvrages à « rotation rapide », connaissant un vaste public (best-sellers, guides…), au détriment des œuvres de création originale ou des rééditions de titres jugés « difficiles » qui sont pour la plupart des livres à « rotation lente ». Dans un tel contexte, seuls les libraires ayant un chiffre d'affaires important pourraient survivre.

www.culture.gouv.fr

1 Expliquez le prix unique du livre ①.

2 Justifiez ③ l'intervention de l'État ④ sur le marché du livre.

① **INDICES**

② **ANALYSE** Un régime dérogatoire constitue une exception dans l'application d'une règle. Ici le prix du livre n'est pas fixé sur un marché mais résulte de la décision unilatérale d'un éditeur.

③ **LEXIQUE** Justifier nécessite d'appuyer l'exactitude de quelque chose par des preuves.

④ **MÉTHODE** L'intervention de l'État peut se justifier en cas de dysfonctionnement ou de défaillances du marché, il s'agit d'en déceler sur ce marché.

DOC 2 Amazon, 1er libraire de France d'ici 2017 ?

Qu'il livre ou non ses livres par drones, le géant Amazon est en passe de gagner la guerre du livre en France […]. D'après [une étude du cabinet Xerfi], le géant du e-commerce deviendra « le premier libraire de France d'ici 2017 », détrônant les premiers opérateurs français actuels que sont la Fnac et les Espaces culturels E. Leclerc […]. Plus largement, les « pure-players » ⑤ voient leur croissance atteindre un rythme de 5,5 % l'an dernier […] alors que le marché du livre imprimé a reculé de 2 % en valeur […]. Les librairies indépendantes ⑥, elles, sont les « grandes perdantes » de cette redistribution des cartes. Leurs parts de marché passeraient de 42 % à 38,5 % d'ici 2017. Dans ce contexte, Amazon risque d'apparaître plus que jamais comme un ennemi pour cette profession.

www.latribune.fr, 7 février 2014

3 Caractérisez la position d'Amazon sur le marché du livre.

4 Expliquez pourquoi Amazon risque d'apparaître comme un ennemi pour les librairies indépendantes.

⑤ **ANALYSE** Les entreprises « pure-players » ont une activité uniquement sur Internet, à la différence des « click and mortar » (activité en magasin et sur le web) ou des « brick and mortar » (activité uniquement en magasin).

⑥ **ANALYSE** Les librairies indépendantes ont pour activité unique la vente de livres neufs en magasin.

DOC 3 La loi « anti-Amazon »

Finis les 5 % de rabais et les frais de port *gratis* sur Amazon ⑦. Le cybermarchand américain a modifié aujourd'hui la section livres de son site français de vente en ligne, en application de la nouvelle loi encadrant la vente à distance des livres, adoptée le 26 juin 2014 par le Parlement et publiée hier au *Journal officiel*.

Le but de ce texte : protéger les librairies indépendantes et mettre des bâtons dans les roues des plus gros – et particulièrement du géant Amazon, dont les pratiques défiaient jusqu'ici toute concurrence sur la vente de livres. Celui-ci, désormais obligé de facturer des frais de port, les a fixés à 1 centime d'euro [...].

Résultat, un livre dont le prix est fixé par l'éditeur à 20 euros serait auparavant revenu à 19 euros livraison compris, et coûtera maintenant 20,01 euros – soit un centime de plus que dans une librairie[1]. Un centime symbolique, qui rétablit tout de même un certain équilibre avec les libraires de ville : jusque-là, commander un livre et le recevoir chez soi revenait moins cher qu'aller chez son libraire si celui-ci n'applique pas le rabais légal de 5 %.

1. Si la librairie accorde les 5 % de rabais autorisés par la loi sur le livre, elle peut même le proposer à 19 € contre 20,01 € chez Amazon.

S. Gindensperger, www.liberation.fr, 10 juillet 2014

⑦ ANALYSE Amazon finançait la gratuité des frais de port avec la marge réalisée sur les ventes d'autres produits. Les librairies indépendantes ne peuvent rendre ces frais de port gratuits et accusaient donc Amazon de concurrence déloyale.

5 **Expliquez pourquoi Amazon ne peut plus proposer 5 % de rabais et des frais de port gratuits sur ses ventes de livres.**

6 **Appréciez ⑧ l'efficacité de cette intervention de l'État sur la concurrence entre librairies en ligne et librairies traditionnelles ⑨.**

⑧ LEXIQUE Apprécier appelle à juger de la valeur de quelque chose.

⑨ MÉTHODE Comparez ces librairies en fonction de leurs prix mais aussi en fonction de l'offre de produits et de services qu'elles proposent à leurs clients.

DOC 4 Les produits et services achetés en ligne (en % des internautes)

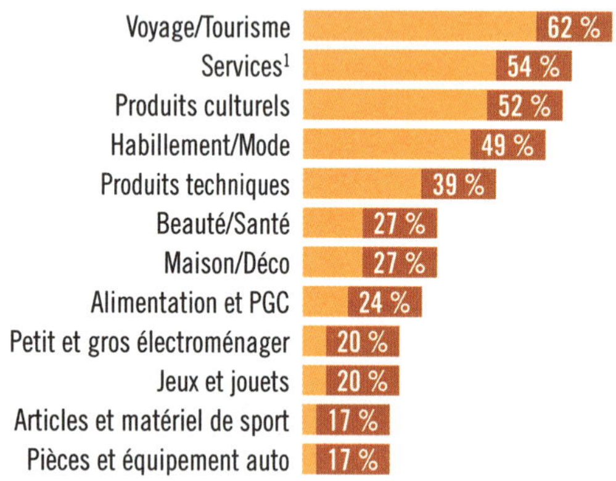

1. Billeterie, développements photos, abonnements en ligne, souscriptions téléphone, Internet...

Baromètre FEVAD Médiamétrie / Netratings, juin 2014

7 **Montrez si le problème de concurrence posé par le e-commerce sur le marché du livre peut se rencontrer sur d'autres marchés.**

En savoir plus...

Texte sur le conflit entre Amazon et l'industrie du livre

RESSOURCE tinyurl.com/p9hs43k

3

L'ouverture des économies

> L'IPhone : un produit made in China ?

Part des différents composants, par pays de fabrication, en %

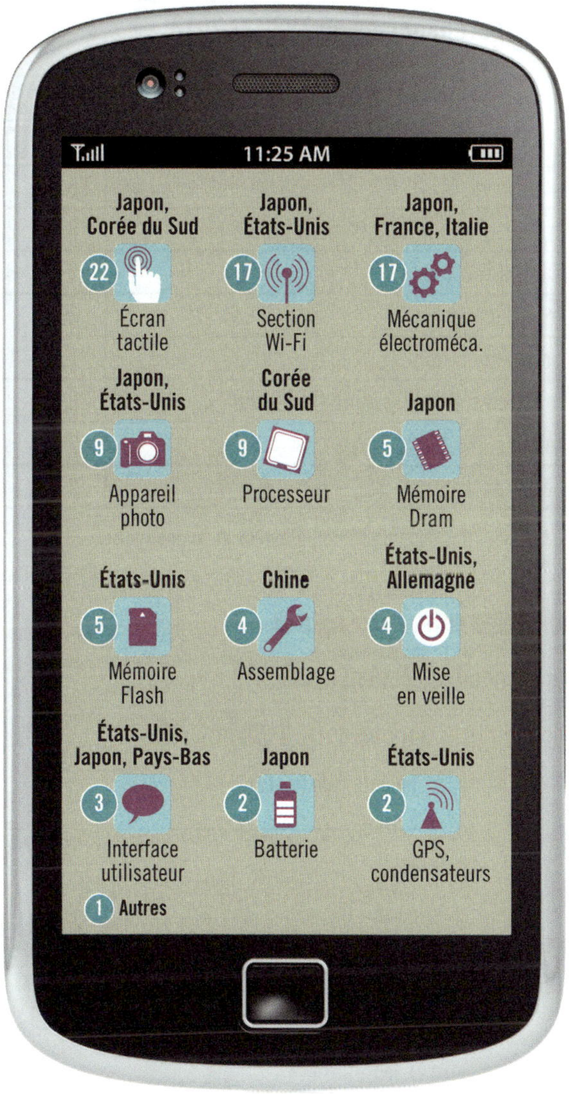

IHS ISuppli Research

ITINÉRAIRE BIS

Diaporama « Made in the world : le nouveau visage du commerce mondial »

RESSOURCE tinyurl.com/m8vfsq4

Pour chaque produit fabriqué, [Boeing 777, Nutella ou encore Volvo S40] des dizaines d'acteurs mondiaux entrent en jeu [...]. La notion de frontières ne fait plus sens dans le commerce international.

1. À quelle nationalité associeriez-vous chacun des produits présentés dans les documents ?
2. Où ces produits sont-ils effectivement fabriqués ?
3. Justifiez l'expression « made in the world ».

COMPÉTENCES

À l'issue de ce parcours, vous serez capable

- > d'apprécier le degré d'ouverture d'une économie ou d'un secteur ;
- > d'interpréter les soldes du compte des transactions courantes ;
- > d'identifier les influences du taux de change sur la décision d'agents économiques ;
- > d'analyser les flux internationaux de biens et de services.

1 Quelles sont les principales caractéristiques des échanges internationaux de biens et de services ?

A Les échanges internationaux progressent et changent de nature

DOC 1 Les exportations mondiales de biens et de services en 2013

En 2013, la valeur des exportations mondiales a progressé à peu près au même rythme que le PIB mondial et non deux fois plus vite, comme c'était le cas dans les décennies précédentes.

En détail, la valeur des exportations mondiales de marchandises a augmenté de 2,1 % pour atteindre 18 800 milliards de dollars et la valeur des exportations mondiales de services commerciaux a augmenté de 5,5 % pour atteindre 4 600 milliards de dollars.

Foucher, 2015

DOC 2 La composition des exportations mondiales entre 1980 et 2013

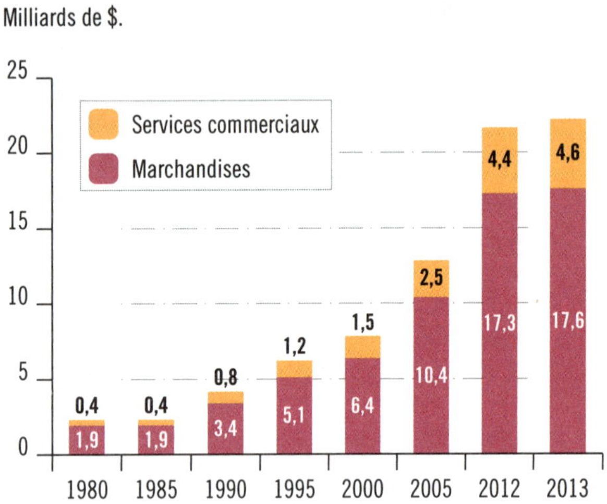

Données OMC

DOC 3 La structure des échanges internationaux de marchandises en 1980 et 2013

	Part[1] 1980	Part[1] 2013
Produits agricoles	15,3	9,9
Combustibles et produits des industries extractives	28,7	22,7
Produits manufacturés	56,0	67,4
– dont fer et acier	3,9	2,6
– dont produits chimiques	7,3	11,4
– dont machines et matériel de transport	26,8	33,7
– dont textiles	2,8	1,7
– dont vêtements	2,1	2,6

1. En % de la valeur des échanges internationaux de marchandises.

Données OMC

1. Calculez et commentez le taux d'évolution des exportations mondiales entre 1980 et 2013.
2. Calculez et comparez la part des services dans les exportations mondiales en 1980 et en 2013.
3. Repérez les principales évolutions dans la structure des échanges internationaux entre 1980 et 2013.

B Les échanges internationaux sont dominés par quelques pays

DOC 4 Les principaux exportateurs et importateurs de marchandises en 2013

Sur ce graphique, chaque pays est représenté par un cercle, dont la surface reflète l'importance des échanges de ce pays dans le commerce mondial.

Chaque pays est positionné sur ce graphique par rapport aux niveaux de ses exportations et de ses importations (en milliards de $).

Plus un pays est placé sur la droite, plus il exporte, plus il est placé vers le haut, plus il importe.

Foucher, 2015

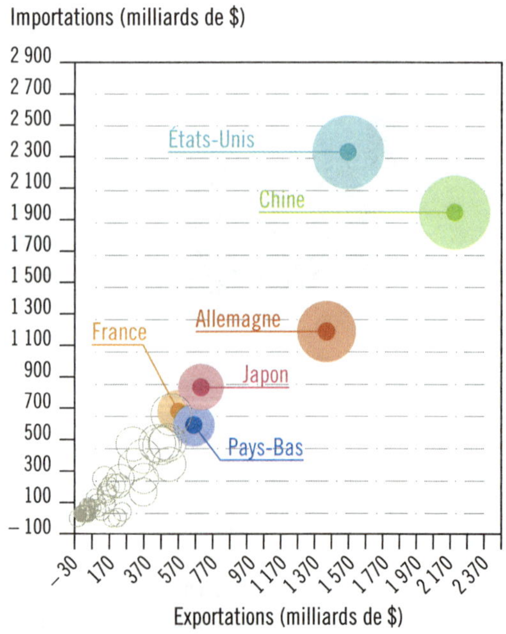

OMC, Statistiques du commerce international 2014

DOC 5 La place des BRICS dans les échanges commerciaux internationaux

Les grands pays émergents souvent désignés par l'acronyme BRIC[1] ont pris une place significative [...]. La Chine a vu son poids dans le commerce mondial croître de façon spectaculaire. En 2010, la part de ses exportations dans le commerce mondial était de près de 11 %. La participation des autres grands pays émergents au commerce mondial est restée plus modeste même si elle n'a cessé de croître. La nouvelle influence des émergents tient tant à leur puissance économique qu'à leur poids démographique et à leur détermination politique. Le Brésil, la Russie, l'Inde et la Chine rassemblent plus de 40 % de la population mondiale. Ils comptent pour 25 % du PIB mondial [...] contre 11 % en 1990. Entre 2000 et 2010, ces grands émergents ont réalisé la moitié de la croissance mondiale contre 23 % en moyenne par an durant les années 1990 [...].

1. BRIC : Brésil, Russie, Inde, Chine. En 2011, l'acronyme BRIC a été remplacé par BRICS avec l'adhésion de l'Afrique du Sud.

M. Lemoine, P. Madies, T. Madies, *Les grandes questions d'Économie et de finance internationales*, De Boeck, 2012

Part des exportations mondiales en 2012

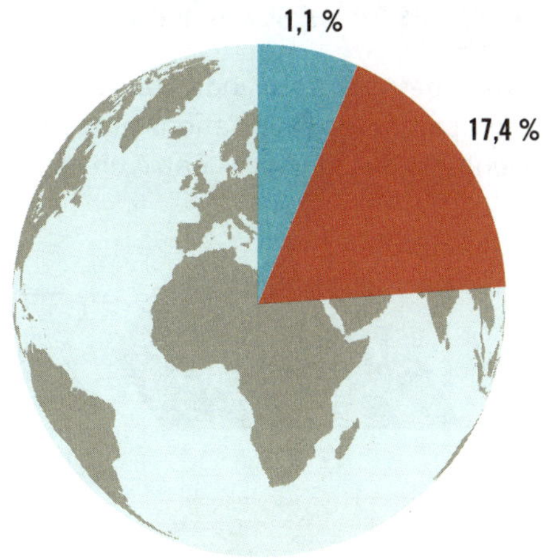

OMC, Statistiques du commerce international 2013

4 Identifiez les principaux acteurs des échanges internationaux de marchandises.

5 Expliquez si la répartition mondiale des échanges de marchandises est équilibrée.

6 Montrez l'impact des pays émergents sur la répartition géographique des échanges internationaux.

7 ACTIVITÉ

Présentez, sous la forme d'un schéma, les principales caractéristiques des échanges internationaux de marchandises et leur évolution depuis 1980.

ITINÉRAIRE BIS

Les statistiques du commerce international

RESSOURCE tinyurl.com/jwcfcyb

L'OMC propose une carte interactive présentant les statistiques du commerce international pour chaque pays, depuis 1980.

La montée en puissance du groupe des BRICS

RESSOURCE tinyurl.com/qb6ab9t

L'introduction du dossier de la Documentation française consacré à l'émergence des BRICS fait le point sur leur place dans les échanges internationaux.

a Identifiez, à partir de la carte interactive, les pays les plus impliqués dans les échanges commerciaux internationaux de biens et de services.

b Analysez la répartition géographique des échanges internationaux de biens et de services.

c Montrez pourquoi la répartition des échanges internationaux est en pleine évolution.

2 Comment mesurer les échanges internationaux de biens et de services ?

A Les mesures par des indicateurs d'ouverture économique

DOC 6 Les principaux indicateurs de l'ouverture économique d'un pays

Il existe de nombreux indicateurs de l'ouverture économique d'un pays. En comparant les exportations et les importations, ils mettent en évidence d'éventuels déséquilibres entre un pays et ses partenaires commerciaux.

Le solde des échanges	(exportations – importations)	Si les exportations dépassent les importations, le solde est excédentaire, déficitaire sinon.
Le taux d'ouverture	$\frac{(\text{exportations} + \text{importations})}{2 \times \text{PIB}} \times 100$	Plus ce taux est important, plus le pays est ouvert aux échanges.
Le rapport commerce sur PIB	$\frac{(\text{exportations} + \text{importations})}{\text{PIB}}$	Plus le rapport est grand, plus le pays est ouvert aux échanges.

Foucher, 2015

DOC 7 L'influence de la taille d'un pays sur son ouverture aux échanges

Pays	Exportations des biens[1]	Importations des biens[1]	PIB[1]	Population[2]
Belgique	469	451	505	11
France	580	680	2 739	66
Allemagne	1 453	1 186	3 593	80
États-Unis	1 580	2 268	16 724	313
Chine	2 215	1 948	8 939	1 357

1. En milliards de $. 2. En millions d'habitants.

Données Eurostat et FMI, 2013

DOC 8 Les secteurs abrités et exposés d'une économie

Par secteurs abrités, on entend les secteurs qui ne sont pas fortement soumis à la concurrence internationale : construction, restauration, hôtellerie, distribution, services aux particuliers, transports. On peut considérer, au contraire, comme secteurs exposés à la concurrence internationale, l'industrie manufacturière et les services exportables (services aux entreprises, services financiers) [...].

Le secteur exposé représente [...] 17 % des emplois (hors services publics) en France [...] et 29 % de la valeur ajoutée marchande.

P. Artus, *Flash économie* n° 606 et n° 101, Natixis, 2011-2012

1. **Précisez l'intérêt de calculer des indicateurs d'ouverture économique.**
2. **Calculez et comparez le rapport commerce/PIB des différents pays du document 7.**
3. **Identifiez des critères permettant d'expliquer le degré d'ouverture aux échanges internationaux d'un pays.**
4. **Montrez, dans le cas de la France, pourquoi la mesure de l'ouverture aux échanges doit être nuancée lorsque l'on s'intéresse à un secteur d'activité en particulier.**

B Les mesures par l'enregistrement comptable des échanges

DOC 9 Le compte des transactions courantes

Le compte des transactions courantes retrace les flux de biens, services, revenus primaires[1] et revenus secondaires[2] entre la France et le reste du monde. Son solde est égal à la différence entre les exportations et revenus à recevoir et les importations et revenus à payer par les résidents [...].

Le solde des transactions courantes reflète la capacité de l'économie nationale à équilibrer ses échanges avec le reste du monde [...].

Un déficit durable des transactions courantes se traduit par [...] un accroissement de la dépendance financière vis-à-vis de l'étranger. L'accumulation d'excédents se traduit, à l'inverse, [...] par une position extérieure créditrice.

1. Les revenus primaires correspondent aux flux de revenus des facteurs de production (intérêts, dividendes, rémunérations, loyers).

2. Les revenus secondaires sont la contrepartie de biens, services ou capitaux exportés ou importés gratuitement, par exemple la contribution française au budget européen ou les transferts d'épargne des migrants.

« Balance des paiements et position extérieure de la France », Rapport annuel 2013, Banque de France

DOC 10 Le compte des transactions courantes de la France en 2013

	Recettes[1]	Dépenses[1]	Soldes[1]
Biens	437,3	479,9	– 42,5
Services	192,0	173,7	18,3
Revenus primaires	155,0	115,7	39,3
Revenus secondaires	12,2	57,5	– 45,3
Transactions courantes	796,54	826,7	

1. En milliards d'€.

Note : en raison des écarts d'arrondis, un agrégat peut ne pas être exactement égal au total de ses composantes.

« Balance des paiements et position extérieure de la France », Rapport annuel 2013, Banque de France

DOC 11 L'évolution du solde des transactions courantes de la France et de ses composantes entre 2008 et 2013

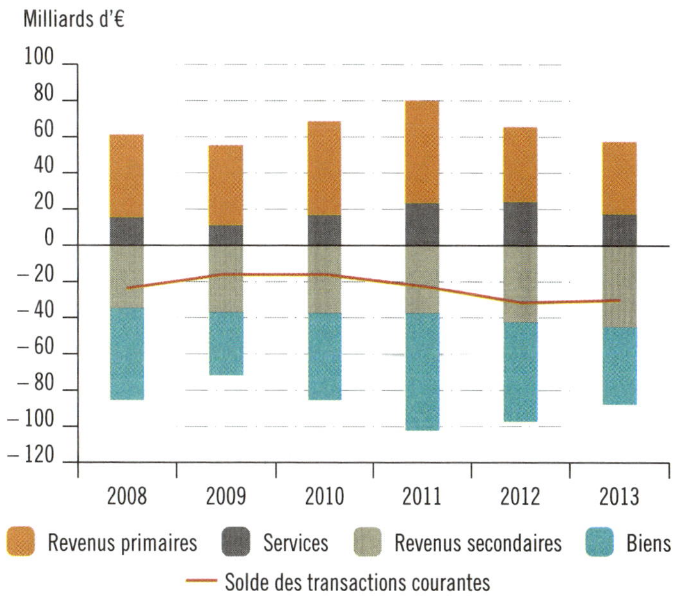

« Balance des paiements et position extérieure de la France », Rapport annuel 2013, Banque de France

5 Calculez et commentez le solde des transactions courantes de la France pour 2013.

6 Expliquez la signification d'un solde des transactions courantes déficitaire ou excédentaire.

7 Caractérisez le problème posé par le niveau du solde des transactions courantes de la France depuis 2008.

8 ACTIVITÉ

Montrez, sous forme de schéma, comment l'on peut apprécier, à partir de différents indicateurs, la participation d'un pays dans les échanges internationaux de biens et de services.

3 Quelles sont les interactions entre le taux de change et le comportement des agents économiques ?

A Le taux de change est influencé par les échanges internationaux de biens et de services

DOC 12

Le taux de change

Pour comparer le prix d'un bien vendu sur le marché national à celui d'un bien vendu à l'étranger, on utilise le taux de change. Il indique le prix (ou cours) d'une monnaie par rapport à une autre. Par exemple, le taux de change euro/dollar indique combien de dollars on peut acheter avec un euro.

Une monnaie s'apprécie lorsqu'elle permet d'acheter plus de monnaie étrangère avec une unité de monnaie nationale. Cette appréciation se traduit par une hausse du taux de change. Une baisse du taux de change indique réciproquement une dépréciation de la monnaie.

Les taux de change se fixent sur le marché des changes. Les offres et demandes de monnaies émanent principalement des transactions courantes entre un pays et ses partenaires commerciaux. Lorsqu'un pays est globalement déficitaire (il exporte plus qu'il n'importe), il doit se procurer de la monnaie étrangère pour régler ses exportations et vendre en échange de la monnaie nationale. L'augmentation de l'offre de monnaie nationale sur le marché des changes va contribuer à la déprécier alors que l'augmentation de la demande de monnaie étrangère va apprécier le taux de change de cette monnaie étrangère. Une balance courante déficitaire déprécie donc le taux de change alors qu'une balance courante excédentaire l'apprécie.

Foucher, 2015

DOC 13 **L'évolution de la parité euro/dollar entre janvier 2014 et janvier 2015**

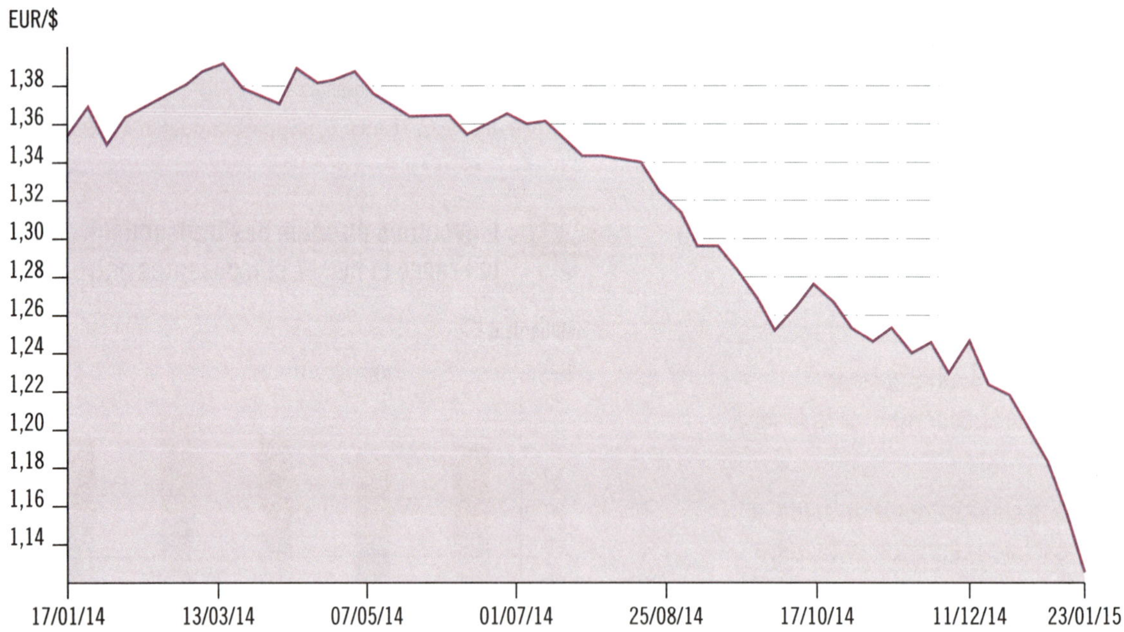

bourse.lesechos.fr

1. **Commentez l'évolution de la valeur du taux de change euro/dollar entre janvier 2014 et janvier 2015.**
2. **Montrez comment les transactions commerciales entre la France et les États-Unis peuvent expliquer cette évolution du taux de change.**

3 ACTIVITÉ

Représentez, sous forme d'un schéma, le mécanisme de formation et d'ajustement du taux de change d'une monnaie.

B Le taux de change influence les décisions des consommateurs

DOC 14 Le tarif d'un Mac Book Air en France, aux États-Unis et au Japon

MacBook Air 13 pouces 13 pouces : 128 Go	**13-inch MacBook Air** 13-inch : 128GB	**13インチ MacBook Air** 13インチ : 128GB

999,00 €	**$999.00**	**¥98,800 (税別)**

store.apple.com, tarifs au 23 janvier 2015

DOC 15 Les taux de change euro/yen et euro/dollar le 23 janvier 2015

	Euro/Yen	Euro/Dollar
23 janvier 2015	133,28	1,1208

4 Montrez, aux taux de change du 23 janvier 2015, le pays où un consommateur français peut acheter un Mac Book Air au prix le plus avantageux.

5 Indiquez quel serait l'effet d'une importante dépréciation du taux de change euro/yen pour un consommateur français qui souhaite acheter ce produit au Japon.

C Le taux de change influence les décisions des entreprises

DOC 16 Baisse de l'euro, qui y gagne, qui y perd ?

Pour beaucoup d'observateurs, [la] baisse de l'euro n'est pas une mauvaise nouvelle […]. Sauf que tout le monde ne va pas en profiter […]. Pour schématiser, la baisse de l'euro devrait favoriser les entreprises qui exportent et handicaper celles qui importent des biens de l'étranger […]. En 2013, les secteurs français qui exportaient le plus sont l'aéronautique, l'agroalimentaire, les produits de luxe et la pharmacie. Leurs produits étant désormais moins chers comparativement, ils devraient donc doper leurs exportations […]. Mais […] rien ne dit que la baisse de l'euro va résoudre les problèmes de l'Europe. D'abord parce que l'une des spécificités de la zone euro, c'est que ses membres commercent avant tout entre eux […]. Puisque tous ces pays ont la même monnaie, la baisse de l'euro ne va rien changer […]. En outre, tous les pays de la zone euro ne vont pas profiter de la même manière de la baisse de notre devise. Pour les produits dont le premier critère d'achat est le prix […], la baisse de l'euro va sans conteste doper les ventes. L'Espagne ou l'Italie vont donc en profiter, mais la France un peu moins puisqu'elle est positionnée sur des produits moyen de gamme. Pour l'Allemagne, les effets de l'euro sont bien plus incertains […] : ses clients achètent du « Made in Germany » non pas à cause de ses prix mais pour la qualité de ses produits.

G. Vedrenne, www.europe1.fr, 22 janvier 2015

6 Expliquez les effets attendus d'une dépréciation de l'euro sur la compétitivité des entreprises françaises.

7 Identifiez d'autres déterminants de la compétitivité des entreprises que l'évolution du taux de change.

8 ACTIVITÉ

Montrez, sous forme d'une diapositive animée, comment les évolutions du taux de change influencent les décisions des agents économiques, en insistant d'abord sur les décisions des consommateurs puis sur celles des entreprises.

Étape synthèse

L'ouverture des économies

L'ouverture d'une économie nationale ou d'un pays...

... est en évolution permanente :

- → les échanges progressent fortement surtout les services, les machines et le matériel de transport
- → les échanges sont concentrés sur les pays de la Triade mais on voit l'émergence de nouveaux pays (BRICS)

... se mesure à partir de différents indicateurs :

- → le taux d'ouverture ou le rapport commerce/PIB
- → le solde des transactions courantes

... est en lien avec les taux de change et leur évolution :

- → les excédents et déficits des échanges apprécient ou déprécient le taux de change
- → les consommateurs et les entreprises ajustent leurs choix suite aux variations du taux de change

MOTS-CLÉS

▸ **Ouverture d'une économie :** possibilité pour une économie d'échanger librement avec d'autre pays, l'ouverture est d'autant plus grande que la part du commerce international dans le produit intérieur brut du pays est importante.

▸ **Compte des transactions courantes :** il retrace les flux de biens, services, revenus primaires et revenus secondaires entre la France et le reste du monde.

▸ **Taux de change :** valeur d'une monnaie nationale ou devise par rapport à celle d'un autre pays. Il représente la quantité d'une devise étrangère que l'on peut acquérir avec une unité d'une autre monnaie.

▸ **Appréciation (ou dépréciation) du taux de change :** augmentation de la valeur de la monnaie sur le marché des changes (baisse dans le cas de la dépréciation).

Parcours balisé

La place de la Chine dans les échanges internationaux

DOC 1 Exportations et importations des États-Unis et de la Chine entre 1990 et 2013

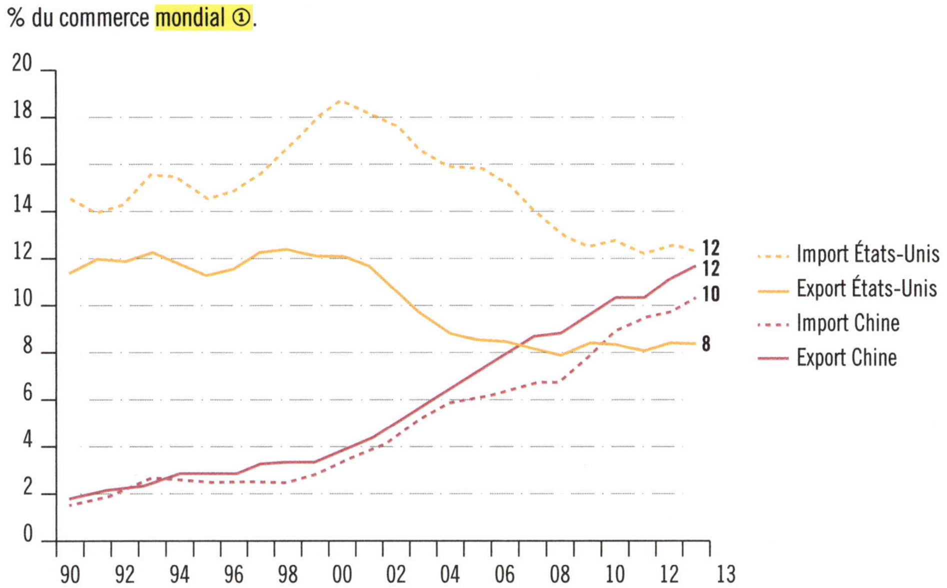

Données OMC

> ① **ANALYSE** Sur ce graphique, l'axe des ordonnées représente les importations ou exportations d'un pays en % du commerce mondial. C'est un indicateur des « parts de marché » d'un pays dans les échanges internationaux.

1 **Comparez** ② les situations de la Chine et des États-Unis en matière d'exportations et d'importations entre 1990 et 2013.

> ② **LEXIQUE** Comparer suppose de distinguer des éléments ou des faits entre eux afin de montrer des différences ou des points communs.

DOC 2 L'évolution de l'économie chinoise change la donne sur le marché mondial

L'offre et la demande chinoises progressent […] et elles se transforment. La fonction d'« usine du monde » perd son rôle moteur dans l'économie du pays, si l'on en juge par la contraction des opérations internationales d'assemblage : mesuré en pourcentage du PIB chinois, le commerce de processing ③ a en effet été divisé par 2 entre 2007 et 2013 […].

L'autre segment du commerce extérieur, le commerce « ordinaire », après avoir subi un coup d'arrêt en 2009 a mieux résisté à la dégradation du contexte international. […]. Quant aux importations ordinaires (principalement destinées à la demande intérieure), elles ont progressé au rythme de la croissance économique rapide du pays ⑥.

F. Lemoine, *L'évolution de l'économie chinoise change la donne sur le marché mondial*, CEPII, 2014

> ③ **ANALYSE** Le commerce de processing correspond à des opérations d'assemblage : des composants sont importés en Chine pour y être assemblés, les produits finis obtenus sont ensuite exportés vers d'autres pays.

2 **Précisez** ④ comment le commerce de processing participe à l'évolution des exportations chinoises.

3 **Identifiez** ⑤ quelles sont les opérations qui contribuent aujourd'hui au dynamisme du commerce international chinois ⑥.

> ④ **LEXIQUE** Préciser invite à formuler une réponse qui ne laisse pas de place à l'approximation ou au doute.

> ⑤ **LEXIQUE** Identifier exige de reconnaître quelque chose grâce à une caractéristique.

> ⑥ **INDICES**

DOC 3 Les importations chinoises de marchandises de 1992 à 2011

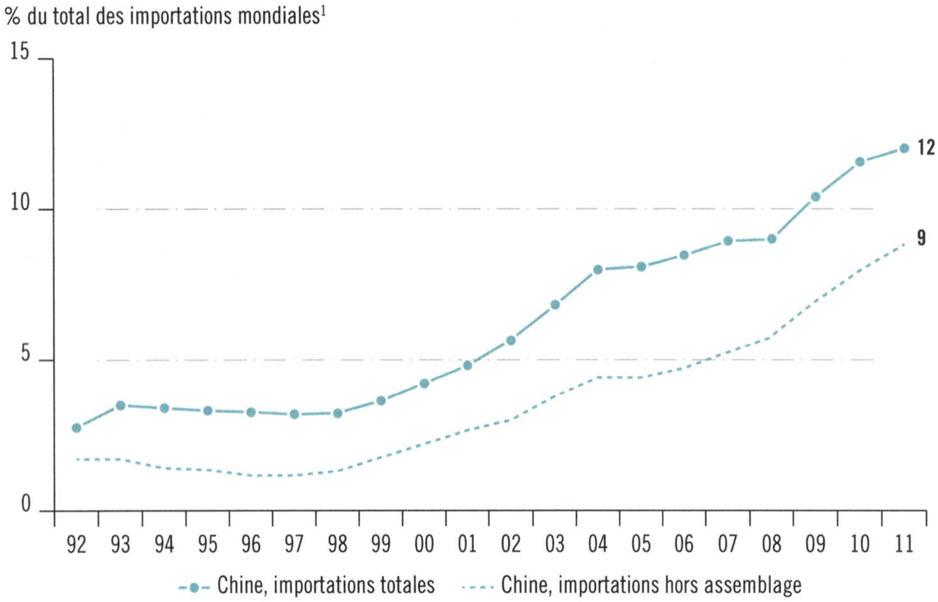

1. Hors commerce intra U.E.

Statistiques douanières chinoises

4 **Décrivez** ⑦ l'évolution des **importations** ⑧ de la Chine depuis 1992.

5 **Interprétez** ⑨ l'évolution de la composition des importations chinoises depuis 1992.

⑦ **LEXIQUE** Décrire nécessite de donner une idée générale de quelque chose.

⑧ **MÉTHODE** Les importations chinoises sont représentées ici en importations totales et en importations hors opérations d'assemblage. La différence entre les deux correspond aux importations liées à des opérations d'assemblage (commerce de processing).

⑨ **LEXIQUE** Interpréter suppose d'expliquer et de commenter une situation donnée.

DOC 4 Made in China

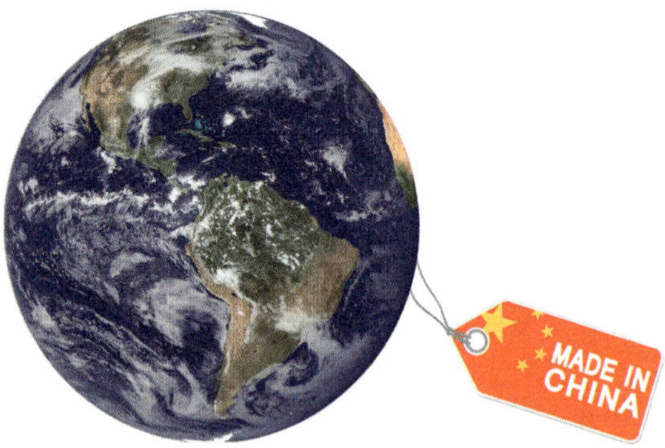

6 **Critiquez** ⑩ le message véhiculé par cette image **à la lumière des réponses aux questions précédentes** ⑪.

En savoir plus...

Texte sur l'évolution de l'économie chinoise

RESSOURCE tinyurl.com/oky69cu

⑩ **LEXIQUE** Critiquer nécessite de porter un jugement sur quelque chose en l'examinant en détail.

⑪ **MÉTHODE** Les réponses aux questions précédentes permettent de relativiser l'idée que la Chine est vouée à devenir « l'usine du monde ».

4

Les fondements de l'échange international

> Les principaux partenaires commerciaux de la France en 2013 (en % de nos échanges)

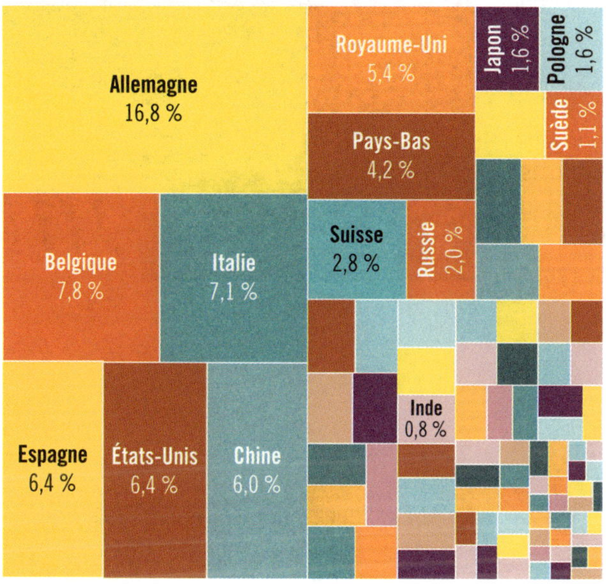

www.tresor.economie.gouv.fr

Les 10 premiers partenaires commerciaux de la France représentent à eux seuls les deux tiers de ses échanges internationaux. Ces partenaires restent en majorité des pays européens et développés mais comprennent également 2 pays émergents, la Chine et la Russie. Les échanges de biens sont constitués principalement de produits industriels, en particulier avec la Chine, l'Allemagne et les États-Unis. Les produits agricoles et agroalimentaires occupent néanmoins un poids significatif dans le commerce avec nos autres voisins européens. La Russie se distingue des autres partenaires car la moitié de nos échanges avec elle correspondent à des importations d'énergie.

Foucher, 2015

ITINÉRAIRE BIS

Les 10 premiers partenaires commerciaux de la France

RESSOURCE tinyurl.com/qal62x5

On trouve 8 économies développées, dont 7 européennes, parmi nos 10 premiers partenaires commerciaux. La Russie et la Chine, dont la place dans les échanges progresse d'année en année, complètent cette liste.

1. Quels éléments caractérisent les principaux partenaires commerciaux de la France ?
2. Quels types de produits la France échange-t-elle avec des pays de la zone euro ?
3. Quels types de produits la France échange-t-elle avec des pays d'Asie ?

COMPÉTENCES

À l'issue de ce parcours, vous serez capable

> d'apprécier le degré d'ouverture d'une économie ou d'un secteur ;
> d'interpréter les soldes du compte des transactions courantes ;
> d'identifier les influences du taux de change sur la décision d'agents économiques ;
> d'analyser les flux internationaux de biens et de services.

1 Les échanges internationaux sont-ils nécessaires pour tous les pays ?

A Les différences de ressources naturelles

DOC 1 Échanger pour avoir ce que l'on n'a pas

Toute économie dispose de ressources limitées. Ce qu'elle peut produire est également limité [...]. Les échanges résultent de notre volonté d'obtenir ce que l'on n'a pas ou d'obtenir [...] plus que ce que nous avons les moyens de produire.

M. Lemoine, P. Madies, T. Madies, *Les grandes questions d'économie et de finance internationales*, De Boeck, 2012

DOC 2 La production de miel atteint son plus bas niveau historique

En l'espace de 10 ans, la France a divisé par deux sa production de miel. Et elle a continué à reculer l'an dernier pour descendre à 15 000 tonnes produites. Sauf que les Français en consomment en moyenne 40 000 tonnes par an. L'Hexagone importe donc plus de 62 % du miel qu'il consomme [...].

La France a importé 25 500 tonnes de miel en 2012 pour un montant total de 72 millions d'euros [...]. Une tendance confirmée par les chiffres 2013 du ministère des Finances. Pourquoi importer tant de miel ? [...] Car nous n'en produisons pas assez et, pire, de moins en moins.

G. Vedrenne, www.europe1.fr, 13 février 2014

DOC 3 Le solde de la balance commerciale[1] de la France pour quelques catégories de biens en 2013

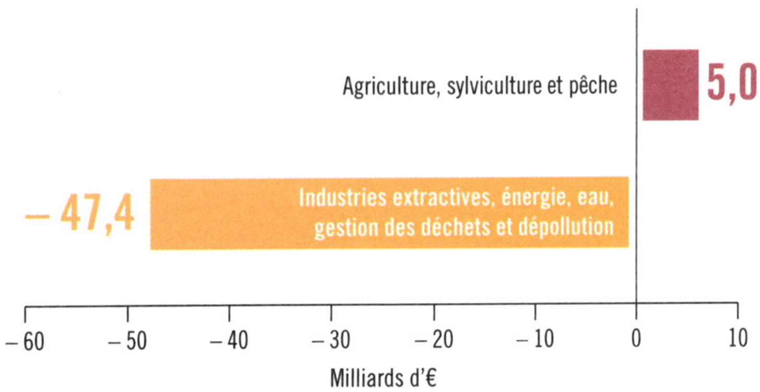

1. Balance commerciale : différence, en termes de valeur monétaire, entre les exportations et les importations de biens ou de biens et services dans une économie sur une période donnée.

www.insee.fr

1. Expliquez comment les échanges avec d'autres pays peuvent solutionner le déséquilibre du marché du miel en France.
2. Déduisez de cette situation une explication des échanges de produits différents entre les pays.
3. Identifiez d'autres produits pour lesquels la France a intérêt, pour des raisons identiques, à échanger avec d'autres pays.

B Les spécialisations productives des économies

DOC 4 Le vin, une des pièces maîtresses de l'économie française

Chaque année, la France dispute à l'Italie la première place du pays qui produit le plus de vin. En moyenne, elle produit 41,4 millions d'hectolitres de vin, ce qui représente 16 % de la production mondiale [...]. Les vins et spiritueux sont le deuxième secteur français d'exportation, derrière l'aéronautique et devant la chimie [...].

Cette richesse du secteur agricole et de la filière vin n'est pas nouvelle, elle a toujours été un des points forts de la France. Richelieu le rapportait en son temps dans son *Testament politique* : « La France est si fertile en blé, si abondante en vins [...] que nous tirerons l'argent de ceux qui voudront avoir nos marchandises qui leur sont si nécessaires. »

« Géopolitique du vin français : la puissance culturelle », www.contrepoints.org

DOC 5 Des exemples de spécialisation productive

Un atelier de couture au Bangladesh

Une chaîne de montage de l'usine Volkswagen à Wolfsburg en Allemagne

DOC 6 La spécialisation vue par la théorie des avantages comparatifs de Ricardo

Dans un système de parfaite liberté du commerce, chaque pays consacre naturellement son capital et son travail aux emplois qui lui sont le plus avantageux[1]. La recherche de son avantage propre [...] favorise la répartition du travail la plus efficace et la plus économe [...].

C'est ce principe qui conduit à ce que la France et le Portugal produisent du vin [...] ou encore que l'Angleterre fabrique les ustensiles et les autres biens manufacturés. [...] Si le Portugal n'avait aucun lien commercial avec d'autres pays, au lieu d'employer une grande part de son capital et de son travail à produire du vin, grâce auquel il achète à d'autres pays le drap et les ustensiles dont il a besoin, il serait contraint de consacrer une part de ce capital à la fabrication de ces marchandises qu'il obtiendrait alors probablement en qualité et en quantité inférieures[2].

1. Ce que l'on pourrait exprimer aujourd'hui par « aux emplois où ils sont les plus productifs ».

2. Lorsque Ricardo fait ces observations, au début du XIXe siècle, le Portugal est relativement moins productif que l'Angleterre dans la fabrication de biens manufacturés.

D. Ricardo, *Des principes de l'économie politique et de l'impôt*, 1re éd. 1817, Flammarion, 1992

DOC 7 La spécialisation vue par la théorie des proportions de facteurs d'Heckscher, Ohlin et Samuelson

Heckscher, Ohlin et Samuelson ont prolongé entre les années 1920 et 1940 l'analyse de Ricardo des échanges internationaux de produits différents. Leur théorie des proportions de facteurs (modèle HOS du nom de ses auteurs) s'intéresse aux différences de disponibilité des facteurs de production (terres, capital, main-d'œuvre) de chaque pays pour expliquer les échanges.

Selon cette théorie, si aucun pays n'a intérêt à se spécialiser en situation d'autarcie (pas d'échange), chaque pays doit se spécialiser dans la production du bien pour lequel il a le plus de facteurs de production disponibles dès que des échanges sont possibles. Un pays qui dispose d'une main-d'œuvre abondante devra ainsi se spécialiser dans les productions qui mobilisent de manière importante ce facteur de production. Chacun exporte les biens qu'il produit le plus efficacement et importe d'autres produits en contrepartie. Au final, chaque pays obtient plus de marchandises en échangeant qu'il n'en disposerait en situation d'autarcie.

Foucher, 2015

4 **Identifiez les spécialisations productives présentées dans les documents 4 et 5.**

5 **Expliquez pourquoi chaque pays a intérêt à se spécialiser lorsqu'il peut échanger avec d'autres pays.**

6 **Déduisez-en une explication des échanges internationaux de biens différents.**

7 ACTIVITÉ

Synthétisez, sous forme de tableau, les motifs d'échanges de biens différents entre les pays. Vous indiquerez en colonne les différents motifs identifiés dans cette partie. Pour chacun d'eux, vous en préciserez la nature puis l'illustrerez par un exemple.

2 : Pourquoi les pays échangent-ils entre eux des produits similaires ?

A La différenciation des produits

DOC 8 La différenciation des produits justifie le commerce intrabranche

Les échanges intrabranche[1] représentent désormais plus du tiers des échanges internationaux. Pour les expliquer, l'économiste américain Paul Krugman a proposé des explications des échanges intrabranche basées sur la différenciation des produits d'une même branche. Il montre que ces échanges constituent pour le consommateur d'un produit un moyen :

- d'en choisir le niveau de qualité (vêtements de luxe ou bon marché) ;
- de satisfaire une demande de variété (différentes sortes de voitures haut de gamme).

Dans ce cadre, les consommateurs sont guidés dans leurs choix par des indicateurs de compétitivité hors prix (qualité, image, adaptation à la demande des clients). Les échanges qui en découlent, au sein d'une même branche, mettent en évidence :

- un commerce vertical de produits similaires qui sont différenciés par leur niveau de qualité (exportation de vêtement de luxe et importation de vêtements de basse qualité) ;
- un commerce horizontal de produits similaires qui sont différenciés par leur variété (exportation et importation de voitures de même catégorie et de même ordre de prix).

1. Les échanges commerciaux internationaux axés sur des importations et des exportations de produits similaires sont qualifiés d'échanges intrabranche (par exemple des automobiles apparaissant à la fois dans les exportations et les importations d'un pays) ; on les distingue des échanges portant sur des produits issus de branches différentes où les échanges sont qualifiés d'interbranche (par exemple, un pays exporte des automobiles et importe des matières premières).

Foucher, 2015

DOC 9 Le documentaire français se réinvente face à la concurrence internationale

Les exportations de documentaires français augmentent mais face à une concurrence internationale accrue, les réalisateurs créent de nouveaux formats plus spectaculaires, comme les séries *Apocalypse*, grands succès de ces dernières années [...].

« La France comporte une poignée de champions de l'exportation de documentaires et rivalise grâce à eux avec les territoires leaders, le Royaume-Uni à travers les productions et coproductions BBC et les États-Unis », rapporte une étude menée par le cabinet The Wit pour la Société civile des auteurs multimédia (SCAM). Les spécialités françaises à l'exportation – l'histoire, la nature et l'investigation – permettent à la France de tenir son rang. Les documentaires d'investigation et de décryptage *Sport, Mafia et Corruption*, diffusé en 2012, et *Déchets : le cauchemar du nucléaire*, en 2009, ont trouvé un large écho international.

AFP, 8 décembre 2014

1. Donnez deux exemples d'échanges intrabranche entre la France et un autre pays européen.
2. Justifiez le succès de certains documentaires français à l'export vers des pays où l'on produit pourtant déjà des documentaires.
3. Expliquez pourquoi des pays peuvent avoir intérêt à échanger entre eux des produits similaires.

B Les différences de prix

DOC 10 Se faire opérer des yeux pour 2 à 3 fois moins cher en Italie

Bienvenue en Italie, où la médecine est à moitié prix ! Ce pourrait être un slogan d'accueil à la frontière, tant la Ligurie et Vintimille semblent devenir l'Eldorado des soins à prix cassés. Après le dentiste low-cost implanté dans un centre commercial à l'entrée de la ville il y a quelques mois, c'est désormais un centre de chirurgie ophtalmologique qui s'est installé un étage en dessous.

La société Lasik Optical [...] propose des opérations de corrections des affections oculaires [...] pour des prix deux à trois fois moins cher qu'en France, d'après le créateur de ce nouveau concept. « Quand en France, les professionnels proposent des interventions entre 2 500 et 4 000 €, nous sommes entre 999 et 1 499 € tout compris », annonce Nicolas Jacquet, à l'origine du projet.

Comment justifier un tel écart de prix ? Par la multiplication des actes et des médecins moins gourmands, si l'on en croit Nicolas Jacquet. [...] Un vrai bon compromis ou une arnaque ? [...] « Nous avons deux chirurgiens, un optométriste et une assistante opticienne, tous diplômés de grandes universités et [...] du matériel de pointe extrêmement onéreux pour proposer le meilleur service à nos patients », confirme le Dr Letizia Mansutti.

www.varmatin.com, 19 septembre 2014

DOC 11

L'industrie automobile française à la recherche d'une compétitivité allemande

DOC 12

Les éléments de la compétitivité prix

La compétitivité prix d'un pays repose sur sa capacité à produire des biens et services à des prix inférieurs à ceux de ses concurrents. Elle résulte :

- des coûts de production, à savoir le coût du capital (les taux d'intérêt), le coût du travail (les salaires), le coût des consommations intermédiaires (énergie, matières premières, composants et équipements achetés) ;
- de la productivité (efficacité du travail ou du capital) ;
- des coûts de transport ;
- du taux de change.

www.la-fabrique.fr, octobre 2013

4 Présentez les éléments en faveur ou en défaveur du recours à une opération des yeux en Italie.

5 Expliquez pourquoi la compétitivité prix constitue un enjeu concurrentiel important dans les échanges internationaux de biens similaires.

6 ACTIVITÉ

Concevez une carte heuristique présentant les différentes explications des échanges internationaux de biens similaires et les illustrant par des exemples.

ITINÉRAIRE BIS

Le tourisme dentaire : des soins moins chers et sous le soleil

VIDÉO : 3'27 : tinyurl.com/pkl2mmm

Barcelone, Tenerife, Budapest… ces destinations touristiques ne font plus rêver que pour leurs monuments historiques ou leur taux d'ensoleillement. Des vacanciers d'un nouveau genre viennent y passer quelques jours pour une visite chez le dentiste !

La compétitivité, c'est quoi ?

RESSOURCE : tinyurl.com/qhsx2zb

La compétitivité désigne la capacité qu'a une entreprise à conserver ou à augmenter ses parts de marché. On distingue la compétitivité prix de la compétitivité hors prix.

a) Expliquez pourquoi « le tourisme dentaire » se développe en Europe.

b) Montrez à quel type de compétitivité renvoie le développement du « tourisme dentaire ».

c) Donnez deux exemples de produits similaires dont les échanges internationaux peuvent s'expliquer par la compétitivité prix.

3 La division internationale des processus productifs explique-t-elle également les échanges ?

A Les stratégies productives des firmes justifient les échanges de pièces et de composants

DOC 13 Les exportations mondiales de pièces et de composants entre 1996 et 2012

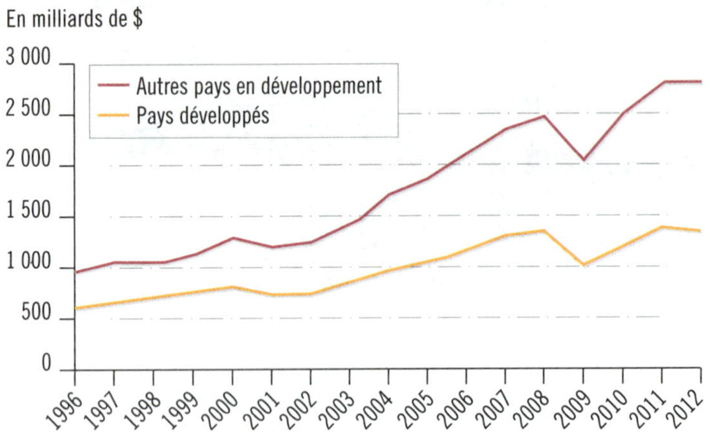

OMC, World trade report 2014

Le commerce international est caractérisé par l'interconnexion croissante des processus de production entre les pays. Chaque pays se spécialise, en effet, dans une phase particulière de la production – fabrication ou assemblage de pièces ou composants d'un produit – au lieu de fabriquer intégralement le produit final.

Les importations mondiales de pièces et de composants n'ont cessé d'augmenter au cours des dernières décennies. Aujourd'hui, plus du quart des importations mondiales de produits manufacturés sont des biens intermédiaires (pièces et composants).

Foucher, 2015

DOC 14 La division internationale des processus productifs

Elles font la une des journaux économiques, tout le monde connaît le nom de bon nombre d'entre elles, mais leur définition n'est pas aisée. En effet, comment, concrètement, définir une entreprise multinationale ? La réponse est [*a priori*] simple : c'est une entreprise qui contrôle une ou plusieurs filiales à l'étranger [...]. Pourquoi une entreprise décide-t-elle de contrôler des filiales à l'étranger ? La réponse dépend des activités de cette filiale. Elles peuvent être de deux types :

1. la filiale peut simplement répliquer, dans un autre pays, le processus de production de la maison mère ;

2. le groupe multinational peut diviser le processus de production en plusieurs segments et en confier certains à une filiale étrangère [...].

Les firmes multinationales peuvent [...] localiser différentes tâches en différents lieux, de façon à exploiter pleinement les avantages comparatifs des pays.

Par exemple, le leader mondial des puces informatiques, Intel, a divisé sa production en [...] grandes activités [...]. La recherche et le développement est une activité intensive en travail qualifié [...], Intel [la] réalise dans des pays où les niveaux d'éducation sont relativement élevés [...]. L'assemblage et les phases de test sont davantage des opérations de routine, intensives en travail non qualifié. Intel a localisé ces activités dans des pays où la main-d'œuvre est bon marché.

P. Krugman, M. Obstfeld, M. Melitz, *Économie internationale*, 9e éd., Pearson, 2012

DOC 15 Les produits fabriqués en France comportent de moins en moins de composants français

Pour une voiture assemblée en France coûtant 10 000 €...

64 % de la valeur correspond à des composants et à de la recherche et développement français, soit une part de **6 400 €**

36 % de la valeur correspond à des composants importés, soit une part de **3 600 €**

Insee, Douanes, calculs DGCIS

① **Commentez l'évolution des exportations mondiales de pièces et de composants entre 1996 et 2012.**

② **Expliquez l'impact de ces stratégies des entreprises sur la mention « made in », souvent utilisée pour identifier la provenance d'un produit fini.**

B Les outils de mesure des échanges de pièces et de composants

DOC 16 Commerce mondial : le compte n'est pas bon

Depuis le Moyen Âge, on mesure le commerce international en augmentant le compteur à chaque fois qu'un bien ou un service franchit une frontière. Cela correspond à un modèle économique où, quand on produit quelque chose dans un pays, [...] on le consomme dans un autre [...].

Nous vivons aujourd'hui dans une économie où les chaînes de production des biens et de services sont de plus en plus segmentées, éclatées sur différents territoires, où tout est fabriqué un peu partout. À peu près deux tiers de l'échange commercial international, que ce soit des biens ou des services, correspondent à des échanges de composants, de « morceaux » de produits.

Dans ces conditions, continuer à compter le commerce international [...] à chaque fois que quelque chose passe une frontière conduit à des aberrations statistiques. Prenons un exemple : on produit une voiture dans un pays pour une valeur de 100 et on l'exporte dans un autre pays. On obtient 100 de commerce international. Aujourd'hui, cette voiture est produite dans 5 pays différents qui apportent chacun des morceaux du moteur, de la carrosserie, de l'électronique, etc. Mettons, par hypothèse, que chacun de ces pays ajoute 20 % de la valeur. Si vous continuez à enregistrer le commerce international comme avant, vous allez avoir : 20 de commerce international pour le 1er pays qui exporte, le second apporte 20 de valeur et exporte 40, puis 60 pour le 3e, puis 80, etc. [...]. Vous allez enregistrer au final un commerce international de 300... pour une voiture qui ne vaut toujours que 100 !

En comptant de cette façon, on aboutit à une inflation du volume du commerce international par rapport au volume de la production, ce qui déforme la représentation de l'économie [...].

P. Lamy, « Commerce mondial : le compte n'est pas le bon », *Alternatives Économiques* HS n° 101, 2014

DOC 17 La structure des échanges commerciaux en termes bruts et en valeur ajoutée

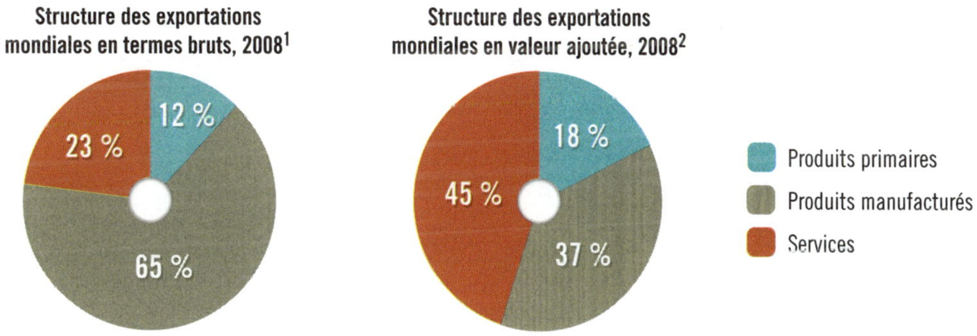

Les chiffres sont en % du total des échanges commerciaux de biens et de services de l'année 2008.
1. La mesure en termes bruts correspond à la mesure traditionnelle du commerce international.
2. La mesure en valeur ajoutée ne tient compte que de la valeur ajoutée des biens et services exportés.

OMC, World trade report 2013

3. Montrez, dans l'exemple utilisé, comment l'exportation de la voiture est enregistrée pour 300 avec la méthode de mesure traditionnelle.
4. Expliquez la critique formulée à l'encontre de la méthode traditionnelle de mesure des échanges.
5. Examinez l'effet de la mesure des échanges par la valeur ajoutée sur la structure des échanges commerciaux de biens et de services.

6 ACTIVITÉ

Comparez dans un tableau, à partir d'un exemple, la méthode traditionnelle de mesure des échanges et la mesure par la valeur ajoutée.

Étape synthèse

Les fondements de l'échange international

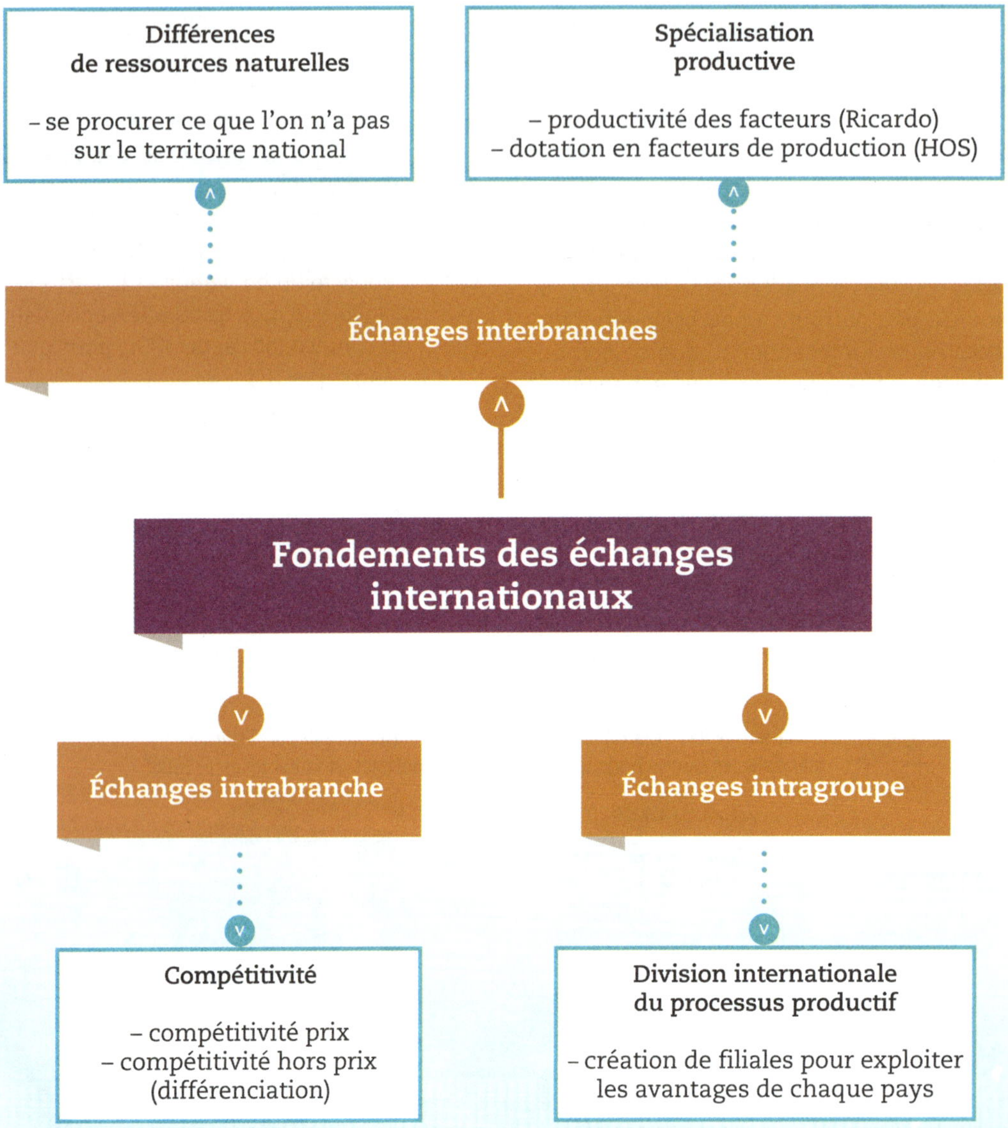

MOTS-CLÉS

▸ **Avantage comparatif :** théorie selon laquelle chaque pays a intérêt à se spécialiser dans la fabrication des produits pour lesquels il possède un avantage, en matière de productivité ou de dotation en facteurs de production, par rapport aux autres pays.

▸ **Commerce interbranche et intrabranche :** le commerce interbranche porte sur des produits issus de branches différentes, le commerce intrabranche sur des produits similaires.

▸ **Compétitivité prix et hors prix :** la compétitivité prix est la capacité à produire à des prix inférieurs à ceux des concurrents, la compétitivité hors prix est la capacité à imposer ses produits indépendamment de leur prix (qualité, image, différenciation des produits).

▸ **Différenciation :** stratégie par laquelle une entreprise va différencier ses produits afin de se démarquer de ceux de la concurrence.

Parcours **balisé**

Les constructeurs français d'automobiles sur le marché mondial

DOC La production automobile française peut-elle redevenir française ?

Même si le marché français sort de sa léthargie ①, [...] la voiture « made in France » avance au ralenti. Au plan industriel, elle représente moins de 2,5 % de la production mondiale de voitures particulières, alors que le PIB français pèse environ 4 % du PIB mondial.

[...] Ainsi, en seulement quatre ans, l'activité d'assemblage sur les chaînes françaises a reculé globalement de 20 %. Le groupe Renault en 2013 a produit moins d'une voiture sur cinq dans l'Hexagone, et PSA un peu plus d'une sur trois ④. L'apport de Toyota qui, en France, a fabriqué 192 000 voitures en 2013 et compte en produire 17 % de plus cette année, ne bouche pas les trous.

Dans ces conditions, la production de voitures particulières dans l'Hexagone n'arrive plus qu'au 10e rang mondial. La France, talonnée par l'Espagne et le Royaume-Uni, est dépassée par la Russie, le Mexique et le Brésil, l'Inde (qui fabrique deux fois plus de voitures), les États-Unis et la Corée du Sud, et surtout l'Allemagne (qui en fabrique près de trois fois plus), le Japon (cinq fois plus) et la Chine ② (près de dix fois plus avec 15,5 millions de voitures particulières). [...]

① **ANALYSE** Le marché français de l'automobile a connu un ralentissement important ces dernières années, le nombre de véhicules vendus diminue chaque année depuis 2010. Le marché a donné des signes de redressement en 2014.

② **ANALYSE** Si l'on produit 10 fois plus de voitures en Chine qu'en France, il faut aussi remarquer que la population y est 20 fois plus importante.

1 Précisez dans quelle mesure ③ les constructeurs français produisent dans des usines implantées en France ④.

③ **MÉTHODE** Pensez à indiquer des ordres de grandeur destinés à montrer la part des véhicules de marque française qui sont véritablement fabriqués en France.

④ **INDICES**

DOC (suite)

On connaît les origines du déplacement du centre de gravité de l'automobile hors des frontières ⑤. Une spécialisation dans les gammes de voitures économiques à faibles marges qui s'accommodent mal des coûts de production élevés français, une mondialisation qui facilite les transferts de production dans les pays où les coûts de production sont plus bas, le développement de marchés automobiles émergents où les constructeurs doivent produire localement pour conquérir des parts de marché… Et au final, des usines qui ferment en France comme à Aulnay ou réduisent leur activité comme à Flins, et d'autres qui se créent à l'international.

Ainsi, après les sites de fabrication à l'étranger devenus historiques comme en Espagne, en Turquie, au Brésil ou en Argentine pour les deux groupes français, l'expansion s'est poursuivie en Europe *via* la Slovénie et la Roumanie (avec la reprise de Dacia) pour Renault, la Slovaquie et la République tchèque (avec Toyota) pour PSA. [...]

PSA, après plusieurs échecs pour prendre pied en Chine, a finalement ouvert 14 % de son capital à Dongfeng, son partenaire chinois venu le renflouer au côté de l'État français. Leur société commune exploite trois usines à Wuhan d'une capacité de production qui atteindra 750 000 voitures par an l'an prochain, et envisage d'en construire une quatrième [...]. Ainsi, à terme, grâce à ces accords, PSA devrait produire plus de voitures en Chine qu'en France ⑥. Renault n'est pas en reste, qui a également un accord avec le même Dongfeng, partenaire historique du japonais Nissan – allié de Renault depuis 15 ans – en Chine [...].

⑤ **ANALYSE** Pendant longtemps, la majeure partie des véhicules des constructeurs français était fabriquée en France, la production s'est progressivement déplacée hors des frontières.

⑥ **ANALYSE** La majeure partie de ces véhicules est destinée à être vendue sur le marché asiatique.

2 **Démontrez ⑦ pourquoi les constructeurs français fabriquent à l'étranger des véhicules vendus ensuite en France.**

3 **Caractérisez ⑧ les raisons pouvant inciter les constructeurs automobiles français à implanter des usines à l'étranger.**

⑦ **LEXIQUE** Démontrer nécessite d'apporter une preuve de manière rigoureuse.

⑧ **LEXIQUE** Caractériser implique de décrire avec précision la situation.

DOC (suite)

Pour l'économie française, [...] le solde commercial automobile, déficitaire depuis 2007 après des décennies de situation excédentaire, s'est dégradé en 2013 pour atteindre un niveau record de – 8,9 milliards d'euros [...]. La France importe plus de voitures qu'elle n'en exporte à cause des réimportations de voitures de marques nationales fabriquées à l'étranger... qui sortent des chaînes turques ou espagnoles, ou des diverses usines d'Europe centrale [...].

4 **Appréciez ⑨ l'impact de la faiblesse de la production d'automobiles en France sur le solde commercial.**

⑨ **LEXIQUE** Apprécier suppose d'évaluer la situation pour en dégager les aspects positifs et négatifs.

DOC (suite)

Pourtant, d'autres pays aux économies avancées conservent une compétitivité qui leur permet de compter sur une industrie automobile plus performante et offensive à l'international. À commencer par le Japon et la Corée du Sud, où les standards de coûts de revient sont maintenant comparables aux standards européens mais où la productivité est meilleure. Une comparaison peut surtout être faite avec l'Allemagne, qui reste dans le peloton de tête de l'automobile mondiale dont la France a décroché. [...]

Une reprise est possible. C'est le sens des accords de compétitivité ⑩ qui ont été signés chez Renault début 2013 et chez PSA en fin 2013. [...] Mais les gains de productivité ne pourront pas seuls relancer les productions. Reste aux stratégies des groupes, grâce notamment à l'innovation et la recherche de valeur ajoutée, à concevoir des produits en adéquation avec les coûts de production et qui pourront être exportés depuis la France. Citroën a entrepris une montée en gamme (avec sa ligne DS devenue une marque à part entière), Peugeot et Renault procèdent à un rajeunissement de leurs modèles (particulièrement tardif chez Renault où l'Espace va enfin avoir un successeur). On attend maintenant de nouveaux sauts technologiques qui pourraient relancer les chaînes en France. Notamment dans la voiture propre, à l'image de la production de la Bluecar électrique de Bolloré ⑪ dans l'usine Renault à Dieppe, mais... à plus grande échelle.

Gilles Bridier, www.slate.fr, 1er octobre 2014

⑩ **ANALYSE** Les accords de compétitivité (janvier 2013) identifient des mesures destinées à flexibiliser le temps de travail et à diminuer son coût afin d'améliorer la compétitivité des entreprises. En contrepartie, celles-ci garantissent à leurs salariés le maintien des emplois.

⑪ **ANALYSE** La Bluecar est une petite voiture citadine électrique commercialisée depuis 2010 en France. Sa production est réalisée dans l'usine Renault de Dieppe.

5 **Mettez en évidence un facteur explicatif de la perte de compétitivité de la France pour la production automobile.**

6 **Répondez à la question posée dans le titre ⑫ : la production automobile française peut-elle redevenir française ?**

⑫ **MÉTHODE** Utilisez ici les réponses aux questions précédentes afin de construire une réponse structurée et argumentée qui montre à quelles conditions la production automobile française pourrait redevenir compétitive.

En savoir plus...

Carte interactive des sites de production automobile dans le monde

RESSOURCE tinyurl.com/mxfflvu

ENTRAÎNEMENT

Le marché des produits de luxe

Gemily est une entreprise qui fabrique depuis une dizaine d'années des bijoux de luxe. Cette entreprise, créée par Mme Boutrain, bénéficie déjà d'une forte notoriété sur le marché du luxe. Gemily, en effet, est reconnue pour la qualité de la confection de ses produits mais surtout pour son design original. Celui-ci confère aux produits une identité très marquée et fortement appréciée de ses clientes.

Les bijoux Gemily sont actuellement fabriqués en France. Mme Boutrain s'est appuyée, dès la création de l'entreprise, sur une équipe de designers très créatifs et sur un matériel de fabrication ultramoderne utilisant la technologie d'impression 3D. Au-delà d'une qualité irréprochable, ce matériel lui offre la possibilité de renouveler fréquemment ses collections et d'ajuster facilement sa production au niveau de la demande.

Actuellement, cette entreprise distribue principalement ses produits en France, dans des boutiques de luxe. L'intérêt porté aux bijoux Gemily par des clientes étrangères en visite en France amène aujourd'hui Mme Boutrain à s'interroger sur l'opportunité de développer son activité à l'étranger.

Vous êtes en poste dans cette entreprise. Mme Boutrain vous charge de rédiger à son attention une note susceptible de l'éclairer sur les éléments pouvant inciter ou non son entreprise à développer son activité à l'international. Elle vous remet à cet effet un dossier documentaire.

À l'aide du dossier joint et de vos connaissances, en veillant à préciser les principaux concepts utilisés et à exploiter les sources statistiques mises à votre disposition, vous devez concevoir une note argumentée et structurée dans laquelle :

- vous analyserez l'évolution des échanges internationaux de produits de luxe ;
- vous apprécierez la compétitivité de l'industrie française du luxe après avoir rappelé les facteurs qui influent sur cette compétitivité ;
- vous caractériserez les spécificités du marché du luxe en insistant sur ses dysfonctionnements éventuels.

DOCUMENTS

Document 1	Les ventes de produits de luxe dans le monde entre 1995 et 2014
Document 2	L'activité du luxe va quintupler en 30 ans
Document 3	Les principales tendances du marché du luxe
Document 4	L'évolution des cours de quelques monnaies étrangères par rapport à l'euro
Document 5	Les atouts des entreprises françaises
Document 6	Les exportations du luxe français en 2013
Document 7	L'industrie du luxe victime de la contrefaçon
Document 8	La lutte contre le « crime du XXIe siècle »

Le marché des produits de luxe

Doc 1 Les ventes de produits de luxe dans le monde entre 1995 et 2014

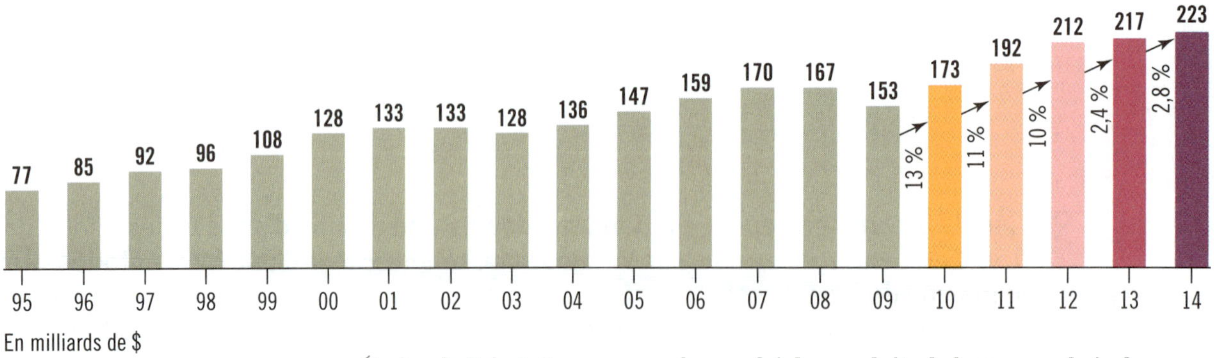

Études de Bain & Company sur le marché des produits de luxe, www.bain.fr

Doc 2 L'activité du luxe va quintupler en 30 ans

Le marché mondial des produits de luxe devrait dépasser le seuil des 250 milliards d'euros en 2015. Le secteur ne semble pas atteint par la crise et conserve une forte croissance. [...] Le marché du luxe devrait être cinq fois plus important en 2025 qu'en 1995.

G. Cherubini, www.latribune.fr, 17 mai 2013

Doc 3 Les principales tendances du marché du luxe

D'après le rapport intitulé « Luxury Goods Worldwide Market Study » diffusé [...] par l'institut Bain & Company [...], les accessoires occupent désormais la première place des achats (27 %), devant la mode (26 %), l'horlogerie-joaillerie (23 %), les parfums et cosmétiques (20 %) et les arts de la table (2 %) [...].

Au chapitre des grandes tendances pour le marché européen [...], on trouve le ralentissement du flux de touristes, en particulier japonais, la réduction des dépenses moyennes des visiteurs chinois, le développement de la clientèle russe en matière de tourisme intraeuropéen, une consommation domestique toujours au-dessous des niveaux normaux [...] accentuée par une hausse des prix [...].

Le marché américain se caractérise par la demande [...] de produits mode à moindres coûts de la part des jeunes générations, mais aussi d'accessoires identifiables [...].

La consommation souffre d'une forte dévaluation du yen au Japon où les marques éprouvent des difficultés à suivre les habitudes changeantes de la jeune clientèle demandeuse de produits personnalisés et fortement utilisatrice des médias numériques et des réseaux sociaux.

L'étude souligne la complexité du marché chinois [...] marquant sans doute un tournant crucial. Un engouement moindre pour les produits fortement identifiables à leurs logos est signalé au profit de produits plus accessibles aux nouvelles classes moyennes [...]. Les produits très haut de gamme continuent en revanche à rencontrer leur clientèle, mais le chiffre d'affaires pourrait souffrir des mesures anti-corruption décidées par le nouveau régime, Xi Jinping interdisant aux hauts fonctionnaires et membres du parti d'utiliser les fonds mis à leur disposition pour acheter des cadeaux de luxe [...]. Une tendance étroitement surveillée par les réseaux sociaux chinois toujours prompts à dénoncer les abus des élites [...]. Toujours d'après le rapport Bain, la consommation chinoise de produits de luxe devrait quand même continuer de croître de 7 %, marquée par un poids plus important du commerce en ligne traduisant l'intérêt des nouvelles générations de clients [...].

Les Émirats du Golfe persique sont toujours fidèles à leur tradition de consommation *no limit* avec Dubaï comme capitale du luxe, « seule ville à attirer des touristes consommateurs de luxe, russes, indiens et africains ».

Parmi les grands facteurs de croissance, l'étude souligne la demande pour des produits de luxe sans logo, les matériaux précieux, les accessoires [...].

Conclusion de la directrice de l'étude, Claudia D'Arpizio, de Bain Milan : « Nous entrons dans une nouvelle phase de l'évolution du marché du luxe. »

www.luxerevue.com, 17 mai 2013

Doc 4 L'évolution des cours de quelques monnaies étrangères par rapport à l'euro

	6 mai 2014	8 septembre 2014	6 janvier 2015
Euro/Yuan	8,6715	7,9196	7,4040
Euro/Dollar	1,3927	1,2895	1,1908

Foucher, 2015

Doc 5 Les atouts des entreprises françaises

En plein débat sur le déclin industriel français, le luxe continue de briller de tous ses feux. *A contrario* du reste de l'industrie, qui a souffert de l'avènement des pays à bas coût depuis une dizaine d'années, la filière luxe a profité de cet essor. Car c'est grâce à l'enrichissement de la classe moyenne des pays émergents qu'elle a développé ses ventes. C'est ce que confirme la première étude scientifique consacrée au secteur, qui compte quelque 165 000 emplois directs et indirects en France. Elle a été réalisée par l'École d'économie de Paris, avec le Comité Colbert[1] [...].

Ses chercheurs, sous la direction de Lionel Fontagné, se sont penchés sur « les performances commerciales du luxe sur les marchés internationaux », que ce soit dans les arts de la table, l'habillement ou la maroquinerie. [...]

Principale conclusion de ce travail : ce sont les entreprises européennes qui tirent nettement leur épingle du jeu. « Elles réalisent les deux tiers des exportations mondiales, ce qui est gigantesque », indique Lionel Fontagné, avec deux principaux acteurs, l'Italie et la France, suivies de la Suisse. La Chine elle aussi intègre ce classement, ayant bénéficié, selon l'économiste, d'« une redistribution surtout liée au textile ». Avec 4,7 % de part de marché dans l'exportation de produits de luxe, elle se place devant les États-Unis (2,1 %). [...]

Plusieurs facteurs expliquent le succès des acteurs européens. La force des marques d'abord : Vuitton, Hermès, Chanel, Gucci sont connus à l'échelle mondiale. C'est ce patrimoine immatériel qui constitue leur principal avantage compétitif. « Avec une prime dans les économies émergentes au premier arrivé. » Car, indique l'étude, les ventes de luxe sont moins sensibles à la distance et à son impact sur les coûts. Les maisons du Comité Colbert, en majorité des PME, exportent sur des marchés distants de plus de 4 000 kilomètres, alors que, dans d'autres industries, les trois quarts des entreprises ne vont pas au-delà de 2 000 kilomètres. [...]

Autre paradoxe, le niveau des prix n'est pas un frein à la demande. Les consommateurs sont prêts à payer plus cher un produit bénéficiant d'une aura. En moyenne, cette différence de prix est de 60 % pour une montre, de 180 % dans l'habillement et de 190 % dans les spiritueux.

« La leçon que l'on peut en tirer, c'est que tout ce qui peut renforcer l'image de marque d'un produit, son design, est très important », reprend Lionel Fontagné. [...]

1. Le Comité Colbert, créé en 1954, rassemble 78 maisons françaises de luxe et 14 institutions culturelles qui œuvrent au rayonnement international de l'art de vivre français.

D. Chapuis, www.lesechos.fr, 19 mars 2014

Doc 6 Les exportations du luxe français en 2013

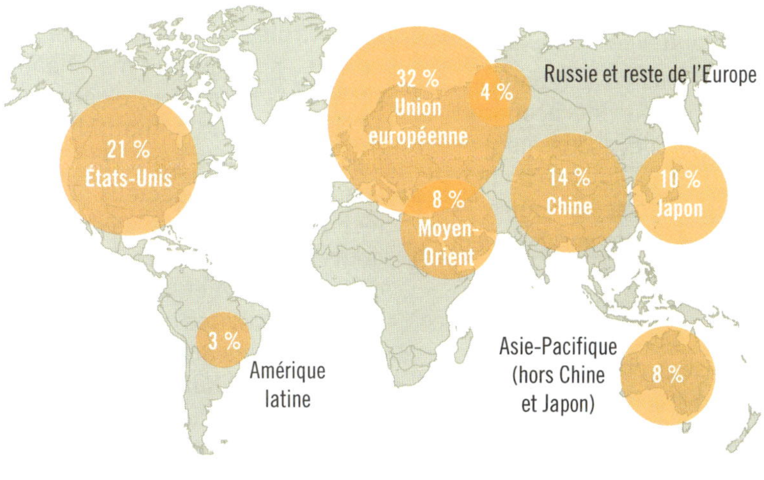

Le secteur en France

39,6 milliards d'€ de chiffre d'affaires

47 000 emplois directs

165 000 emplois total

86 % du chiffre d'affaires à l'étranger

Comité Colbert

Le marché des produits de luxe

Doc 7 L'industrie du luxe victime de la contrefaçon

La contrefaçon est encore trop souvent considérée comme étant un délit mineur : portant atteinte aux entreprises du luxe et bénéficiant par là même d'une certaine tolérance [...]. Cela revient donc, pour la plupart des personnes, à acheter le produit d'une marque de luxe à un prix dérisoire, tout en sachant qu'il s'agit d'une contrefaçon. Or, la contrefaçon est un véritable fléau économique et social [...] s'attaquant à tous les domaines : des médicaments aux pièces détachées industrielles, en passant par les jouets, les produits culturels et les produits de luxe.

En raison de la notoriété de ses marques et de la créativité de ses entreprises, la France est particulièrement exposée à la contrefaçon. Les maisons de luxe françaises figurent parmi les marques les plus contrefaites au sein de l'Union européenne en matière de parfums, de cosmétiques, de vêtements et d'accessoires. [...] D'après les chiffres du ministère de l'Économie, des Finances et de l'Industrie, la contrefaçon représente aujourd'hui près de 10 % du commerce mondial, soit un coût annuel de 200 à 300 milliards d'euros pour l'économie mondiale, dont 6 milliards pour l'économie française.

Force est de constater que les produits contrefaisants sont distribués *via* des réseaux de distribution implantés dans tous les pays, des États-Unis à l'Asie, en passant par l'Europe. [...] En ce qui concerne les produits de luxe, l'Asie reste la première région productrice (95 %), le bassin méditerranéen, quant à lui, tient toujours une place importante alors que de nouveaux réseaux se développent ailleurs, notamment en Europe centrale, en Europe de l'Est ainsi qu'aux États-Unis. La Chine [...] demeure actuellement le premier producteur mondial de contrefaçon. Nonobstant certaines idées préreçues, la contrefaçon peut aussi provenir des pays d'Europe. [...] En plus des pays d'Europe centrale et de l'Est, la Turquie occupe désormais la cinquième place en tant que producteur de contrefaçon de toutes sortes. [...]

Y. Afia, www.portail-ie.fr, 18 juin 2014

Doc 8 La lutte contre le « crime du XXIe siècle »

La contrefaçon étend son empire à une vitesse fulgurante, au point de devenir aujourd'hui une économie souterraine florissante. [...] Illégale, cette pratique est cependant très lucrative [...].

Nombreux sont ceux qui, à juste titre, qualifient la contrefaçon de « crime du XXIe siècle ». L'évolution du phénomène s'est calée sur celle de l'économie mondiale et de la délocalisation. Par exemple, en délocalisant sa production à l'étranger, une entreprise risque d'ouvrir la porte à la corruption et à la fraude. Internet a également permis à la contrefaçon de prendre de l'ampleur et d'élargir son domaine d'application.

Et les victimes, me direz-vous ? La réalité est atterrante : la contrefaçon crée une économie souterraine qui, en privant l'État de recettes fiscales utiles aux services publics vitaux, impose de plus lourdes charges aux contribuables. En outre, la contrefaçon peut causer une lourde perte de gain aux entreprises touchées par ce fléau [...] : baisse du chiffre d'affaires, violation du secret industriel, pertes d'emplois, frais engagés en procès et montée des prix due à la mise en place de systèmes de sécurité sophistiqués pour contrer les activités du crime organisé et à la nécessité d'investir dans les activités de recherche et développement. [...]

En d'autres termes, le coût de la contrefaçon est exorbitant. Les dépenses qu'elle entraîne peuvent compromettre l'avenir d'une entreprise. Il est donc indispensable de protéger les produits et biens matériels. [...] Quelles mesures sont prises mondialement pour affronter le problème [...] ? La lutte contre la contrefaçon dispose de quatre moyens d'action :

- des mesures législatives pour créer et imposer des lois et des accords pour défendre les droits de la propriété intellectuelle et réprimer la contrefaçon ;
- un contrôle aux frontières par les services des douanes pour que les marchandises n'entrent pas sur le territoire, et dispositifs locaux et régionaux pour démanteler les chaînes de distribution de la contrefaçon ;
- des initiatives du secteur privé pour créer des technologies et des systèmes anti-contrefaçon pour leurs produits (avec des dispositifs d'identification et de suivi). Il peut également s'agir d'activités visant à rechercher et à poursuivre les auteurs de contrefaçons ;
- des normes nationales et internationales élaborées pour appuyer le secteur privé et les gouvernements. [...]

É. Gasiorowski Denis, www.iso.org, 8 janvier 2014

5

Les finalités de la croissance

> Le FMI abaisse ses prévisions de croissance pour la France

Le Fonds monétaire international a abaissé ses prévisions économiques pour la France, avec une croissance estimée cette année à 0,7 %.

Le Monde.fr

LA TRIBUNE

> D'après les prévisions du FMI, la Chine devrait dépasser les États-Unis en termes de PIB

> À quoi sert la richesse produite ?

Pour deux tiers, la richesse produite sert à rémunérer le travail des salariés et des personnes travaillant à leur compte. Le tiers restant revient aux entreprises et aux administrations publiques.
Les ménages utilisent leurs revenus pour consommer [...]. Les entreprises utilisent leur part pour financer les moyens nécessaires à leur production (usines, machines, locaux, etc).

Insee
Institut national de la statistique et des études économiques
Mesurer pour comprendre

1. Identifiez dans les documents les institutions chargées de mesurer la croissance et de l'étudier.
2. Relevez l'indicateur qui permet de mesurer la croissance économique.
3. Présentez les effets attendus de la croissance économique.

ITINÉRAIRE BIS

Insee en bref : Pour comprendre... la croissance économique

RESSOURCE tinyurl.com/kcqhr2u

Ce document en ligne (pages 2 et 3) présente, par des supports variés, les concepts et mécanismes essentiels concernant la notion de PIB.

COMPÉTENCES

À l'issue de ce parcours, vous serez capable
- > d'apprécier la situation d'un pays ou d'une région en termes de niveau de vie et de développement ;
- > d'analyser les politiques de développement durable mises en place par les pouvoirs publics ;
- > d'analyser l'influence du développement durable sur les processus de décision des agents économiques.

1 Quel impact la croissance économique a-t-elle sur le niveau de vie ?

A La création de richesses et son évolution

DOC 1 Le produit intérieur brut

Le produit intérieur brut (PIB) mesure la richesse d'un pays. Cette richesse est constituée par tout ce qui est produit par un pays sur une période donnée. Cette production comprend tous les biens matériels et immatériels. Ainsi, sont cumulées, par exemple, des productions de baguettes de pain, de voitures, d'heures de cours d'économie, de consultations médicales, etc.

Pour calculer la richesse totale produite, il faut donc distinguer deux types de production :

- les productions non marchandes, c'est-à-dire celles produites par les administrations publiques (justice, éducation nationale…) ;
- les productions marchandes, produites par des entreprises privées. La richesse supplémentaire produite par chacune des entreprises est égale à son chiffre d'affaires auquel on soustrait les consommations intermédiaires, c'est-à-dire l'ensemble des biens et des services utilisés pour assurer sa production.

L'évolution des prix intervient dans le calcul du PIB. Le PIB nominal (ou en valeur) exprime la valeur actuelle de la richesse produite. Mais, si les prix augmentent d'une année sur l'autre, le PIB va augmenter, alors que la quantité produite n'aura pas augmenté.

Ainsi, les statisticiens corrigent l'évolution du PIB par le simple effet de l'augmentation des prix, en calculant le PIB réel (dit également PIB en volume).

Foucher, 2015

DOC 2 Calcul du PIB d'Œconomia

Prenons la production d'un petit pays imaginaire, que nous appelons Œconomia sur la période d'une année. Deux entreprises (A et B) composent le paysage industriel et une administration centrale (C) assure la production de services publics.

L'entreprise A a vendu 15 000 unités de son produit vendu 85 euros l'unité. Elle a utilisé 254 000 euros de biens et services pour assurer cette production. L'entreprise B a réalisé un chiffre d'affaires de 1 899 000 euros et totalise 1 120 000 euros de consommations intermédiaires. Le coût total de la production des services publics de ce pays (éducation, police…) s'élève à 580 000 euros.

Foucher, 2015

DOC 3 La part des différents secteurs de l'économie dans le PIB de la France

Selon la période observée, la part des richesses produite par chaque secteur de l'économie varie. Certains voient leur part augmenter, d'autres diminuer.

Champ : France

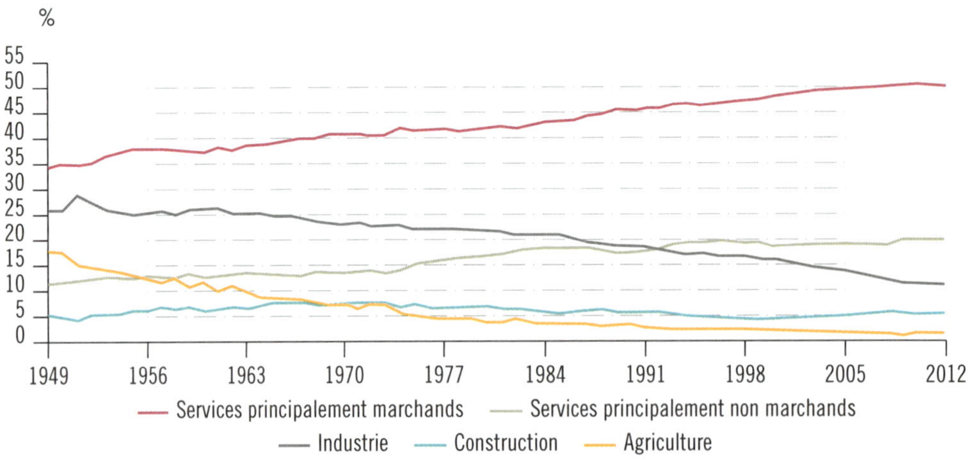

Insee, comptes nationaux, base 2005

1. **Expliquez ce que mesure le PIB.**
2. **Distinguez le PIB réel du PIB nominal.**
3. **Calculez le PIB du pays imaginaire Œconomia.**
4. **Caractérisez l'évolution de la contribution de chacun des secteurs de l'économie à la croissance française.**

B La croissance et l'amélioration du niveau de vie

DOC 4 Le taux de croissance du PIB

% d'évolution calculé par comparaison des volumes entre l'année en cours et l'année précédente.

	2009	2010	2011	2012	2013
Zone euro	– 3,4	3,0	1,7	1,4	1,3
Allemagne	– 5,1	3,9	3,4	0,9	0,5
France	– 2,9	2,0	2,1	0,3	0,3
Italie	– 5,5	1,7	0,6	– 2,4	– 1,8
États-Unis	– 2,8	2,5	1,8	2,8	1,9

Insee, *Vue d'ensemble : l'économie tourne encore au ralenti en 2013*

DOC 5 Le PIB et l'amélioration du niveau de vie

Produire et consommer, percevoir des revenus et les dépenser, voici qui épuise l'essentiel des activités économiques auxquels se livrent *in fine* les individus et les ménages. Ces derniers peuvent aussi épargner et investir pour gérer le temps et les cycles de vie. [...] Ainsi, ne peut être consommé que ce qui a été produit et ne peut être dépensé que ce qui a été perçu [...].

L'approche économique met aussi le processus de création de richesses au cœur de la vie d'une société à travers le travail et l'emploi. Au niveau individuel, le travail structure largement la vie des actifs et des familles. Au niveau collectif, l'emploi, par son niveau et sa qualité, renvoie à la capacité d'une économie à être compétitive et à mobiliser sa main-d'œuvre et ses compétences pour produire les biens et services demandés. Il traduit aussi sa capacité à construire de la cohésion sociale en intégrant les individus au projet économique collectif tout en leur permettant de bénéficier de revenus en retour de leur travail. [...] Pour répondre à ces interrogations, l'analyse du PIB par habitant est centrale. Alors que le PIB mesure la totalité des richesses produites dans une économie au cours d'une année, le PIB par habitant constitue en moyenne le potentiel de richesses à la disposition de chaque individu.

« La création des richesses et de l'emploi », www.insee.fr

DOC 6 Qu'est-ce qu'être... riche ?

En 2010, le revenu disponible moyen par ménage était de [...] 2 935 € par mois. Le revenu disponible médian[1] (soit celui qui divise les ménages français en deux proportions égales) s'établit à 2 409 € par mois. En février 2013, une enquête IFOP révélait que les Français considèrent comme riche toute personne qui perçoit en moyenne un revenu net égal ou supérieur à 6 500 € par mois. Le seuil de la richesse est donc à ce niveau de 8 000 € bruts par mois. Mais les Français savent-ils que cela ne concerne que 2 % de la population ?

Les 10 % les plus riches (soit les « hauts salaires ») ont un salaire trois fois supérieur à celui des 10 % les plus pauvres. Leur salaire net mensuel moyen s'établit à 3 317 €. Quant aux 1 % les plus riches (les « très hauts salaires »), leur salaire net moyen s'élève à 7 654 € par mois.

Le niveau de vie est quant à lui égal au revenu disponible des ménages divisé par le nombre d'unités de consommation (UC) appartenant aux ménages. En 2010, selon l'Insee, le niveau de vie moyen des Français est de 1 883 € par mois. 50 % d'entre eux vivent avec moins de 1 610 €/mois (niveau de vie médian).

1. Revenu médian : la moitié des ménages gagne moins que ce revenu et l'autre moitié des ménages gagne plus. Il se différencie du revenu moyen qui est la moyenne de l'ensemble des revenus des ménages.

www.lafinancepourtous.com

5 Identifiez la nature des comparaisons obtenues par l'observation du taux de croissance.

6 Distinguez les éléments permettant de déterminer la richesse d'une population.

7 ACTIVITÉ

Présentez, en une dizaine de lignes maximum, le lien entre la croissance et l'amélioration du niveau de vie.

ITINÉRAIRE BIS

Dessine-moi l'éco – Qu'est-ce que le produit intérieur brut ?

VIDÉO 2'53 tinyurl.com/ltqdvsz

Cette vidéo présente une description animée du calcul et des enjeux du PIB.

a Identifiez l'indicateur de mesure des richesses produites par un pays.

b Relevez la méthode de calcul.

c Distinguez le PIB réel du PIB nominal.

2 La croissance économique permet-elle le développement ?

A L'interdépendance entre croissance et développement

DOC 7

La notion de développement selon la Banque mondiale

Il est relativement plus facile de distinguer les pays plus riches de ceux qui sont plus pauvres. Mais les indicateurs de richesse, qui rendent compte du volume de ressources dont dispose une société, ne fournissent aucune information sur la distribution de ces ressources – par exemple, sur la façon dont les revenus se répartissent plus ou moins équitablement d'un groupe social à l'autre, sur les parts de ressources consacrées à des services gratuits d'éducation et de santé, ou sur les effets de la production et de la consommation pour les individus dans leur milieu quotidien. Il n'est donc pas étonnant que des pays qui ont des revenus moyens similaires puissent présenter de sensibles différences lorsqu'on parle de la qualité de la vie des individus : l'accès à l'éducation et aux soins de santé, les possibilités d'emploi, la pureté de l'air, l'accès à l'eau salubre, l'absence de criminalité, etc.

www.worldbank.org

DOC 8

Les notions de croissance et de développement

François Perroux définit d'une part la croissance « comme une augmentation pendant une ou plusieurs périodes longues d'un indicateur de dimension, le produit global net calculé en termes réels » et d'autre part le développement comme « l'ensemble des transformations des structures économiques, sociales, institutionnelles et démographiques qui accompagnent la croissance, la rendent durable et, en général, améliorent les conditions de vie de la population ». Cette définition du développement met l'accent sur deux aspects essentiels : si la croissance peut se réaliser sans forcément entraîner le développement (partage très inégalitaire des richesses, captation des fruits de la croissance par l'élite en place au détriment du reste de la population, etc.), il existe cependant une forte interdépendance entre croissance et développement.

Le développement économique englobe des bouleversements plus grands que le simple processus de croissance économique.

N. Antonin, « Faut-il s'extasier devant les taux de croissance des pays dits "émergents" ? », Andese, www.andese.org

DOC 9 Croissance et développement au Brésil

Cuiaba, capitale de l'état de Mato Grosso (Brésil), est une ville nouvelle en pleine expansion, grâce à l'essor de l'agrobusiness.

Entre 2001 et 2008, l'Institut national brésilien d'études avancées a calculé que l'indice d'intégration sociale – qui englobe des facteurs comme la création d'emplois, l'amélioration du revenu et de l'éducation, l'accès à un ordinateur, à la télévision et au téléphone – a progressé en moyenne de 5,3 % par an, dépassant le taux de croissance économique annuel moyen de 2,3 %. La consolidation du système de protection sociale, liée à d'autres mesures comme la revalorisation du salaire minimum, l'extension du crédit à faible taux d'intérêt pour les travailleurs, et l'accès à la santé et à l'éducation pour tous, ont largement contribué au progrès social et économique. Le programme d'allocations familiales est la plus visible de ces mesures. Entre 2004 et 2011, le nombre de familles bénéficiaires d'un programme de transfert de revenu a plus que doublé, passant de 6,5 à 13,3 millions, soit près d'un quart de la population. Dans les régions les plus reculées, ces transferts sont devenus le principal moteur de l'économie locale. [...] En dépit de ces progrès, les inégalités sociales demeurent une préoccupation majeure au Brésil ; car toute société s'efforçant d'équilibrer les intérêts économiques, sociaux et environnementaux ne peut tolérer leur maintien à pareil niveau. Quelque 16 millions d'individus vivent encore dans ce que l'on qualifie d'extrême pauvreté, avec des revenus mensuels inférieurs à 70 réais (environ 33 dollars). Mais la pauvreté ne se réduit pas à un faible revenu. Aux anciennes définitions mettant l'accent sur le manque de nourriture et de services de base se substitue désormais une notion plus vaste englobant la toxicomanie, la violence urbaine ou rurale, la rupture des liens familiaux et la dégradation de l'environnement.

www.oecd.org

1. **Distinguez la croissance du développement.**
2. **Présentez les éléments qui caractérisent la croissance et le développement au Brésil.**
3. **Caractérisez le lien entre croissance et développement.**

B Les indicateurs de développement

DOC 10

L'IDH

L'IDH pour indice de développement humain est un indice statistique, créé par le Programme des Nations unies pour le développement (PNUD) en 1990, pour évaluer le niveau de développement humain des pays du monde. L'IDH se fonde sur trois critères majeurs : l'espérance de vie à la naissance, le niveau d'éducation et le niveau de vie. L'indice a été développé par l'économiste indien Amartya Sen. Il est mesuré de 0 (la situation la pire) à 1 (une situation d'excellence).

Foucher, 2015

DOC 11 **Extrait du classement des pays par PIB et IDH**

Pays	PIB 2014 (milliards $)	IDH	Espérance de vie à la naissance (années)	Durée moyenne de scolarisation (années)	Revenu national brut par habitant ($)
Allemagne	3 747	0,911	80,7	16,3	43 049
États-Unis	17 438	0,914	78,9	16,5	52 308
France	2 863	0,884	81,6	16	36 629
Suisse	672	0,917	82,6	15,7	53 762

« Classement IDH 2014 : les 20 pays où la vie est plus belle », JDN, 25 juillet 2014

DOC 12 **L'IPM**

L'indice de pauvreté multidimensionnel (IPM) est utilisé par le Programme des Nations unies pour le développement (PNUD), qui vise à rendre compte du phénomène de la pauvreté dans trois de ses dimensions. La privation en matière d'éducation, de santé et de niveau de vie est appréhendée à l'aide d'une dizaine d'indicateurs : nombre d'années de scolarité et taux de scolarisation, malnutrition et mortalité infantile, caractéristiques du logement et des sanitaires, accès à l'eau potable et à l'électricité, nature du combustible de cuisson, possession de matériel de transport et de communication.

Malgré ses limites et les critiques qui lui sont adressées, le principal mérite de l'IPM est de rappeler que la pauvreté est un phénomène multidimensionnel. Ainsi, à la différence des indicateurs monétaires, il permet de rendre compte du fait que tous les pauvres ne sont pas pauvres pour les mêmes raisons. Une personne est pauvre de manière « multidimensionnelle » si les indicateurs pondérés dans lesquels elle subit des manques s'élèvent à au moins 30 %. Ce nouvel indicateur de « pauvreté multidimensionnelle » remplace l'ancien IPH (indicateur de pauvreté humaine).

Foucher, 2015

4. Comparez la situation de la France, de l'Allemagne, de la Suisse et des États-Unis en termes de PIB et d'IDH.
5. Indiquez la spécificité de l'IPM.
6. Concluez sur le lien principal qui semble exister entre PIB et IDH et sur ses limites.

7 ACTIVITÉ

Sous forme d'un diaporama de 3 diapositives environ, illustré par des visuels, vous vous interrogerez sur ce qui définit la richesse d'un individu.

Un éleveur tire de l'eau d'un puits pour ses bêtes. Le Mali a le plus fort pourcentage de personnes vivant sous le seuil de pauvreté au monde.

3 La croissance économique est-elle compatible avec le développement durable ?

A La nécessité d'un développement dit durable

DOC 13 Les limites du lien entre PIB et développement durable

Le PIB pose deux types de problème. Le premier est qu'on l'utilise pour lui faire dire des choses pour lesquelles il n'a pas été conçu. De fait, il fonctionne trop souvent comme un indicateur de progrès alors que c'est juste un indicateur de quantité de valeur ajoutée économique, qui ne dit rien sur la qualité de vie, sur la démocratisation de l'accès aux biens communs, ni sur l'état de l'environnement. La destruction de l'Amazonie fait ainsi grimper le PIB mondial.

Entretien avec J. Gadrey, *Alternatives Économiques Poche* n° 34, juin 2008

DOC 14 Le développement durable

En observant les ressources liées à notre existence, nous pouvons constater que tout est lié à la Terre. Que ce soit les matières premières que nous utilisons ou transformons, l'air que nous respirons, les aliments que nous consommons, notre réalité se construit grâce à la planète qui nous accueille. L'homme utilise en permanence des ressources issues de son environnement naturel. Ces interactions s'appliquent également à l'homme et à sa relation à la nature. Cependant, depuis quelques années, les conséquences de l'activité humaine sont telles que l'on dit que l'être humain ne vit plus de manière « durable ».

Ainsi, « les émissions mondiales de gaz à effet de serre (le CO_2, le méthane, les gaz fluorés) imputables aux activités humaines ont augmenté de 70 % entre 1970 et 2004 ».

La plus forte augmentation des gaz à effet de serre est due à l'approvisionnement énergétique, aux transports, à l'industrie et à l'agriculture.

Ministère de l'Écologie, *Une introduction au développement durable*, 2010

DOC 15 Les 3 piliers du développement durable

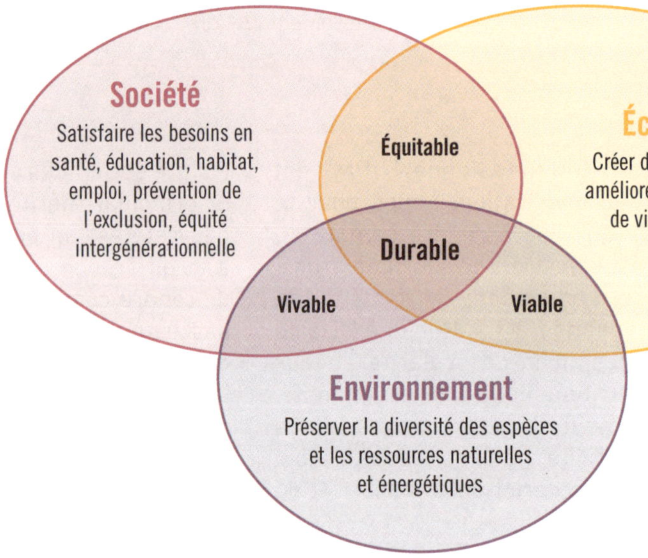

rse-pro.com

DOC 16 L'exploitation raisonnée des ressources maritimes

En 2005, la quasi-totalité (94 %) des stocks de poissons présents dans les eaux européennes était surexploitée ; aujourd'hui, près des 2/3 sont reconstitués. L'explication ? La mise en place d'une gestion plus durable de la pêche. Instaurés en 1983, les premiers quotas limitant les quantités de poissons pêchés, par an et par espèce, n'étaient pas assez contraignants pour inverser la tendance. Mais lors du sommet de Johannesburg en 2002, les États du monde se sont tous engagés à appliquer une nouvelle norme pour calculer leurs quotas. [...]

L'objectif est de reconstituer toutes les réserves des eaux européennes d'ici à 2020. Les effets de cette nouvelle politique se font déjà sentir : ainsi dans le golfe de Gascogne, la pêcherie d'anchois avait dû être fermée de 2007 à 2009 face à la baisse du stock. En 2011, il était de nouveau abondant.

« En 2050, reste-t-il du poisson dans la mer ? », *Ça m'intéresse*, juillet 2014

1. **Identifiez l'origine et les objectifs d'un développement durable.**
2. **Expliquez l'impact que peut avoir la prise en compte du développement durable sur les activités économiques.**
3. **Précisez en quoi les mesures prises concernant la pêche en mer illustrent le concept de développement durable.**

B Les indicateurs et les limites du développement durable

DOC 17 Croissance et développement durable, c'est possible…

Depuis la découverte du pétrole en 1969, la Norvège a vu son économie croître en moyenne de 3 % par an en termes réels. En 2009, le secteur pétrolier représentait 20 % du PIB et 46 % des recettes d'exportation. Avant le pétrole, le développement économique du pays s'appuyait sur une électricité hydraulique bon marché, qui a favorisé l'émergence d'une industrie manufacturière grosse consommatrice d'énergie dominée par la métallurgie, la chimie, la construction navale et la transformation du bois. Pour lutter contre les pressions exercées sur l'environnement par ces secteurs et d'autres, la Norvège a été le premier pays à appliquer certaines politiques environnementales parmi les plus ambitieuses au monde. Celles-ci s'inscrivent dans un cadre d'action en faveur du développement durable qui vise à préserver le stock de capital national au fil des générations […].

La Norvège a su faire œuvre de précurseur dans de nombreux secteurs de la politique de l'environnement, et d'autres pays auraient d'ailleurs beaucoup à apprendre de son expérience, mais elle doit encore relever plusieurs défis importants, à commencer par la réduction des émissions de gaz à effet de serre, la protection de la biodiversité, la gestion des déchets et la maîtrise de la pollution atmosphérique urbaine.

OCDE, *Examen des performances environnementales - Norvège 2011*, www.oecd.org

DOC 18 Croissance et développement durable, c'est parfois difficile…

La croissance exponentielle de la Chine ces dernières décennies a fait d'elle un pays se rangeant parmi les premières puissances économiques mondiales, et, à ce titre, le premier émetteur mondial de dioxyde de soufre (SO_2) – avec une hausse prévue des émissions d'ici 2015 –, les trois quarts de ses ressources en eau jugées impropres à la consommation, 30 % de ses villes non équipées de stations d'épuration, et une production d'un peu plus de 1 700 Mt (mégatonnes) de déchets industriels par an. Ces constats sont pris très au sérieux par le ministère de la Protection de l'environnement.

[…] À cet égard, l'OCDE, dans son rapport de 2007, recommandait des efforts conséquents pour une « croissance économique durable » en insistant sur l'application sur tout le territoire de lois et réglementations concernant les installations énergétiques et industrielles, en raison de leur mise en œuvre locale très défaillante. À l'heure actuelle, la dégradation globale des écosystèmes chinois entraîne de très nombreux décès chaque année et représente un coût considérable. Conscient de l'ampleur des dégâts, le gouvernement a pour objectif de passer à un mode de développement plus durable, devant permettre à la Chine de consommer et polluer moins. […]

C. Xiaoyun, C. Le Gaonach Bret, *Le Monde*, 30 juin 2010

DOC 19 Les nouveaux indicateurs

L'un des plus connus d'entre eux est l'indicateur de progrès véritable (IPV). Cet indicateur prend pour base la mesure de la consommation des ménages à laquelle il ajoute une estimation monétaire de « vraies » richesses (le bénévolat, le travail domestique) et en soustrait la destruction d'autres à caractère environnemental (le coût des dégradations de l'environnement et la dépréciation du capital naturel : la couche d'ozone, la biodiversité) ou social (ex. : les accidents de la route, le niveau de la criminalité, etc.) ? Plus récemment, l'Organisation des Nations unies a proposé un indicateur de PIB vert, lors du sommet Rio + 20 en juin dernier, l'indice de richesse globale (*Inclusive Wealth Indcx*, IWI en anglais). L'IWI est censé intégrer à la richesse d'un pays, en plus du PIB classique, son « capital naturel », c'est-à-dire son patrimoine écologique, afin de mesurer la durabilité de sa croissance. Il additionne ainsi des flux de production (le PIB annuel) et un stock de richesse (le niveau du capital naturel).

A. Lalucq, P. Frémeaux, « Une nouvelle mesure du progrès », *Alternatives Économiques Poche* n° 61, mars 2013

4 Précisez le point commun des deux pays cités en exemple.

5 Relevez les éléments de compatibilité et d'incompatibilité entre croissance et développement durable.

6 ACTIVITÉ

En 6 à 8 lignes, présentez les limites rencontrées par les pays lors de la mise en œuvre de nouveaux indicateurs.

Étape synthèse

Les finalités de la croissance

La croissance économique

Un indicateur : le PIB

- Une définition : les richesses produites sur un territoire
- Un calcul : somme des valeurs ajoutées (marchandes et non marchandes)

Les finalités de la croissance

Amélioration du niveau de vie

- Notion quantitative
- Augmentation du revenu par habitant, niveau de vie

Développement

- Notion qualitative
- Transformation de la société évaluée par des indicateurs spécifiques (IDH, IPM…)
- La croissance est une condition nécessaire mais non suffisante au développement

Développement durable

- Les priorités sociales, environnementales et économiques sont prises en compte et mesurées par des indicateurs (PIB vert, empreinte écologique…)
- Les limites sont nombreuses

MOTS-CLÉS

▸ **PIB :** somme de la richesse créée (par les ménages, entreprises, administrations de même nationalité ou étrangères) et de toutes les valeurs ajoutées produites par année dans un pays donné.

▸ **Croissance :** augmentation de la production de biens et de services marchands et non marchands sur une période donnée.

▸ **Développement :** ensemble des transformations de la société qui accompagne la croissance destinées à améliorer les conditions de vie des individus.

Parcours *balisé*

Le PIB de la région Limousin

DOC 1 Le PIB de la région Limousin face aux autres régions

En 2011, le PIB limousin s'élève à 17,1 milliards d'euros ①. La région contribue pour moins de 1 % au PIB national, poids légèrement inférieur à celui de sa population. Seule la Corse dégage une richesse plus faible. Sur les vingt dernières années, le poids du Limousin dans la production nationale est en baisse (0,87 % en 2011 contre 1,05 en 1990). Entre 1990 et 2007, le PIB régional en volume a crû de 24 %. Cette progression demeure inférieure de douze points à la croissance de la France de province. Seules les régions de l'Est de la France (Lorraine, Champagne-Ardenne et Bourgogne) ainsi que la Picardie et l'Auvergne ont connu une moindre croissance. Le PIB breton a progressé deux fois plus vite sur la même période, une progression proche de celle observée en Pays de la Loire, Languedoc-Roussillon, Corse et Midi-Pyrénées.

« Le bilan économique 2013 en Limousin », ***Les dossiers Insee Limousin***

① INDICES

1 **Comparez ① le PIB de la région Limousin ② par rapport aux autres régions françaises.**

② MÉTHODE Il s'agit de rendre compte des écarts entre les différentes variables, tant en valeur absolue (€) qu'en valeur relative (%).

DOC 2 Une faible création de richesse par habitant

	Limousin	Province	Rang du Limousin (22 régions en France en 2014)
PIB/habitant	23 139	26 571	22e

« 20 ans de PIB en Limousin », ***Focal Insee*****, juin 2014**

2 **Situez économiquement la région Limousin par rapport aux autres régions.**

DOC 3 Des services administrés prépondérants

La répartition sectorielle de la valeur ajoutée ③ dégagée en Limousin est sensiblement différente de la moyenne des régions de province.

Depuis quelques années, en Limousin, le secteur des services administrés est prépondérant, devançant les services marchands ⑤. Seule la Corse partage cette spécificité. Il concentre 30,9 % de la valeur ajoutée régionale. Ce secteur regroupe des activités diverses telles que l'éducation, la santé, l'action sociale ou l'administration. Ces activités sont en partie marchandes, comme le secteur libéral de la santé. La présence accrue des services administrés ne permet pas de bénéficier d'un effet d'entraînement important pour l'économie.

Or, c'est le secteur dont le poids dans la valeur ajoutée régionale a le plus progressé entre 1990 et 2007 (+ 5,3 points contre + 2,7 points en France de province).

③ MÉTHODE La notion de « valeur ajoutée » est importante pour ce cas. Pensez à la définir.

Le secteur des services marchands concentre 28,2 % de la valeur ajoutée en 2011. Sa contribution à la valeur ajoutée a peu progressé en Limousin entre 1990 et 2011 (+ 1,0 point contre + 5,6 en France de province). Ainsi, globalement, en 2011, le tertiaire marchand qui regroupe les services marchands et le secteur du commerce, des transports, de l'hébergement et la restauration concentre 45,9 % de la valeur ajoutée régionale, soit près de 5 points de moins qu'en France de province.

Taux d'occupation dans les hôtels

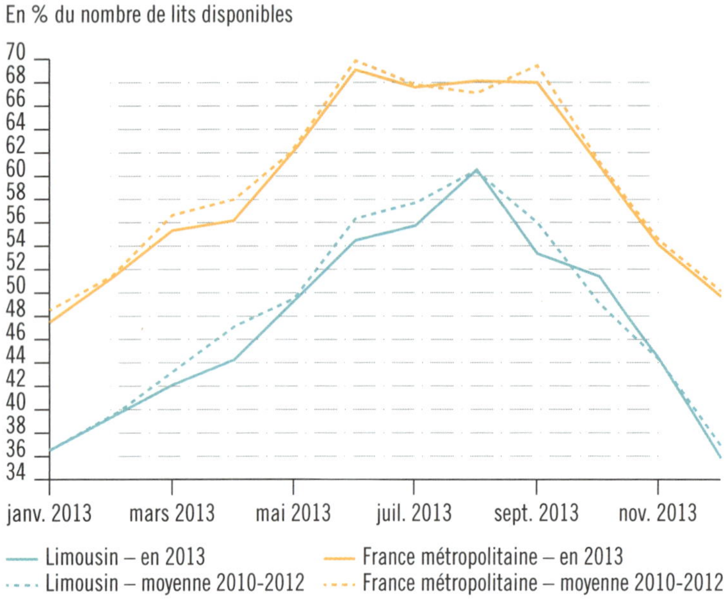

Note : données 2013 définitives. Données 2010, 2011 et 2012 rétropolées suite au changement de méthode début 2013.

Insee, DGCIS, partenaires régionaux

L'agriculture est un secteur emblématique de la région. Cependant, en 2011, il ne concentre que 3,1 % de la aleur ajoutée (2,6 points de moins qu'en 1990). Le Limousin demeure au second rang des régions pour le poids de son emploi agricole et représente 2,3 % de l'emploi agricole métropolitain.
Le secteur de l'industrie a fortement décru, en Limousin comme en province. En 2011, il ne concentre plus que 13,7 % de la valeur ajoutée régionale.
Le secteur de la construction retrouve en 2011 un poids comparable à celui de 1990 avec une contribution à la valeur ajoutée à hauteur de 6,6 %. Sur toute cette période, il a sensiblement fluctué selon les cycles d'activité propres au secteur. Toutefois, en 2011 et en volume, c'est-à-dire en neutralisant l'effet prix ④, la valeur ajoutée dégagée par la construction est la plus faible de ces vingt dernières années.

« Le bilan économique 2013 en Limousin », ***Les dossiers INSEE Limousin***

3 **Après avoir distingué les caractéristiques des différents secteurs ⑤, appréciez ⑥ la conjoncture ⑦ économique de la région Limousin.**

En savoir plus...
Émission radio sur la croissance

RESSOURCE **tinyurl.com/pzwjjnu**

④ **MÉTHODE** L'évocation de « l'effet prix » et du PIB « en volume » doit vous guider vers un rappel sur la distinction entre PIB réel et nominal.

⑤ **MÉTHODE** Une première lecture doit vous conduire à identifier, dans une première partie, les différents secteurs et leur poids respectif dans le PIB de la région, puis à exposer un bilan global dans une deuxième partie. Il ne s'agit pas d'évoquer les secteurs un par un, mais de les regrouper par caractéristiques communes (ex. : secteurs forts ou faibles).

⑥ **LEXIQUE** Apprécier doit vous conduire à évaluer, juger, qualifier la situation économique.

⑦ **MÉTHODE** Définissez la notion de conjoncture et la faire figurer dans votre réponse.

Les facteurs de croissance

> L'économie chinoise continue de ralentir

La production industrielle chinoise a augmenté en août à son rythme le plus faible depuis près de six ans et la croissance a aussi ralenti dans d'autres secteurs de l'économie, selon des données officielles publiées samedi. Les chiffres de la production industrielle, couplés à ceux des ventes au détail, des investissements et des importations, montrent que la deuxième économie mondiale est peut-être sous la menace d'une nette décélération à moins que Pékin ne prenne de nouvelles mesures de relance.
La production dans l'industrie a augmenté de 6,9 % en août sur un an, sa plus faible croissance depuis 2008 quand le pays avait subi le contrecoup de la crise financière mondiale.

www.latribune.fr, 14 septembre 2014

La croissance du PIB, glissement annuel, par trimestre, en %

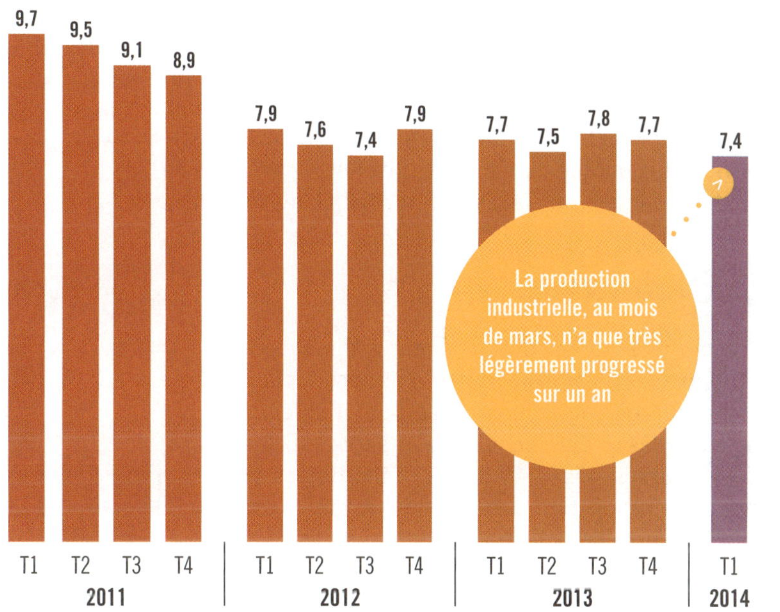

Bloomberg

1. **Effectuez un constat sur l'évolution de la croissance chinoise.**
2. **Relevez les éléments qui semblent être à l'origine de cette situation.**
3. **À partir du graphique et du texte, appréciez le degré de gravité de la situation et expliquez votre jugement.**

ITINÉRAIRE BIS

La nouvelle croissance chinoise

VIDÉO 00'00 à 2'47 tinyurl.com/ou477bj

La croissance à deux chiffres que la Chine a connue dans les années 2000 a décliné. L'intervenante F. Lemoine (Xerfi Canal TV) nous en présente les raisons.

COMPÉTENCES

À l'issue de ce parcours, vous serez capable
> d'identifier et de caractériser les contributions respectives des facteurs d'offre à la croissance ;
> de caractériser les facteurs de développement économique.

1 Quels sont les facteurs traditionnels de la croissance économique ?

A Les facteurs de production

DOC 1 Les facteurs de production sont à l'origine de la croissance

Pour obtenir de la croissance, les économistes considèrent en général qu'il faut trois ingrédients : du travail, du capital et du progrès technique. Le travail est un facteur de croissance aussi bien en quantité qu'en qualité. C'est en effet la disponibilité d'une abondante main-d'œuvre qui a permis le décollage économique des États-Unis et de l'Europe au XIXe siècle et celui des pays émergents comme la Chine ces dernières décennies. L'industrialisation à ses premiers stades nécessite en effet une grande quantité de travail. Dans les sociétés industrielles avancées, l'aspect qualitatif du travail prend une place croissante : le niveau de formation et de qualification, aussi bien que l'organisation du travail influent sur la productivité, c'est-à-dire sur la quantité de richesses produites par heure de travail. La division du travail, qui spécialise les individus, compte particulièrement : la diffusion du taylorisme est pour partie à l'origine de la prospérité des Trente Glorieuses. La coopération et la qualité du dialogue social qui caractérisent aujourd'hui les organisations de travail dans les entreprises en Allemagne et dans les pays scandinaves sont également un élément non négligeable de la réussite économique de ces pays.

Autre facteur indispensable à la production : le capital, c'est-à-dire les biens de production (machines, locaux...). L'homme a en effet besoin d'outils pour accroître l'efficacité de son travail. Depuis la première révolution industrielle, l'accumulation du capital est devenue le moteur décisif d'une croissance de la production.

« Les facteurs clés de la croissance », *Alternatives Économiques* Hors-série n° 97, avril 2013

DOC 2 La productivité

En économie, la productivité est définie comme le rapport, en volume, entre une production et les ressources mises en œuvre pour l'obtenir. La production désigne les biens et/ou les services produits. Les ressources mises en œuvre, dénommées aussi facteurs de production, désignent le travail, le capital technique (installations, machines, outillages...).

Insee

DOC 3 Comparatif de productivité en 2011

	Temps de travail hebdomadaire (en heures)	Productivité de la main-d'œuvre par heure travaillée (en heures)
France	41,2	45,4
Zone euro	41,5	37

www.lefigaro.fr

DOC 4 Le capital humain est un moteur de la croissance

Pour l'essentiel, le capital humain se développe au moyen de l'éducation ou de la formation, qui a pour effet d'accroître la productivité économique d'un individu – c'est-à-dire, qui lui permet de mieux gagner sa vie. Les gouvernements, les employés et les employeurs investissent tous dans le capital humain en consacrant du temps et de l'argent à l'éducation et à la formation (à l'accumulation de connaissances et de compétences). Comme tout autre investissement, cela suppose des sacrifices, et les individus y consentent s'ils s'attendent à ce que cela leur rapporte à l'avenir un surcroît de revenus.

Les gouvernements consacrent des deniers publics à l'éducation dans l'idée qu'une population mieux éduquée contribuera à un développement plus rapide. [...] En effet, les employés instruits et qualifiés sont généralement mieux à même de produire plus, ou de fournir un produit qui a plus de valeur marchande, et les employeurs ont tendance à reconnaître cela en leur offrant des salaires plus élevés.

[...] Le capital humain d'un pays et son taux de progression sont deux considérations essentielles pour le niveau et le rythme de développement économique de ce pays, principalement parce que le capital humain est ce qui détermine plus que tout autre facteur son aptitude à générer et adopter des solutions technologiques novatrices. Mais investir dans le capital humain, bien que primordial, ne suffit pas à assurer une croissance économique soutenue. Ce type d'investissement doit en effet s'accompagner d'une stratégie de développement appropriée.

[...] Dans la plupart des pays, le gouvernement joue aujourd'hui un rôle de plus en plus actif dans les prestations de services d'éducation [...]. Les différences de niveaux de dépenses publiques d'éducation (par rapport au PIB) d'un pays à l'autre reflètent les efforts plus ou moins grands consentis par les dirigeants pour accroître les ressources nationales en capital humain.

www.worldbank.org

1. **Relevez les apports de chacun des facteurs de production dans la croissance économique.**
2. **Expliquez en quoi l'amélioration de la productivité contribue à la croissance économique.**
3. **Analysez les effets des investissements en capital humain sur la croissance.**

B L'innovation et le progrès technique

DOC 5 Schumpeter ou l'innovation comme moteur de la croissance

Ce qui [...] intéresse [l'économiste Joseph Schumpter] par-dessus tout, c'est l'évolution du système capitaliste [...]. Le moteur du système, c'est l'innovation et le progrès technique à travers le phénomène de « destruction créatrice[1] ».

Les cinq formes d'innovations

- L'innovation de produits
- L'innovation de procédés
- L'innovation de modes de production
- L'innovation de débouchés
- L'innovation de matières premières

C'est grâce à un « entrepreneur innovateur » que la dynamique économique se fait sentir à travers des progrès aussi bien quantitatifs (avec l'augmentation du niveau de production) que qualitatifs. L'entrepreneur est donc l'acteur fondamental de la croissance économique. Il aime le risque et est à la recherche du profit maximal. L'innovation lui permettra d'obtenir un monopole temporaire sur le marché.

1. Il s'agit du processus constant mis en évidence par l'auteur selon lequel une innovation en remplace une autre.

www.economie.gouv.fr

Le cycle de l'innovation de Schumpeter

Les vagues de Schumpeter accélèrent au fil du temps !

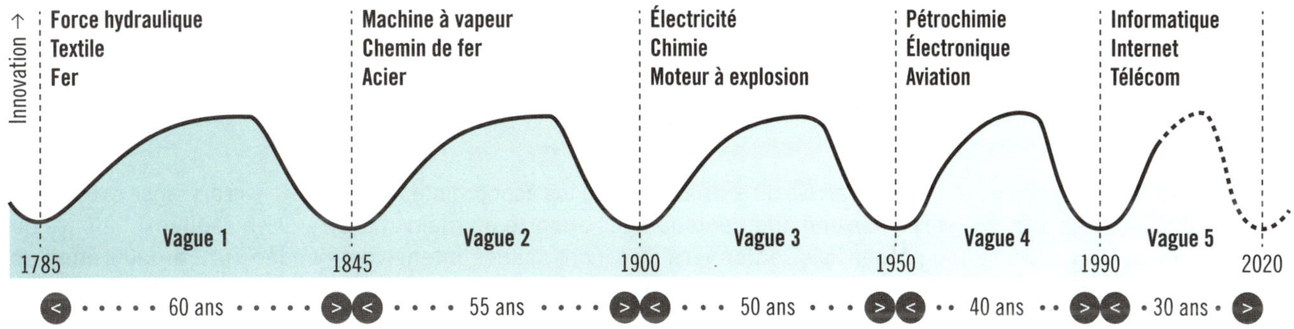

www.dikeo.fr

DOC 6 Comment Internet stimule la croissance

Internet dope la croissance économique des pays de l'Organisation de coopération et de développement économiques (OCDE) – et notamment la France. [...]

« Au début, Internet est apparu comme un outil qui a amélioré la communication de façon conséquente, mais il s'est transformé depuis en une technologie omniprésente, qui soutient tous les secteurs de l'économie », rapportent les auteurs.

L'OCDE n'avait jamais tenté de chiffrer l'impact d'Internet sur l'économie des États membres. [...] Il s'agit de ne pas se concentrer uniquement sur les fournisseurs de réseau ou sur l'e-commerce pour comprendre « l'ensemble des usages et bénéfices résultant de la connectivité que fournit Internet ».

Ce rapport assure notamment qu'Internet dégage jusqu'à 13 % de la valeur ajoutée produite par les entreprises américaines en 2010. C'est bien plus que ce que toutes les études antérieures avaient conclu. [...]

Sur l'ensemble des pays de l'OCDE, le secteur des technologies de l'information et de la communication représentait, en 2009, 15 millions d'emplois, soit 6 % des emplois privés pourvus au sein des pays de l'OCDE. Le nombre d'emplois de long terme pourvus par le secteur des TIC dans les pays de l'OCDE a crû de 0,8 % par an entre 1995 et 2009.

[...] Une étude McKinsey de 2011 indiquait pour sa part qu'Internet pesait en 2010 près de 3,7 % du PIB français. Certains secteurs de l'économie en sont plus dépendants que d'autres. Le marché mondial des médias et des loisirs devrait ainsi être largement porté par le numérique, avec un taux de croissance de 12,1 % par an entre 2012 et 2016, contre 2,8 % pour le non-numérique, selon une étude du cabinet PricewaterhouseCoopers publiée en juin dernier.

www.lemonde.fr, 4 octobre 2012

4 Illustrez chaque type d'innovation par un exemple de votre choix.

5 Interprétez la vitesse de la « destruction créatrice ».

6 ACTIVITÉ

Sur un schéma, en vous aidant de la typologie des innovations de Schumpeter, vous présenterez comment Internet peut être qualifié d'innovation majeure.

C Les différents types de croissance

DOC 7 L'innovation détermine le type de croissance

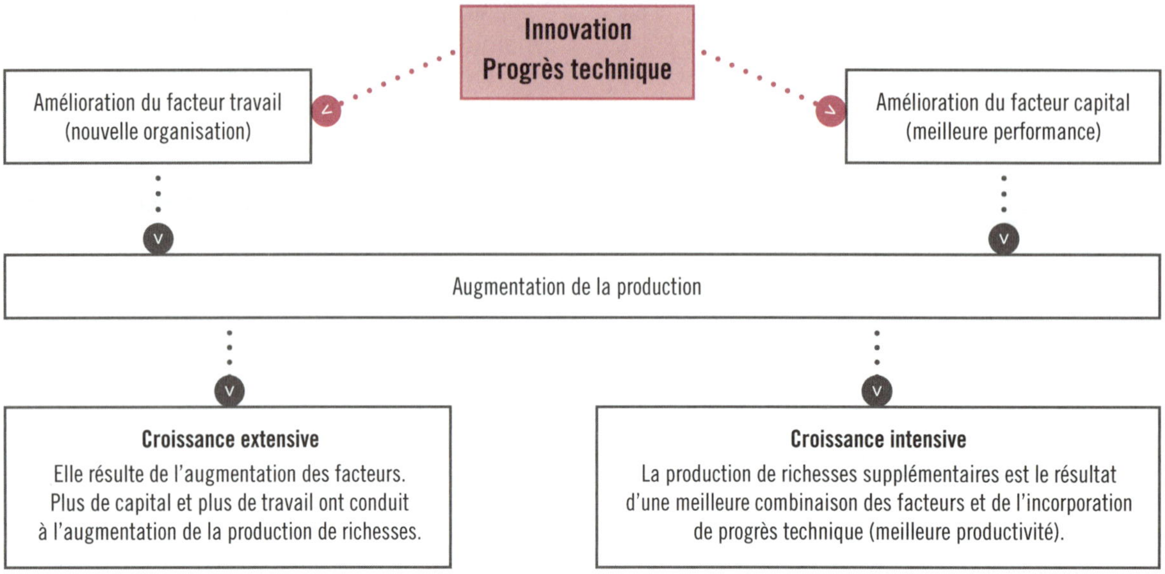

Foucher, 2015

DOC 8 L'évolution du type de croissance en Chine

La Chine arrive au terme de ce que les économistes appellent la « croissance extensive », tirée par une augmentation des apports en main-d'œuvre et en capitaux. Le pays doit à présent s'orienter vers une « croissance intensive », fondée sur l'amélioration des savoir-faire et des technologies [...].

Cela entraînera entre autres conséquences le net ralentissement du taux de croissance chinois par rapport à la moyenne annuelle proche de 10 % qu'il a enregistrée au cours des trois dernières décennies. Ce qui complique cette transition, c'est la nature même de la croissance extensive chinoise, notamment le taux extraordinaire de l'investissement [...].

La Chine d'il y a trente-cinq ans était une économie de main-d'œuvre excédentaire. Ce n'est plus le cas aujourd'hui, en partie du fait de la rapidité de la croissance et de l'urbanisation – depuis le début des réformes, l'économie chinoise a été multipliée, en termes réels, par plus de vingt, et la moitié de la population chinoise vit désormais en ville – et du faible taux de natalité [...].

M. Wolf, www.lemonde.fr, 26 mars 2012

Vue de Shanghai depuis la nouvelle tour SWFC qui surplombe le quartier d'affaires de Pudong.

7. Distinguez croissance intensive et croissance extensive.
8. Analysez l'évolution du type de croissance en Chine.

2 Quels sont les autres facteurs explicatifs de la croissance économique ?

A Les impulsions gouvernementales et territoriales

DOC 9 Les « 34 chantiers industriels » du gouvernement

Un an après leur lancement, le président de la République reçoit à l'Élysée l'ensemble des chefs de file des 34 plans. [...] E-éducation, bornes de recharge, voiture ne consommant pas plus de deux litres aux 100 km... Dans chacun des 34 domaines sélectionnés par le gouvernement, les plans doivent donner les moyens aux industriels de développer et de commercialiser les produits innovants qui inonderont les marchés dans cinq à dix ans et de prendre de l'avance sur leurs concurrents étrangers. Le gouvernement en espère 480 000 emplois en dix ans, en cas de succès.

[...] Le pilotage de chaque projet a été confié à un patron de grands groupes comme Thierry Breton (Atos), Carlos Ghosn (Renault) ou Michel Combes (Alcatel) ou de start-up, épaulés par l'administration. [...] « Ces plans ont été un bon aiguillon, confirme Antoine Frérot, le chef de file du plan consacré aux matériaux verts et au recyclage, il n'y a que du bon à prendre. Impliquer les professionnels en leur confiant le pilotage des plans et mettre l'administration au service de l'industrie a été une bonne démarche », poursuit le grand patron qui estime désormais qu'il « ne faut pas que cela retombe comme un soufflet ». [...]

Mais le plus dur reste à faire pour les 34 plans. Car au-delà de la dynamique créée, encore faut-il les concrétiser. La plupart des pistes d'action identifiées par les groupes de travail doivent encore être mises en place. Une maquette de l'avion 100 % électrique E-fan, développé par une filiale d'Airbus, une kangoo équipée d'une pile à hydrogène, développée par Michelin et le CEA ou un T-shirt capable de transmettre la fréquence cardiaque et l'intensité de l'effort de celui qui le porte à un smartphone : une dizaine de prototypes, issus des plans industriels sont exposés dans le jardin de l'Élysée et les salons du palais pour cet anniversaire de la Nouvelle France industrielle. Mais la plupart de ces projets étaient déjà lancés et développés avant le lancement des plans industriels.

Dans les autres plans, la mise en œuvre des propositions doit démarrer en ce mois de septembre 2014. Les 3,5 milliards d'euros des investissements d'avenir doivent permettre de lever certains obstacles, mais l'enveloppe reste limitée. Surtout, le financement de chacun des plans doit encore être arrêté définitivement. [...] Pour savoir si ces plans donnent naissance à des champions mondiaux, il faudra encore patienter...

S. Davesne, www.usinenouvelle.com, 9 septembre 2014

DOC 10 L'exemple des pôles de compétitivité : concentrer des moyens sur un territoire

Un pôle de compétitivité rassemble sur un territoire donné des entreprises, des acteurs de recherche et des établissements de formation pour développer des synergies et des coopérations autour d'une thématique commune.

Situé en Lorraine, Materalia est un « cluster » (pôle de compétitivité) dédié aux nouveaux matériaux. Ce site regroupe des entreprises, des centres académiques qui permettent d'accroître l'efficacité, notamment de la Recherche et Développement. L'État, qui en 2014 a initié 71 clusters sur le territoire, encourage la coopération entre acteurs et les collectivités locales soutiennent les initiatives et les partenariats public/privé.

Foucher, 2015

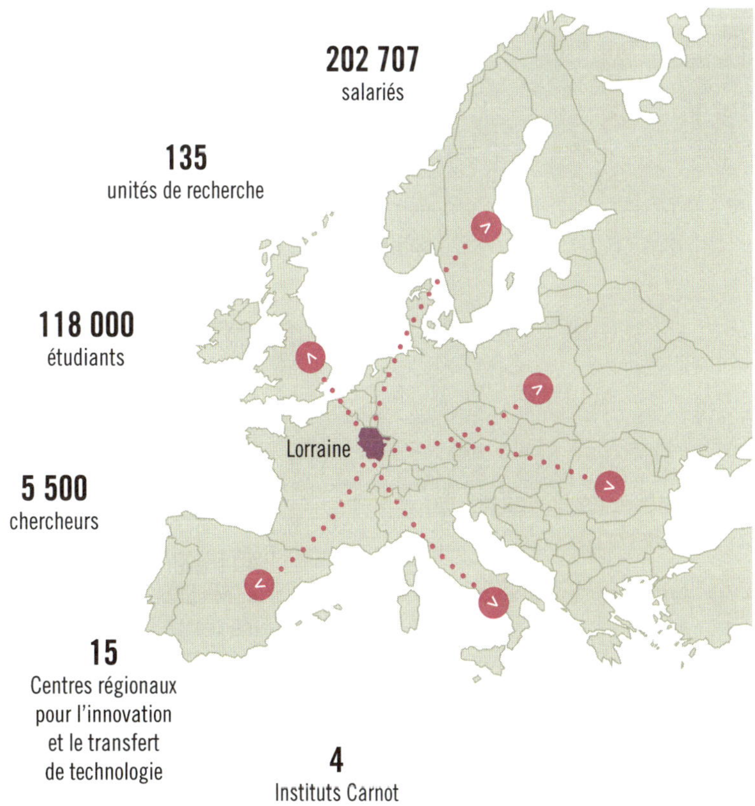

www.materalia.fr

1. Relevez les activités sur lesquelles portent les projets de leviers de croissance.
2. Expliquez comment l'État et les collectivités territoriales peuvent stimuler de la croissance.

B Les composantes de la croissance

DOC 11 Les composantes de la croissance en 2013

Les dépenses de consommation des ménages se redressent (+ 0,5 % après – 0,5 %) tandis que la formation brute de capital fixe (FBCF[1]) totale poursuit son repli (– 1,1 % après – 1,0 %). Au total, la demande intérieure finale (hors stocks) progresse faiblement : elle contribue à l'évolution du PIB pour + 0,2 point (après – 0,4 point début 2014).

Les importations ralentissent légèrement (+ 0,4 % après + 0,6 %) et les exportations un peu plus nettement (0,0 % après + 0,5 %). En conséquence, le solde extérieur contribue négativement à l'évolution du PIB (– 0,1 point), après une contribution neutre le trimestre précédent. De même les variations de stocks pèsent légèrement sur l'évolution de l'activité : – 0,1 point après + 0,5 point début 2014.

1. FBCF : investissements.

Insee, Comptes nationaux trimestriels – Premiers résultats du 2e trimestre 2014

DOC 12 L'évolution des composantes de la croissance

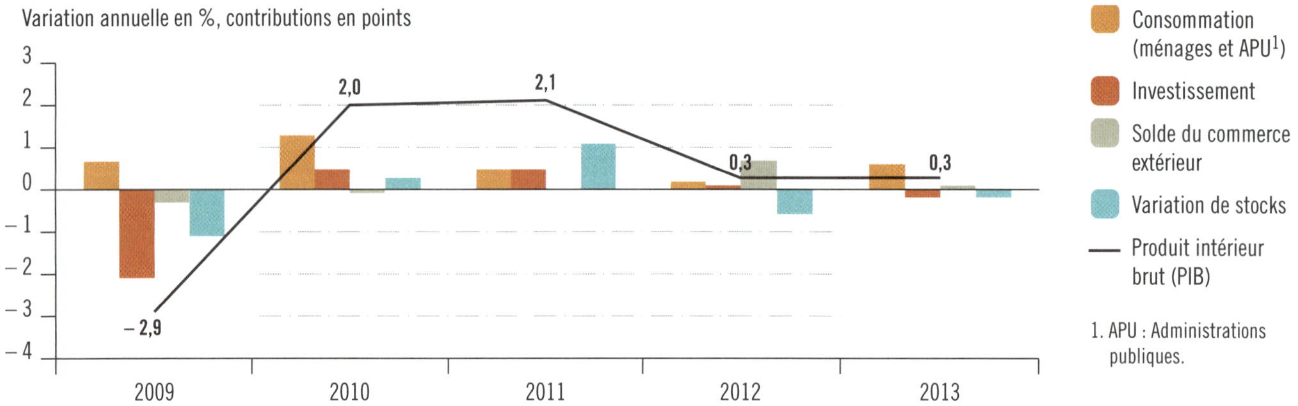

Insee, Comptes nationaux, base 2010

ITINÉRAIRE BIS

France : perspectives et prévisions pour la fin de l'année

VIDÉO 4'03 tinyurl.com/qceyt7d

Au travers de la présentation de secteurs d'activité, l'intervenant A. Mirlicourtois (Xerfi Canal TV) présente l'état de santé de l'économie française par l'analyse des composantes de la croissance.

a. Identifiez l'indicateur utilisé pour analyser les anticipations de l'évolution de la croissance. Recherchez sa signification sur le site de l'Insee.

b. Relevez la composante qui semblerait favoriser la croissance.

c. Quelle composante de la croissance fait défaut ?

3. Relevez les composantes de la croissance.

4. Analysez l'évolution des composantes de la croissance entre 2009 et 2013.

5. ACTIVITÉ
Construisez l'équation de la croissance à partir de ses composantes.

C La confiance des agents détermine le niveau d'activité

DOC 13 La nécessaire confiance des ménages

Le moral des Français remonte un peu ce mois de juin, selon les données de l'Insee publiées ce jeudi matin. L'indicateur de la confiance des ménages a gagné 1 point par rapport au mois de mai, mais reste encore largement inférieur à la moyenne de long terme (situé à 86 pour une moyenne de 100). [...] Pour les ménages, leur situation personnelle future va s'améliorer. Leur opinion sur leur situation financière future augmente ainsi de 2 points en juin par rapport au mois dernier. La proportion de ménages considérant comme « opportun de faire des achats importants » est elle aussi en progression (+ 3 points). [...] Les Français estiment pouvoir épargner encore davantage. [...]

Cela serait lié au pessimisme persistant depuis quatre mois sur l'évolution future du chômage (+ 2 points), qui « devrait mener les Français à maintenir un taux d'épargne élevé dans les prochains trimestres ».

J. Fremin du Sartel, www.lesechos.fr, 26 juin 2014

DOC 14 La nécessaire confiance des entreprises

Les chefs d'entreprise français sont les plus pessimistes au sujet de l'économie de leur pays [...]. Les dirigeants d'entreprise français « affichent un manque de confiance dans l'économie nationale avec un indice à 35,17, un chiffre qui contraste avec la moyenne mondiale qui est de 48,85 », indique le groupe de conseil aux entreprises Sage dans un baromètre conduit cet été auprès de 11 000 entreprises dans 17 pays. La confiance affichée la plus élevée est celle de Singapour (61,63). [...]

« C'est un phénomène assez spécifique à la France, un manque de confiance des Français dans l'économie de leur pays », a commenté Antoine Henry, directeur de Sage France, dans un entretien accordé à l'AFP. « À mon avis, les raisons sont moins réelles et économiques que psychologiques », a-t-il ajouté. « Quand un chef d'entreprise n'a pas confiance dans la santé de son pays pour des raisons plutôt psychologiques, on a un risque qu'il investisse moins », a-t-il ajouté [...].

23 % des patrons français considèrent que la lourdeur des procédures administratives et des réglementations est le principal obstacle à l'entrepreneuriat en France, indique l'étude, tandis que 19 % citent le niveau d'imposition comme étant un problème majeur et 15 % l'attitude du gouvernement envers l'entreprise, un taux parmi les plus élevés. [...]

K. Coombs, Reuters, 23 octobre 2013

Degré de confiance dans l'économie française à horizon de six mois

Enquête réalisée du 23 mai au 3 juin 2014 auprès d'un échantillon de 305 dirigeants d'entreprises dont le chiffre d'affaires est compris entre 15 et 500 millions d'euros.

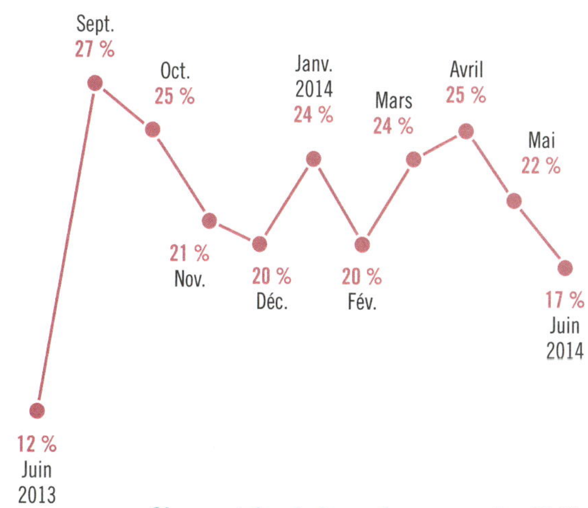

Observatoire de la performance des PME-ETI

6. Précisez ce que mesure l'indicateur de confiance des ménages de l'Insee.

7. Expliquez l'impact de la confiance des agents économiques sur la croissance.

8. Relevez les déterminants de la confiance des chefs d'entreprise.

Étape synthèse

Les facteurs de croissance

La croissance économique s'explique par…

Facteurs traditionnels :

- le capital (les équipements), le travail (la quantité de main-d'œuvre et son niveau de compétences)
- les gains de productivité
- le progrès technique et les innovations

Autres facteurs :

- les impulsions gouvernementales et territoriales (l'État investit et encourage l'investissement dans des secteurs clés)
- la confiance est l'élément qui permet aux agents économiques d'anticiper l'avenir de façon positive, d'investir, de consommer…

… aboutissant à 2 types de croissance :

- la croissance extensive qui est le résultat de l'augmentation des facteurs de production
- la croissance intensive qui résulte d'une amélioration de la combinaison des facteurs, de l'innovation

MOTS-CLÉS

▸ **Capital humain :** ensemble des compétences, qualifications et expériences acquises par un individu qui contribuent à améliorer qualitativement le facteur travail.

▸ **Progrès technique :** amélioration des techniques de production ou apparition de nouveaux produits.

▸ **Indicateur synthétique du climat des affaires :** perception positive ou négative qu'ont les dirigeants d'entreprise de la conjoncture économique.

Parcours **balisé** : Les leviers de la croissance

DOC 1 L'utilisation, davantage que la possession, comme levier de croissance

Axer une société sur la possession fait que la responsabilité du devenir des produits de consommation passe du producteur à l'acheteur. Ce dernier n'aura pas d'autre choix que de s'en défaire comme il peut, après usage ; d'où un gaspillage et une accumulation de déchets.

Une économie fondée sur les services aurait l'avantage de la durabilité et de la « réparabilité » des produits. En effet, un prestataire de service[1] a tout intérêt à allonger la durée de vie d'une marchandise, surtout s'il a la responsabilité de son recyclage. En séparant la possession de l'utilisation ①, on peut également rechercher un gain d'efficacité : rappelons que la voiture d'un particulier, par exemple, n'est utilisée que 5 % de son temps ; le parc automobile est donc démesuré par rapport à son utilité réelle. Se déplacer peut parfaitement se concevoir au travers d'un service. [...]

Les futurs véhicules autonomes (sans chauffeur) ouvrent la voie à une révolution des mœurs, si l'on considère une utilisation mutualisée et à la carte, comme pour un abonnement de bus. Cela voudra dire moins de véhicules, mais la diminution de la production – qui s'automatise de plus en plus – pourrait paradoxalement engendrer plus de créations d'emplois pour la maintenance, la réparation, la mise à jour, le suivi, le recyclage et la personnalisation des offres de service ; à condition que ces aspects soient prévus dans la conception des produits.

[L'objectif] serait la substitution physique d'objets par un service. Dans des domaines à forte innovation, comme les technologies de l'information et de la communication, les services (en ligne) ont déjà pris le dessus sur les supports. C'est le cas pour les livres, la musique ou les films.

Disposer de l'usage des choses sans devoir les posséder a ainsi désengorgé nos étagères du disque vinyle, puis digital en une génération. La dématérialisation va plus loin encore, en intégrant dans les smartphones et tablettes des services remplaçant le téléphone fixe, le répondeur, le réveil, la montre, la radio, l'appareil photo, les jeux et bientôt l'ordinateur et la télévision en projection rétinienne.

On paie donc un ensemble de services, et non plus une multitude d'objets, qui étaient de surcroît vite obsolescents. La perte des affects et attachements à ces objets est compensée par des gains comme l'optimisation des coûts, du temps et de l'espace (les objets étant encombrants).

1. Prestataire de service : dont le revenu provient de la location du bien.

D. Schmitt, www.lemonde.fr, 16 octobre 2014

① **INDICES**

1. **Expliquez** ① le fonctionnement de ce **levier** ② de croissance potentiel.
2. **Caractérisez** ③ cette innovation dans la **classification de Schumpeter** ④.
3. Quels sont les effets attendus de cette activité ?

② **ANALYSE** Un levier de croissance est une activité susceptible de stimuler la croissance.

③ **LEXIQUE** Ici, caractériser vous conduit à retrouver à travers une illustration, un exemple, à quel élément conceptuel cela se rapporte (quel est le type d'innovation ?).

④ **MÉTHODE** Chaque fois qu'un concept est présenté dans une question, définissez-le.

DOC 2 Internet... Et après ?

« Nous sommes à la fin d'un cycle de vingt-cinq ans lié à la diffusion des technologies de l'information et de la communication (TIC). Contrairement à ce que l'on imagine, les gains de productivité associés à ce cycle ont été assez faibles en comparaison de ceux liés à la deuxième révolution industrielle, celle de l'électricité, du moteur à explosion, du développement de la chimie, qui a duré soixante-quinze ans », observe aussi Gilbert Cette, professeur à l'université d'Aix-Marseille et l'un des spécialistes français de ces sujets.

Un faible effet de l'ordinateur et de l'Internet sur la productivité du travail
Hausse annuelle moyenne de la productivité de l'heure de travail depuis 1891, en %

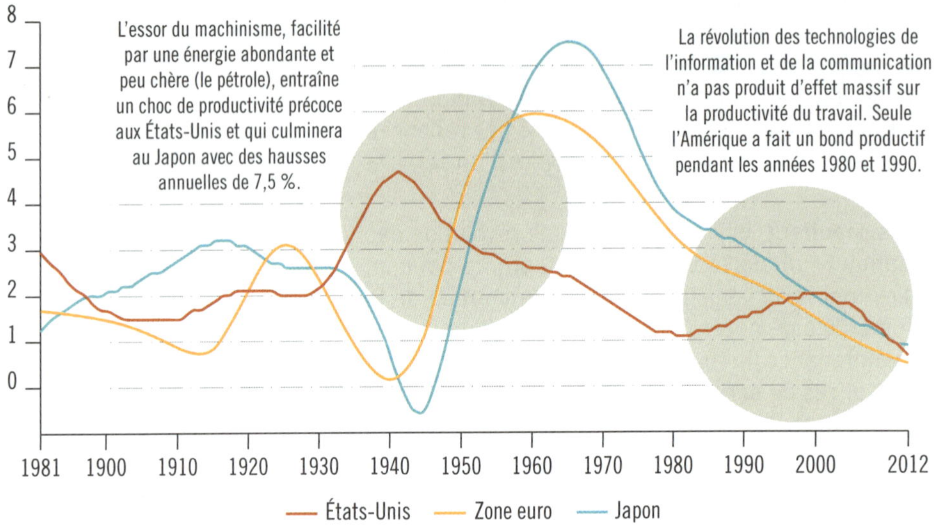

J.-M. Harribey, www.cahiersdusocialisme.org, 3 octobre 2014

[...] Autre sujet en débat : y a-t-il ou non dans les tuyaux des nouvelles technologies susceptibles de redresser la productivité de l'économie ? Sur ce point central, les avis divergent.

L'Américain Robert Gordon, auquel on doit d'avoir établi que la révolution des TIC a eu des effets bien plus modestes que la deuxième révolution industrielle, ne croit pas à une prochaine grande vague technologique aux États-Unis, du moins à une vague suffisamment puissante pour aller à l'encontre du ralentissement tendanciel de la productivité.

À l'heure des nanotechnologies, de nombreux industriels et économistes sont en désaccord avec cette vision. Ils la jugent par trop pessimiste et pensent qu'elle ne tient pas compte des promesses que recèlent les nanotechnologies.

C. Guélaud, www.lemonde.fr, 1er septembre 2014

4 **Comparez la productivité** ⑤ **pour les années 1970 et 2010 sur le graphique.**

5 **Expliquez en 8 lignes environ l'impact, à la hausse et à la baisse, de l'évolution des gains de productivité sur la croissance.**

En savoir plus...
Vidéo de Futuremag sur l'obsolescence programmée
▶ VIDÉO 1'01 **tinyurl.com/le26fok**

⑤ **MÉTHODE** La lecture d'un graphique répond à une méthode simple :
– déterminer le type de graphique (évolution, répartition…) ;
– identifier les unités représentées ;
– repérer les tendances générales (allez du général au spécifique) ;
– expliquer le constat en ayant recours au document ou à ses connaissances personnelles.

Thème 2
La création de richesses et la croissance économique

7 Les firmes multinationales dans l'économie mondiale

> Auchan compte désormais autant d'hypermarchés en Chine qu'en France

La crise ne semble pas avoir de prise sur le groupe Auchan… grâce à la Chine. Le groupe de grande distribution a en effet publié mardi un chiffre d'affaires annuel en hausse de 7 % à 60 milliards d'euros. Cette progression du chiffre d'affaires est le résultat d'une forte implantation à l'international où le groupe réalise 57 % de ses ventes. La Chine, où Auchan a ouvert 43 nouveaux hypermarchés, est le principal objectif d'implantation. Un vrai relais de croissance selon la direction financière du groupe. Auchan compte désormais 300 hypermarchés en Chine, autant qu'en France. L'essor de la classe moyenne en Chine attise les convoitises des entreprises internationales.

www.latribune.fr, 19 mars 2013

ITINÉRAIRE BIS

La stratégie gagnante de Renault à l'étranger

VIDÉO | 2'46 | tinyurl.com/ltfms6d

Le journaliste d'Europe 1 présente la stratégie d'internationalisation de Renault à Oran en Algérie. Il insiste sur la cohérence de ce choix avec les pratiques du « low cost ».

1. **Identifiez l'objectif de l'entreprise dans son choix d'implantation.**
2. **Qualifiez la stratégie de l'entreprise.**
3. **Justifiez la stratégie de l'entreprise.**

COMPÉTENCES

À l'issue de ce parcours, vous serez capable
> de repérer et d'analyser les flux d'IDE ;
> d'analyser les effets des stratégies des firmes multinationales sur les pays d'accueil et les pays d'origine.

1 Les firmes multinationales sont-elles des acteurs majeurs de la croissance économique ?

A Présentation et stratégies

DOC 1 Qu'est-ce qu'une firme multinationale ?

Une firme multinationale est constituée d'une maison mère et de filiales implantées à l'étranger. La CNUCED retient une définition large des firmes multinationales (FMN) : est considérée comme multinationale une firme qui contrôle au moins une filiale basée à l'étranger ; est considérée comme une filiale une entreprise dont la maison mère détient au moins 10 % du capital.

www.senat.fr

DOC 2 La chronologie des stratégies des multinationales

Apparues dès le XIXe siècle, les premières multinationales (Michelin, Nestlé, etc.) avaient une stratégie d'approvisionnement : leurs investissements étaient réalisés pour approvisionner la société mère en ressources naturelles et en produits primaires. Au cours du XXe siècle sont ensuite apparues des multinationales à stratégie de marché : les investissements prolongent l'activité d'exportation de la firme par une implantation de filiales dans ses marchés étrangers.

Vers la fin des années 60, des multinationales ont adopté une troisième stratégie, fondée sur la rationalisation de la production et la délocalisation en vue de tirer parti de coûts de production inférieurs à l'étranger. L'opération consiste concrètement à décomposer le processus productif en différents segments et à délocaliser les segments exigeant une importante main-d'œuvre vers les pays à faibles coûts salariaux, les segments à forte intensité énergétique vers des pays où l'énergie est bon marché, et ainsi de suite. [...] Avec les années 80, certaines multinationales furent tentées par une stratégie [...] caractérisée par une orientation des investissements vers d'autres formes d'implantation sur les marchés étrangers, telles que la sous-traitance [...] ainsi que la recherche de gains, éventuellement spéculatifs, sur les marchés financiers internationaux.

W. Andreff, « Le règne des firmes multinationales globales ? », *La mondialisation en débat*, HS n° 17, Sciences humaines, 1997, ressources.aunege.fr

DOC 3 Michelin, un industriel présent presque partout dans le monde

Sites de production (pneus, produits semi-frais et composants)

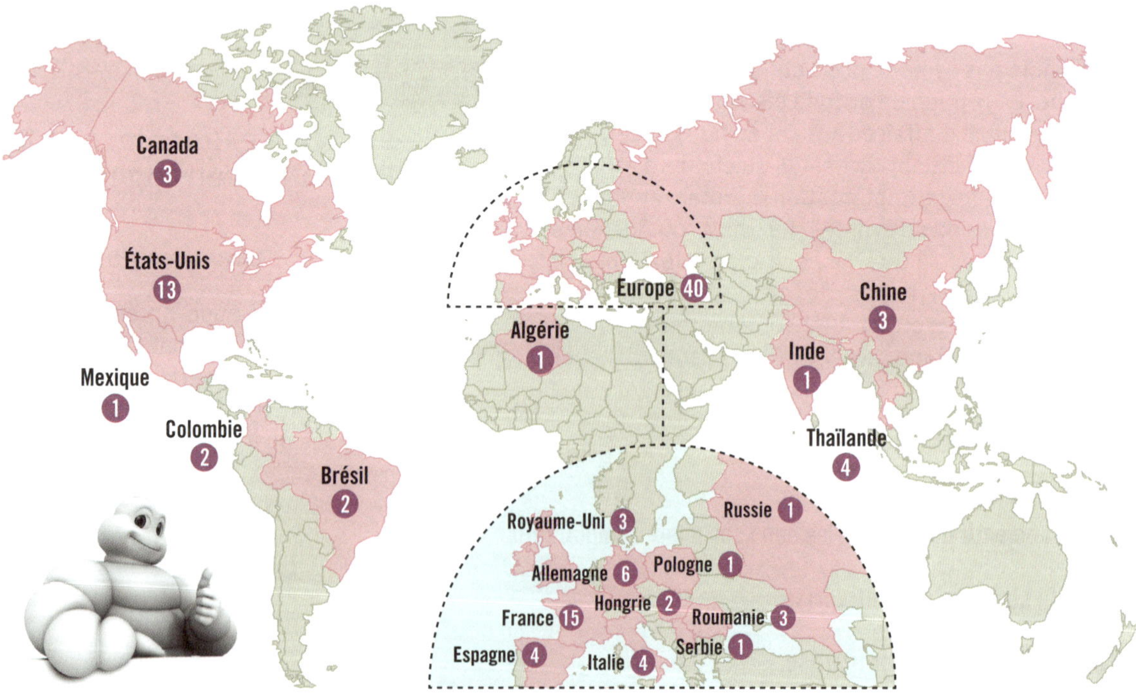

Chiffres de l'entreprise Michelin

1. Relevez les éléments caractéristiques d'une firme multinationale.
2. Distinguez les différentes stratégies des firmes multinationales.
3. Déduisez-en les stratégies principales de l'entreprise Michelin pour le Brésil, la Chine et la Roumanie.

B Formes et modalités de l'internationalisation

DOC 4

La division internationale du processus productif (DIPP)

1. **Turbo Diesel** (Sanden, Japon)
2. **Radiateur** (Behr, Allemagne)
3. **Transmission automatique** (Aisim AW, Japon)
4. **Phare** (Automotive Lighting, États-Unis, Canada)
5. **Unité de contrôle du moteur** (Borgwarner, États-Unis)
6. **Barre antiroulis** (Alleward Rejna, France, Argentine)
7. **Vitres** (Securit, France)
8. **Feux arrière** (Seima, France)
9. **Pare-chocs arrière** (Plastal, Suède, Pays-Bas)
10. **Roues** (Borbet, Allemagne)
11. **Sièges arrière** (Johnson Controls, États-Unis)
12. **Système antiblocage des freins** (Continental Teves, Allemagne)
13. **Rétroviseurs** (Schefenacker, Allemagne)
14. **Antenne** (Delphi, États-Unis, Japon, Brésil)
15. **Portières** (Brose, Allemagne)
16. **Réservoir** (Kutex Textron, Allemagne)
17. **Airbags et ceintures de sécurité** (Autoliv, Suède)
18. **Repose-tête** (Kongsberg, Norvège)
19. **Contrôle de navigation** (Mitsubishi, Japon)
20. **Écran** (Yazaki, Japon)
21. **Instruments de bord** (Faurecia, France)
22. **Haut-parleurs** (Harman/Becker, Allemagne)
23. **Climatisation** (Valéo, France)

Volvo S40

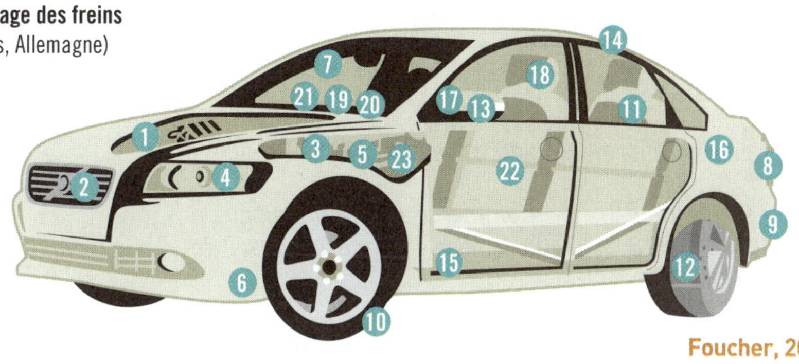

Foucher, 2015

DOC 5

Les investissements directs à l'étranger entrants et sortants

Les investissements directs à l'étranger (IDE) désignent les investissements par lesquels des entités résidentes d'une économie acquièrent ou ont acquis un intérêt durable dans une entité résidente d'une économie étrangère. La notion d'intérêt durable implique l'existence d'une relation à long terme entre l'investisseur direct et la société investie et l'exercice d'une influence notable du premier sur la gestion de la seconde. Par convention, on considère qu'il y a intérêt durable et donc investissement direct lorsqu'une entreprise détient au moins 10 % du capital ou des droits de vote d'une entreprise résidente d'un pays autre que le sien.

www.tresor.economie.gouv.fr

Le Top 10 des IDE en 2012
En milliards de $

Pays développés — Pays en transition — Pays en développement

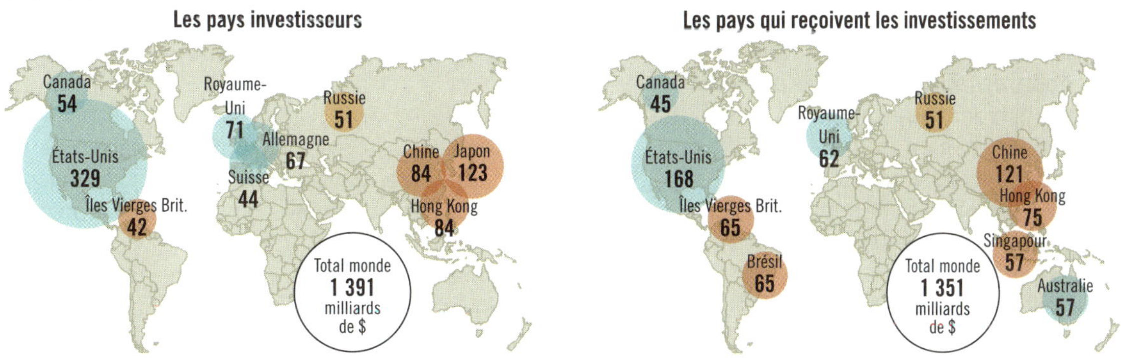

CNUCED

4. **Présentez le concept de DIPP.**

5. **Distinguez les flux entrants et les flux sortants des IDE.**

6 ACTIVITÉ

Sous la forme d'un tableau de deux colonnes (intitulées Conséquences pour le pays d'origine et Conséquences pour le pays d'accueil), distinguez les trois formes que peut prendre l'internationalisation des firmes.

2 : Quels impacts ont les firmes multinationales sur les économies des pays ?

A Les effets induits dans les pays d'accueil

DOC 6 Impact des firmes pour le pays d'accueil

Conséquences positives	Conséquences négatives
– Création supplémentaire de richesses – Création d'emplois – Distribution supplémentaire de richesses – Augmentation de la demande d'autres biens – Acquisition de nouvelles compétences – Transferts de technologies – Externalités supplémentaires par l'acquisition de nouveaux modes d'organisation de la production, de nouveaux modes de management	– Spécialisations dans des secteurs à faible valeur ajoutée – Apparition d'inégalités sociales

Foucher, 2015

DOC 7 Le renforcement de l'attractivité de la France

Nicole Bricq, ministre du Commerce extérieur [jusqu'en avril 2014], a coordonné toute la mise en place du conseil de l'attractivité.

Magazine édité par Paris Région Entreprises dont l'une des missions est de promouvoir l'implantation d'entreprises étrangères en Île-de-France.

• **Pouvez-vous nous citer les principales qualités de la France aux yeux des investisseurs ?**

Nous revenons des États-Unis, où tout le monde, chefs de grandes entreprises comme de start-up, a vanté notre capacité d'innovation, la qualité de nos ingénieurs, et de notre réseau d'infrastructures [...].

• **À l'inverse quels sont les reproches les plus fréquents que vous entendez à l'égard de la France ?**

Les investisseurs étrangers réclament un environnement fiscal et juridique plus stable. Cela concerne aussi bien les entreprises étrangères que les sociétés françaises, qui ont souvent du mal à grandir [...].

Selon eux, nos règles en matière de droit du travail ne leur laisseraient pas toute la liberté de se développer. Ils nous reprochent, enfin, de leur imposer des procédures trop lourdes. Nous savons que le temps, c'est de l'argent, alors nous sommes en train de simplifier un certain nombre de démarches administratives. C'est le grand chantier du président de la République à travers la modernisation de l'action publique.

• **Quelles mesures allez-vous mettre en œuvre ?**

Pour commencer, dès 2014, nous mettons en place un visa express délivrable en 48 h pour les clients ou fournisseurs étrangers d'une des 4 000 entreprises exportatrices agréées [...].

Nous mettons également en place une agence unique dédiée à l'internationalisation des entreprises, née du regroupement antre l'Agence française pour les investissements internationaux et Ubifrance.

Enfin, la BPI (Banque publique d'investissement) pourra octroyer des prêts à des entreprises étrangères implantées en France, aux mêmes conditions que pour les entreprises françaises. Nous signerons des conventions avec les pays d'origine, pour qu'ils puissent également prêter aux filiales d'entreprises françaises implantées chez eux [...]. Les chiffres [...] montrent que le nombre d'emplois créés par les nouveaux projets d'investissements étrangers en France en 2013 est orienté à la hausse pour atteindre près de 30 000 emplois, une progression de 14,5 %.

H. Bolle, www.challenges.fr, 17 février 2014

1. **Qualifiez les principaux avantages de l'implantation des firmes multinationales pour le pays d'accueil.**
2. **Rapprochez les mesures envisagées par le gouvernement avec les objectifs généraux attendus.**

B Les effets induits dans les pays d'origine

DOC 8 Les effets globaux attendus

Conséquences positives	Conséquences négatives
– Diminution des coûts de production, qui permet à l'entreprise d'investir et au consommateur de faire porter sa consommation sur d'autres biens – Augmentation de la compétitivité	– Suppression d'emplois – Disparition de savoir-faire (transfert de technologies) – Menaces de délocalisation qui peuvent peser sur les négociations salariales

Foucher, 2015

DOC 9 Le transfert de technologie de l'entreprise Dassault

La question du transfert de technologie propre au Rafale – qui englobe savoir, technique et savoir-faire – se pose avec d'autant plus d'acuité que c'est la première fois que l'avion emblématique de l'industrie d'armement française s'exporte. Mais les détails du contrat n'étant pas arrêtés, il est difficile pour l'instant de se faire une idée de l'ampleur de ce transfert.

Seule certitude, celui-ci est inclus, tout comme la production et la maintenance, dans le contrat qui, selon une source du ministère de la Défense indien, atteindrait 12 milliards de dollars (9 milliards d'euros). Le champion de l'aéronautique indien HAL (Hindustan Aeronautics Ltd) va produire sous licence, à Bangalore, 108 des 126 avions commandés.

Pour autant, le transfert de technologie a peu de chances d'être proportionnel au pourcentage de la production qui sera faite localement. « On ne connaît pas encore le périmètre des connaissances transmises. Tout dépend de ce qui est assemblé ou produit sur place. Mais il est évident que tout pays qui a une armée ne va pas dévoiler des techniques spécifiques à sa propre défense », estime Didier Adda, conseil en propriété industriel au cabinet TPC (Technologies Partenaires Conseils).

« S'il ne s'agit, par exemple, que d'assembler des pièces détachées, le transfert de technologie est faible », relativise-t-il. Pour lui, « cette vente va permettre à Dassault de favoriser les travaux de recherche et développement sur la nouvelle génération de Rafale et aux Indiens d'acquérir de nouvelles compétences. D'ailleurs, les pays émergents ne signent plus que des contrats incluant un transfert de technologie ».

A. Villechenon, www.lemonde.fr, 3 février 2012

Chantier de construction du Rafale (Gironde).

③ **Identifiez le risque principal pour l'entreprise Dassault qui fabrique le Rafale.**

4 ACTIVITÉ

Construisez, sous forme de schéma, un support regroupant les effets attendus de l'internationalisation des firmes pour les pays d'accueil et d'origine.

ITINÉRAIRE BIS

Les déterminants et les impacts de la multinationalisation des entreprises

VIDÉO 1'00 à 6'00 tinyurl.com/oqb8p44

L'intervenant nous présente les effets attendus de l'internationalisation pour le pays d'origine et le pays d'accueil.

a) Relevez les avantages du transfert de technologie.

b) Relevez les limites du transfert de technologie.

Étape synthèse

Les firmes multinationales dans l'économie mondiale

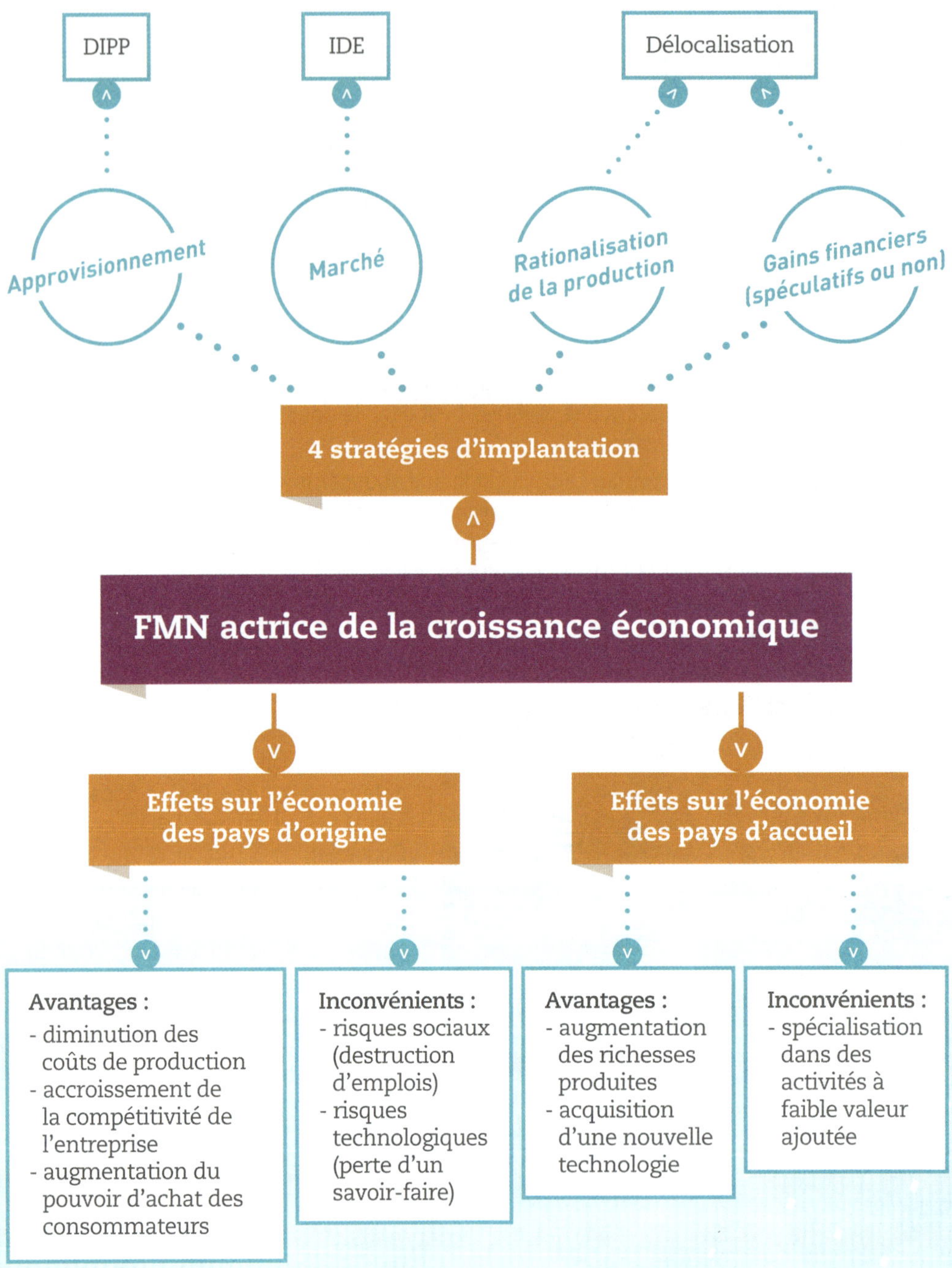

MOTS-CLÉS

▸ **Firme multinationale (FMN) :** entreprise constituée d'une maison mère et de filiales implantées à l'étranger, qui développe son activité à l'échelle mondiale.

▸ **Division (ou fragmentation) internationale du processus productif (DIPP) :** procédé de production qui consiste en une dispersion de la production dans plusieurs pays.

▸ **Investissements directs à l'étranger (IDE) :** investissements internationaux par lesquels des entités résidentes d'une économie (entreprises, États...) acquièrent ou ont acquis un intérêt durable dans une entité résidente d'une économie autre que celle de l'investisseur.

▸ **Délocalisation :** transfert d'une activité industrielle ou de service d'une entreprise dans un autre lieu afin d'obtenir des conditions plus favorables.

Parcours *balisé* Les firmes multinationales en France

DOC 1 Interview de Jean-Dominique Senard, PDG de Michelin depuis 2011

Le marché européen est en net recul depuis plusieurs mois, et le phénomène s'est accentué en mai et juin [2012]. C'est ce qui nous conduit à modérer nos prévisions de ventes. Mais ce contexte difficile en Europe nous apporte aussi la preuve que notre stratégie tient la route et permet aujourd'hui à Michelin de résister.

Cette stratégie repose sur trois piliers. L'innovation d'abord, qui tire l'entreprise et continuera de le faire [...]. La compétitivité ensuite [...] et l'internationalisation ① enfin, qui nous permet aujourd'hui de capter de la croissance là où elle existe, c'est-à-dire dans les pays émergents bien sûr, mais aussi sur certains marchés matures comme les États-Unis [...]. Notre présence mondiale est en effet une force que nous voulons conforter pour les dix ou quinze prochaines années. Nous menons donc actuellement de front quatre grands projets industriels, en Inde, en Chine, au Brésil et en Amérique du Nord. [...]

Notre outil industriel européen, qui exporte 20 à 25 % de sa production malgré une contrainte de changes forte ②, est soumis à un effort permanent de recherche de compétitivité [...]. Notre politique de prix s'inscrit dans une logique de long terme qui vise à préserver nos marges face à une hausse structurelle du coût des matières premières. Même si, au premier semestre, nous avons bénéficié de la détente observée sur ces coûts.

Michelin est le leader mondial, incontestable, du pneu premium. Et c'est ce positionnement – que l'on parle de pneus pour automobiles, pour camions ou pour engins miniers – qui est et restera le cœur de notre stratégie. Si nous développons d'autres marques non pas low-costs mais intermédiaires comme Uniroyal aux États-Unis ou Warrior en Chine, c'est justement pour protéger la marque Michelin. Parce qu'à chaque fois que nous ouvrons un centre de distribution, où que ce soit dans le monde, le distributeur a besoin d'avoir plusieurs marques et plusieurs gammes de prix.

Or, nous n'allons quand même pas faciliter la vie de nos concurrents ! [...]

B. Bayart, bourse.lefigaro.fr, 27 juillet 2012

1 Relevez la place de l'internationalisation ① dans la stratégie globale de l'entreprise Michelin.

2 Qualifiez ③ les choix stratégiques d'internationalisation de l'entreprise.

DOC 2 L'internationalisation du groupe aéronautique Latécoère : une démarche progressive

VIDÉO 3'51 tinyurl.com/lr9e7bd

Le dirigeant présente les raisons de l'internationalisation de son entreprise (en 2013).

3 Expliquez ④ la phrase du dirigeant de Latécoère : « Pour faire de la croissance en France, on a besoin de faire de la croissance à l'étranger » (2'55).

① **INDICES**

② **ANALYSE** La variation de la valeur du dollar par rapport à l'euro peut rendre instable le coût d'achat des biens produits par l'équipementier pour ces clients américains.

③ **LEXIQUE** Qualifier doit vous conduire à rechercher dans une classification, une typologie, à quel concept correspond une situation. Dans ce cas précis, relisez avec attention le document 2 page 76.

④ **MÉTHODE** L'analyse d'un support vidéo consiste dans un premier temps à prendre des notes. Vous devez : être dans une posture d'écoute active (vous devez avoir lu la ou les questions posées), utiliser des abréviations ou symboles, sélectionner les éléments importants, distinguer les idées essentielles et les illustrations ou compléments, vous relire immédiatement après la fin du visionnage et donner un sens aux notes prises.

DOC 3 Les effets de l'internationalisation en France

Partant de la notion de firme multinationale (FMN), [...] les experts de l'Institut national de la statistique et des études économiques arrivent à plusieurs conclusions.

D'une part, en France, près d'un salarié sur deux (46,5 %) du secteur marchand (hors agriculture) était en 2010 employé par une multinationale, soit 6,8 millions de personnes. Parmi elles, 1,8 million travaillaient pour une entreprise sous contrôle étranger.

D'autre part, l'étude démontre que l'industrie est « particulièrement bien insérée dans la mondialisation avec 64 % de son emploi situé dans une multinationale » comme l'écrivent les auteurs. [...] Pour Fabienne Rosenwald, directrice des statistiques d'entreprises à l'Insee, ceci montre « qu'il y a des entreprises étrangères qui viennent en France pour faire de l'industrie », ce qui, au milieu du débat sur la désindustrialisation, n'est pas anodin. Mme Rosenwald insiste parallèlement sur le fait que les multinationales françaises qui se déploient à l'étranger y implantent aussi plutôt des filiales industrielles.

La volonté de garder la maîtrise d'un processus de production ou la propriété d'une technologie sont les facteurs expliquant ces démarches symétriques. En 2010, 2 600 groupes français contrôlaient 30 500 filiales à l'étranger et y employaient 53 % de leurs effectifs, soit 4,6 millions de personnes. [...]

Cette diminution accompagne le recul de l'emploi industriel total, mais va même au-delà de ce mouvement. « Dans l'industrie manufacturière, l'emploi des filiales de groupes étrangers a en effet baissé de 33 % entre 2003 et 2010, contre une baisse de 17 % pour l'ensemble de l'industrie », souligne l'étude de l'Insee. [...] Enfin, comme le montre l'Insee, l'impact de l'internationalisation des entreprises et de la mondialisation ne peut être réduit à la question des emplois. En 2012, les exportations ont représenté 27 % du PIB contre 20 % en 1990 et les multinationales y ont leur part. Elles réalisaient à elles seules, en 2010, 84 % des exportations françaises.

Les revenus nets des investissements directs étrangers en France sont estimés eux pour 2012 à 32 milliards d'euros. C'était seulement 14 milliards en 2000.

A. Eveno, www.lemonde.fr, 18 octobre 2013

4 **Relevez les effets de l'internationalisation sur l'emploi en France.**

DOC 4 Des délocalisations contraintes par des incertitudes

Les délocalisations dans les pays émergents comme l'Inde et la Chine sont souvent motivées à la fois par l'accès à des coûts bas, salariaux ou non, et à des marchés prometteurs [...]. Pour les délocalisations vers l'UE, les sociétés ont d'abord recherché la réduction des coûts de production autres que les salaires et les motifs sont plus diversifiés. À l'opposé, les délocalisations vers l'Afrique sont majoritairement motivées par la recherche de salaires bas pour des activités intensives en main-d'œuvre. [...] L'inquiétude des employés et des syndicats est dans tous les cas souvent citée comme un obstacle important. [...] L'incertitude sur la qualité des biens et services produits est le problème majeur pour les sociétés ayant délocalisé en Chine, en Inde ou en Afrique. Le besoin de proximité avec les clients actuels est également souvent un obstacle très important lors des délocalisations vers l'Afrique et la Chine. Sont également mentionnées, [...] lors des délocalisations en Afrique, les barrières juridiques ou administratives, l'insuffisance de management et de savoir-faire et l'instabilité politique et économique. [...] S'agissant des délocalisations en Chine, le risque de non-respect de la propriété intellectuelle est considéré comme un obstacle très important [...].

www.insee.fr

5 **Relevez les enjeux globaux du processus de délocalisation.**

En savoir plus...

Vidéo sur la relocalisation de l'entreprise Rossignol

▶ VIDÉO 1'16 **tinyurl.com/p5mkw68**

ENTRAÎNEMENT

› La croissance en Espagne

M. Raynaud, dirigeant d'une entreprise française de haute technologie dans le domaine de la prise d'images numériques, s'interroge sur le potentiel de la croissance espagnole. En effet, sa collaboration avec plusieurs fournisseurs et clients implantés en Espagne date de plusieurs années maintenant. Il envisage d'entrer au capital d'un de ses fournisseurs espagnols. Son objectif, par cet investissement réalisé à l'étranger, serait de profiter éventuellement, au regard de votre analyse, du développement de l'activité économique en Espagne. Il souhaiterait également miser sur la capacité des entreprises espagnoles dans le domaine des hautes technologies. Il sollicite votre aide, pour lui permettre de comprendre la situation actuelle de l'Espagne.

À l'aide du dossier joint et de vos connaissances, en veillant à préciser les principaux concepts utilisés et à exploiter les sources statistiques mises à votre disposition, vous devez concevoir une note argumentée et structurée visant à apprécier la situation de l'Espagne en matière de croissance économique. Vous veillerez à :

- identifier et caractériser les déterminants de la croissance espagnole ;
- préciser les faiblesses de ces déterminants et expliquer les mesures prises pour stimuler la croissance.

DOCUMENTS

Document 1	La croissance est soutenue par la demande intérieure
Document 2	Le coût du travail dans certains pays de la zone euro
Document 3	Les investissements et les exportations en Espagne
Document 4	La nature des exportations espagnoles
Document 5	Le plan stratégique de l'internationalisation 2014-2015 mis en place par le gouvernement espagnol
Document 6	Le modèle de croissance de l'Espagne est mis à l'épreuve

ENTRAÎNEMENT

› La croissance en Espagne

Doc 1 La croissance est soutenue par la demande intérieure

L'embellie se confirme. Au trimestre précédent, la croissance espagnole avait déjà atteint 0,4 %, ce qui représentait un record depuis le début de la crise il y a 6 ans. Les nouvelles estimations de la Banque centrale d'Espagne (+ 0,5 % au deuxième trimestre) viennent confirmer ces bonnes nouvelles dont le pays avait bien besoin après une cure d'austérité sans précédent.

Ainsi la prévision de croissance annuelle du PIB établie par la Banque centrale a été relevée à 1,3 % pour 2014 et 2 % pour 2015, ce qui surpasse les estimations du gouvernement conservateur qui prévoyait respectivement 1,2 % et 1,8 %.

La Banque centrale espagnole précise :

« Les composantes privées de la demande intérieure – consommation et investissement des entreprises, principalement – ont été les principaux soutiens du PIB au deuxième trimestre. [...] Cela a prolongé la tendance qui prévaut depuis le début de la reprise à la mi-2013, marquée par le renforcement progressif de la demande intérieure. »

Ces annonces plutôt positives sont cependant ternies par des chiffres du chômage qui restent pratiquement inchangés avec un taux à 25,93 %. L'un des niveaux les plus élevés en Europe, avec la Grèce.

www.latribune.fr, 23 juillet 2014

Doc 2 Le coût du travail dans certains pays de la zone euro

Salaire horaire dans l'industrie y compris charges sociales (en €)

	2002	2003	2004	2005	2006	2007	2008	2009	2010	2011	2012	2013
Allemagne	29,2	29,8	30,0	30,1	31,3	31,7	32,3	32,9	32,8	34,3	35,1	36,1
France	27,2	28,0	29,0	30,0	31,0	32,0	32,9	32,9	34,2	35,5	36,4	36,7
Italie	19,4	198	20,6	22,3	22,7	23,2	23,6	24,6	25,2	25,9	26,7	27,2
Espagne	14,9	15,6	16,3	16,9	17,6	18,2	20,3	21,5	21,7	22,0	22,5	22,7

cib.natixis.com, 7 octobre 2014

Doc 3 Les investissements et les exportations en Espagne

Glissement annuel en pourcentage d'une année sur l'autre

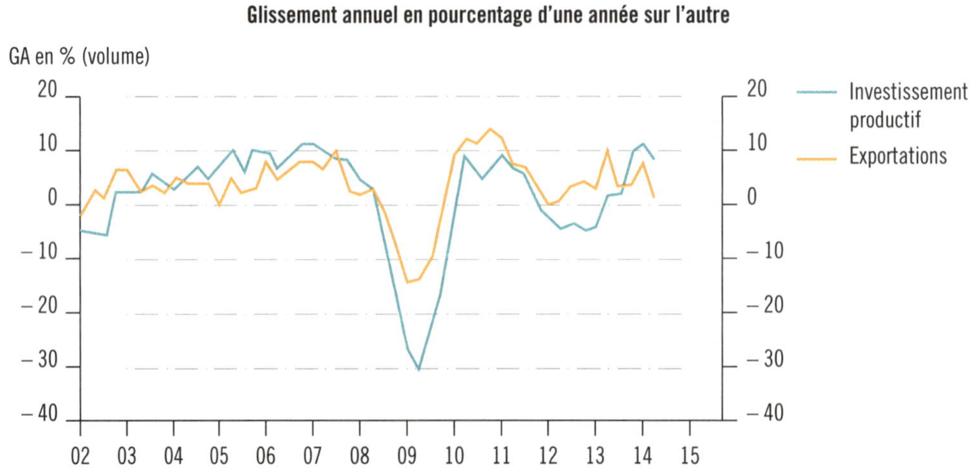

cib.natixis.com, 7 octobre 2014

Doc 4 La nature des exportations espagnoles

Toutefois, la résistance des exportations espagnoles s'explique avant tout par la compétitivité hors coûts des grandes entreprises. Elle est le fruit d'un positionnement sur des produits complexes et d'une diversification géographique croissante permettant de profiter du dynamisme des pays émergents. Cette solidité structurelle, couplée aux efforts réalisés depuis 2010 pour réduire les coûts du travail, explique la forte augmentation des exportations constatée depuis deux ans. Fin 2012, elles étaient supérieures de 10 % (en volume) à leur niveau de 2007. [...]

D'après les statistiques de l'OCDE, l'Espagne exporte majoritairement des biens à moyenne/haute intensité technologique. En 2010, cette catégorie représentait 42,4 % des exportations totales espagnoles. Si l'on considère ensemble les biens à haute et ceux à moyenne/haute intensité technologique, ils représentaient 53,5 % des exportations totales espagnoles en 2010. [...]

Une étude récente montre que l'Espagne exporte des produits complexes, c'est-à-dire des biens sophistiqués, dont la fabrication résulte d'organisations mettant en jeu une quantité importante de travail qualifié au sein d'une économie diversifiée. [...]

T. Mercier, economic-research.bnpparibas.com, 26 avril 2013

Doc 5 Le plan stratégique de l'internationalisation 2014-2015 mis en place par le gouvernement espagnol

Amélioration du climat des affaires et environnement économique

[...] Le projet *Doing Business* régional démarre, y compris l'évaluation d'indicateurs sur l'évolution du climat des affaires dans les différentes Communautés autonomes, de la même façon que le faisait jusqu'à présent la Banque mondiale avec l'Espagne, afin d'inciter des échanges de meilleures pratiques. [...]

Culture d'internationalisation et capital humain

Le Plan comprend des mesures pour stimuler la formation en matière d'internationalisation et le développement de capital humain spécialisé. En particulier, les activités de formation dans le domaine de l'internationalisation, à travers le Centre d'études économiques et commerciales : attirer les talents et le développement d'une stratégie intégrale au service de la mobilité internationale de l'université espagnole.

Promotion de l'innovation

L'innovation sera aussi une partie fondamentale des politiques d'appui à l'internationalisation et se traduira par de nouvelles mesures comme la création d'un programme spécial pour promouvoir l'investissement étranger direct dans le secteur des technologies de l'information et les communications (TIC) en Espagne.

Cette mesure a pour objectif d'accroître aussi bien l'établissement d'entreprises technologiques ainsi que des entrepreneurs étrangers en Espagne, des entreprises en capital-risque, d'investissement, des incubateurs, des accélérateurs et des *business angels* pour investir dans des entreprises TIC espagnoles.

www.expansionexterior.es, 5 mars 2014

ENTRAÎNEMENT

La croissance en Espagne

Doc 6 Le modèle de croissance de l'Espagne est mis à l'épreuve

L'Espagne est-elle devenue un modèle du succès de l'austérité ? Le pays a en tout cas bonne presse et est souvent cité en exemple par les tenants des politiques favorisant la compétitivité prix. Car, depuis qu'elle est sortie de la récession au troisième trimestre 2013, la quatrième économie de la zone euro accélère. Après 0,1 % et 0,2 %, la croissance a atteint 0,4 % lors du premier trimestre de cette année, soit plus que les 0,2 % de la moyenne de la zone euro. Le chiffre du deuxième trimestre 2014 devrait encore confirmer cette tendance à l'accélération compte tenu des bons chiffres de la production industrielle.

« Mouvement naturel »

Bénédicte Kukla, économiste au groupe Crédit agricole spécialisée sur l'Espagne, relativise néanmoins la vigueur de cette reprise. « Le mouvement est positif, mais pas aussi robuste qu'on aurait pu l'espérer », explique-t-elle, notant que l'on est encore loin des chiffres de l'avant-crise. Pour elle, il y a avant tout un mouvement de rattrapage « naturel » de l'économie espagnole dont le PIB a reculé entre les deuxièmes trimestres 2011 et 2013 de 3,1 %.

Pas de moteur fiable

Et de fait, l'économie espagnole cherche ses sources de croissance. Depuis le deuxième trimestre 2013, la consommation des ménages est redevenue positive, malgré un taux de chômage qui reste très élevé, et alimente la croissance. Bénédicte Kukla n'y voit cependant pas un phénomène durable, plutôt une « reprise technique » après les fortes chutes de la consommation des deux années précédentes liées au report d'achats incompressibles, à la stabilisation des prix et à une certaine stabilisation de la situation sur le front de l'emploi. Au premier trimestre 2014, la consommation publique a été une des composantes du PIB à connaître une des plus fortes croissances. Mais là encore, cette hausse trimestrielle ne fait qu'effacer une baisse au trimestre précédent. En revanche, les exportations qui devaient être la force nouvelle de l'économie espagnole grâce à la baisse des prix ont reculé entre janvier et mars.

Les exportations fragiles

Derrière les chiffres affichés, l'Espagne peine encore à trouver un vrai moteur à sa croissance. La demande intérieure soutient l'activité et a pris le relais des exportations déclinantes. Mais leur dynamique est faible. Quant aux exportations, elles ne peuvent guère constituer un moteur durable de la croissance espagnole. D'autant que, comme Bénédicte Kukla le fait remarquer, si les exportations de services – tourisme en tête – se portent bien, le devenir des exportations de biens – notamment manufacturés – est moins radieux. « L'amélioration des prix des exportations espagnoles a alimenté la reprise, mais son impact est forcément limité par le fait que l'industrie espagnole elle-même est limitée et beaucoup moins développée que dans un pays comme l'Italie, par exemple », souligne l'économiste. Il faudra donc investir pour développer le secteur industriel et changer le modèle économique espagnol et cela « prend beaucoup de temps », reconnaît Bénédicte Kukla qui ajoute que le pays « ne pourra pas indéfiniment compter sur la baisse du coût du travail pour améliorer sa compétitivité. »

Le moteur des investissements

L'illustration de cet état de fait, c'est que les investissements d'équipement qui sont redevenus très vigoureux (+ 11 % sur un an au premier trimestre) sont largement occultés par la poursuite de la chute de la construction (– 8,7 % au premier trimestre), de sorte, que, au final, dans les comptes nationaux, la contribution de l'investissement au PIB demeure négative. Selon Bénédicte Kukla, « l'investissement est le facteur qui peut changer la donne », mais pour cela il va devoir encore accélérer. Les conditions de cette accélération se mettent en place doucement : les investisseurs internationaux s'intéressent de plus en plus à l'Espagne, mais la distribution de crédit reste négative et ne se redresse que lentement, tandis que les prix demeurent sous pression (l'inflation a reculé à 0,1 % en juin). [...]

Pas un modèle

En résumé, il convient de ne pas se méprendre sur la reprise espagnole : lorsque les exportations, dopées par la baisse du coût du travail, ont été les seuls éléments de croissance de l'économie, la récession s'est poursuivie.

R. Godin, www.latribune.fr, 11 juillet 2014

8

Les inégalités de revenus et de patrimoine des ménages

> Les inégalités de revenus, réalité ou idée reçue ?

Smicard	Salaire médian[1]	PDG du CAC 40
1 445 €/mois	2 176 €/mois	450 800 €/mois
doit travailler	doit travailler	doit travailler
26 ans	**17 ans**	**8 sec**
pour toucher le salaire mensuel du CAC 40	pour toucher le salaire mensuel du CAC 40	pour toucher le Smic mensuel

La France a connu une réduction significative des inégalités de revenus au cours des quarante dernières années, mais depuis quinze ans la tendance s'est inversée. Les écarts de niveau de vie ont baissé si l'on se place sur une longue période, mais ils repartent à la hausse depuis une dizaine d'années. En effet, les niveaux de vie des très riches se sont envolés et ceux des plus pauvres ont diminué dans les années récentes. À titre d'exemple, le niveau de vie moyen annuel des 10 % les plus riches a augmenté de 1 795 euros, soit + 3,2 % entre 2008 et 2013, alors que celui des 10 % les plus pauvres a perdu 360 euros, soit une baisse de 4,3 % de leur niveau de vie sur cette période.

1. Médian : la moitié de la population salariée gagne moins, l'autre moitié plus.

Foucher, 2015

ITINÉRAIRE BIS

Quiz sur les revenus

RESSOURCE tinyurl.com/owhahzw

Avez-vous une idée suffisamment précise des inégalités de revenus des individus en France ? Pour vous tester, réalisez le quiz disponible sur le lien ci-dessus.

1. **Observez le document visuel ci-dessus. Que montre-t-il ?**
2. **Relevez dans le texte les éléments qui complètent l'analyse que vous avez pu faire.**
3. **À partir du quiz, quels constats faites-vous sur les inégalités de revenus et de patrimoine des ménages ?**

COMPÉTENCES

À l'issue de ce parcours, vous serez capable
> de décrire et de caractériser la répartition des revenus et du patrimoine ;
> d'analyser les modalités de formation des salaires ;
> d'analyser les inégalités de revenus dans les pays développés.

1 : La répartition de la valeur ajoutée est-elle au cœur des inégalités entre les agents économiques ?

A Le principe de répartition de la valeur ajoutée

DOC 1

Le partage de la richesse créée

La valeur ajoutée (VA) produite par l'ensemble des organisations (mais principalement celles ayant une activité marchande) constitue la véritable richesse créée pour un pays. Par extension, la somme des VA produites sur un même territoire représente le produit intérieur brut d'un pays (PIB), principal indicateur économique de croissance.

Pour une organisation donnée, la valeur ajoutée permet la rétribution de tous les acteurs ayant, directement ou non, contribué à la production de biens ou de services (les salariés, les actionnaires...). Ce partage dépend donc de la contribution de chacun dans le processus de production (ex. : les salariés perçoivent un salaire en fonction de leurs compétences et de leur travail, les banques perçoivent les intérêts des sommes prêtées à l'organisation...).

Foucher, 2015

DOC 2 **Les bénéficiaires de la valeur ajoutée**

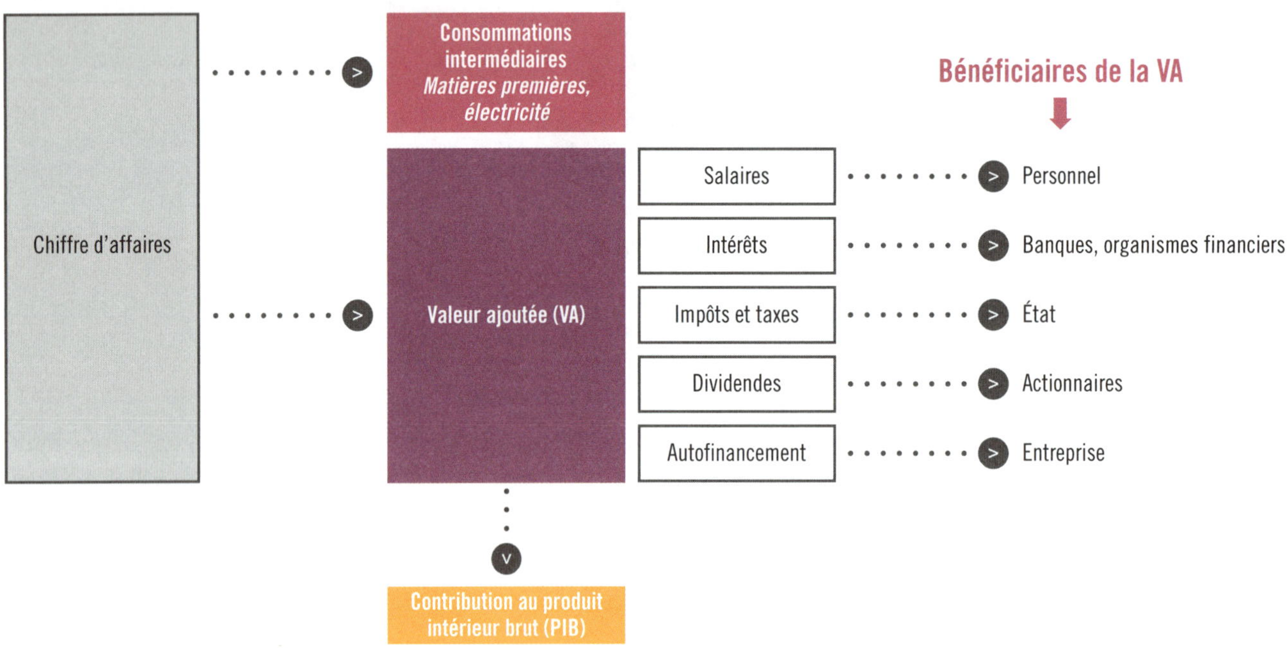

1. Donnez le lien existant entre la VA et le PIB.
2. Expliquez le rôle de chaque partie prenante impliquée dans la répartition de la VA.
3. À valeur ajoutée constante, que se passe-t-il si les impôts et les taxes augmentent ?

ITINÉRAIRE BIS

Désintox - Jean-Luc Mélenchon et le partage de la valeur ajoutée en France

VIDÉO : 1'43 : tinyurl.com/oql8qhc

Selon Jean-Luc Mélenchon, on dit que les marges des entreprises sont les plus faibles d'Europe. En effet, la ponction du capital sur les résultats des entreprises est parmi la plus considérable, et il considère donc que les patrons français ont les payes les plus élevées. Pourtant, le leader du front de gauche se trompe car les patrons français sont en réalité moins bien payés que les patrons de certains pays...

a. Prenez connaissance de l'interview de Jean-Luc Mélenchon et rappelez brièvement ses préoccupations.

b. Pourquoi s'inquiéter de la progression des dividendes ?

B Les conflits de partage de la valeur ajoutée

DOC 3 Évolution dans la répartition de la valeur ajoutée

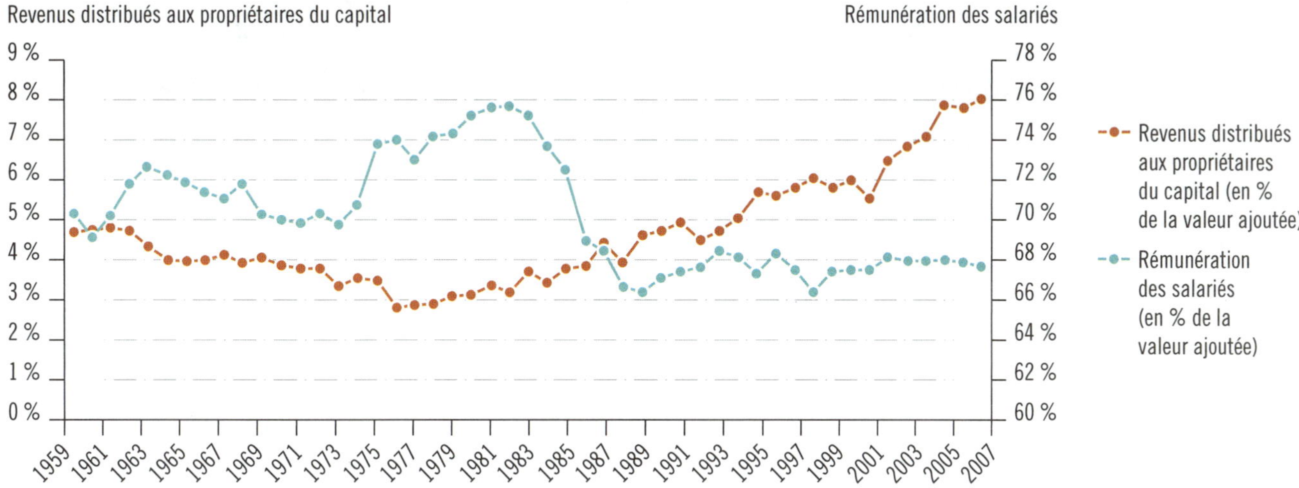

www.senat.fr

DOC 4 La rémunération des patrons français

On se souvient de l'emballement médiatique suscité par la retraite-chapeau de Philippe Varin, l'ex-patron de PSA, en novembre dernier… Et pourtant, les patrons français sont loin d'être les mieux lotis ! La rémunération des dirigeants des grands groupes français du CAC 40 se situe en effet dans le bas de la moyenne européenne, selon une étude du cabinet de conseil Towers Watson publiée jeudi. En moyenne, les grands patrons français perçoivent une rémunération inférieure de 30 % à celle de leurs *alter ego* européens, qui ressort à 5,5 millions.

Ainsi, la médiane de la rémunération globale directe (comprenant salaire de base, bonus, intéressement à long terme) des dirigeants des groupes français est de 4 millions contre 6,1 au Royaume-Uni ou 6,2 en Allemagne ou encore 6,9 en Suisse. « Seuls les pays nordiques se trouvent derrière la France avec une valeur médiane de 1,9 million d'euros », souligne l'étude de Towers Watson, qui a comparé les 100 plus grandes capitalisations boursières (Eurotop 100), dont les 15 premières entreprises du CAC 40. […] D'ailleurs, les actionnaires le savent bien et n'ont pas hésité à voter massivement (91 % en moyenne) les hausses de rémunérations des dirigeants français lors des assemblées générales en 2014, pour l'entrée en vigueur du « say on pay ».

Cette nouvelle réglementation, qui consiste à soumettre au vote des actionnaires la rémunération des dirigeants d'entreprise, a été introduite cette année en France. Une pratique déjà bien ancrée dans les mœurs des pays anglo-saxons !

M.-C. Renault, © lefigaro.fr, 13 juin 2014

4. Dans le document 3, que montrent les courbes pour les années 1961 et 1987 ?

5. Quels constats faites-vous sur l'évolution de ces deux courbes entre 1959 et 2007 ? Pourquoi parle-t-on « d'évolution en ciseaux » ?

6. Après avoir pris connaissance du document 4, expliquez pourquoi il est nécessaire de nuancer le constat opéré sur le graphique, notamment en comparaison internationale.

7 ACTIVITÉ

À partir de l'ensemble des documents (3, 4 et vidéo) et de votre réflexion personnelle, expliquez dans un paragraphe de 10 lignes pourquoi l'on parle de conflit de répartition de la valeur ajoutée.

2 Les inégalités peuvent-elles s'expliquer par la formation des salaires et des revenus ?

A Le mécanisme de formation des salaires et des revenus

DOC 5 Le revenu disponible des ménages

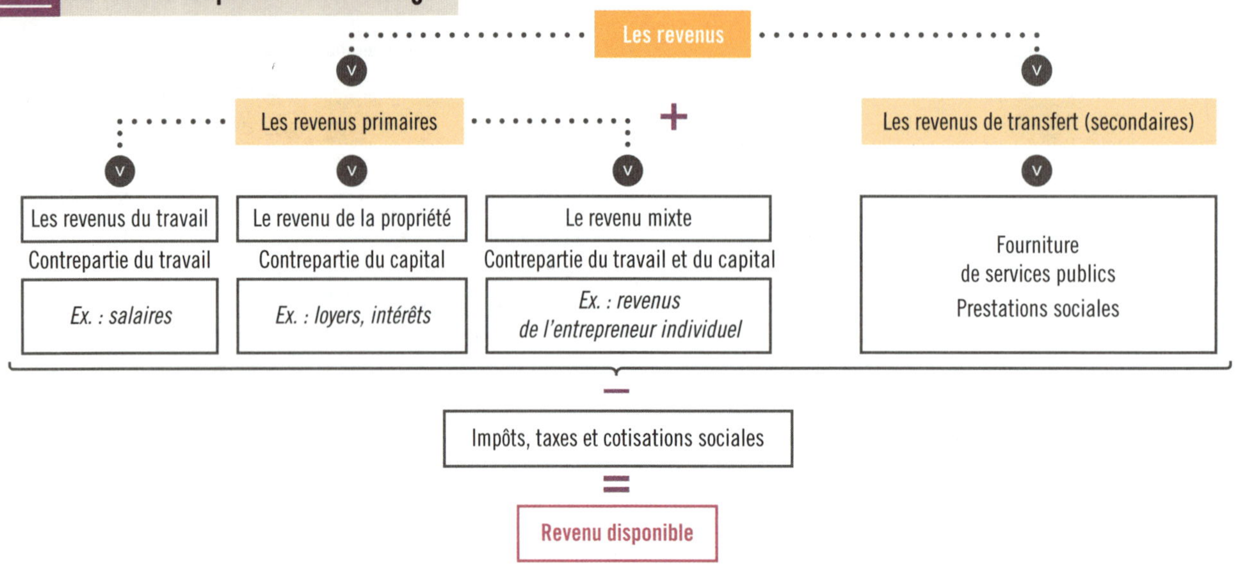

DOC 6 Revenus primaires et revenus disponibles

	Évolution en € courants (en %)			Montant (en milliards d'€)	
	2011/2010	2012/2011	2013/2012	2012	2013
Rémunération des salariés	2,9	2,1	1,3	1 105,6	1 119,8
Salaires et traitements bruts	2,3	1,8	1,0	809,7	817,7
Cotisations employeurs	4,5	2,8	2,1	295,9	302,1
Excédent brut d'exploitation[1]	3,6	1,8	0,8	169,2	170,6
Revenu mixte[5]	0,0	0,9	0,1	121,4	121,5
Revenus de la propriété reçus diminués des revenus versés[2]	2,8	– 4,4	1,0	109,0	110,1
Solde des revenus primaires (a)	**2,7**	**1,5**	**1,1**	**1 505,3**	**1 522,0**
Prestations sociales reçues en espèces (b)	2,3	3,8	2,8	445,0	457,6
Cotisations sociales (c)	3,3	3,2	2,9	433,8	446,5
Cotisations des employeurs	4,5	2,8	2,1	295,9	302,1
Cotisations des salariés	1,2	4,0	4,4	108,8	113,6
Cotisations des non-salariés	– 1,3	4,7	6,0	29,1	30,8
Impôts sur le revenu et le patrimoine[4] (d)	5,4	9,0	3,9	199,5	207,2
Solde des autres transferts courants (reçus moins versés)[5] (e)	– 7,3	– 46,0	– 58,2	1,0	0,4
Revenu disponible brut (a + b + c + d + e)	**2,0**	**0,5**	**0,6**	**1 318,1**	**1 326,3**
Taux d'épargne (épargne brute/revenu disponible brut)	– 0,2	– 0,4	– 0,1	15,2 %	15,1 %
Transferts sociaux en nature[6]	2,1	2,2	2,6	362,6	372,0

1. Excédent net de taxe foncière principalement tiré de la location de logements, y compris les loyers imputés aux propriétaires occupant leur propre logement.
2. Revenus issus de la production des entrepreneurs individuels.
3. Intérêts, dividendes, revenus des placements en assurance-vie.
4. Principalement impôt sur le revenu des personnes physiques (IRPP), contribution sociale généralisée (CGS), contribution au remboursement de la dette sociale (CRDS), taxe d'habitation et impôt de solidarité sur la fortune (ISF).
5. Primes et indemnités d'assurance, entre autres.
6. Remboursements de prestations de Sécurité sociale, prestations d'assistance sociale, financement de services non marchands hospitaliers et d'éducation, services des institutions sans but lucratif.
Champ : France.

Insee, comptes nationaux, base 2010

1. Selon vous, pourquoi appelle-t-on aussi les revenus secondaires des revenus de transfert ?
2. Retrouvez par le calcul le solde des revenus primaires, puis le revenu disponible brut en 2013. Déduisez-en la relation entre ces deux revenus.
3. Démontrez l'impact des prestations sociales et des cotisations sur le revenu disponible.

B Les interventions de l'État dans la détermination des salaires

DOC 7

Salaires : les banques doivent s'expliquer

Le ministre de l'Économie, Arnaud Montebourg, va demander aux responsables des banques françaises de s'expliquer sur la hausse de leurs rémunérations dans un contexte de crédit difficile pour les petites et moyennes entreprises. « Les rémunérations des dirigeants de banques ont progressé dans des proportions absolument indécentes », a-t-il dit devant les sénateurs. « Le PDG du Crédit agricole [...] a eu une augmentation de 38 %, Natixis [...] + 14, BPCE + 29. Donc il va falloir qu'on discute de tout cela avec la place bancaire. »

© lefigaro.fr, 17 avril 2014

DOC 8 **Le Smic est-il trop élevé ?**

Plusieurs voix se sont élevées ces derniers jours contre le niveau du Smic français, accusé d'être un frein à l'emploi. Il est certes élevé, mais ni son existence ni son niveau ne constituent une exception en Europe.

9,53 € bruts de l'heure, ce serait trop. C'est le niveau du Smic en France en 2014, soit 1 445 euros par mois pour un salarié à temps complet. Un niveau qui condamnerait au chômage les publics les plus éloignés de l'emploi. C'est en tout cas ce que pense Pierre Gattaz, le président du Medef, qui a créé la polémique le 15 avril en proposant de créer un Smic intermédiaire et « transitoire », pour « un jeune ou quelqu'un qui ne trouve pas de travail ».

Il n'est pas le seul à s'en prendre au salaire minimum. Deux semaines plus tôt, Pascal Lamy, l'ancien directeur de l'Organisation mondiale du commerce, avait appelé de ses vœux la création de « boulots qui ne sont pas forcément payés au Smic ». D'une manière générale, le Smic est régulièrement la cible de nombreux économistes, qui l'accusent de pénaliser l'emploi, voire d'être « une véritable machine à exclure les jeunes », comme le considérait un rapport du Conseil d'analyse économique en 2008. Ce procès est-il justifié ?

L. Jeanneau, www.alternatives-economiques.fr

4 Quel était l'objectif visé par l'ex-ministre de l'Économie et des Finances lorsqu'il a manifesté son intention de rencontrer les dirigeants des principales banques ?

5 Analysez l'influence du Smic sur l'emploi et les inégalités.

6 ACTIVITÉ

Expliquez en 10 lignes maximum par quels moyens économiques et juridiques les pouvoirs publics et les entreprises peuvent intervenir dans la détermination des salaires.

3 : Quelle est la nature de ces inégalités ?

A Les inégalités de patrimoine

DOC 9 Les inégalités explosives : qui possède combien ?

Les 10 % des ménages les plus fortunés disposent de près de la moitié de l'ensemble de la richesse du pays, les 50 % les moins fortunés en possèdent 7 % [...]. L'inégalité des patrimoines est encore plus accentuée que celle des revenus. Ces énormes inégalités de richesse sont à la source de la reproduction sociale de génération en génération par le biais de l'héritage. Les patrimoines matérialisent en quelque sorte la transmission des inégalités dans le temps.

Le patrimoine immobilier représente 50 % du patrimoine détenu par les 10 % les plus riches. Le patrimoine financier en constitue 23 % et le patrimoine professionnel (les biens liés à une activité professionnelle industrielle, commerciale, agricole, etc., actions), 24 %. Phénomène intéressant : la part des patrimoines financier et professionnel croît à mesure que l'on monte dans la fortune. Au contraire, la part de l'immobilier est inversement proportionnelle à la fortune détenue.

Montants des patrimoines nets médians[1]
selon la catégorie sociale

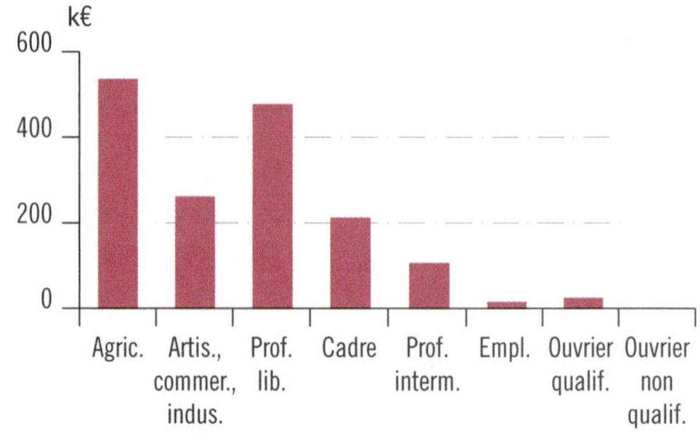

1. Médian : la moitié de la CSP est au-dessus, l'autre moitié au-dessous.

Observatoire des inégalités, 16 avril 2013

1. **Que veut dire l'expression « reproduction sociale de génération en génération » ?**
2. **Repérez les principaux indicateurs chiffrés qui traduisent les inégalités de patrimoine.**
3. **Expliquez pourquoi il est nécessaire de nuancer ces constats.**

B Les inégalités des revenus

DOC 10 Un outil d'analyse statistique des inégalités : le décile

Le décile est un indicateur de partage (de distribution) d'une population statistique en tranche de 10 %. Par exemple, D1 représente les 10 % d'une population observée qui touche le moins, les 10 % suivants, D2, etc. Selon la finesse de l'analyse que l'on souhaite opérer, la décomposition en tranches classées dans un ordre croissant peut être le quartile (4 tranches), le quintile, le centile, etc.

Combinée à d'autres indicateurs d'analyse statistique (la médiane, la moyenne, l'écart interquartile ou décile), l'analyse par déciles permet d'affiner les caractéristiques d'une population observée.

Dans le graphique ci-contre, l'unité de découpage a été le décile et l'interprétation est la suivante :

- D1 → les 10 % des ménages touchant les plus faibles revenus ont une composition de revenus telle que présentée sur le graphique.
- D10 → les 10 % des ménages touchant les plus forts revenus ont une composition de revenus telle que présentée sur le graphique.

Foucher, 2015

DOC 11 Répartition des revenus des ménages français par décile en 2012

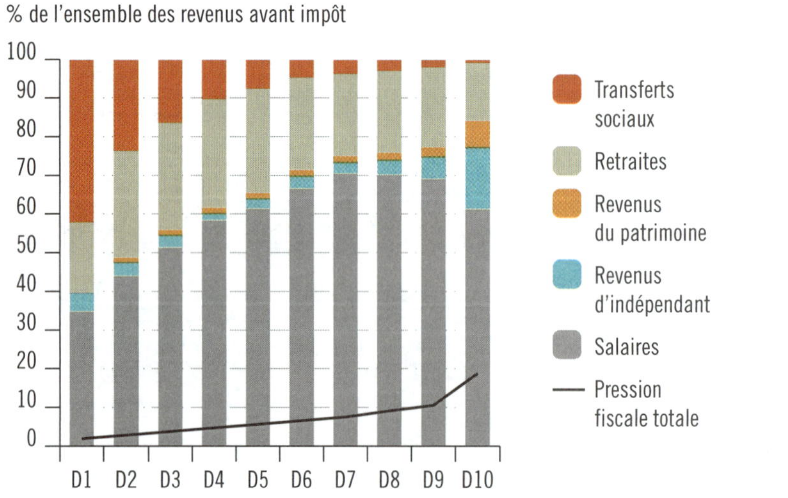

www.insee.fr

4. **Quel est l'intérêt d'utiliser des indicateurs de partage d'une population pour analyser une population ?**
5. **Quels constats faites-vous sur la composition des revenus entre les ménages à plus faibles revenus et ceux à plus forts revenus ?**

C Les inégalités de niveau de vie

DOC 12 Évolution du niveau de vie de 1996 à 2011

D1, D3, D5, D7 et D9 représentent les déciles de population, des plus pauvres aux plus riches. C95 représente les 5 % les plus riches de la population.

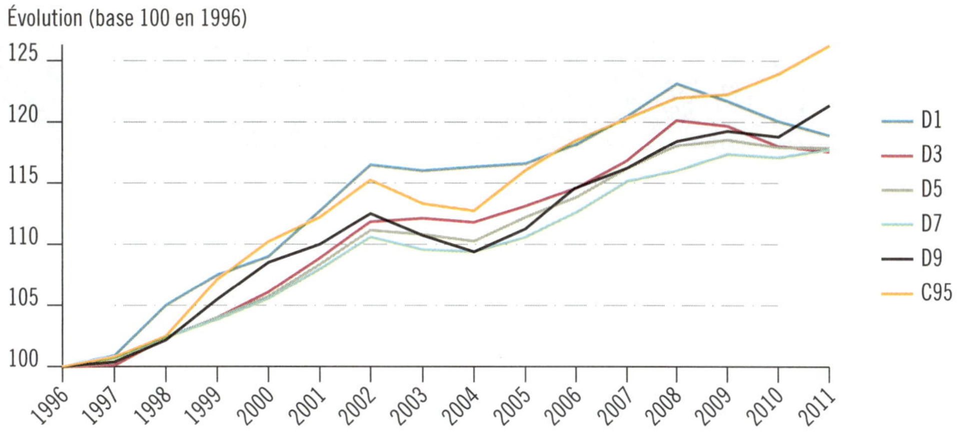

www.insee.fr

DOC 13 L'indice de Gini dans certains pays de la zone euro

Pays	Coefficient
Allemagne	0,283
Autriche	0,291
Belgique	0,330
Espagne	0,347
Estonie	0,358
Finlande	0,269
France	0,327
Grèce	0,343

Pays	Coefficient
Irlande	0,343
Italie	0,360
Lituanie	0,360
Luxembourg	–
Portugal	0,385
Slovaquie	0,258
Slovénie	0,284

United Nations Development Programme, Human Development Report 2007/2008, www.statistiques-mondiales.com

L'indice (ou coefficient) de Gini est un indicateur synthétique d'inégalités de revenus. Il varie entre 0 et 1. Il est égal à 0 dans une situation d'égalité parfaite où tous les revenus seraient égaux. À l'autre extrême, il est égal à 1 dans une situation la plus inégalitaire possible. Entre 0 et 1, l'inégalité est d'autant plus forte que l'indice de Gini est élevé.

Foucher, 2015

6. Commentez l'évolution du niveau de vie en France entre 1996 et 2011, notamment pour D1, D5 et D9. Précisez l'intérêt de faire apparaître sur le même graphique C95.

7. Concernant le coefficient de Gini, comment se situe la France au regard de certains pays de la zone euro ?

8 ACTIVITÉ

À partir de l'ensemble des constats opérés sur les inégalités de revenus et de patrimoine, réalisez une diapositive de synthèse sur la situation en France et leur évolution récente.

Étape synthèse

Les inégalités de revenus et de patrimoine des ménages

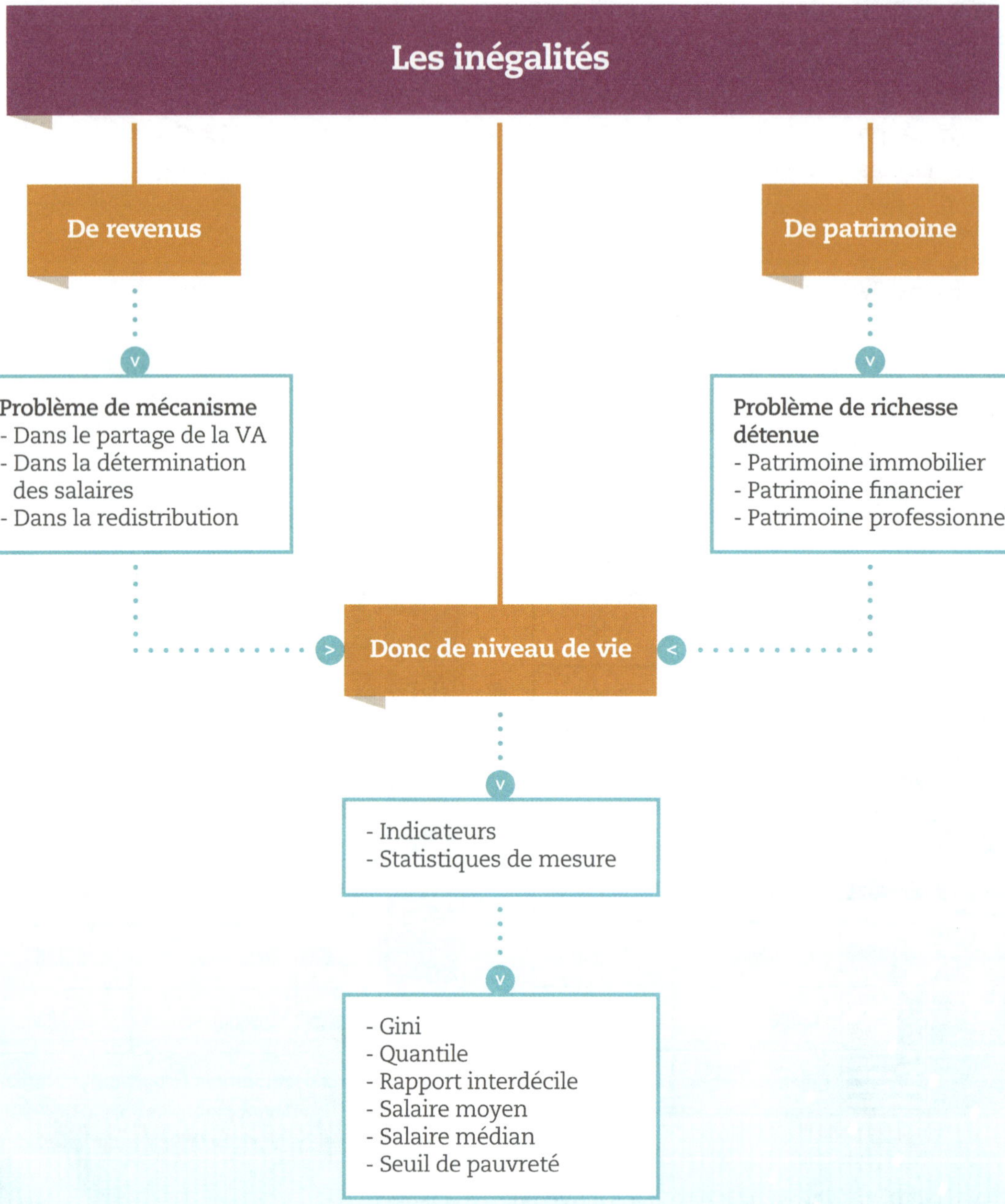

MOTS-CLÉS

▸ **Revenu primaire :** revenu que les ménages tirent de leur contribution à l'activité économique, soit directement, soit indirectement. Il n'inclut donc pas les prestations sociales ; c'est un revenu avant redistribution.

▸ **Revenu secondaire :** les revenus de transfert sont issus des mécanismes de redistribution. Les prestations sociales (ou transferts sociaux) sont des transferts versés (en espèces ou en nature) à des individus ou à des familles, afin de réduire la charge financière que représente la protection contre divers risques sociaux comme la vieillesse, la maladie, la maternité, le chômage, la pauvreté.

▸ **Revenu disponible :** pour un ménage, le revenu disponible comprend les revenus d'activité, les revenus du patrimoine, les revenus mixtes et les prestations sociales, nets des impôts directs et des cotisations sociales. Quatre impôts directs sont généralement pris en compte : l'impôt sur le revenu, la taxe d'habitation, les contributions sociales généralisées (CSG) et la contribution à la réduction de la dette sociale (CRDS).

Parcours *balisé*

Comment lutter contre les inégalités ?

DOC 1 Christine Lagarde s'inquiète de « l'aggravation des inégalités de revenus » dans le monde

La directrice générale du FMI, Christine Lagarde, s'est inquiétée mercredi de « l'aggravation des inégalités de revenus » dans le monde, en notant que 0,5 % de la population mondiale détenait plus de 35 % des richesses.

Aux États-Unis, point de départ du mouvement Occupy Wall Street en 2011, 1 % de la population perçoit 18 % des revenus totaux avant impôts contre 8 % il y a vingt-cinq ans ①, a souligné Mme Lagarde. « L'aggravation des inégalités de revenus est une préoccupation croissante des dirigeants politiques à travers le globe. »

① INDICES

Revenant sur son diagnostic sur la conjoncture mondiale, Mme Lagarde a indiqué qu'elle souhaitait préserver « la taille du gâteau » tout en s'assurant qu'il soit partagé « plus équitablement ». S'agissant des pays développés, la dirigeante a estimé que l'impact des politiques budgétaires sur les inégalités se réduisait depuis 2000 [...].

www.journaldunet.com, 15 mai 2013

DOC 2 Interview de Thomas Piketty, économiste et directeur d'études à l'EHESS, par Christian Chavagneux

Le capital a un rendement largement supérieur au taux de croissance, ce qui favorise la montée des inégalités. Pour Thomas Piketty, cette accumulation sans fin des fortunes doit être contrecarrée.

CC : Dans la France de 1910, les 10 % les plus riches détenaient 90 % du patrimoine, soit la quasi-totalité. Puis, entre 1910 et 1950-1960, tout change, mais ce changement a-t-il été durable ?

TP : Le changement est réel, mais il ne faut pas perdre de vue qu'en matière de patrimoine, les niveaux de concentration sont toujours extrêmement élevés. Aujourd'hui, les 10 % les plus favorisés détiennent plus de 60 % du patrimoine total et les 50 % les plus pauvres ont moins de 5 % ①, pas beaucoup plus que zéro ! [...]

CC : La possibilité de redistribution des fortunes, par exemple du fait de l'émergence de nouveaux entrepreneurs innovants, est-ce un levier ? Par exemple Xavier Niel, le fondateur de Free, vient d'entrer dans le top 10 des fortunes françaises.

TP : [...] Mais au fur et à mesure que le temps passe, l'entrepreneur devient rentier. Eugène Schueller invente ses premiers produits pour cheveux en 1909 et, en 2013, sa fille Liliane Bettencourt est l'une des premières fortunes mondiales sans avoir jamais travaillé. Ce qui est plus inquiétant encore, c'est qu'au cours des trente dernières années, son patrimoine a progressé exactement au même rythme que celui de Bill Gates et plus vite que celui de Steve Jobs ! La fortune n'est pas qu'une affaire de mérite. Au-delà d'un certain niveau, elle se reproduit toute seule, plus vite que le rythme de croissance de l'économie.

CC : Comment faire pour maîtriser cette montée des inégalités ?

TP : L'instrument idéal qui permettrait de maîtriser cette dynamique serait l'instauration d'un impôt progressif annuel sur le capital, un peu à l'image de l'impôt sur la fortune français mais qu'il faudrait établir au minimum au niveau européen. À quel taux ? La réponse doit être pragmatique et dépendre du rendement observé du capital : quand on voit que de très hauts revenus affichent des taux de rendement de l'ordre de 6 % à 7 % par an, si le taux de croissance est de 1 % et que l'on souhaite maîtriser le poids de ces hauts patrimoines, il n'y aurait rien d'anormal à ce que le taux d'imposition soit de 5 % à 6 %.

***Alternatives Économiques* n° 328, octobre 2013**

DOC 3 Les outils pour réduire les inégalités

Les règles de droit constituent un socle. En étendant ses fonctions, l'État s'est également doté d'un ensemble d'instruments dont l'objectif premier n'est pas la réduction des inégalités, mais qui y contribuent pour beaucoup. La fiscalité constitue l'outil le plus souvent mis en avant. La structure du système fiscal influence les niveaux de vie. En la matière, la collectivité peut jouer au fond sur deux niveaux. Tout d'abord sur l'assiette de l'impôt, la base de ce qui est imposé : faut-il taxer les dépenses (comme le fait la TVA) ou les revenus (ce que fait l'impôt sur le revenu) ? Permettre à certains de déduire une partie de leurs revenus (niches fiscales), imposer à partir de tel ou tel seuil de revenus ? Ensuite, la collectivité peut jouer sur le type de prélèvement. L'impôt forfaitaire, identique pour tous, comme la redevance télévision, est le plus injuste, car il ne tient pas compte des « capacités contributives » des ménages. L'impôt proportionnel réduit les inégalités absolues (en euros) de niveaux de vie. L'impôt progressif est le plus redistributif, dans la mesure où il réduit les écarts relatifs entre les revenus. Les prélèvements obligatoires ainsi réalisés permettent de mettre en œuvre un ensemble de politiques qui, elles aussi, atténuent les inégalités. Au premier chef des prestations monétaires, qui soutiennent les revenus des plus pauvres.

Au-delà de ce soutien financier direct, les politiques publiques contribuent activement à la réduction des inégalités en assurant l'accès au plus grand nombre à un ensemble de biens et de services jugés d'intérêt général.

L. Maurin, *Alternatives Économiques Poche* n° 56, septembre 2012

1 Repérez ② les informations importantes relatives à l'inégalité des revenus ① dans les deux documents, afin d'en déduire un constat général.

2 Expliquez pourquoi il y a une opposition de mécanisme ③ entre l'enrichissement du rentier et les investisseurs.

3 Madame Lagarde et Monsieur Piketty ont un même objectif ④ : réduire les inégalités. Précisez leur point de vue sur la manière d'y arriver.

4 Proposez et analysez quatre autres décisions ⑤ que pourrait prendre un gouvernement afin de diminuer les inégalités.

En savoir plus...

Vidéo sur la redistribution et les inégalités en France

VIDÉO 5'24 tinyurl.com/mhrs35x

① **INDICES**

② **MÉTHODE** Relisez le texte en notant tous les chiffres qui caractérisent les inégalités.

③ **MÉTHODE** Il faut rechercher dans le texte de M. Piketty la comparaison faite entre Mme Bettencourt et le PDG de Free.

④ **MÉTHODE** Retrouvez dans les deux textes comment l'un et l'autre envisagent de le faire.

⑤ **MÉTHODE** Sur cette question, il faut vous appuyer sur le doc. 3, vos connaissances vues par ailleurs en cours et/ou effectuer des recherches documentaires sur Internet.

La politique de redistribution

> La pauvreté, avec ou sans travail

Un million de personnes exercent un emploi mais disposent, après avoir comptabilisé les prestations sociales (primes pour l'emploi, allocations logement, etc.) ou intégré les revenus de leur conjoint, d'un niveau de vie inférieur au seuil de pauvreté, fixé à la moitié du revenu médian. Elles sont 1,925 million si l'on prend en compte le seuil à 60 %.

Observatoire des inégalités sur les travailleurs pauvres, mars 2013

1. Qu'est-ce que la pauvreté ?
2. Quel rôle ont l'État ou d'autres donateurs dans la lutte contre la pauvreté ?
3. Expliquez les finalités de la redistribution à l'aide des exemples et de vos connaissances.

ITINÉRAIRE BIS

Pas de redistribution sans richesse selon Bill Gates

VIDÉO 2'13 tinyurl.com/oejonr3

En plus de tous les emplois qu'il a créés, Bill Gates redistribue la moitié de sa fortune personnelle dans la philanthropie, la lutte contre la pauvreté et la maladie. Mais sans sa richesse, il ne serait pas l'un des hommes les plus généreux au monde.

COMPÉTENCES

À l'issue de ce parcours, vous serez capable
- > de caractériser et d'analyser les différents instruments de la redistribution en France ;
- > de repérer les justifications et orientations de réformes de la politique de redistribution.

1 Quels sont les finalités et les mécanismes de la redistribution ?

A Les finalités de la protection sociale

DOC 1 La création de la Sécurité sociale

« La Sécurité sociale est la garantie donnée à chacun qu'en toutes circonstances il disposera des moyens nécessaires pour assurer sa subsistance et celle de sa famille dans des conditions décentes. Trouvant sa justification dans un souci élémentaire de justice sociale, elle répond à la préoccupation de débarrasser les travailleurs de l'incertitude du lendemain, de cette incertitude constante qui crée chez eux un sentiment d'infériorité et qui est la base réelle et profonde de la distinction des classes entre les possédants sûrs d'eux-mêmes et de leur avenir et les travailleurs sur qui pèse, à tout moment, la menace de la misère. » [...]

Exposé des motifs de l'ordonnance du 4 octobre 1945, www.securite-sociale.fr

Les fichiers de la Sécurité sociale en 1950.

DOC 2 Les deux dimensions de protection sociale

La protection sociale française combine deux formes de redistribution des revenus correspondant à des conceptions de la justice sociale distinctes mais complémentaires. D'une part, selon une logique d'assurance, elle organise une redistribution horizontale entre les cotisants au système (des biens portants vers les malades, des jeunes vers les vieux...). Les revenus de remplacement (allocation retraite par exemple) sont alors proportionnels aux cotisations versées. D'autre part, selon un principe de solidarité, elle redistribue les revenus verticalement, des plus favorisés vers les plus pauvres (CMU[1], RMI[2] par exemple).

1. CMU : couverture maladie universelle.
2. RMI : revenu minimum d'insertion.

« Où en est la protection sociale ? », *Parcours guidé* n° 8, www.alternatives-economiques.fr

1. Citez les objectifs visés par la mise en place de la Sécurité sociale.
2. Retrouvez et expliquez les deux formes de redistribution de revenus qui caractérisent la protection sociale.
3. Pourquoi le principe d'assurance ne peut-il pas s'appliquer aux deux formes de la protection sociale ?

B Le mécanisme de redistribution

DOC 3 Le financement de la protection sociale

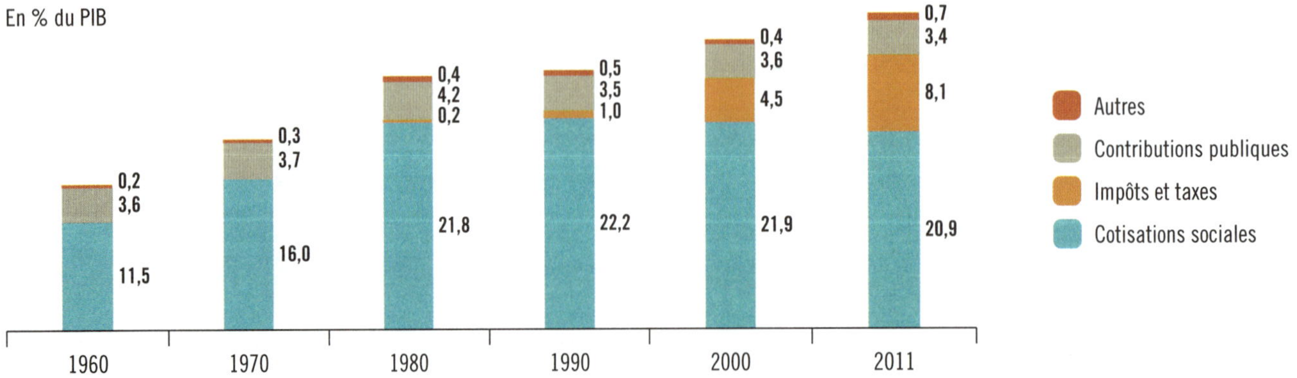

Comptes de la protection sociale

DOC 4 L'impôt et les cotisations sociales : deux notions différentes

L'impôt se définit comme un versement obligatoire et sans contrepartie aux administrations publiques et aux institutions européennes.

L'impôt sert principalement à financer les dépenses publiques, et constitue également un moyen de régulation de l'activité économique. Les impôts se distinguent notamment des cotisations sociales, car celles-ci ouvrent droit à une prestation.

www.vie-publique.fr

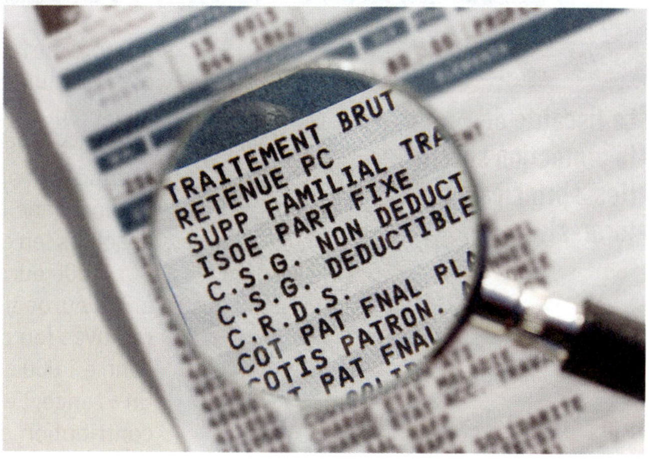

DOC 5 L'efficacité des prélèvements obligatoires

La Tribune : Avec 32 % de son PIB consacré aux dépenses sociales, la France est[-elle] efficace dans sa politique de distribution des aides ?

G. Cornilleau (OFCE) : C'est un système de protection sociale évolué et généreux. Il corrige notamment la répartition des revenus. Ainsi, la France a l'un des niveaux de pauvreté les plus faibles d'Europe et il n'a pas augmenté avec la crise. Ce n'est pas le cas de la Suède, autrefois vertueuse en matière de lutte contre la pauvreté. Le niveau de celle-ci a beaucoup augmenté ces dernières années.

Il n'y a pas de miracle, si l'on veut un système social avec beaucoup d'inégalités, on réduit les dépenses sociales, pour obtenir le contraire, on les augmente. Le système français a mieux résisté que les autres à la crise. Malgré les taux de prélèvements élevés on en a pour son argent. [...]

J.-Y. Paillé, www.latribune.fr, 25 novembre 2014

ITINÉRAIRE BIS

Eco Dico – Les mécanismes de redistribution

VIDÉO 2'52 tinyurl.com/o62lqbc

La redistribution est un ensemble de mesures qui visent à assurer une plus grande répartition des richesses entre les ménages. Ces mesures passent par des prélèvements obligatoires sous forme d'impôts et de cotisations sociales, et par le versement de revenus de transfert.

Dessine-moi l'éco – La protection sociale

VIDÉO 3'35 tinyurl.com/pap8tlg

La protection sociale correspond à l'ensemble des mécanismes qui permettent aux individus de faire face aux risques sociaux pouvant provoquer une baisse de leurs ressources ou une hausse de leurs dépenses.

a Rappelez la raison d'être de la redistribution.

b Précisez les trois objectifs inhérents à ce mécanisme.

c Quels sont les différents risques sociaux liés aux finalités de la protection sociale ?

4 Identifiez les principales ressources de la protection sociale.

5 Analysez la part de chaque ressource entre 1960 et 2011 au sein du PIB.

6 Pensez-vous que ce niveau de prélèvements obligatoires réponde à la finalité de la protection sociale ?

7 ACTIVITÉ

Présentez un schéma récapitulatif illustrant le mécanisme de la redistribution.

2 Comment assurer le financement de la redistribution ?

A Les instruments de la redistribution

DOC 6

La fiscalité de la protection sociale (les 3 principales formes)

- L'impôt forfaitaire : il consiste à prélever un même montant à chaque contribuable. C'est la forme la plus rudimentaire de fiscalité et la plus injuste, puisqu'elle ne tient pas compte des niveaux de vie. Elle ne change pas les écarts absolus de revenus, mais accroît les inégalités relatives. [...]
- L'impôt proportionnel : la deuxième forme de prélèvement est proportionnelle aux revenus ou à la consommation. Elle réduit les inégalités absolues (en euros). Une taxe de 10 % de 1 000 euros représente 100 euros. Sur 2 000 euros, c'est 200 euros. L'écart de revenus passe de 1 000 euros à 900 euros après impôts. Ce type d'impôt ne change rien aux inégalités relatives (en pourcentage). L'écart reste de 1 à 2 avant impôt (2 000 euros contre 1 000 euros) comme après impôt (1 800 euros contre 900 euros). [...] En France, l'essentiel de notre fiscalité fonctionne ainsi : c'est le cas de la contribution sociale généralisée ou des cotisations sociales, comme les impôts indirects, comme la taxe sur la valeur ajoutée.
- L'impôt progressif : la troisième forme de prélèvement est dite « progressive ». On parle de « progression », parce que les taux de prélèvement augmentent avec la valeur de l'assiette taxée. C'est le cas notamment de l'impôt sur le revenu. Plus le revenu augmente, plus le taux de prélèvement s'accroît. Le taux le plus élevé est dit « marginal ». L'impôt progressif réduit les inégalités absolues et relatives. Si vous prélevez 10 % sur les revenus de 1 000 euros et 20 % sur les revenus de 2 000 euros, vous obtenez après impôts des revenus de 900 euros et 1 600 euros, soit un rapport qui passe de 1 à 2 à 1 à 1,8.

L. Maurin, Observatoire des inégalités, novembre 2012, www.inegalites.fr

1. Précisez les différences entre ces trois formes d'impôts.
2. Calculez l'impôt progressif si le revenu est de 1 500 euros avec un taux de prélèvement de 10 %, et s'il est de 3 000 euros pour un taux de 20 %.
3. Pourquoi la progressivité de l'impôt répond-elle aux objectifs de la protection sociale ?

B La logique d'assurance

DOC 7 **Les contributions des salariés et des employeurs à la Sécurité sociale**

En pourcentage du salaire brut, au 1er janvier 2014

		Employeur	Salarié	Total
Les cotisations de Sécurité sociale				
Maladie		12,8 %	0,75 %	13,55 %
Vieillesse	sous plafond	8,45 %	6,8 %	15,25 %
	déplafonnées	1,75 %	0,25 %	2,0 %
Famille		5,25 %	–	5,25 %
Accidents du travail (en moyenne)		2,38 %	–	2,38 %
Autres contributions				
CSG et CRDS		–	8 %	8 %

Chiffres clés de la Sécurité sociale en 2013

4. Repérez les principaux risques couverts par les cotisations sociales.
5. Indiquez les agents économiques qui financent le système d'assurance.
6. Expliquez pourquoi seuls les cotisants peuvent bénéficier d'une couverture de ces risques.

DOC 8 **Les impôts de l'État attribués spécifiquement pour la Sécurité sociale**

Créée en 1991, la contribution sociale généralisée (CSG) est un impôt dû par les personnes physiques domiciliées en France pour l'impôt sur le revenu. La CSG sert à financer une partie des dépenses de Sécurité sociale [...].

La contribution à la réduction de la dette sociale (CRDS) est un impôt créé en 1996 pour résorber l'endettement de la Sécurité sociale. Les personnes physiques domiciliées en France pour l'impôt sur le revenu sont redevables de la CRDS.

www.insee.fr

C La logique d'assistance : l'État

DOC 9 L'assistance sociale

[L'assistance sociale] se définit comme le devoir de la société de porter secours aux indigents, vieillards ou enfants abandonnés. Elle passe par l'octroi d'une aide aux personnes dont les ressources sont insuffisantes, financée par les impôts et versée par les collectivités publiques sans contrepartie de cotisation.

Elle peut prendre la forme de prestations monétaires ou en nature. [...] Elles ne sont pas contributives : autrement dit, aucune contrepartie n'est exigée du bénéficiaire. En revanche, elles sont soumises à des conditions de ressources et de besoins qui justifient l'examen au cas par cas de la situation du demandeur : de ce fait, elles ne constituent qu'un droit « subjectif ».

www.vie-publique.fr

DOC 10 Principales prestations des régimes d'intervention sociale des pouvoirs publics et des ISBLSM[1]

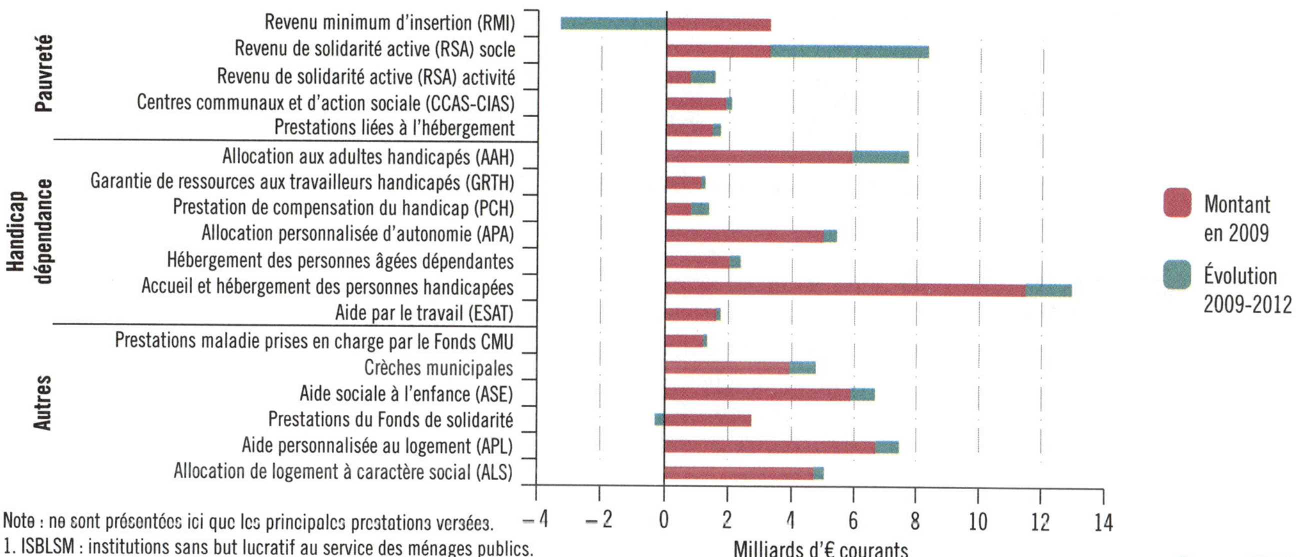

Note : ne sont présentées ici que les principales prestations versées.
1. ISBLSM : institutions sans but lucratif au service des ménages publics.

Drees, 2013

7 Indiquez quels sont les trois principaux domaines et les principales prestations sociales de l'État et des collectivités territoriales.

8 Montrez pourquoi l'on parle d'aides non contributives et soumises à des conditions de ressources pour les bénéficiaires.

DOC 11 L'importance des services publics dans la redistribution

Les services publics de santé, éducation et logement contribuent deux fois plus que les transferts monétaires à la réduction des inégalités de niveau de vie [...]. Le niveau de vie des ménages se trouve affecté par ces transferts et prélèvements monétaires, il bénéficie également de transferts des administrations publiques « en nature », c'est-à-dire opérés sous forme de services gratuits ou délivrés à faible coût, qui peuvent avoir un impact redistributif d'autant plus fort qu'ils mettent en jeu des masses financières très importantes. Ces services touchent en particulier les domaines de la santé, de l'éducation ou du logement social. Ils répondent au souci de garantir aux personnes un accès *a priori* identique aux soins, à l'éducation ou aux services de logement, quel que soit leur niveau de ressources. Ils répondent ainsi davantage à un objectif d'équité que de redistribution [...].

É. Amar *et al.*, *France, portrait social*, Insee, 2008

9 Expliquez la notion de transferts des administrations publiques.

10 Montrez que les services publics sont pour toutes les personnes sans exception.

11 Comment les services publics peuvent-ils contribuer deux fois plus que les transferts monétaires à la réduction des inégalités ?

12 ACTIVITÉ

Présentez une diapositive sur les différentes formes de financement de la redistribution en donnant des exemples.

3 : La politique de redistribution est-elle efficace ?

A Les effets positifs

DOC 12 L'éducation influence la croissance économique et les inégalités

Élève de maternelle à Kamini Para (Bangladesh).

L'éducation et la formation tout au long de la vie reposent sur trois principes [...]. Le premier principe donne une place centrale à l'apprenant ; le deuxième principe repose sur l'importance accordée à l'égalité des chances. Le dernier principe, enfin, s'appuie sur la pertinence et la qualité de l'offre de formation.

« Si le temps moyen que chaque personne consacre à l'éducation augmente d'un an, le produit économique du pays par habitant devrait augmenter sur le long terme, dans une fourchette comprise entre 4 à 6 %. » Ce constat fait à partir de données de l'OCDE permet de mesurer les enjeux de l'accès à l'éducation tant pour les pays développés que pour les pays en développement. [...] Les écarts de niveau d'éducation entre pays permettent de comprendre une importante partie des écarts de croissance. [...] Selon l'Unesco, seuls 61 % des adultes savent lire en Inde contre plus de 90 % en Chine. Cette différence expliquerait le rythme plus soutenu de la croissance en Chine depuis le début des années 1990. L'accumulation de capital humain stimule la croissance des économies. Ensuite, les bénéfices du capital humain s'observent au niveau des parcours individuels puisque l'acquisition d'une qualification se traduit le plus souvent par l'obtention de revenus plus élevés pour les actifs [...]. L'acquisition de compétences par la formation un accroissement de la productivité du travailleur.

« Le capital humain : de l'analyse théorique à l'action publique », Dossier réalisé en collaboration avec l'OCDE

DOC 13 La théorie du multiplicateur

Pour John Maynard Keynes, l'État doit intervenir activement dans l'économie, pour relancer la croissance et réduire le chômage. Keynes explique en effet le chômage par l'insuffisance de la demande. En augmentant les revenus sociaux ou en menant des investissements publics, l'État doit, selon les keynésiens, stimuler la demande, pour ainsi relancer la production et l'emploi.

www.academie-en-ligne.fr

1. **Indiquez le rôle de l'éducation et de la formation dans la lutte contre les inégalités.**
2. **Expliquez pourquoi la réduction des inégalités est un outil au service de la croissance.**
3. **Pourquoi l'analyse de Keynes sur la croissance peut-elle s'appliquer à la politique de redistribution ?**

DOC 14 Les infrastructures participent à la réduction des inégalités

Les pays en développement doivent répondre à la nécessité pressante de fournir des services de base – eau, énergie, transports, technologies de l'information et de la communication. L'aide apportée aux pays pour répondre à ces besoins en infrastructures représente la plus importante branche d'activité de la Banque mondiale, dont l'enveloppe financière de 19 milliards de dollars comprend 47 % de l'aide totale fournie aux pays clients durant l'exercice 2014. Les pays en développement devront investir environ 1 000 milliards de dollars par an jusqu'en 2020 pour remédier au manque d'infrastructures adéquates. À titre d'illustration, quelque 2,5 milliards de personnes n'ont pas accès à des services d'assainissement de base, 748 millions de personnes ne peuvent pas accéder à des sources d'eau améliorées, et près de 1 milliard de personnes dans les zones rurales n'ont pas accès à des routes praticables en toutes saisons. La demande d'infrastructures nouvelles et améliorées ne pourra qu'augmenter.

Rapport annuel du PNUD, 2014

4. **Montrez que la redistribution non monétaire pour les pays en développement est une priorité de la banque mondiale.**
5. **Montrez pourquoi l'intervention des organisations internationales est indispensable dans ces pays.**
6. **La création d'infrastructures permet-elle une diminution des inégalités économiques et sociales dans les pays ?**

B Les limites de la politique de redistribution

DOC 15

Le projet de budget 2015 de la Sécurité sociale : un budget de rigueur

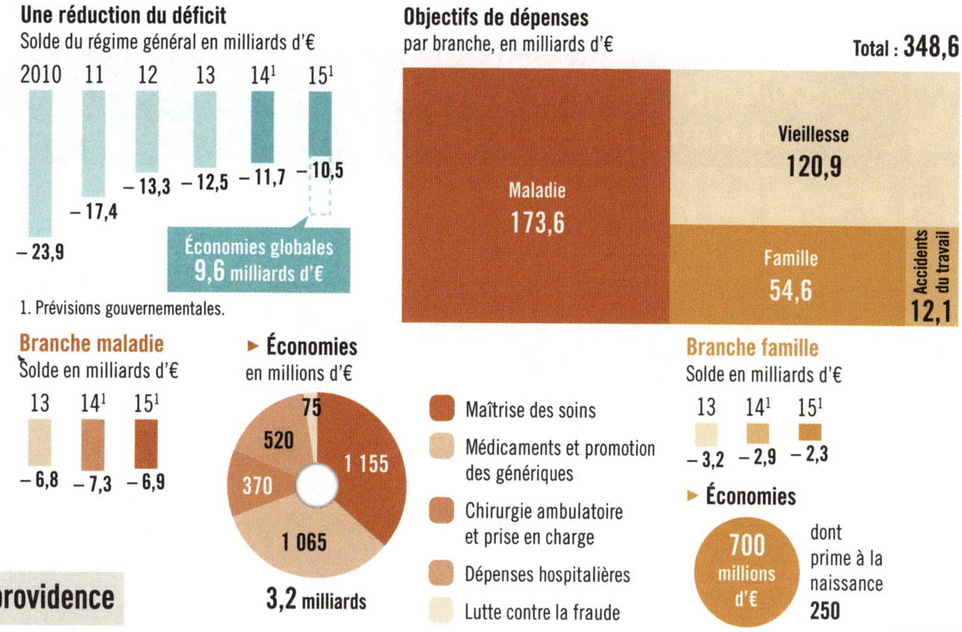

PLFSS

DOC 16 **Les limites de l'État providence**

- Le coût de l'État providence a considérablement crû pour représenter entre le tiers et la moitié du budget des États. Les cotisations ne pouvant absorber seules ce coût et ayant tendance à défavoriser l'emploi, l'impôt a été mis à contribution, replaçant le Parlement au cœur du système mais affaiblissant la place des partenaires sociaux.
- Le principe de l'intervention de l'État est mis en doute au nom de l'efficacité : certains l'accusent de déresponsabiliser les citoyens, l'indemnisation pouvant ne pas favoriser l'insertion et tendre à installer les bénéficiaires dans l'assistanat. Par ailleurs, des sociétés privées proposent des systèmes d'assurance contre les risques qui semblent parfois plus efficaces que le public. [...]
- Problèmes de concurrence. Pour certains, le coût des systèmes de protection sociale nuit à la croissance économique dans les pays développés, et incite à la délocalisation des industries vers des pays n'offrant aucune garantie sociale. En Europe, des règles divergentes de protection sociale suscitent les mêmes comportements et nuisent à la libre circulation des personnes et des biens.
- Enfin, l'État providence sait-il s'adapter aux évolutions de la société ? Son modèle, issu des « Trente Glorieuses », peine à se renouveler alors que la société évolue (vieillissement, perceptions différentes du risque, du handicap [...]. Le système étatique semble lourd et difficile à faire évoluer.

www.vie-publique.fr

DOC 17 **Existe-t-il un modèle européen de protection sociale ?**

Certains veulent opposer une conception européenne, marquée par une socialisation de services essentiels sous des formes diverses, à la fourniture de ces biens par le marché dans des pays libéraux comme les États-Unis. [...] Les systèmes de protection sociale des pays d'Europe de l'Est sont peu développés et parfois construits en référence au modèle américain. Surtout, la diversité des situations nationales en Europe est très grande [...].

Toutefois, les réformes importantes qu'a connues la protection sociale ces derniers temps vont généralement dans le même sens : affaiblissement des allocations chômage, recul de l'âge de la retraite, rationalisation des systèmes de santé. [...]

Mais la protection sociale n'est pas une compétence européenne. [...] Les différences et l'attachement aux modèles nationaux sont tels que l'émergence d'un modèle européen n'est pas pour demain.

A. Parienty, *Alternatives Économiques* n° 335, mai 2011

7. **Dégagez les problèmes de financement et les économies proposées pour la Sécurité sociale dans le cadre du budget 2015.**
8. **À partir des documents et de vos connaissances, répertoriez les critiques faites au système de protection sociale.**
9. **Proposez et analysez des solutions et leurs conséquences qui permettraient de pérenniser le système de Sécurité sociale.**

10 ACTIVITÉ

Réalisez un diaporama rappelant les effets positifs et les limites de la politique de redistribution en donnant des exemples concrets.

Étape synthèse

La politique de redistribution

La politique de redistribution, orchestrée par l'État, a pour objectif une amélioration de la justice sociale entre les individus

La protection sociale a des déficits structurels énormes qui modifient la redistribution entre les agents économiques

La protection sociale désigne tous les mécanismes de prévoyance collective, permettant aux individus de faire face aux conséquences financières des risques sociaux

Ses ressources sont principalement les impôts proportionnels et progressifs, les cotisations sociales qui permettent une participation adaptée de tous à la lutte contre les inégalités

Un système d'assurance est financé par les cotisants grâce aux charges sociales, à la CSG et à la CRDS

Les services publics apportent des services indépendamment du revenu

Un système d'assistance existe pour les non-cotisants et est financé par l'impôt

Le système par répartition est le cœur du financement des retraites : les actifs paient des cotisations pour payer les retraites des personnes âgées tout en acquérant des droits

L'éducation, la police, la justice, les services de l'État et des collectivités territoriales

Le minimum vieillesse, les aides pour les handicapés, les aides sociales à l'enfance, le revenu de solidarité active

MOTS-CLÉS

- **Sécurité sociale :** organisation reposant sur des mécanismes de transfert du type contribution/rétribution. Les travailleurs versent une cotisation qui est fonction de leur revenu, et s'ouvrent ainsi un droit « objectif » sur la société en termes de chômage, de retraites, de soins médicaux, de famille et d'accidents du travail. On parle de redistribution horizontale.
- **Système d'assistance :** système reposant sur la solidarité envers les ménages qui ne bénéficient pas de la Sécurité sociale ou qui n'ont jamais les moyens suffisants de vivre décemment. Elle s'effectue par des transferts monétaires ou en nature. On parle de redistribution verticale, c'est-à-dire grâce à l'intervention de l'État ou des collectivités territoriales.
- **Impôt progressif :** on parle de « progression » parce que les taux d'imposition augmentent avec la valeur de l'assiette taxée. Plus le revenu progresse, plus le pourcentage de prélèvement augmente et donc l'impôt à payer. C'est le cas notamment de l'impôt sur le revenu.

Parcours **balisé**

Vers une privatisation de la Sécurité sociale ?

DOC 1 La Sécurité sociale glisse vers la privatisation partielle

La Sécurité sociale a soixante-dix ans. Pourtant, cet anniversaire intéresse fort peu...

C'est vrai, on a fêté la fin de la guerre et le Débarquement, mais la Sécurité sociale, qui est pourtant une immense conquête sociale, ne se célèbre pas, ne passionne pas. Aujourd'hui, la Sécu, c'est de l'acquis. Non seulement il n'y a aucune volonté politique de la refonder, mais, à l'inverse, on la laisse s'effriter, s'étioler ①. On la déconstruit à coup de mesures techniques et budgétaires. L'institution fonctionne en pilotage automatique. L'absence de vision politique fait que le gouvernement évolue au gré des rapports de force : médecins libéraux, assurances complémentaires, hôpitaux, élus locaux... Inexorablement, la Sécurité sociale est entraînée vers la pente la plus glissante : celle de la privatisation partielle.

Par quel processus ?

Sous ce gouvernement, le processus de privatisation n'est pas idéologique, comme c'était le cas avec le gouvernement précédent. Il s'agit plus d'un glissement vers une privatisation rampante :

F. Pierru, www.viva.presse.fr

① INDICES

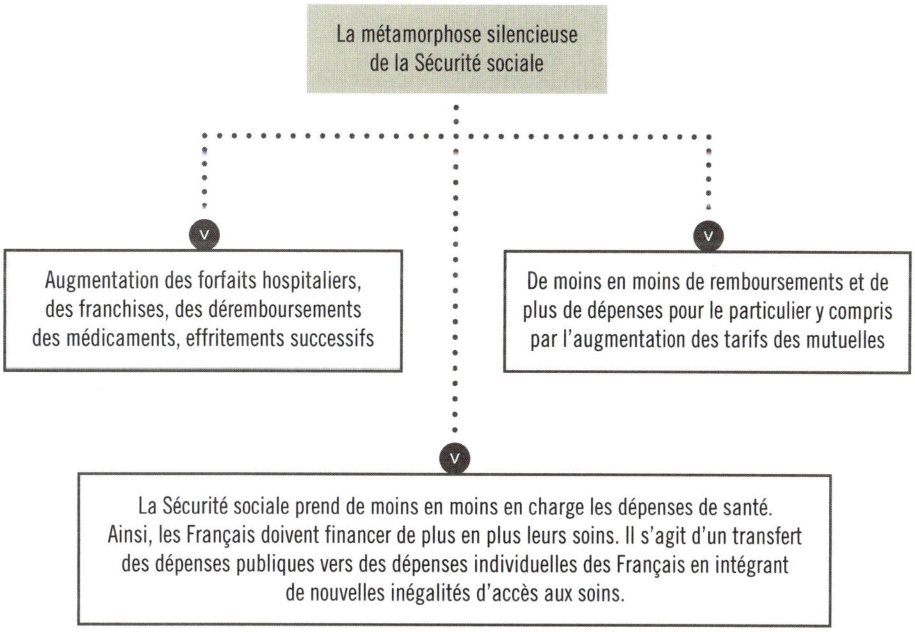

Foucher, 2015

DOC 2 La privatisation de certains services améliore-t-elle les prestations ?

La couverture des soins de santé pose un problème financier majeur en France. La branche maladie est historiquement la plus déficitaire des branches de la Sécurité sociale. L'obligation de maîtrise des déficits publics impose donc d'évaluer les performances du régime français et de proposer des économies tout en offrant une bonne qualité des soins. Certains pays, comme l'Allemagne et les Pays-Bas ont récemment entamé des réformes visant à renforcer le rôle du secteur privé et de la concurrence pour permettre un désengagement de l'État dans le secteur de l'Assurance Maladie. Les réformes allemandes et néerlandaises ont permis l'émergence d'une concurrence entre les caisses d'assurances.

La qualité des soins n'a pas diminué et, dans le cas des Pays-Bas, la qualité a même augmenté depuis la réforme de 2006. En Allemagne, les personnes avec des revenus à partir de 4 050 euros bruts/mois sont libres de choisir un système d'assurance santé totalement privé.

Les Pays-Bas ont réduit de plus de 3 % leurs coûts administratifs sur la période 2001-2010. Et avant crise, la baisse des coûts avait été de près de 10 % aux Pays-Bas et de 3 % en Allemagne. Dans le même temps, la France n'a jamais réussi à réduire ses coûts, qui représentent en moyenne 4 % des dépenses totales de santé.

Les cotisations patronales et salariales sont deux fois plus élevées en France qu'aux Pays-Bas. Les employeurs français font face à un surcoût de 70 % plus élevé en matière de santé que leurs homologues allemands et néerlandais. L'assuré français paye plus pour la santé que l'assuré allemand ou néerlandais.

fr.irefeurope.org

DOC 3 Services d'intérêt économique général (SIEG) d'après le traité de Lisbonne

Les services d'intérêt économique général (SIEG) sont des services de nature économique soumis à des obligations de service public dans le cadre d'une mission particulière d'intérêt général. Les SIEG recouvrent un large spectre d'activités : santé, logement social, entreprises déployant des réseaux (eau, assainissement...), culture... Ces SIEG peuvent être fournis directement par des collectivités publiques en régie mais aussi par des entreprises, publiques ou privées, mandatées à cet effet.

Une compensation financière peut être octroyée aux entreprises chargées de la gestion d'un SIEG, en contrepartie des obligations de service public mises à leur charge, dès lors que cette compensation est nécessaire et proportionnée à la réalisation de la mission particulière d'intérêt général et à la viabilité économique du SIEG.

www.collectivites-locales.gouv.fr

1. **Quels sont les risques ① d'évolution de la Sécurité sociale ?**
2. **Quels sont les avantages et les inconvénients ② de la progressive privatisation du système de santé pour les usagers et les organisations publiques en Europe ?**
3. **Dans quelle mesure, les SIEG peuvent-ils contribuer ③ à la privatisation du système de santé ?**

② MÉTHODE Faites un tableau avec deux colonnes, l'une présentant les avantages et l'autre les inconvénients, et deux lignes pour les usagers et les organisations publiques.

③ MÉTHODE Les SIEG peuvent-ils être gérés par des organisations privées ?

En savoir plus...

Vidéo sur la privatisation des monopoles d'État

VIDÉO 3'23 **tinyurl.com/ofqjb25**

10 La répartition des richesses au niveau mondial

> Les inégalités de richesse dans le monde

Les inégalités de richesse connaissent un « accroissement vertigineux », dénonce l'ONG Oxfam dans un rapport publié jeudi 30 octobre 2014. « Sept personnes sur dix vivent dans un pays dans lequel l'écart entre les riches et les pauvres est plus grand qu'il y a 30 ans, constate l'organisation. Et le nombre de milliardaires dans le monde a plus que doublé depuis la crise financière. » Pour l'ONG, ce résultat n'est pas une fatalité mais le résultat de « choix politiques et économiques. »

www.francetvinfo.fr

D'après une nouvelle étude de l'OCDE qui se projette au-delà de la crise sur ce que pourrait être le monde en 2060, la croissance économique mondiale devrait ralentir et les inégalités de revenu continuer de se creuser au cours des prochaines décennies.

www.oecd.org

La richesse par adulte dans le monde

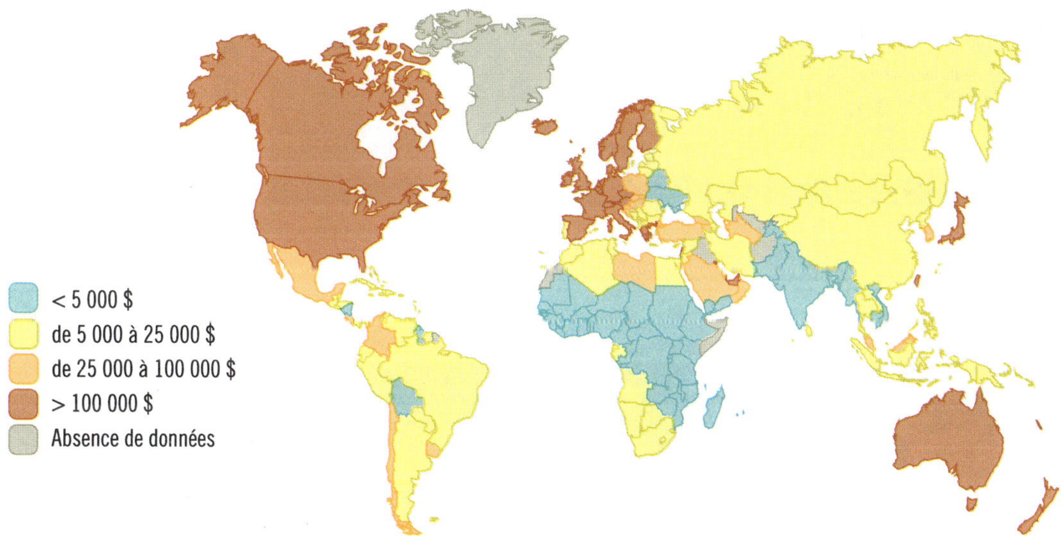

Crédit Suisse Global Wealth Databook 2013

1. Identifiez les inégalités de richesse entre les groupes de pays.
2. Montrez que les inégalités sont fortes au sein des pays.
3. En 2060, pourquoi la richesse sera-t-elle mieux répartie ?

ITINÉRAIRE BIS

Les inégalités aux USA : un ressenti loin de la réalité

VIDÉO | 2'48 | tinyurl.com/ot6clkm

Un économiste de Harvard a fait une étude relative à la perception des inégalités aux USA. Elle montre que les habitants ne ressentent pas la réalité des inégalités qui sont en fait beaucoup plus graves.

COMPÉTENCES

À l'issue de ce parcours, vous serez capable

> de repérer les inégalités de richesse au niveau mondial.

1 La répartition des richesses au niveau mondial : quelle est la réalité ?

A Les inégalités entre les pays

DOC 1 Inégalités de développement : richesse et pauvreté

La planète est marquée par de profondes inégalités de richesse. Les pays pauvres représentent 80 % de la population mondiale, mais ne concentrent que 20 % des richesses. En revanche, les pays riches et industrialisés, au nombre d'une trentaine environ, représentent 20 % de la population mondiale mais détiennent 80 % des richesses. De plus, leur richesse ne cesse de s'accroître, aggravant encore les inégalités.

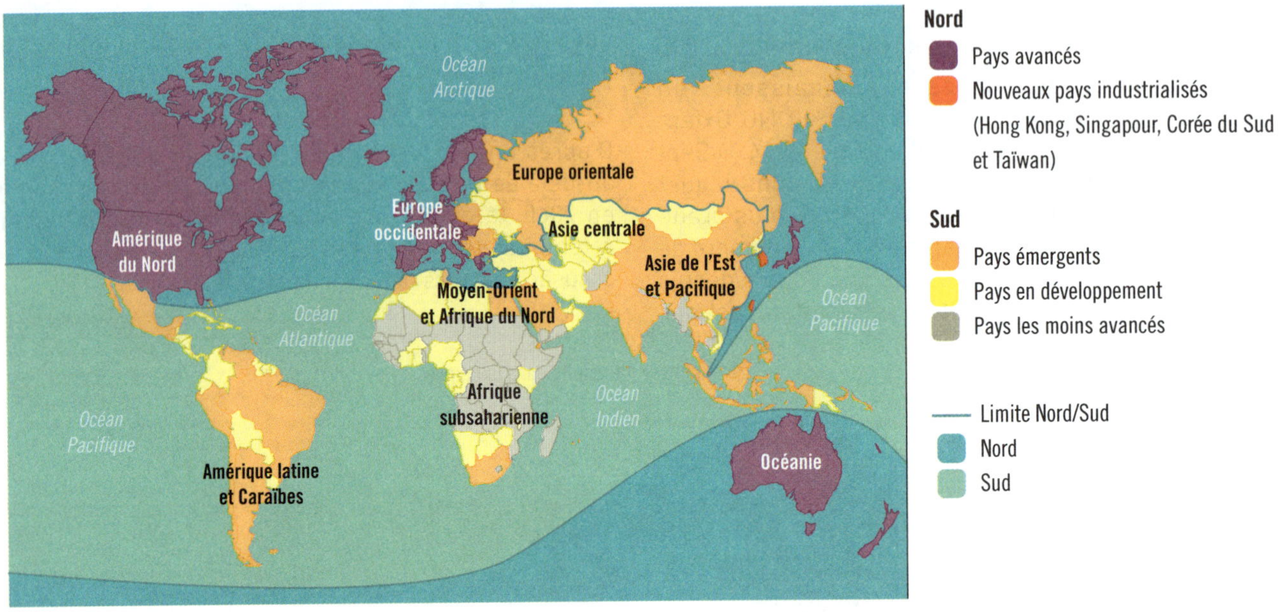

education.francetv.fr

DOC 2 Inégalités de richesse

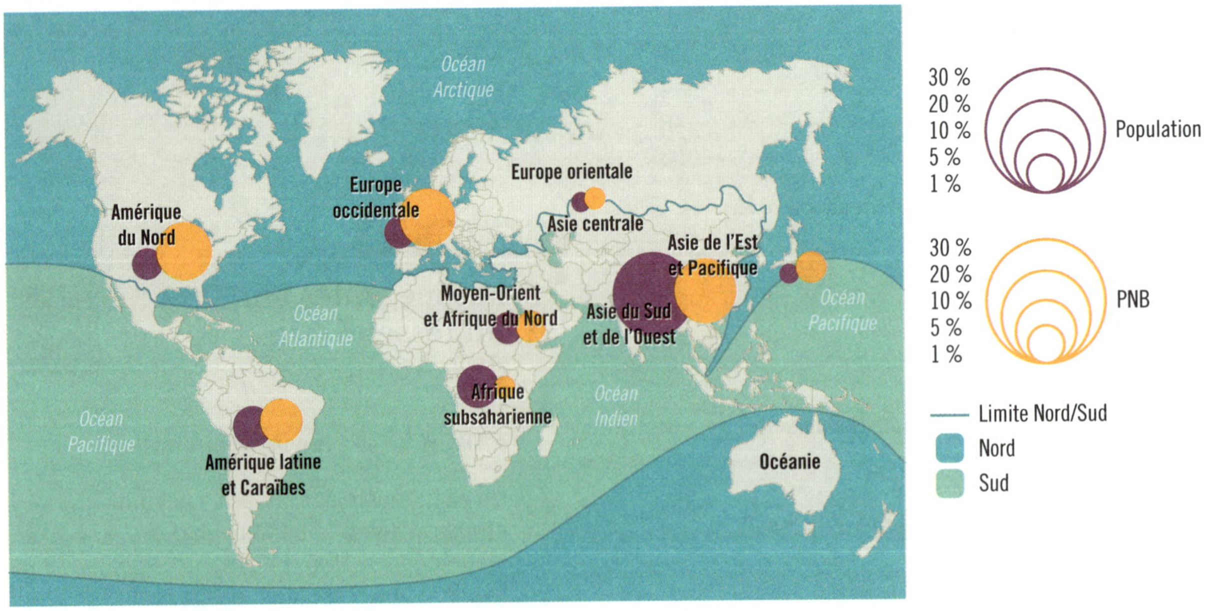

education.francetv.fr

1. Repérez et présentez les indicateurs qui permettent de mesurer la richesse entre les pays ainsi que leurs défauts.
2. Quels constats faites-vous entre les pays de la zone Nord et ceux de la zone Sud ? Existe-t-il dans ces deux zones des nuances à opérer ?

DOC 3 Les pays les moins avancés

Les pays les moins avancés (PMA) sont les pays les plus pauvres et les plus faibles du monde. Ces 48 pays structurellement handicapés dans leur développement, vulnérables au niveau économique, méritent une attention particulière de la part de la communauté internationale. Ils bénéficient de mesures d'appui spécifiques, en particulier dans le domaine du financement du développement, mais également dans le cadre du commerce multilatéral. La liste des pays est revue tous les 3 ans par l'ONU.

Afin d'être reconnu comme PMA, un pays doit remplir les trois critères suivants :

- niveau de revenu bas, calculé en fonction du PIB par habitant sur 3 ans ;
- retard dans le développement humain, mesuré en tenant compte de la malnutrition, du taux de mortalité des enfants, de la scolarisation, et du taux d'alphabétisation ;
- vulnérabilité économique liée notamment au commerce, aux catastrophes naturelles.

www.un.org

DOC 4 Les regroupements de pays

La notion de « pays en développement » succède à celle de « pays en voie de développement » même si les deux expressions sont encore très utilisées. Même si selon l'OMC il n'existe pas de définition officielle du concept « Pays en développement » (c'est-à-dire pas de seuil à franchir pour entrer ou sortir de cette catégorie), on peut toutefois reconnaître quelques éléments qui permettent de les identifier. Ce statut intermédiaire entre celui de « PMA » et celui de « pays développé » est caractérisé par l'engagement d'un processus, sur les plans économique et social, pour relever le niveau de vie de ses habitants, en tentant de mettre fin, notamment, au faible développement de son industrie, à l'insuffisance de sa production agricole, au déséquilibre entre la rapidité de sa croissance démographique et l'augmentation de son revenu national.

www.glossaire-international.com

DOC 5 Des catégories imprécises

Aujourd'hui, on ne [fait plus de distinction] entre pays riches et pays pauvres, ni entre un monde développé et des pays du tiers-monde, distinctions qui furent, pendant longtemps, utilisées pour décrire la coupure entre les situations des divers pays de la planète.

La principale distinction se fait désormais entre les pays avancés (comme les États-Unis, la France, le Japon ou l'Allemagne), les pays émergents (comme la Chine, l'Inde, la Roumanie ou le Brésil) et les pays en développement (comme le Burkina Faso, le Laos, le Soudan ou Haïti).

Bien sûr, les différences sont grandes à l'intérieur même de ces catégories, et les passages de l'une à l'autre possibles.

Une autre distinction a vu le jour et consiste aussi à classer les pays en trois catégories : pays à revenus élevés, pays à revenus intermédiaires et pays à revenus faibles. Cette distinction est utilisée, par exemple, par la Banque mondiale. Elle permet de toucher plus près la réalité de la vie quotidienne des habitants. Cela n'empêche pas, néanmoins, des pays comme la Chine, l'Inde ou la Russie, qui ne sont pas dans les pays à revenus élevés, de compter chaque année de plus en plus de milliardaires en dollars...

Un économiste de la banque Goldman Sachs, Jim O'Neill, et son équipe ont créé un nouveau mot : les BRIC, constitué à partir des initiales de ces quatre pays. Depuis avril 2011, le BRIC est devenu le BRICS (S pour South Africa) avec l'entrée dans le club de l'Afrique du Sud lors du sommet de Sanya en Chine.

Liste indicative des pays émergents : Brésil, Russie, Inde, Chine, Afrique du Sud, Venezuela, Argentine, Colombie, Corée du Sud, Mexique, Pérou...

www.ecoinfosmonde.com

3 Qu'est-ce qui caractérise un PMA ?

4 Quels sont les enjeux pour un pays d'être classé comme PMA ?

5 Ces classifications sont-elles les mêmes au sein des organisations internationales ?

6 ACTIVITÉ

Faites un tableau de synthèse en distinguant les catégories de pays et leurs caractéristiques.

B Les inégalités au sein de certains pays

DOC 6 États-Unis : Janet Yellen se dit préoccupée par la montée des inégalités

« L'ampleur des inégalités aux États-Unis et le fait qu'elles continuent à se creuser m'inquiètent beaucoup », a dit la présidente de la Fed lors d'une conférence sur les inégalités à la Réserve fédérale de Boston.

« Ce n'est un secret pour personne que le creusement des inégalités au cours des dernières décennies peut se résumer en une hausse significative des revenus et des richesses de ceux qui sont tout en haut de l'échelle et une stagnation des conditions de vie pour la grande majorité », poursuit Janet Yellen, selon le texte de son discours.

« Je crois que le temps est venu de nous demander si cette évolution est compatible avec les valeurs ancrées dans l'histoire de notre nation, parmi lesquelles la très haute importance accordée depuis toujours par les Américains dans l'égalité des chances. » (Jonathan Spicer, Benoît Van Overstraeten pour le service français)

bourse.lesechos.fr, 17 octobre 2014

DOC 7 Les inégalités en Chine

[...] Selon le très officiel *Global Times*, la société chinoise est devenue l'une des plus inégalitaires au monde. Le fossé entre riches et pauvres a atteint un niveau « alarmant ». Pour l'écrivain dissident chinois Liao Yiwu, aujourd'hui réfugié en Allemagne, le climat n'a fait qu'empirer, contrairement à ce que beaucoup de personnes pensent en Occident.

D. Cettour-Rose, geopolis.francetvinfo.fr, 30 janvier 2014

DOC 8 Simon Kuznets s'est-il trompé ?

Sur la base d'observations empiriques de la fin du XIXe siècle jusqu'aux lendemains de la Seconde Guerre mondiale, pour les économies américaine, britannique et allemande, Kuznets suggère l'existence d'une relation entre croissance économique et inégalités dans la distribution du revenu national, qui se déroulerait en trois phases. Dans un premier temps, l'intensité des inégalités s'aggrave avec la croissance du produit intérieur brut par habitant, pour ensuite se stabiliser durant une deuxième phase. Enfin, dans un troisième mouvement, à partir d'un certain niveau de revenu par habitant, la liaison devient négative : le degré des inégalités baisse avec la croissance économique. Une vision très optimiste, puisque ce phénomène est en quelque sorte spontané : quelle que soit la politique ou la structure du pays, les inégalités tendent à se stabiliser, puis diminuent.

I. Inchauspé, www.lopinion.fr, 4 août 2014

ITINÉRAIRE BIS

Inégalités dans le monde : une fatalité ?

VIDÉO | jusqu'à 4'30 | tinyurl.com/psvp93t

Nous vivons dans un monde fait d'inégalités. Pour donner un ordre d'idée, on estime que les 10 % de la population mondiale les plus riches possèdent plus de 80 % du patrimoine. Ce genre de constats s'observe aussi entre les États mais également à l'intérieur des États, même parmi les plus riches.

a. Repérez les inégalités dans la ville de New York (vidéo de 00'00 à 1'40).

b. Recensez au moins 5 indications montrant les inégalités de revenus dans le monde (vidéo de 00'00 à 4'30).

7. Expliquez pourquoi les inégalités augmentent au sein de certains pays développés à économie de marché.

8. La théorie de S. Kuznets est-elle applicable au cas des États-Unis et de la Chine ?

9. Pourquoi les inégalités préoccupent-elles les responsables des pays ?

10. ACTIVITÉ

Concevez une diapositive qui présente les principaux indicateurs de mesure des inégalités entre les pays et dans les pays.

2 Les politiques économiques permettent-elles un meilleur partage des richesses ?

A Le décollage des pays émergents

DOC 9

Modèle de développement ou stratégie d'émergence ?

Si la notion d'émergence fait couler tant d'encre c'est que le label « pays émergent », qui repose sur les performances macroéconomiques des pays couplées à une stabilité politique et un climat des affaires favorable, suppose que s'ouvre implicitement pour les pays la voie (ou l'espoir) du développement économique. [...] La volonté des pays d'obtenir le label ou de le mobiliser dans leurs discours politiques s'explique par le fait qu'il représente un sésame autorisant un afflux de capitaux qui financeraient le développement.

D. Nicet-Chenaf, www.laviedesidees.fr, 4 mars 2014

DOC 10 **Sixième sommet des BRICS : les Cinq déterminés à surmonter les défis communs**

Les travaux de cette rencontre de deux jours qui se sont achevés le 16 juillet à Fortaleza, dans le nord-est du Brésil, ont été un moment propice pour les dirigeants des BRICS (Brésil, Russie, Inde, Chine et Afrique du Sud) de se pencher sur la création d'une banque de développement et d'un fonds de réserve propres à leur groupe. [...] Les BRICS occupent à eux seuls une place importante dans l'économie mondiale. Ils totalisent 40 % de la population de la planète et créent près de 30 % du PIB mondial. Ces pays disposent également d'énormes ressources naturelles, d'une bonne base industrielle et d'une main-d'œuvre qualifiée.

N. N'Gampoula, www.adiac-congo.com, 16 juillet 2014

DOC 11 **La crise de croissance des pays émergents**

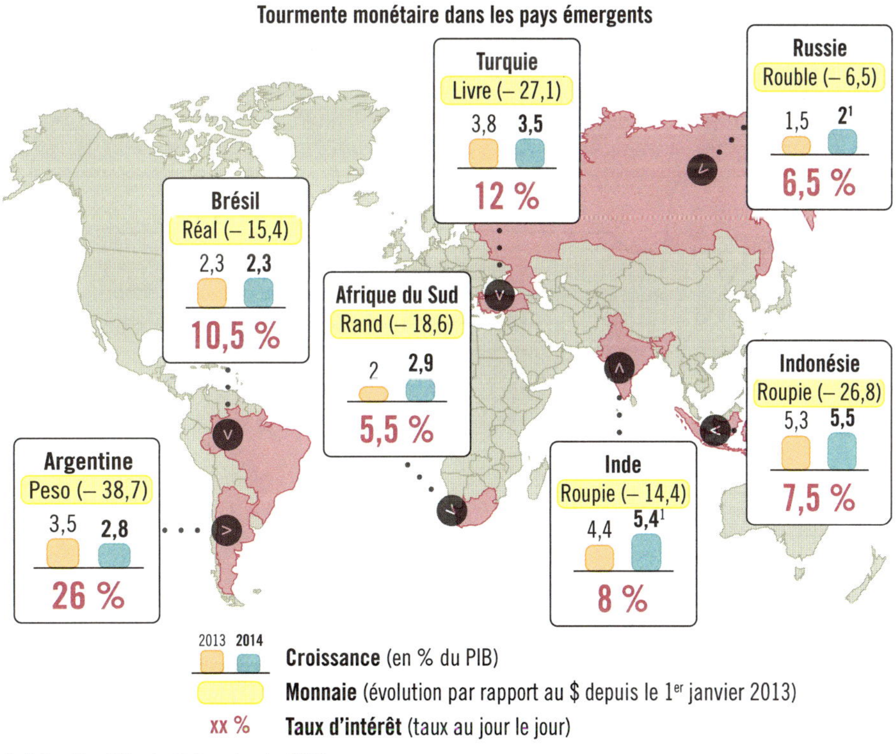

1. Estimation FMI actualisée en janvier 2014.

Banques centrales, FMI

Déconfiture monétaire, asthénie boursière, fuite des capitaux... En Chine comme en Argentine, en Afrique du Sud ou en Turquie, les économies toussent. Et c'est la planète entière qui s'enrhume. [...] En 2008, ils avaient assuré 98 % de la création mondiale de richesse, selon le cabinet Euler Hermes. Les capitaux du monde entier affluaient pour profiter de leurs brillantes perspectives de développement.

A. Faujas, economie.jeuneafrique.com, 3 mars 2014

1. **Repérez les critères et les pays qui correspondent à cette notion de « pays émergents ».**
2. **Caractérisez l'évolution et la situation actuelle des pays émergents dans l'économie mondiale.**
3. **Pourquoi le label « pays émergent » est-il important pour le développement économique et financier de ces pays ?**

B L'impact des politiques économiques

DOC 12

L'impact de l'austérité en Europe, ou comment encore creuser les inégalités

Á partir de 2008 sous l'énorme pression des marchés financiers, des programmes d'austérité ont été mis en œuvre dans toute l'Europe malgré une opposition publique d'envergure. S'appuyant sur des impôts régressifs et des coupes sévères dans les dépenses (en particulier pour les services publics comme l'éducation, les soins de santé et la Sécurité sociale), ces mesures ont sonné le début du démantèlement des mécanismes destinés à réduire les inégalités et à permettre une croissance équitable. [...] Ce sont les 15 tranches les plus pauvres de la société qui ont été les plus durement touchées, les véritables responsables se déchargeant du fardeau des excès des dernières décennies sur les plus vulnérables et les moins coupables. Même si cela est venu trop tard, les principaux partisans de l'austérité comme le FMI commencent à reconnaître que les mesures d'austérité rigoureuses n'ont pas donné les résultats escomptés en termes de croissance et de relèvement, mais ont en fait compromis les perspectives de croissance et d'égalité.

Dans le même temps, les 10 % les plus riches ont vu leur part des revenus totaux augmenter.

Document d'information d'OXFRAM, 20 janvier 2014

DOC 13 Taux marginaux d'imposition supérieurs dans certains pays

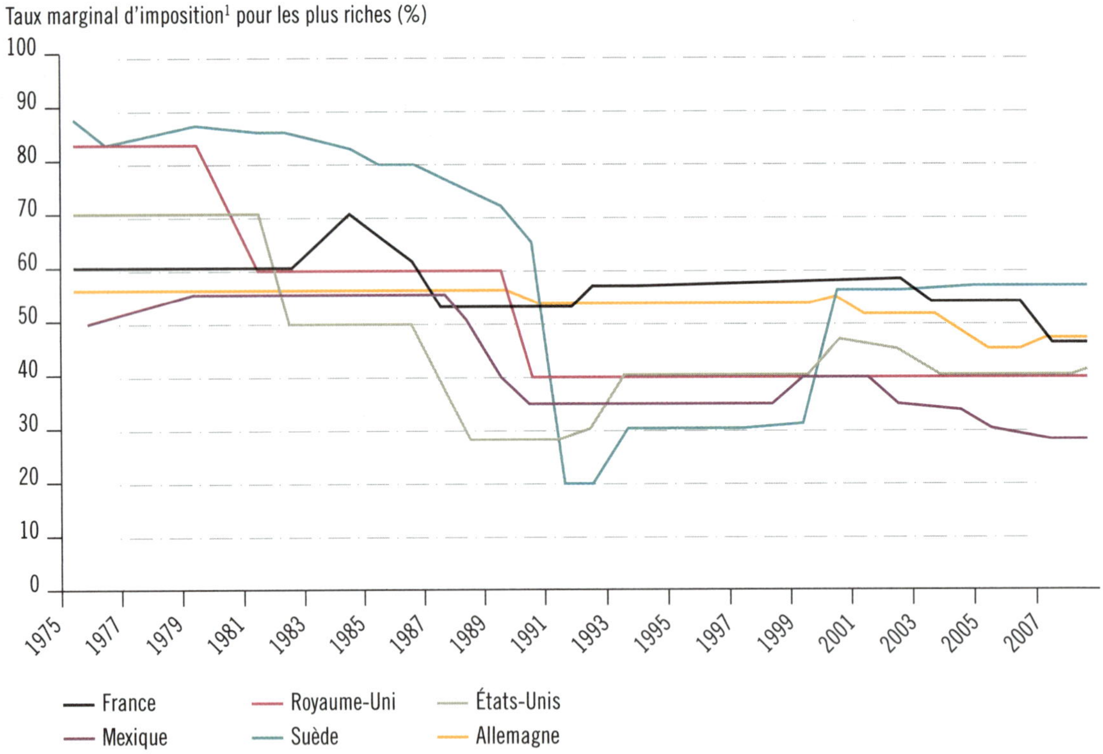

1. Le taux marginal d'imposition ou TMI d'un contribuable est le taux auquel est imposée la dernière tranche de son revenu. Par exemple, depuis 2001 aux États-Unis, on constate que la courbe tend vers le bas, ce qui signifie que les plus riches sont de moins en moins imposés sur leurs revenus.

« Top marginal Personal Income Tax Rates, 1975-2008 », Tax Policy Center, www.taxpolicycenter.org

4. **Caractérisez la notion de politique d'austérité.**
5. **Montrez comment la politique d'austérité et l'évolution du TMI ont aggravé les inégalités au sein des pays.**
6. **Pourquoi ces choix économiques ont-ils compromis les perspectives de croissance économique et d'égalité ?**

DOC 14 Les enjeux des pays moins avancés

Dans [le] « Rapport sur les pays les moins avancés, 2013 », [...] les PMA sont confrontés à un véritable casse-tête démographique. Leur population globale, dont environ 60 % est âgée de moins de 25 ans, devrait doubler d'ici à 2050 pour atteindre 1,7 milliard de personnes. Pour absorber ces nouveaux arrivants sur le marché du travail, il faudrait que les PMA créent autour de 95 millions d'emplois d'ici à la fin de la décennie, et encore 160 millions d'emplois dans les années 2020 [...] Le secteur agricole reste le principal pourvoyeur d'emplois dans les PMA. En 2000, il assurait 71 % de l'emploi total dans ces pays ; d'ici à 2018, sa part devrait être de 63 %. Au cours de la même période, la contribution du secteur industriel à l'emploi total devrait passer de 7 % à 10 % et celle du secteur des services, de 22 % à 27 %. C'est uniquement dans ce dernier secteur que la croissance de l'emploi a été significative. Cela témoigne d'un déplacement de la main-d'œuvre des activités peu productives, principalement agricoles, vers des activités de services peu productives en zone urbaine. [...] Si le pourcentage d'habitants des PMA qui vivent avec moins de 1,25 dollar des États-Unis par jour (c'est-à-dire dans l'extrême pauvreté) a diminué, leur nombre global a continué d'augmenter sous l'effet de la croissance démographique.

unctad.org, 19 novembre 2013

DOC 15 Initiative PPTE (pays pauvres très endettés)

Le Club de Paris, créé en 1956, est un groupe informel de créanciers publics dont le rôle est de trouver des solutions coordonnées et durables aux difficultés de paiement de pays endettés. Les créanciers du Club de Paris leur accordent un allègement de dette pour les aider à rétablir leur situation financière. Cet allègement de dette peut être obtenu par un rééchelonnement ou, en cas de traitements concessionnels, une réduction des obligations du service de dettes pendant une période définie (traitements de flux) ou à une date fixée (traitements de stock).

www.clubdeparis.org

DOC 16 Un nouvel admis dans le club de Paris

Le 30 juin 2012, comme prévu, la Côte d'Ivoire entrera dans le club très fermé des pays pauvres très endettés (PPTE), « accréditation » accordée par la Banque mondiale et le Fonds monétaire international. Ce statut offre au pays de nouvelles perspectives, mais il est également source d'inquiétudes.

Plus de dix années de troubles et d'instabilité politique ont entraîné la Côte d'Ivoire dans une situation économique et sociale désastreuse. Une dette équivalant à 93,3 % du produit intérieur brut (PIB). Le 170e rang en termes d'indicateur de développement humain (IDH), sur 187 pays listés.

En effet, devenir PPTE offre des avantages économiques incontestables : réduction drastique du service de la dette et aides financières substantielles. Pour exemple, le Royaume-Uni a déjà annoncé qu'à l'officialisation du nouveau statut de la Côte d'Ivoire, le 30 juin, la totalité de la réserve de dette à son égard sera annulée. Pour l'heure 39 milliards de francs CFA (environ 60 millions d'euros) ont déjà été annulés. Dans le même ordre d'idées, le Club de Paris – association des bailleurs de fonds publics – a décidé d'une réduction de 78 % de la réserve de dette ivoirienne. Dans le même temps, le FMI a consenti un prêt de 470 millions d'euros au pays. Ce sont en tout près de 4,60 milliards d'euros de dette que la Côte d'Ivoire n'aura pas à rembourser. C'est autant d'argent que le gouvernement aura à sa disposition pour réhabiliter son pays sur le plan social. Un pays où les universités sont fermées depuis 18 mois et où les professeurs du secondaire ne sont plus rémunérés. Un pays où le système de santé est en ruine. Un pays où les routes sont impraticables et où l'insalubrité publique est un problème majeur. À noter que, pour accéder à ces allègements, la Côte d'Ivoire a dû montrer patte blanche en assainissant ses dépenses publiques, condition *sine qua non* pour être acceptée dans le « club ».

G.Djossou, terangaweb.com

7 **Citez les inégalités au sein des PMA.**

8 **Relevez les avantages et les inconvénients d'être membre du Club de Paris.**

9 **Répertoriez les défis des pays à relever d'ici 2050 pour réussir leur décollage économique.**

10 **Proposez des solutions afin d'améliorer la situation économique et sociale des PMA.**

11 ACTIVITÉ

Présentez une note structurée de quelques lignes qui explique comment les politiques économiques peuvent réduire les inégalités entre les pays.

Étape synthèse

La répartition des richesses au niveau mondial

La répartition de la richesse mondiale

- **Éléments de constat : une répartition inégale de la richesse entre et au sein des pays**
  - 7 personnes sur 10 vivent dans un pays où les inégalités ont augmenté depuis 20 ans
  - L'Amérique du Nord et l'Europe détiennent 84 % du patrimoine mondial
  - D'après l'OCDE, les inégalités de revenu devraient progresser d'ici 2060
  - 1 % des personnes détiennent la moitié des richesses mondiales
- **Éléments de mesure :**
  - Le PIB par habitant
  - L'indice de Gini
  - Le taux de pauvreté

MOTS-CLÉS

▸ **Décollage économique :** terme associé à une situation économique et sociale qui se traduit par des indicateurs positifs (taux de croissance, investissement, taux du chômage, taux d'inflation) qui offrent l'opportunité de passer d'une économie sous-développée à un statut d'économie en développement.

▸ **Pays émergents :** groupe de pays (Afrique du Sud, Argentine, Brésil, Chine, Fédération de Russie, Inde et Indonésie, etc.) constitué par les grandes économies du monde. Elles représentent environ un cinquième du PIB mondial et près de la moitié de la population de la planète.

▸ **PMA :** pays moins avancés ; 48 pays à revenus faibles confrontés à de graves problèmes structurels et qui ne se développent pas ou que très lentement.

▸ **Club de Paris :** organisation non gouvernementale créée en 1956 composée de 19 membres permanents qui étudient la faisabilité de réduire ou d'annuler la dette publique de certains pays pauvres.

Parcours *balisé*

Vers un décollage économique de l'Afrique ?

DOC 1 La France face au décollage économique de l'Afrique

Les stratèges misent plus que jamais sur l'Afrique [...]. Cet « afrooptimisme » repose sur plusieurs facteurs ①. Le dynamisme démographique de l'Afrique d'abord, avec des projections révisées à la hausse cet été, en raison d'un taux de natalité resté plus élevé que prévu. L'Unicef entrevoit qu'après des siècles de stagnation, la population africaine – 1,2 milliard d'habitants – doublera d'ici à 2050 et atteindra 4,2 milliards en 2100. Elle représenterait 40 % de l'humanité, le plus grand marché du monde. Deuxième facteur : les bonnes performances macroéconomiques du continent, si riche en matières premières. La croissance africaine du produit intérieur brut (PIB) est, depuis plus de dix ans, de 5 % en moyenne par an, derrière l'Asie et loin devant l'Europe. Le PIB africain devrait être multiplié par 15 d'ici à 2050, anticipe la Banque mondiale, tout en soulignant les risques que font peser « les répercussions économiques liées aux activités des groupes terroristes et l'épidémie Ebola en Afrique de l'Ouest ». « Les conditions d'un décollage économique du continent n'ont jamais été aussi favorables », constate Mario Pezzini, directeur du Centre de développement de l'Organisation de coopération et de développement économiques. Même si l'Afrique subsaharienne part de loin : les trois quarts de sa population vivent dans la pauvreté ; le chômage demeure le lot d'au moins 18 millions de jeunes gens – le double des statistiques officielles, selon Mario Pezzini – qui arrivent chaque année sur le marché du travail, parce que les systèmes éducatifs sont défaillants ; l'industrialisation reste balbutiante, et la productivité agricole insuffisante. Condition parmi d'autres de tout décollage, l'Afrique se préoccupe de ses immenses besoins en infrastructures. Dans ce secteur, 118 milliards de dollars (93 milliards d'euros) en investissements sont attendus dans les prochaines années ①, souligne un rapport dirigé par l'ex-ministre des Affaires étrangères, Hubert Védrine, et l'économiste francobéninois, Lionel Zinsou, pour le ministère de l'Économie.

M. Jacob, *Le Monde*, 25 octobre 2014

① **INDICES**

DOC 2 Les conditions d'un décollage économique

D'après la CNUCED, « la consommation globale augmente et les entreprises privées sont davantage portées à réaliser des investissements fixes, lorsque le revenu national est distribué plus équitablement, parce que les groupes à faibles revenus dépensent une plus grande part de ceux-ci à des fins de consommation que les groupes à hauts revenus », ce qui fait espérer aux entreprises une augmentation de la demande globale et de leurs bénéfices. Selon Keynes, lorsque le chômage est élevé ou en hausse, une plus grande propension marginale à consommer peut en fait s'accompagner d'une plus grande propension à investir. Dans le cas de l'Afrique, compte tenu des fortes inégalités de revenu qui existent et des niveaux de chômage, une réduction des inégalités de revenu peut contribuer à la fois à la hausse de la propension marginale à consommer et de la propension marginale à investir. Autrement dit, une réduction des inégalités de revenu, en favorisant une hausse de la consommation et de l'investissement, entraînerait une augmentation de la production globale. Ces résultats montrent que les politiques visant à stimuler l'investissement en Afrique doivent aussi traiter de la répartition des revenus et des actifs.

« Comprendre les déterminants de l'investissement en Afrique, le développement en Afrique », *Catalyser l'investissement pour une croissance transformatrice en Afrique*, Rapport 2014

DOC 3 Décollage économique de Madagascar ?

Depuis plusieurs années, les retombées des ressources du pays censées apporter un développement économique sont mal réparties à l'échelle nationale, causant ainsi le fort taux de pauvreté. Selon Coralie Gevers, *country manager* de la Banque mondiale à Madagascar, « toute reprise économique a un impact positif sur un grand nombre de personnes, mais, pour que la croissance soit durable et bénéficie au plus grand nombre, il est nécessaire de mettre en place des politiques appropriées ».

Dans une note de la Banque mondiale, il a été rappelé que, malgré les atouts de la Grande île, l'économie malgache a été considérablement affectée par des crises politiques récurrentes. Avant la crise politique de 2009-2013, la croissance économique de Madagascar était en moyenne de 5 % par an, le revenu par habitant en 2013 est retombé à son niveau de 2003 : en 2013, le PIB par habitant était de 27 918 ariary, alors qu'il était de 27 478 ariary en 2003. La proportion de la population vivant sous le seuil de pauvreté a augmenté de plus de 10 points de pourcentage. De ce fait, 92 % des Malgaches vivent sous le seuil international de pauvreté de deux dollars par jour, et pas moins des trois quarts de la population ne parviennent pas à subvenir à leurs besoins alimentaires selon cette note de la Banque mondiale.

Dans ce contexte, le secteur privé doit jouer son rôle fondamental de créateur d'emplois, mais le rôle du gouvernement est de maintenir la stabilité macroéconomique et de créer un environnement favorable aux investissements *via* l'établissement d'un cadre réglementaire. [...] « Pourtant, Madagascar devrait être en mesure de connaître un décollage économique semblable à celui vécu par les pays d'Asie orientale », estime Keiko Kubota, économiste principal du bureau de la Banque mondiale.

M. Anio, www.lalao-madagasikara.com, 8 septembre 2014

1 Montrez que l'Afrique est un continent d'avenir ①.

2 Recensez les conditions économiques et sociales nécessaires au décollage de ce continent et notamment de Madagascar.

3 Recherchez et expliquez les mécanismes relatifs aux avantages d'une redistribution plus équitable.

4 Pensez-vous que les organisations internationales et les États ont un rôle pour réduire les inégalités ?

① INDICES

En savoir plus...

Vidéo sur la politique de la Chine face aux inégalités

VIDÉO 2'25 tinyurl.com/p8rz9a5

ENTRAÎNEMENT

Les inégalités de patrimoine

« La première régularité que l'on observe, en pratique, lorsque l'on cherche à mesurer les inégalités de revenus, est que l'inégalité face au capital est toujours plus forte que l'inégalité face au travail. La répartition de la propriété du capital et des revenus qui en sont issus est systématiquement beaucoup plus concentrée que la répartition des revenus du travail. [...] On retrouve cette régularité dans tous les pays et à toutes les époques pour lesquelles des données sont disponibles, sans aucune exception, et à chaque fois de façon très massive. Pour donner un premier ordre de grandeur, la part des 10 % des personnes recevant le revenu du travail le plus élevé est généralement de l'ordre de 25 % – 30 % du total des revenus du travail, alors que la part des 10 % des personnes détenant le patrimoine le plus élevé est toujours supérieure à 50 % du total des patrimoines, et monte parfois jusqu' à 90 % dans certaines sociétés. »

T. Piketty, *Le capital au XXI*e *siècle*, Éditions du Seuil, 2013

Vous travaillez au centre de documentation pédagogique d'une grande école de commerce. M. Hamdaoui, le responsable de la scolarité, a décidé d'organiser des tables rondes avec les étudiants de première année, sur le thème « des inégalités de patrimoine dans le monde et en France » plus particulièrement. Il souhaite montrer l'importance de ces inégalités par rapport aux inégalités de revenus et en déterminer les causes. Il vous charge de préparer une note qui lui permettra de réaliser le propos introductif de son intervention.

À l'aide du dossier joint et de vos connaissances, en veillant à préciser les principaux concepts utilisés et à exploiter les sources statistiques mises à votre disposition, vous devez concevoir une note argumentée et structurée dans laquelle :

- vous exposerez les principaux constats en matière de répartition du patrimoine dans le monde ;
- vous préciserez la situation spécifique de la France ;
- vous expliquerez pourquoi les inégalités de patrimoine sont plus importantes que les inégalités de revenus.

DOCUMENTS

Document 1	La répartition du patrimoine dans le monde
Document 2	La hausse des richesses dans le monde
Document 3	Des inégalités de patrimoine beaucoup plus marquées que celles des revenus
Document 4	Les inégalités de patrimoine en France
Document 5	La répartition du patrimoine des Français

ENTRAÎNEMENT

Les inégalités de patrimoine

Doc 1 La répartition du patrimoine dans le monde

Le patrimoine mondial total détenu par les habitants de la planète est estimé à 240 900 milliards de dollars en 2013, selon les données du Crédit Suisse [...] soit une moyenne de 51 634 dollars par individu. Ce patrimoine est réparti de façon profondément inéquitable. [...] En réalité, près de la moitié des habitants de la planète ne possèdent tout simplement quasiment rien, ou des biens de valeur monétaire presque nulle : un habitat de fortune, quelques têtes de bétail, une voiture ancienne...

Répartition de la richesse dans le monde

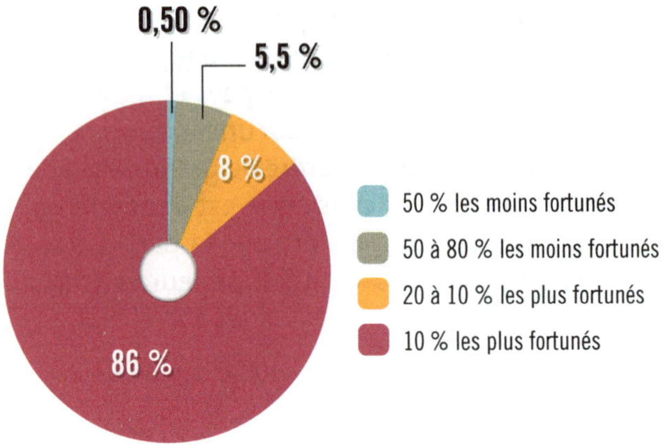

Lecture : les 10 % les plus fortunés disposent de 86 % du patrimoine.

Global Wealth Databook 2013

Les niveaux de patrimoine dans le monde en $

10 % les moins fortunés	130
20 %	499
30 %	1 096
40 %	2 204
50 %	3 945
60 %	6 222
70 %	10 842
80 %	21 990
10 % les plus fortunés	75 008
5 % les plus fortunés	195 032

Lecture : les 40 % les moins fortunés disposent d'un patrimoine inférieur à 2 204 dollars.

Global Wealth Databook 2013

Le patrimoine mondial est inégalement réparti selon les régions. L'Amérique du Nord et l'Europe (1 milliard d'habitants) détiennent ensemble 64,4 % du patrimoine monétaire mondial (31,7 % pour l'Europe et 32,7 % pour l'Amérique du Nord). Les populations d'Asie-Pacifique (1,7 milliard d'habitants), sans l'Inde et la Chine, en possèdent 20 %. La population chinoise (1,3 milliard d'habitants) détient 9,2 % de ce patrimoine, tandis que l'Inde (1,2 milliard d'habitants) en possède 1,5 %. L'Afrique (1,1 milliard d'habitants) ne dispose que de 1,1 % de la richesse mondiale.

La fortune médiane par adulte s'élève à 48 540 dollars en Amérique du Nord, 13 502 dollars en Europe, 3 248 dollars en Asie-Pacifique et 680 dollars en Afrique. Un écart de 1 à 70 entre les grandes régions du monde. La répartition par pays est aussi très significative. Parmi les vingt pays les plus fortunés, la richesse médiane va de 8 823 dollars par habitant en Tunisie à 219 505 dollars en Australie. La France se situe au 3e rang de ce classement avec 141 850 dollars. Si l'on considère les vingt pays les moins fortunés, cette richesse est comprise entre moins de 90 dollars au Malawi, suivi de près par la République démocratique du Congo, dont la population est égale à celle de la France, avec 124 dollars, et 894 dollars au Nigeria (169 millions d'habitants). [...]

www.inegalites.fr, 7 juin 2013

ENTRAÎNEMENT

Doc 2

La hausse des richesses dans le monde

La richesse a bondi de 10 % dans le monde, mais les inégalités s'accroissent. [...] C'est la plus forte hausse depuis 2003. Le patrimoine financier des ménages dans le monde a augmenté de 9,9 % en 2013, pour atteindre 118 000 milliards d'euros, selon la cinquième édition du rapport d'Allianz sur la richesse dans le monde. C'est la performance exceptionnelle des marchés boursiers l'an dernier, aux États-Unis comme au Japon et en Europe, qui explique ce très bon score. [...]

En 2013 cette hausse des richesses a surtout profité aux 10 % de la population les plus fortunés, alors que la crise avait frappé plus fort les classes populaires et moyennes. Les inégalités se sont donc accrues dans le monde, de façon spectaculaire aux États-Unis, « mais aussi considérablement dans certains pays européens comme la France, la Suisse, l'Italie ou l'Irlande », relève l'étude.

Le nombre de personnes qui appartient à la classe moyenne – patrimoine compris entre 5 300 euros et 31 800 euros – a néanmoins légèrement augmenté, passant de 18 % en 2012 à 19 % en 2013 (soit 912 millions de personnes). En 13 ans, 500 millions de personnes ont cependant accédé à la classe moyenne, changeant profondément sa composition. Depuis le début du siècle, le nombre de personnes qui a intégré cette classe a doublé en Amérique latine, triplé en Europe de l'Est et même été multiplié par sept en Asie. [...] Environ 3,5 milliards de personnes sont toujours exclues de la prospérité mondiale.

www.lefigaro.fr, 15 octobre 2014

Doc 3

Des inégalités de patrimoine beaucoup plus marquées que celles des revenus

Début 2010, [...] la moitié des ménages vivant en France déclarent un patrimoine brut global supérieur à 150 200 euros.

Les 10 % de ménages les mieux dotés en patrimoine possèdent au minimum 552 300 euros d'actifs (D9), alors que les 10 % les plus modestes en termes de patrimoine détiennent au maximum 2 700 euros (D1) chacun, soit 205 fois moins. [...] Les ménages du dernier centile possèdent chacun au moins 1 885 200 euros de patrimoine brut. [...]

En 2010, le patrimoine brut des ménages est principalement constitué de biens immobiliers (62 %). En France, six ménages sur dix sont propriétaires de leur résidence principale ou accédants à la propriété. Ce n'est cependant le cas que de 22 % des ménages faisant partie des 50 % les moins bien dotés en patrimoine, contre la quasi-totalité des 10 % des ménages les plus riches. [...]

De manière générale, le montant du patrimoine détenu par les ménages, brut comme net, croît avec l'âge de la personne de référence jusqu'à 70 ans, puis décroît ensuite. Ainsi, le patrimoine net moyen passe de 32 700 euros pour les ménages dont la personne de référence a moins de 30 ans à 345 500 euros pour les ménages dont la personne de référence a entre 60 et 69 ans, pour retomber à 259 800 euros pour les ménages les plus âgés. Le patrimoine peut, en effet, résulter d'une logique d'accumulation puis de désaccumulation : les capacités d'épargne, les besoins de consommation et les choix de transmission du patrimoine varient au cours du cycle de vie. [...]

www.insee.fr, novembre 2011

> Les inégalités de patrimoine

ENTRAÎNEMENT

Doc 4 Les inégalités de patrimoine en France

Les inégalités de patrimoine entre milieux sociaux sont énormes. Le patrimoine net médian des ouvriers non qualifiés est de 5 500 euros. L'ensemble des employés et des ouvriers (la moitié des actifs) possède un patrimoine médian inférieur à 30 000 euros. Les cadres supérieurs disposent d'un patrimoine net médian sept fois plus élevé (214 000 euros). Chez les non-salariés, les patrimoines médians sont beaucoup plus importants du fait de la fortune professionnelle, autour de 500 000 euros pour les professions libérales et les agriculteurs, mais les écarts sont encore plus forts que pour les salariés.

Entre 2004 et 2010, les 10 % des ménages les plus fortunés ont vu leur patrimoine moyen augmenter de 840 000 à 1,2 million d'euros, + 47 %. Les 10 % des ménages les moins fortunés ont gagné 114 euros (de 1 237 à 1 351 euros), soit + 9 %. [...]

En 2004, la fortune des 10 % les plus riches était 680 fois plus élevée que celle des 10 % les plus pauvres, l'écart était alors de 840 000 euros. En 2010, c'est 920 fois plus et la différence est de 1,2 million d'euros. Au cours des six dernières années, les écarts entre les fortunes se sont creusés. [...] Deux raisons principales expliquent ce phénomène : la hausse des écarts de revenus (qui permettent d'épargner) et celle des prix de l'immobilier.

www.observationsociete.fr, 17 mars 2014

Doc 5 La répartition du patrimoine des Français

Répartition du patrimoine des Français en 2011

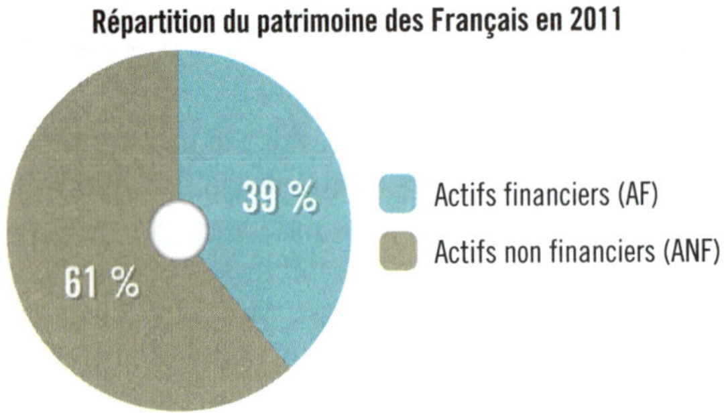

Insee

Évolution du patrimoine brut des Français

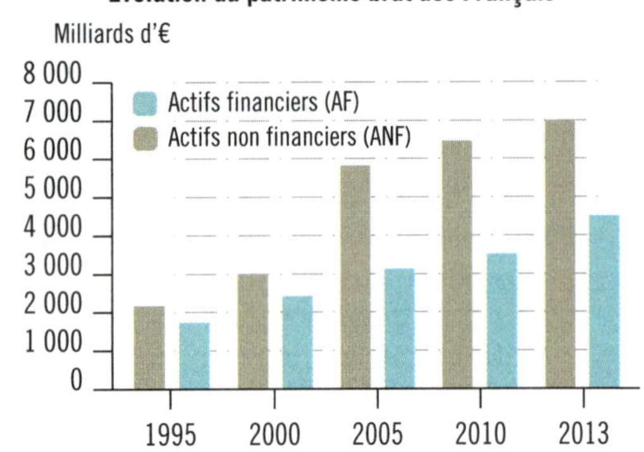

Insee

Répartition de la masse totale de patrimoine brut entre les ménages

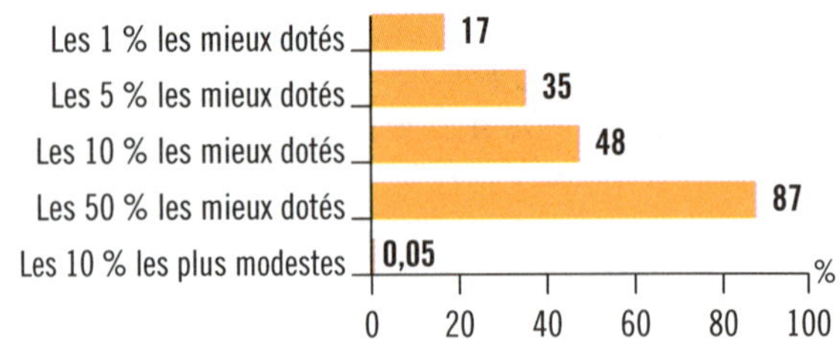

Lecture : les 10 % les plus modestes détiennent à peine 1 % de la masse de patrimoine brut total contre 48 % pour les 10 % les mieux dotés.

Insee, *Les inégalités de patrimoine s'accroissent entre 2004 et 2010*, novembre 2011

Les inégalités s'expliquent logiquement. D'une part, les héritages sont souvent plus élevés au sein des familles disposant de hauts revenus. D'autre part, des revenus plus élevés génèrent une plus forte capacité d'épargne et d'endettement, et donc, année après année, une plus forte accumulation patrimoniale.

La catégorie sociale et l'âge sont d'autres facteurs déterminants. Le patrimoine se constitue tout au long de la vie et l'héritage intervient le plus souvent dans la deuxième partie de sa vie. De ce point de vue, deux évolutions peuvent être soulignées. D'une part, avec l'allongement de la vie, on hérite de plus en plus vieux. D'autre part, les débuts dans la vie professionnelle sont plus difficiles. Au total, le patrimoine relatif des ménages les plus jeunes (personnes de référence de moins de 30 ans) est en recul.

www.lafinancepourtous.com

11

Les différentes modalités de financement

> La Banque postale vous accompagne dans le financement de vos investissements

Le crédit-bail mobilier est une opération de crédit qui consiste à apporter une solution aux investissements de l'entreprise et des professionnels. L'ensemble des modalités de financement est déterminé dès la signature du contrat : le prix d'achat, la durée, la périodicité des loyers (linéaire, modulable, avec un premier loyer majoré), le terme (à échoir ou échu) et l'option d'achat. Vous préservez votre trésorerie et votre capacité d'endettement, gagnez en flexibilité, gardez la maîtrise de votre investissement (matériel et fournisseur) et adaptez vos loyers. Nous finançons la plupart des matériels : roulants (véhicules), de travaux publics, d'industrie, d'informatique, de bureautique, d'imprimerie, médical... Les durées de financement sont liées à l'amortissement du matériel, n'excédant en général pas plus de 7 ans.

www.labanquepostale.fr

ITINÉRAIRE BIS

Quel mode de financement pour vos investissements ?

VIDÉO 2'01 tinyurl.com/qx7vnye

Cette vidéo, animée par un expert-comptable (ECL Direct), présente en fonction du contexte des entreprises les moyens pour celles-ci de financer leurs investissements.

1. **Les entreprises sont-elles toujours en mesure d'assurer le financement de leurs activités ?**
2. **À partir du document ci-dessus, expliquez ce que propose la Banque postale à ses clients.**
3. **À partir de la vidéo ci-dessus, listez les modes de financement des entreprises selon leurs activités d'investissement.**

COMPÉTENCES

À l'issue de ce parcours, vous serez capable

> d'identifier et de comparer les divers modes de financement des activités économiques.

1 Qui sont les agents économiques à capacité ou à besoin de financement ?

A Distinguer les situations de capacité et de besoin de financement

DOC 1 Capacité ou besoin de financement, c'est quoi ?

Le besoin de financement correspond [...] pour un agent donné à l'ensemble [des ressources financières] qu'il lui faut mobiliser auprès d'autres agents pour pouvoir financer ses dépenses, parce que son épargne personnelle et ses revenus sont insuffisants [pour investir]. Au niveau d'une collectivité nationale, le besoin de financement [est] mesuré [par] l'insuffisance [de recettes du budget de l'État] globalement [inférieures] aux [dépenses prévues par celui-ci pour une année]. Le besoin de financement de la nation doit alors être couvert par le recours à de l'épargne étrangère, sous forme [...] d'emprunts. La capacité de financement désigne la situation inverse, lorsque le revenu est supérieur à la dépense. Un besoin de financement implique que les dépenses effectuées l'emportent sur les revenus perçus et l'épargne possédée. Ainsi, un ménage qui achète un appartement a rarement assez d'épargne pour financer cet investissement : son besoin de financement l'amène à emprunter le solde. Tout le problème consiste à savoir si cet emprunt sur l'avenir est raisonnable ou pas, c'est-à-dire s'il peut être gagé sur des revenus à l'avenir suffisants pour rembourser le prêt et payer les intérêts. Il en est de même pour les entreprises, qui sont amenées très souvent à investir plus qu'elles ne dégagent de profits, et qui expriment donc un besoin de financement, lequel implique que les revenus à venir, issus de ces investissements, couvrent au moins le coût de ce besoin de financement.

L'économie de A à Z, www.alternatives-economiques.fr

Un agent à besoin de financement, cherchant à équiper son entreprise.

Des agents à capacité de financement, cherchant à placer leur capital.

DOC 2 Capacité et besoin de financement des agents économiques en 2013 (en milliards d'€)

Secteurs institutionnels	2009	2010	2011	2012	2013
Sociétés financières (banques)	31,5	28,3	23,9	16,6	6,9
Sociétés non financières (entreprises privées)	– 12,5[1]	– 11,3	– 45,4	– 44,7	– 35,7
État	– 116,9	– 121,7	– 91,2	– 82,6	– 69,2
Administrations locales	– 6,0	– 1,7	– 0,7	– 3,7	– 9,2
Administrations de Sécurité sociale	– 14,6	– 23,2	– 12,9	– 12,8	– 12,5
Ménages	88,6	83,5	80,3	73,9	76,8
Nation	– 30,8	– 34,8	– 46,1	– 55,9	– 41,8

1. (–) : besoin de financement.

Insee, comptes nationaux – base 2010, www.insee.fr

1. Comment se calcule la capacité ou le besoin de financement d'un agent économique ?
2. Présentez l'évolution de la situation de financement des entreprises, de l'État et des ménages entre 2009 et 2013.
3. Expliquez pourquoi les entreprises privées sont en besoin de financement depuis 2009.

B L'endettement des agents économiques

DOC 3 Le besoin de financement des agents économiques en 2013

	Dette (en milliards d'€)		Taux de croissance annuel (en %)	
	2012	2013	2012	2013
Crédits obtenus auprès des institutions financières	2 282,7	2 319,6	1,6	1,6
Ménages	1 135,5	1 162,7	2,2	2,4
Sociétés non financières	884,0	880,5	– 2,5	– 0,4
Administrations publiques	263,2	276,4	15,4	5,0
Financements de marché	2 001,5	2 090,5	6,8	4,4
Sociétés non financières	450,5	467,5	12,8	3,8
Administrations publiques	1 551,0	1 623,0	5,2	4,6

Champ : France.

www.insee.fr

DOC 4 Exemple d'un besoin de financement : celui de l'État français

Le besoin prévisionnel de financement de l'État français pour 2013 s'inscrit en baisse à 171,1 milliards d'euros, contre 182,8 milliards d'euros en 2012, a déclaré vendredi l'Agence France Trésor (AFT) dans un communiqué après l'adoption du projet de loi de finances pour 2013 par le gouvernement. Sur le besoin total de financement pour 2013, 61,6 milliards d'euros sont destinés à couvrir le déficit prévisionnel de l'exercice budgétaire 2013 et 107,9 milliards, à assurer l'amortissement de la dette à moyen et long terme de l'État qui viendra à échéance en 2013, a précisé l'AFT [...].

E. Bartha, *Dow Jones Newswires* traduit par M. Jouaret, www.bfmtv.co

Évolution comparée 2008-2014 de la dette de l'État français

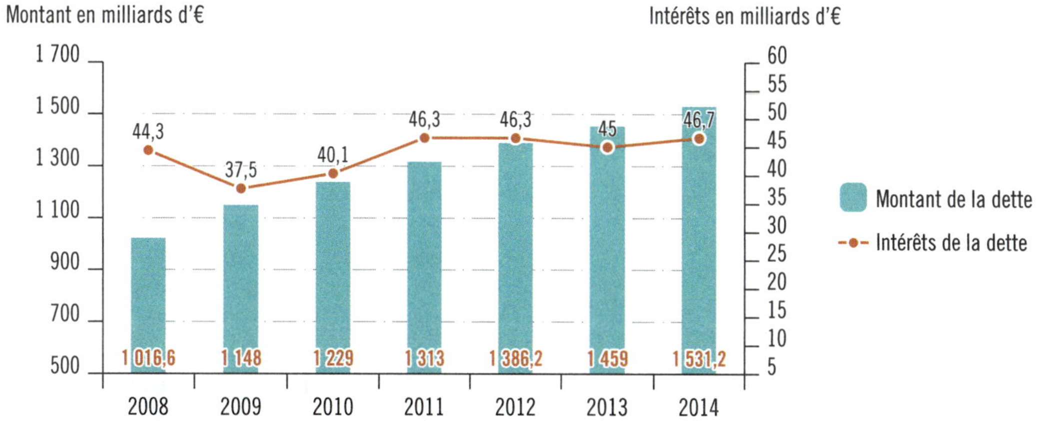

Commission des finances, www.senat.fr

4 **Expliquez l'origine du besoin de financement de l'État en 2013.**

5 **À partir des documents 1 à 4, distinguez les agents à capacité de financement de ceux à besoin de financement en vous appuyant sur des données chiffrées.**

6 ACTIVITÉ

Présentez dans un tableau des exemples concrets de situation de financement (capacité et besoin) pour les agents suivants : l'État, une entreprise et un ménage.

2 : Comment financer l'activité des agents économiques ?

A Les moyens de financement internes ou l'autofinancement

DOC 5 Les fonds propres : financer son entreprise en interne

Les fonds propres, ou capitaux propres, constituent [la ressource financière] de votre entreprise. Au premier jour de création de l'entreprise, les fonds propres sont composés du capital social de l'entreprise, mais vont ensuite augmenter à mesure des exigences de l'entreprise. Les fonds propres comprennent donc les apports en numéraire des associés, ainsi que les profits qui ont été dégagés chaque année et conservés par l'entreprise sans être réinvestis ou distribués sous forme de dividende [...]. Contrairement aux dettes contractées pour se financer, le financement sur fond propre constitue un moyen de financement interne. Ces deux modes de financement sont liés dans la mesure où les emprunts que l'entreprise sera capable de contracter dépendent du montant des fonds propres [...]. Ces fonds sont ainsi utilisés pour pallier les nécessités immédiates de la vie de l'entreprise, mais également pour financer son développement et les innovations au sein de l'entreprise. Ce financement passe notamment par la garantie de prêts bancaires et des opérations effectuées sur ses fonds propres [...].

portail-des-pme.fr

L'éco-organisme « Ecofolio », créé en 2006 pour promouvoir la filière de recyclage des vieux papiers, a décidé de réorienter les aides (500 millions d'euros sur la période 2007-2017 collectés au titre de l'écocontribution des entreprises de la filière papier) qu'il prodigue aux collectivités locales. Le but est de réduire de plus de moitié le coût du ramassage et du tri.

DOC 6 Évolution du taux d'autofinancement des entreprises françaises

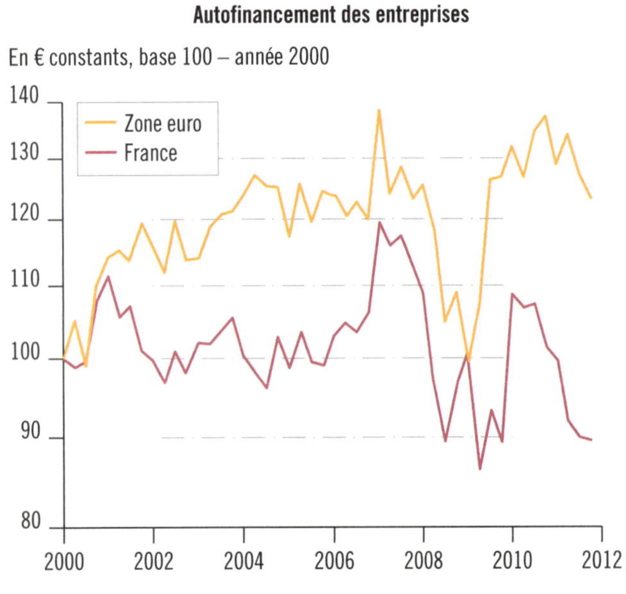

La situation financière des entreprises françaises, et particulièrement de l'industrie, s'est nettement dégradée depuis la rupture de compétitivité au début des années 2000 et sous l'effet de la récession. Les efforts d'investissements et de recherche ont cependant été maintenus, au prix d'un endettement croissant. Les entreprises françaises ont subi deux grands chocs au cours des années 2000. Au début de la décennie, le choc de coût, lié à la baisse de la durée du travail, a déséquilibré durablement la compétitivité du site France. À partir de 2008, la récession et la période chaotique qui a suivi ont accentué la dégradation des comptes des entreprises.

En 2011, le taux de marge, [c'est-à-dire la capacité financière des entreprises] est à son plus bas niveau depuis 1985, inférieur de 2 points à son niveau moyen des 20 dernières années. La profitabilité des entreprises est très inférieure à ce qu'elle était il y a 5 ou 10 ans. L'autofinancement est tombé à un niveau inférieur de 7 % à celui de 2000.

www.coe-rexecode.fr

DOC 7 L'autofinancement des ménages

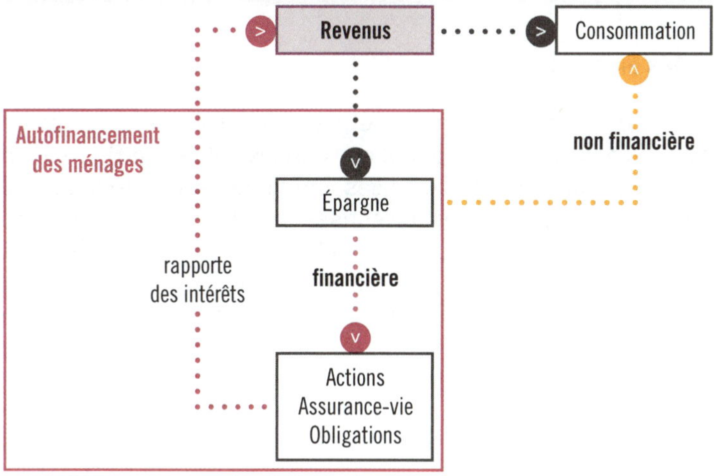

Foucher, 2015

1. Précisez comment les entreprises autofinancent un investissement.
2. Caractérisez l'évolution de l'autofinancement des entreprises depuis 2006 en France comparée à celle de la zone euro.
3. D'après les documents 5 à 7, déterminez les moyens de financement internes des entreprises et des ménages.

B Les moyens de financement externes

DOC 8 La différence entre le financement monétaire et non monétaire

Le financement par création monétaire ou financement monétaire repose sur le rôle des banques dans la distribution du crédit. Celles-ci servent d'intermédiaire financier entre les agents à capacité et ceux à besoin de financement. Le financement non monétaire consiste pour une banque à utiliser le dépôt de ses clients (en épargne ou en revenu) afin de prêter à des agents à besoin de financement sans avoir à créer de la monnaie.

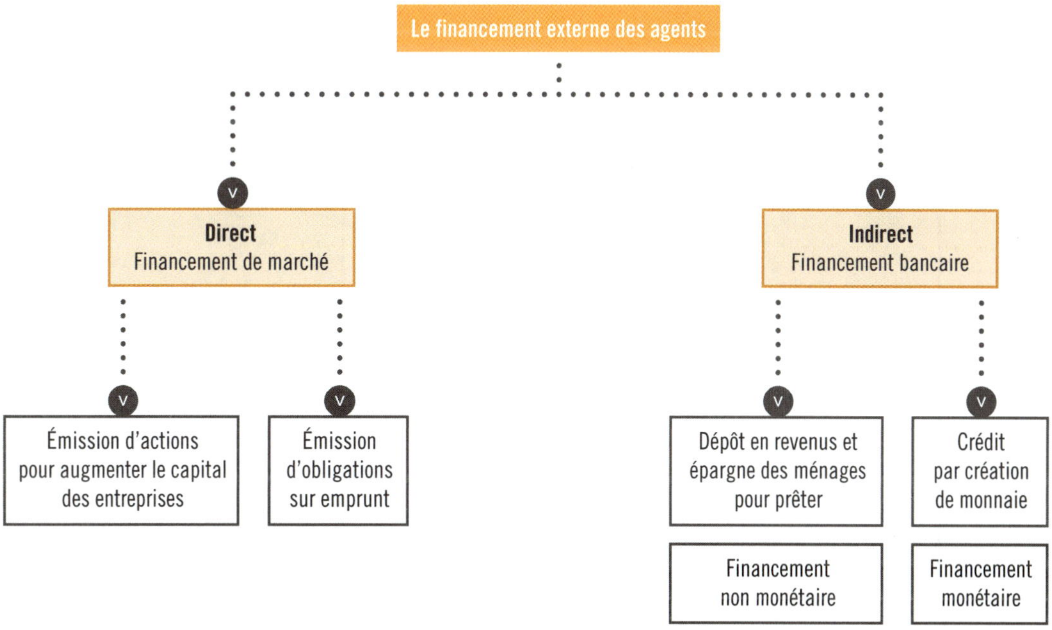

Foucher, 2015

4. Expliquez ce qu'est le mode de financement externe pour un agent économique.
5. Déterminez quels sont les agents qui peuvent utiliser le financement direct.

6 ACTIVITÉ

Proposez un schéma présentant, pour les ménages et les entreprises, les deux modes de financement possibles et donnez un exemple de financement pour chacun.

3 Comment choisir entre le financement externe direct et indirect ?

A Le financement externe direct : un financement de marché

DOC 9 Les marchés de capitaux, lieu de financement des entreprises

Les marchés sont devenus la première source de financement des plus grandes entreprises. Mais pour les plus petites, le recours aux banques reste de mise. Le développement des marchés financiers a radicalement modifié la façon dont les entreprises se financent. Il y a trente ans, les crédits accordés par les banques représentaient leur première source de financement : ils avoisinaient 39 % de leur passif en 1979 en France, contre seulement 24 % en 2009. Les entreprises ont en effet de plus en plus privilégié le financement par actions, c'est-à-dire en faisant appel à l'épargne, ouvrant les titres de propriété sur une partie de leur capital aux investisseurs. Résultat : leur poids dans le passif des entreprises françaises a doublé en trois décennies, passant de 28 % à 57 % […].

L'introduction en Bourse reste en effet réservée aux plus grandes entreprises : seules 660 entreprises étaient cotées au milieu des années 2000 sur Euronext Paris, sur les 2,5 millions que comptait l'Hexagone à cette époque. [En effet, le manque de capital social important des PME ne leur permet pas d'intégrer les marchés de capitaux]. Beaucoup d'entreprises cotées en Bourse, en particulier les françaises, ont vu la part de leur capital détenue par des investisseurs étrangers s'accroître de manière importante : à la fin 2009, elle représentait 42,3 % du capital des entreprises du CAC 40. Leur capital étant souvent très dilué, elles courent le risque d'être rachetées et leur personnel de subir des décisions imposées de l'extérieur […]. Autre revers de la médaille, les actionnaires ont occupé un poids croissant dans la gestion des entreprises, de plus en plus orientée vers la satisfaction de leurs intérêts spécifiques […]. De ce point de vue, la crise n'a pas allégé la pression : pour conforter leurs actionnaires dépités par la chute générale des cours de Bourse, les entreprises sont nombreuses à avoir annoncé des versements de dividendes pour les prochaines années en décalage total avec leurs perspectives réelles de croissance.

M. Chevallier, *Alternatives Économiques* Hors-série n° 87, décembre 2010

DOC 10 Le cycle de financement externe

Le rôle du système financier est de mobiliser les ressources des épargnants qui disposent de capacités de financement, afin que les ménages, les entreprises et les acteurs publics (tous baptisés « agents non financiers ») qui ont besoin de ressources pour développer leurs activités puissent le faire.

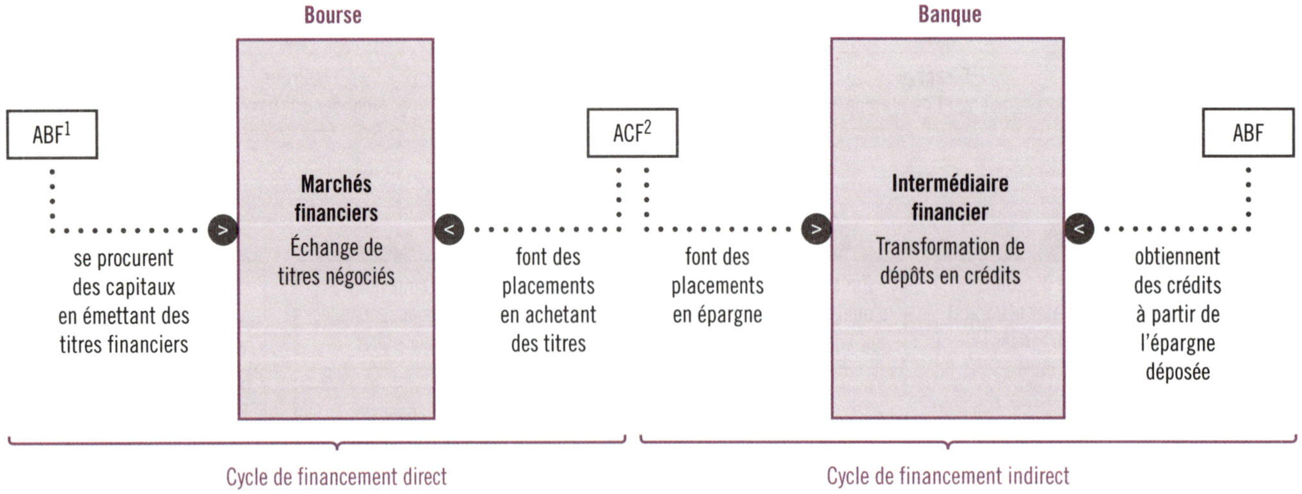

1. ABF : agent à besoin de financement ; 2. ACF : agent à capacité de financement.

Foucher, 2015

1. **Expliquez pourquoi le financement de marché est réservé aux plus grandes entreprises.**
2. **Expliquez quels sont les avantages du financement direct pour les entreprises.**

ITINÉRAIRE BIS

Libérer le financement de l'économie par Robin Rivaton

VIDÉO : 00'56 à 05'08 : tinyurl.com/pwy2v65

Cette vidéo présente de manière intéressante les enjeux et les moyens pour chaque agent économique du financement de leurs activités.

a. À quoi sert l'épargne ou l'autofinancement des agents économiques dans le financement de l'économie ?

b. Expliquez le rôle des banques dans le financement de l'économie.

c. Comment le marché financier permet-il le financement des activités des agents économiques ?

DOC 11 Endettement bancaire et financement de marché des entreprises en 2014

Besoin de financement et flux en milliards d'€, taux de croissance en %

	Besoin brut	Flux annuel brut	Taux de croissance annuel brut	
	Juin 2014	Juin 2014	Mai 2014	Juin 2014
Financement des SNF[1]	1 324,0	60,8	3,6	4,8
Dont crédits bancaires	826,1	9,6	0,9	1,2
Dont financement de marché	497,9	51,2	8,7	11,5

1. SNF : sociétés non financières, autrement dit les entreprises privées autres que les banques.

Direction générale des statistiques, Banque de France

3 Expliquez pourquoi le financement de marché prend de plus en plus d'importance dans le financement des entreprises.

B Le financement externe indirect : un financement bancaire

DOC 12 Le financement indirect, une économie d'endettement

L'économie d'endettement est un système financier où prédomine la finance indirecte, sous la forme d'un financement par le crédit. Celui-ci suppose l'intervention d'un processus d'intermédiation financière et l'établissement de relations bilatérales individualisées entre les banques et leurs clients. Les banques prennent un risque de crédit après l'avoir évalué et financent les opérations dont elles anticipent favorablement le résultat. Le crédit constitue ainsi le principal mode de financement de l'activité productive. Même lorsque les entreprises ont par leur dimension un accès au marché des valeurs mobilières, la faiblesse du taux d'autofinancement implique le recours complémentaire au crédit.

X. Ducreux, *Les Cahiers français* n° 277, La Documentation française, juillet-septembre 1996

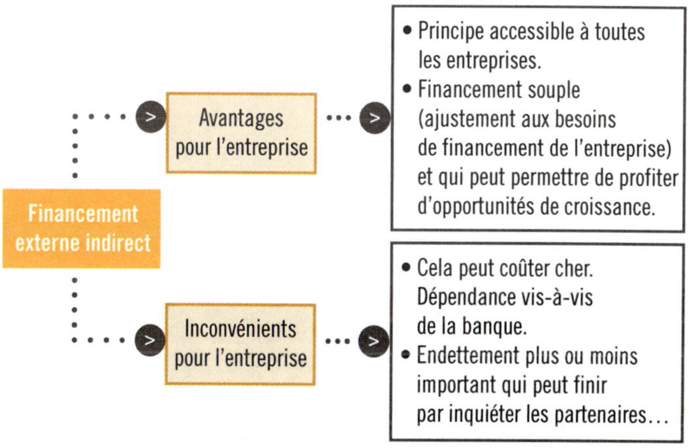

Foucher, 2015

4 Précisez comment les banques participent au financement des entreprises.

5 ACTIVITÉ

Dans un diaporama organisé, expliquez les financements direct et indirect, puis présentez les avantages et les inconvénients du financement direct pour les entreprises.

Étape synthèse

Les différentes modalités de financement

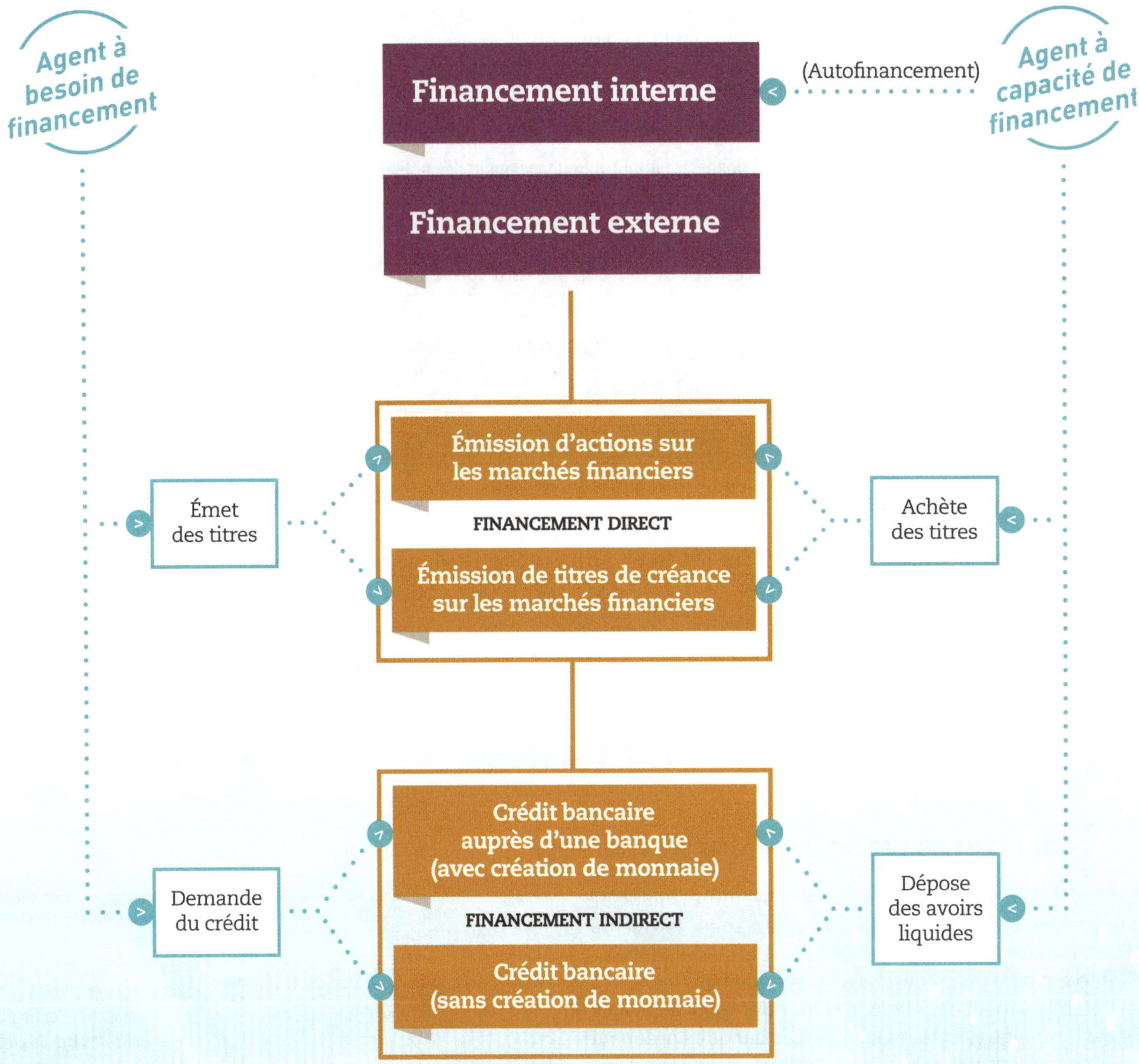

MOTS-CLÉS

- **Agent à besoin de financement :** agent dont l'épargne est inférieure aux dépenses d'investissement (les entreprises et États).
- **Agent à capacité de financement :** agent dont l'épargne est supérieure aux dépenses d'investissement (les ménages).
- **Financement indirect :** procédure de financement intermédié, en ce sens qu'elle nécessite l'intervention d'institutions financières.
- **Financement direct :** procédure de financement par émission de titres sur le marché financier.

Parcours **balisé**

La crise portugaise face aux marchés financiers

DOC 1 La crise économique et financière au Portugal

Le Portugal est confronté depuis plus de dix ans à des difficultés structurelles de croissance : son produit intérieur brut a ainsi progressé en moyenne de 1,1 % entre 2001 et 2007. Cette croissance moyenne est la plus faible de la zone euro. Après deux exercices délicats (croissance nulle en 2008 et récession de 2,6 % l'année suivante), le Portugal a enregistré en 2010 une progression mesurée de son PIB de 1,3 % ①. Il n'est pas pour autant possible de parler d'un retour durable de la croissance. En effet, si le gouvernement table en 2011 sur une progression du PIB de 0,2 %, les institutions internationales tout comme la Banque du Portugal prévoient, quant à elles, une contraction de la richesse nationale autour de 1 %. L'emploi a dans le même temps globalement stagné depuis 2000. Relativement bas jusqu'à la fin 2002 (5,1 %), le taux de chômage a connu une hausse spectaculaire depuis lors pour atteindre près de 10,9 % de la population active en 2010. Le manque de compétitivité ② et la faible productivité de l'économie portugaise s'expliquent notamment par la faiblesse du niveau de formation au Portugal.

Le montant de la dette publique portugaise est évalué à 145,5 milliards d'euros, soit 82,1 % du PIB en 2010 et 70 % de la dette publique est composée d'obligations. Rappelons par ailleurs que si l'on additionne la dette des ménages, celle des entreprises et la dette publique, la dette du Portugal dépasse 300 % du PIB (contre 240 % pour la Grèce). L'endettement des ménages et des entreprises atteint ainsi le montant astronomique de 238 % de la richesse nationale (contre 120 % en Grèce et 210 % en Espagne). Cette charge va peser durablement sur la consommation et l'investissement.

L'endettement extérieur du Portugal est, à cet égard, le problème majeur du Portugal. Celui-ci est en constante progression depuis 15 ans, à raison de 8 à 9 % d'augmentation annuelle. La plupart des créanciers sont issus de l'Union européenne. Un tel endettement est rendu possible par une trop grande faiblesse de l'épargne nationale et une consommation plus importante que la capacité de production du pays. Le gouvernement portugais motive son refus de solliciter une aide auprès du Fonds européen de stabilisation financière (FESF) en soulignant la spécificité de la situation portugaise comparée à celles de la Grèce et de l'Irlande. Le Portugal traverse une crise structurelle qui nécessite l'adoption d'une stratégie nationale fondée sur la relance de la croissance et la limitation de la dépense publique. Le système financier local est, lui, considéré comme solide, aucune bulle immobilière n'est apparue.

Le gouvernement, appuyé en cela par la Banque centrale européenne, souligne régulièrement que le Portugal n'est pas confronté à un problème de solvabilité mais à un problème de liquidités.

Si les banques rencontrent actuellement un problème de liquidité, il est principalement lié au fait qu'elles n'ont plus accès aux marchés financiers pour se refinancer en raison des taux très élevés qui y sont pratiqués. On relèvera néanmoins que cette montée de taux ne conduit pas à un recours croissant aux facilités de la Banque centrale européenne, les aides de celles-ci étant en recul depuis août 2010.

Il convient néanmoins de noter que les volumes des montants empruntés à la BCE demeurent élevés (40 milliards d'euros en septembre et en octobre, 38 en novembre). Ce recours n'apparaît pas à terme soutenable. L'augmentation des taux n'est pas, non plus, sans incidence sur la valeur boursière des banques, comme en a témoigné le recul de 5 % des cours de la BES et de la BCP le 7 janvier dernier.

Le projet de loi de finances pour 2011 est le symbole de cette rigueur. Le principal objectif du budget demeure la réduction du déficit public, estimé entre 6,9 et 7,1 % du PIB en 2010, que le gouvernement entend ramener à 4,6 % du PIB au cours de l'exercice 2011.

① INDICES

② LEXIQUE Retrouvez la définition du terme « compétitivité » pour répondre à la question 1.

Afin d'atteindre cet objectif, le budget prévoit une réduction des dépenses totales de l'État de 2,7 points du PIB et une augmentation concomitante des recettes fiscales de 1,2 point du PIB.

La diminution des dépenses publiques passe notamment par la réduction des crédits affectés aux rémunérations (diminution estimée à 0,6 %) et aux prestations sociales (0,9 % du PIB). Une baisse de 3,5 à 10 % des salaires de la fonction publique et des organismes publics est ainsi prévue dès lors que la rémunération dépasse 1 500 € mensuels.

J.-F. Humbert, Rapport d'information n° 249, www.senat.fr, 19 janvier 2011

DOC 2 Profil statistique par pays : le cas du Portugal

• Population : 10,655 millions ; PIB : 210,620 milliards $

	2010	2011	2012 (e)	2013 (p)
Croissance PIB (%) ①	1,4	– 1,7	– 3,2	– 2,4
Inflation (moyenne annuelle)	1,4	3,6	2,7	1,0
Solde budgétaire / PIB (%)	– 9,8	– 4,4	– 5,2	– 4,9
Solde courant / PIB (%)	– 10,0	– 6,5	– 2,9	– 1,5
Dette publique / PIB (%)	93,5	108,1	115,5	123,0

(e) Estimations ; (p) Prévisions.

Points forts :

• Infrastructures logistiques et de communication de qualité

• Attractivité touristique

• Début de diversification sectorielle et géographique, développement rapide de l'industrie agroalimentaire

• Absence de bulle immobilière

• Baisse des coûts unitaires du travail et effort de réforme

Points faibles :

• Taille limitée de l'industrie manufacturière, spécialisation dans des secteurs à faible valeur ajoutée soumis à une forte concurrence internationale

• Insuffisance de l'effort d'innovation et manque de qualification de la main-d'œuvre

• Forte dépendance à la conjoncture européenne

• Niveau élevé de l'endettement privé et public

• Forte exposition des banques au risque souverain

www.coface.fr

1 **Caractérisez ③, à partir des documents, la situation économique ① du Portugal et sa croissance aujourd'hui.**

2 **À partir de la documentation, identifiez ④ les acteurs et leur situation de financement ⑤ en période de crise.**

3 **En vous aidant de la documentation, détaillez les modes de financement de l'économie portugaise.**

4 **Expliquez si les caractéristiques actuelles de l'économie portugaise ⑥ sont de nature à permettre aux entreprises d'avoir confiance en l'avenir et d'investir.**

En savoir plus...

Vidéo sur le Portugal, entre cure d'austérité et crise politique

VIDÉO 17'27 **tinyurl.com/nm28bme**

① **INDICES**

③ **LEXIQUE** Caractériser suppose de mettre en évidence les points forts et les points faibles de l'économie portugaise.

④ **LEXIQUE** Identifier signifie lister les agents.

⑤ **MÉTHODE** Sont-ils en capacité ou en besoin de financement ?

⑥ **MÉTHODE** Repérez les chiffres importants de l'économie portugaise.

12

Le marché financier et son rôle économique

> Pourquoi Alibaba a fait une entrée historique à la Bourse de New York

Alibaba est devenu l'introduction en Bourse la plus importante jamais réalisée par la Bourse de New York [au mois de septembre 2014]. Alibaba est le nom d'une entreprise chinoise active sur le net. C'est une sorte d'Amazon chinois, sauf qu'aujourd'hui, grâce à son entrée en Bourse, Alibaba est déjà valorisé à 231 milliards de dollars. Le groupe web est en effet un mix entre Amazon, eBay et Google mais s'apparente plus à une gigantesque place de marché en ligne.

© Y. Adaken, lexpansion, 20 septembre 2014

ITINÉRAIRE BIS

Grosse demande pour Alibaba à Wall Street pour sa première cotation

VIDÉO | 1'26 | tinyurl.com/kez5tks

Cette vidéo présente Alibaba, le géant chinois du commerce en ligne qui a introduit avec succès une partie de son capital à Wall Street sur le New York Stock Exchange le 23 septembre 2014.

1. Quels sont les atouts d'Alibaba sur son secteur d'activité ?
2. Selon vous, pourquoi Alibaba est-il sur le marché financier ?
3. Comment expliquer un tel succès en Bourse pour cette entreprise ?

COMPÉTENCES

À l'issue de ce parcours, vous serez capable

> d'analyser les différentes fonctions du marché financier.

1 Comment sont représentés les marchés financiers ?

A La notion et les objectifs des marchés financiers

DOC 1

Notion et atouts des marchés financiers

Le marché financier joue un rôle considérable dans la vie des agents économiques. C'est un lieu d'échange public entre investisseurs et entrepreneurs ou emprunteurs, matérialisé par des titres négociables (actions et obligations). Il permet la rencontre entre deux acteurs :

- les agents à besoin de financement (ABF) qui vendent des parts sociales[1] ;
- les agents à capacité de financement (ACF) qui achètent des titres négociables[2].

Il se distingue donc fondamentalement du financement externe indirect pratiqué par les banques. Le marché financier présente quelques avantages :

- la liberté d'échange de son titre par son titulaire afin de percevoir des recettes de la vente de celui-ci ;
- la fréquence des échanges entre acteurs sur ce marché qui va permettre à l'entreprise émettrice d'un titre de voir l'évolution de celui-ci en termes de prix d'échange, et donc de préciser si ce titre est viable ou non dans la durée ;
- la possibilité pour grand nombre d'acteurs de participer au financement de l'économie.

1. Parts sociales : apport en capital des associés d'une société.

2. Titres négociables : titres financiers représentant des parts sociales d'une société (action, obligation).

Foucher, 2015

DOC 2 **Le marché financier et les entreprises**

Évolution du passif des sociétés non financières

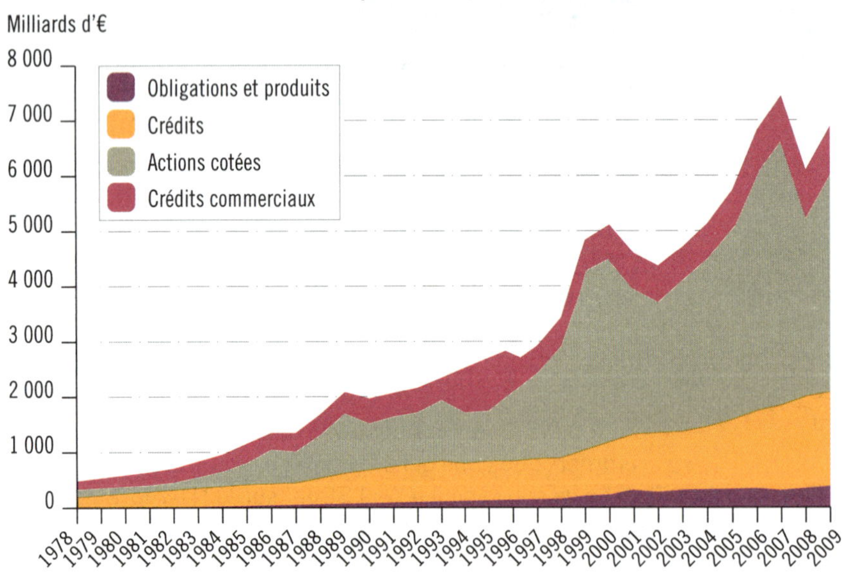

Si la première fonction des marchés financiers est de permettre la rencontre directe des besoins et des capacités de financement, ce n'est pas la seule. Les marchés financiers ont d'autres fonctions comme celle de permettre aux agents économiques de trouver des taux d'intérêt moins élevés, des quantités empruntées plus importantes, des échéances mieux adaptées à leurs besoins, et, surtout, la possibilité de revente des titres acquis.

Les sociétés non financières privilégient actuellement le financement par actions. Cependant, le recours à la Bourse est régi par la taille des entreprises. Celles cotées en Bourse, les S.A. (Sociétés anonymes) de grande importance, ne représentent en effet qu'une minorité : 660 sur les 2,5 millions d'entreprises recensées par l'Insee.

www.campusmermozbuenosaires.org

1. Quels sont les acteurs des marchés financiers et que cherchent-ils en intervenant sur les marchés financiers ?
2. Expliquez la fonction du marché financier pour les entreprises.
3. Repérez quels sont les avantages du marché financier.

B Les marchés financiers primaires et secondaires

DOC 3 Les marchés financiers

Le marché boursier [ou financier] est divisé en deux : un marché primaire et un marché secondaire. Lorsqu'une société est introduite en Bourse [...], ses actions sont cotées pour la première fois sur un marché boursier. Et c'est sur le marché primaire que cette première cotation s'effectue. L'opération est appelée IPO, pour *Initial Public Offering* (offre publique initiale). Une fois les actions émises sur le marché primaire, elles peuvent être revendues à d'autres investisseurs sur le marché secondaire. On qualifie le marché secondaire de « marché de l'occasion » des produits financiers. [...] Une société cotée est soumise à de nombreuses règles [dont l'information du] public sur l'état des finances de l'entreprise et se soumettre aux prescriptions du « gendarme » de la Bourse. En France, il s'agit de l'Autorité des marchés financiers ; aux États-Unis, c'est la *Securities and Exchange Commission* qui doit valider l'entrée en Bourse d' [une entreprise].

A. Nussbaum, www.lemonde.fr, 19 septembre 2014

DOC 4 Les marchés primaire et secondaire

Le marché financier est [...] une relation entre acheteurs et vendeurs influencée par la présence d'acteurs à capacité et à besoin de financement. Les marchés primaires sont le lieu de rencontre des acheteurs en capacité de financement et des vendeurs en besoin de financement [...]. Le vendeur est appelé un émetteur et le prix de ce qui est vendu est le prix d'émission.

Un marché secondaire est le lieu de rencontre d'investisseurs désireux de vendre et d'investisseurs désireux d'acheter des titres. Ce processus donne lieu à un cours déterminé par le niveau de l'offre et de la demande à un moment donné.

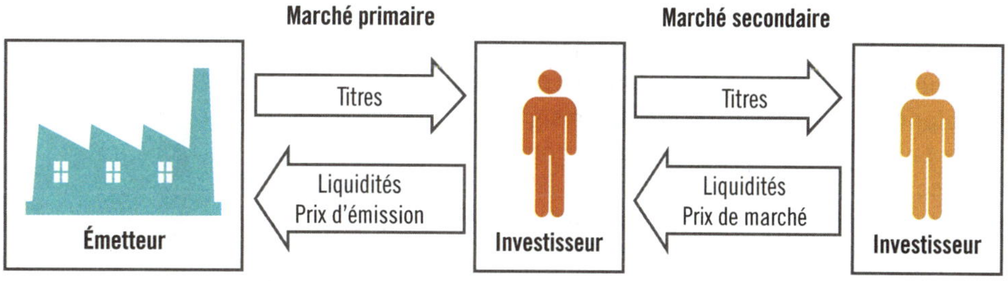

Le marché secondaire existe parce que les actions et les obligations sont ce qu'on appelle des « instruments négociables ». Ce qui signifie qu'ils peuvent être achetés et vendus par les investisseurs après avoir été émis. [...]

www.guidefinance.ch

4 Décrivez ce qu'est une cotation par IPO sur le marché primaire.

5 Présentez la fonction du marché financier secondaire.

6 ACTIVITÉ

Représentez, dans un tableau, les marchés, les acteurs et leur rôle respectif sur le marché financier.

2 Quel est le rôle économique des marchés financiers ?

A Le marché primaire permet de financer les entreprises

DOC 5 Investir en Bourse

L'investissement sur les marchés financiers comporte [des avantages] mais aussi des inconvénients, que vous devez prendre en compte, notamment :

- pour gagner de l'argent. Voir leur investissement bien rémunéré est l'une des principales préoccupations des épargnants. Avec les actions, ils sont rémunérés de deux manières : par les plus-values provenant de la hausse du cours de l'action ; et par les dividendes qui peuvent être distribués par les sociétés, de manière plus ou moins régulière, selon les bénéfices réalisés par la société ;
- pour disposer de vos gains quand vous le souhaitez. Il est possible d'acheter et de revendre ses titres boursiers à tout moment de la journée de négociation. En cas d'urgence ou de besoin de liquidités, c'est un avantage appréciable pour l'épargnant [...] ;
- pour diversifier vos placements et limiter les risques. En général plus un actif peut fournir des gains potentiels, plus il comporte de risques. Ainsi, les actions peuvent fournir des gains importants, mais le risque de perte est réel ;
- pour participer à l'essor économique. En investissant sur des titres de sociétés, vous participez à leur croissance et à l'essor de l'économie. Vous avez aussi la possibilité de choisir des actions de sociétés qui vous intéressent et de suivre leur activité.

www.boursedeparis.fr

DOC 6 Le marché financier et le financement des entreprises

Les marchés financiers jouent un rôle de financement de la croissance des entreprises. Ces dernières, en recherche de nouveaux capitaux pour accompagner leur développement, vont pouvoir sélectionner parmi un très grand nombre d'investisseurs les plus à même de répondre à leurs besoins.
Le secteur bancaire et financier a quatre principales fonctions :

- financer des particuliers, des PME, des grands projets de développement... ;
- investir sur des fonds propres pour la banque d'investissement, sur des fonds communs de placement pour les particuliers... ;
- émettre de nouveaux produits financiers, de nouveaux titres... ;
- intermédier ou mettre en relation les investisseurs avec le marché.

www.nexeo.fr

DOC 7 Le volume des émissions sur le marché primaire

Le retour de la croissance dans la zone euro est fortement conditionné par un meilleur financement des entreprises et en particulier des PME. Une plus grande diversification des sources de financement [...] avec la relance du marché [financier] est une idée intéressante. La relance d'une activité de titrisation simple et de bonne qualité est souhaitable pour le financement de l'économie réelle. [Mais] le gisement actuel de titres et le volume de nouvelles émissions sont insuffisants. Une plus grande confiance des investisseurs sera nécessaire pour dynamiser ce marché. Le marché de la titrisation a été rendu en partie responsable de la crise de 2008. Des failles sont apparues [...] sur la titrisation d'actifs de mauvaise qualité comme les prêts hypothécaires à risque ou « subprimes ».

V. Ainouz, www.next-finance.net, octobre 2014

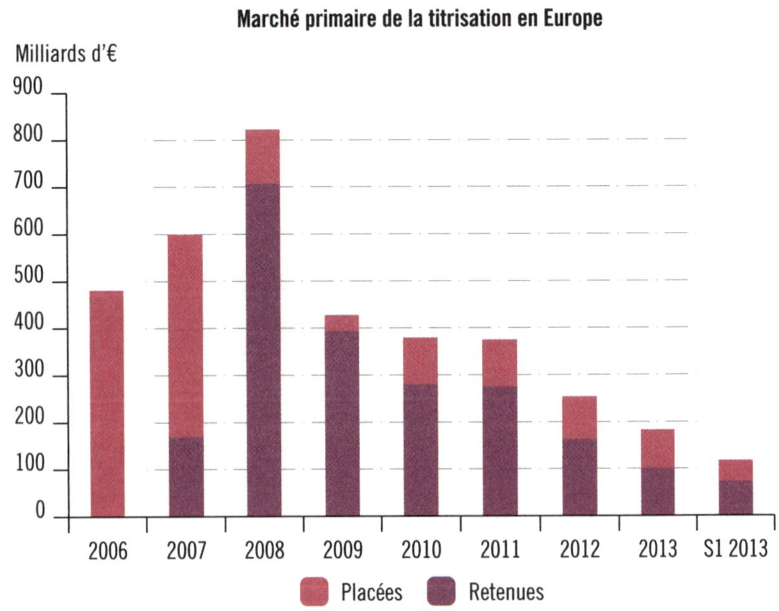

AFME, Amundi Reseach

1. Expliquez quel rôle joue le marché primaire dans le financement de la croissance des entreprises.
2. Précisez quels sont les principaux acteurs sur ce marché.
3. À partir du document 7, expliquez pourquoi le volume des titres émis en Europe a diminué depuis 2009.

B Le marché secondaire permet l'échange pour allouer des ressources aux agents économiques

DOC 8

La Bourse, une plate-forme d'échanges

Visant l'ouverture du secteur boursier européen dans son ensemble à la concurrence, Bruxelles a autorisé en 2004 les grands acteurs de la finance à créer leurs propres plates-formes d'échange d'actions. Une décision qui a contribué à opacifier un système déjà complexe et qui voue à l'échec toute tentative de mise au pas de l'industrie financière [...]. Transposée en France en 2007, la directive européenne MIF autorise la création par les banques d'investissement de plates-formes électroniques alternatives. Face à cette toute nouvelle concurrence, les Bourses traditionnelles ont répliqué en créant, elles aussi, des plates-formes alternatives [...]. Aux États-Unis, le volume échangé sur les plates-formes alternatives a augmenté de 30,7 % en 2010, par rapport à l'année précédente. En juillet 2011, les SMN et *dark pools* européens ont échangé environ 1,18 milliard d'euros par jour, soit 3,1 % des titres négociés sur les marchés [...]. Mais en France, la plate-forme alternative Chi X [...] contrôle déjà 20 % des volumes enregistrés sur les titres de l'indice CAC 40, faisant d'elle la Bourse numéro deux en Europe [...].

A. Fournier, www.lemonde.fr, 6 septembre 2011

DOC 9 La liquidité nécessaire est assurée par le marché secondaire

Les entreprises viennent en Bourse pour lever des capitaux. Soit ces titres sont des créances, [donc] des obligations, soit ce sont des titres de propriété, [donc] des actions.

Mais dans les deux cas, [...] elles peuvent les revendre à d'autres. [...] C'est là qu'intervient le marché secondaire : il est indispensable au bon fonctionnement du marché primaire [...] car il garantit ainsi aux investisseurs qu'ils pourront [se] séparer de leurs titres à tout moment et dans les meilleures conditions possibles, compte tenu des conditions de marché et de la santé de l'entreprise dans laquelle ils ont placé leur argent. Autrement dit, il permet la liquidité. C'est le principe même du marché secondaire, qui est un « marché de l'occasion » des titres. [...]

bourse.trader-finance.fr

DOC 10 L'organisation des marchés financiers français

Les marchés financiers français sont organisés en plusieurs catégories : le NYSE Euronext Paris, c'est le marché réglementé de la place parisienne, on peut y échanger des actions, des obligations. Pour être cotée sur ce marché, une entreprise doit respecter plusieurs critères : publier ses 3 derniers comptes sociaux et attribuer au moins 25 % de son capital au flottant (5 % possible si montant minimum de 5 millions d'euros). Les actions sont classées par compartiments :
- compartiment A : pour les valeurs ayant une capitalisation boursière supérieure à 1 milliard d'euros ;
- compartiment B : contenant les valeurs boursières dont la capitalisation est comprise entre 150 millions d'euros et 1 milliard d'euros ;
- compartiment C : pour les valeurs dont la capitalisation en Bourse représente moins de 150 millions d'euros.

Le marché libre [ou de gré à gré] permet aux entreprises de profiter de la force des marchés financiers pour un minimum de contraintes. Il n'y a pas de capitalisation minimale pour la cotation en action ou de montant minimal pour émettre une obligation. Cependant le fait de limiter la transparence financière d'une société limite également la confiance et donc le financement par les investisseurs.

www.culturebanque.com

ITINÉRAIRE BIS

Dessine-moi l'éco – La Bourse et le financement de l'économie

VIDÉO 3'13 tinyurl.com/ks7pwnv

Cette vidéo présente ce qu'est la Bourse et comment elle fonctionne. Elle explique également comment les marchés financiers peuvent être imprévisibles.

a. Comment les entreprises se financent-elles sur le marché financier ?

b. Présentez la différence entre marché primaire et marché secondaire.

c. Pourquoi est-il plus intéressant pour une entreprise d'utiliser le financement direct ?

4. Précisez quels sont les titres financiers échangés sur le marché secondaire.

5. Expliquez le principe de la liquidité des titres sur le marché secondaire.

6. ACTIVITÉ

Créez deux diapositives présentant l'organisation du marché secondaire français.

3 : L'activité des marchés financiers doit-elle être régulée ?

A La complémentarité des marchés financiers à surveiller

DOC 11 Des marchés indissociables mais risqués

Date de l'investissement

AVANT

Se poser les bonnes questions
Quel est l'objectif de l'investissement ?
Quel est l'horizon d'investissement ?
Quel risque à prendre ?

APRÈS

Rester vigilant
Suivre l'actualité économique et financière
Suivre régulièrement l'investissement

www.binck.fr

La Bourse de Paris évoluait en baisse vendredi (– 0,51 %), fragilisée par les risques géopolitiques qui ont une nouvelle fois plombé les marchés la veille. Le marché parisien poursuivait son mouvement de recul et s'approchait de son plus bas annuel en séance (4 080,60 points) qui date du 4 février. « Les risques géopolitiques restent la première préoccupation du marché et il n'y a aucun signe de désescalade », comme le montre l'embargo russe sur les produits alimentaires occidentaux, soulignent les économistes chez Crédit Agricole [...]. Les tensions internationales inquiètent au plus haut point les investisseurs, qui redoutent les conséquences qu'elles peuvent avoir sur les prix des matières premières et la croissance mondiale. « La principale crainte est un risque de guerre commerciale entre l'Europe et la Russie. » [...]

www.lavoixdunord.fr, 8 août 2014

DOC 12 Une capitalisation boursière importante des entreprises

La capitalisation boursière d'une société correspond à la valeur de ses capitaux, obtenue suite à la multiplication du nombre de ses actions par le cours de la Bourse. Le résultat de ce calcul représente donc le prix qu'un investisseur devrait payer s'il souhaitait racheter cette entreprise [...].

Cette valeur [...] permet de prévoir l'évolution des bénéfices d'une société, celle-ci dépendant uniquement des profits espérés pour les actionnaires et, par conséquent, du risque financier qui y reste lié. Ainsi, plus les gains attendus sont importants, plus la capitalisation boursière est élevée. [...] La capitalisation boursière permet notamment de constituer les différents indices de référence, tels que le CAC 40. [...]

www.comparabourse.fr

DOC 13 Les risques du marché secondaire

Le groupe pharmaceutique Sanofi dirigé par Chris Viehbacher a présenté le 6 février dernier des résultats annuels en recul de près de 10 % pour un chiffre d'affaires en baisse de 0,5 %, à 32,9 milliards d'euros. Le quatrième trimestre est en progression de 6,5 %. Mais le titre s'est replié de 7 % en trois mois. Stéphane Cadieu, directeur de la gestion de *Federal Finance* précise : « Sanofi retrouve un profil intéressant alors que son titre affiche une décote de 11 % par rapport à ses concurrents. C'est pourtant un des deux acteurs européens qui affichera cette année la plus forte croissance de ses bénéfices. » [...]

D. Pelé, www.challenges.fr, 14 février 2014

1. **Définissez ce qu'est la capitalisation boursière pour une entreprise.**
2. **Expliquez la phrase soulignée dans le document 12.**

3 ACTIVITÉ

Exposez les risques auxquels peuvent être confrontées les entreprises en Bourse.

B Une régulation nécessaire pour éviter les dérives

DOC 14

Qu'est-ce que le CAC 40 ?

Créé en 1987, le CAC 40 (cotation assistée en continu) est le principal indice boursier de la place de Paris. [...] C'est un panier composé de 40 valeurs de sociétés françaises. Ces sociétés sont choisies parmi les 100 sociétés françaises dont les volumes d'échanges de titres sont les plus importants. Chaque société a un poids déterminé par rapport à sa capitalisation. Elle est égale au nombre de titres en circulation multiplié par le cours de l'action sur NYSE Euronext (un marché réglementé). C'est le conseil scientifique de NYSE Euronext (New York Stock Exchange) qui décide des valeurs qui entrent ou qui sortent de l'indice. Les critères retenus sont de deux natures : le volume des transactions sur le titre de l'entreprise et la représentativité des secteurs d'activité.

www.lafinancepourtous.com, 18 avril 2012

Répartition du CAC 40 par secteurs
Au 1er janvier 2013

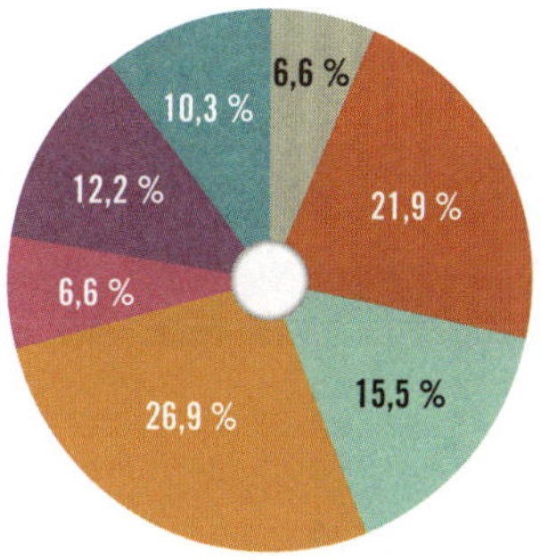

NYSE

1. FIA : Fédération internationale de l'automobile.

DOC 15 Des marchés réglementés ou non

Le fonctionnement d'un marché organisé est assuré par une entreprise de marché. Une entreprise de marché est une société commerciale ayant pour activité d'organiser le marché financier en fixant les règles de fonctionnement et d'admission au marché, tout en se conformant à la réglementation de l'autorité de Contrôle des marchés financiers (AMF en France). La participation à un marché organisé n'est pas ouverte à tous mais est réservée à des membres, seuls habilités à négocier par l'entreprise de marché [...]. Par exemple, le marché parisien est géré par Euronext Paris SA (membre du groupe NYSE Euronext), propriétaire de la marque déposée « CAC 40 ». Par contre sur un marché de gré à gré, les deux parties sont libres de contracter bilatéralement. Ce marché est donc moins standardisé et le cadre réglementaire est plus souple. [...]

www.captaineconomics.fr

DOC 16

Une autorité pour réguler les marchés financiers : l'AMF

L'Autorité des marchés financiers (AMF) a un champ de compétence large, dans le sens où elle constitue en quelque sorte le régulateur des rapports entre les acteurs du marché, les émetteurs, les investisseurs et les intermédiaires. Plus précisément, ses compétences portent en premier lieu sur l'information et les opérations financières portant sur les sociétés cotées, qu'elle doit réglementer et contrôler. L'AMF détermine ensuite les règles de bonne conduite et les obligations que doivent respecter les professionnels autorisés à fournir des services d'investissement ou des conseils en investissement. En résumé, la mission de l'AMF est de protéger l'épargne investie en produits financiers, de s'assurer de la qualité des informations transmises aux investisseurs et de veiller au bon fonctionnement des marchés financiers.

Foucher, 2015

4 Commentez la répartition par secteurs des entreprises cotées à la Bourse de Paris.

5 Exposez les contraintes d'accès aux marchés financiers pour les entreprises.

6 ACTIVITÉ

À travers un schéma, représentez le rôle de l'AMF sur les marchés financiers.

Étape synthèse

Le marché financier et son rôle économique

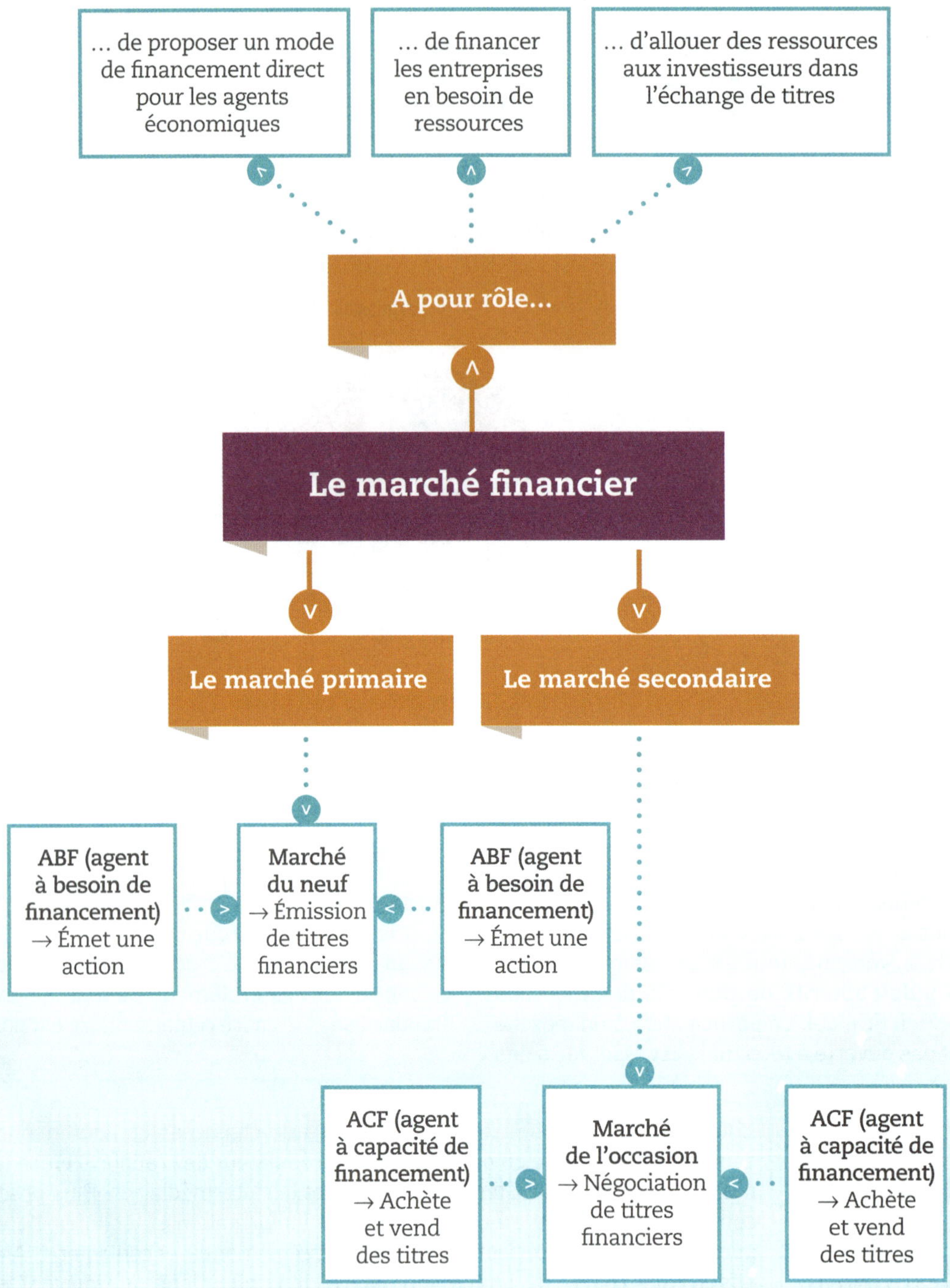

MOTS-CLÉS

- **Marché financier :** marché des capitaux où sont émis et changés des titres financiers entre émetteurs et investisseurs.
- **Marché primaire :** marché sur lequel les nouveaux titres financiers sont émis et souscrits par des investisseurs. On parle de marché du neuf.
- **Marché secondaire :** marché où les agents économiques se revendent et s'achètent des actifs financiers déjà existants et émis sur le marché primaire. On parle de marché de l'occasion.
- **Liquidité des titres financiers :** capacité pour un agent à acheter et à vendre des titres rapidement sur le marché financier et de manière peu coûteuse.

Parcours **balisé**

L'État en crise et les marchés financiers

DOC 1 La financiarisation de l'économie

Le système économique dans lequel évolue l'ensemble des agents économiques depuis 1945 est passé progressivement d'un système basé essentiellement sur une économie de marché s'appuyant sur la production et la consommation, en définitive une économie de production, à une économie d'endettement, une économie financiarisée. Désormais, l'objectif principal des agents économiques est d'accumuler le maximum de profits en passant principalement par la sphère financière. L'exemple le plus flagrant de cette transformation progressive de l'économie est celle des firmes multinationales, qui, cotées en Bourse, accumulent de grandes quantités de ressources en se rendant parallèlement dépendantes d'actionnaires qui les contraignent à faire de plus en plus de bénéfices ① afin d'obtenir plus de dividendes tout en ne tenant plus complètement compte de la ressource humaine [...].

Dictionnaire du web « l'économie de A à Z », www.alternatives-economiques.fr

① **INDICES**

1 Identifiez les facteurs ① qui développent la financiarisation de l'économie.

2 Pourquoi les firmes multinationales investissent-elles ② tant en Bourse ?

② **MÉTHODE** Il s'agit ici de lister les éléments favorisant la financiarisation.

DOC 2 Les agences de notation et les États

Le rôle des agences de notation n'est pas récent et a toujours fonctionné sur les marchés financiers. Mais l'arrivée des États, des institutions financières et des *hedge funds*[1] sur les marchés ont déstabilisé un monde au départ régi par des grandes entreprises. Les agences de notation se sont progressivement spécialisées dans la notation des États dans leur capacité à rembourser les emprunts effectués sur les marchés financiers. Quasiment chaque État passe par la case « marché financier » pour obtenir des ressources financières pour compenser leur déficit budgétaire et les collectivités publiques (locales) pour investir. Il s'exerce donc une pression importante sur les États lorsque ceux-ci empruntent, pour obtenir le meilleur taux d'intérêt de remboursement. Les agences de notation jouent un rôle de régulation accentué par le nombre important de pays qui utilisent cette activité de trading pour compenser leur déficit public. Cette concurrence sévère pour l'accès à l'emprunt sur les marchés financiers oblige les États à présenter des finances publiques les plus saines possibles ou, en tout cas, les contraint à entreprendre des réformes de structure qui les engagent vers un chemin de sortie de crise. Cette pression économique est liée aussi, pour la zone euro, à l'application des critères de convergence décidés en 1992 par le traité de Maastricht. En définitive, les agences de notation contraignent les États à rendre plus soutenables leurs finances publiques en réalisant les efforts nécessaires économiques (politique fiscale et de compétitivité) et sociaux (réforme du marché du travail, de l'indemnisation chômage...). En quelques années, ces agences ont changé la donne sur les marchés financiers et ont contribué à rendre « prisonniers » les États de leur dette publique [...].

1. Sociétés d'investissement.

N. Gaillard, *Les agences de notation*, © La Découverte, 2010

③ **MÉTHODE** Présentez l'action de ces agences sur les marchés.

④ **MÉTHODE** Quels en sont les inconvénients pour les États ?

3 Quel est le rôle des agences de notation ③ sur les marchés financiers ?

4 Pourquoi les États sont-ils prisonniers des agences de notation ④ ?

DOC 3 Des États qui agissent ensemble dans un cadre européen

Sorte de FMI européen, le MES[1] est un instrument de solidarité financière permanent qui peut intervenir sur les marchés et voler au secours d'un État membre de la zone euro menacé de faillite, à condition que ce dernier ait ratifié le pacte budgétaire. Le MES peut intervenir quand les taux d'intérêt d'un État membre deviennent insupportables et menacent la stabilité financière de la zone euro. Le MES fait l'objet d'un traité ratifié par les dix-sept États membres de la zone euro, annexé au traité de l'UE. La capacité de prêt du MES sera portée à 500 milliards d'euros en 2014. En y ajoutant les prêts non utilisés du FESF (200 milliards d'euros), la force de frappe du MES sera de 700 milliards d'euros, soit l'équivalent de celle du Fonds monétaire international (FMI). Dans le contexte actuel de morosité de l'activité économique, cet outil financier unique de l'Union européenne est le paravent protecteur d'une explosion redoutée de la zone euro. Les États européens ont compris l'importance de s'entendre pour la construction d'un bouclier financier européen mais pas à n'importe quel prix. Les États de l'Union devront ratifier le traité de pacte budgétaire pour accéder à l'aide proposée par le MES. La force des États n'a pas été simplement une volonté de s'unir pour aider financièrement des États de l'union en difficulté, la force des États a été celle d'une union politique et presque « sacrée » pour sauver et la zone euro et le cadre européen dans son ensemble [...].

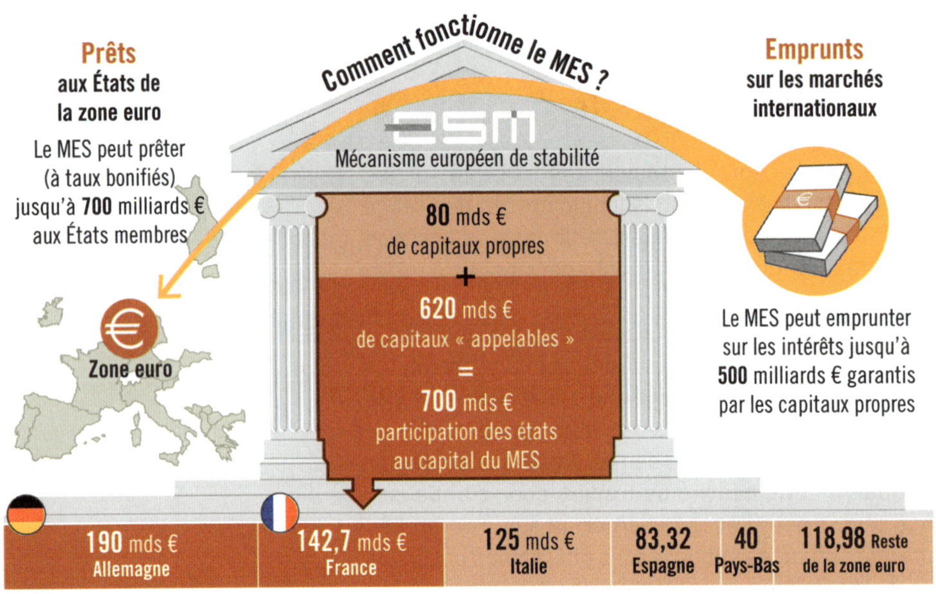

1. MES : mécanisme européen de solidarité.

A. Brender, F. Pisani et E. Gagna, *La crise des dettes souveraines*, © La Découverte, 2012

5 **À quoi sert le MES ⑤** pour les États ?

6 **L'État est-il une force vulnérable ⑥** face aux marchés financiers ?

⑤ **MÉTHODE** Donnez les raisons de l'avantage d'utiliser le MES pour les États en difficulté.

⑥ **MÉTHODE** Votre réponse doit être structurée et présentée sous la forme d'un plan (oui, mais…).

En savoir plus...

Vidéo sur les dettes souveraines et les agences de notation

VIDÉO 4'28 **tinyurl.com/noloahf**

13

Les institutions financières et leur rôle

> BNP Paribas : une banque au service de tous ses clients

Particuliers, PME, associations... BNP Paribas propose à ses clients une large gamme de produits et services, de la tenue du compte courant jusqu'aux montages les plus complexes en matière de financement des entreprises, en passant par des services innovants et des produits d'assurance ou de prévoyance.

www.secure.bnpparibas.net

Une banque au service de l'économie réelle.

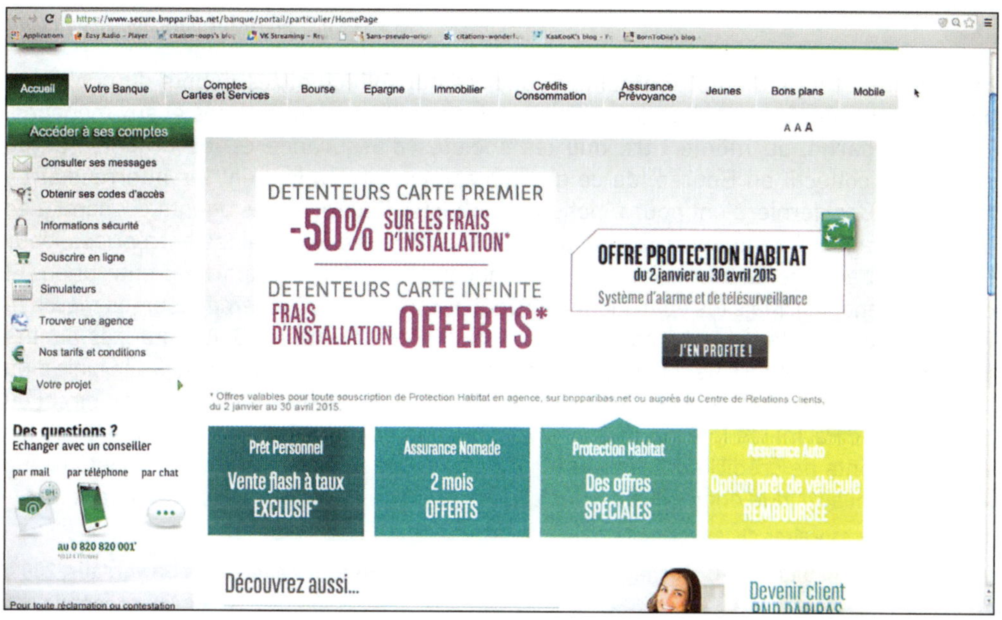

1. À partir des documents ci-dessus, identifiez les principales missions d'une banque.
2. Qui sont les agents économiques qui utilisent les services d'une banque et à quelles occasions ?

ITINÉRAIRE BIS

Une banque, ça sert à quoi ?

VIDÉO | 3'30 | tinyurl.com/oc6o587

Cette vidéo présente de manière synthétique les fonctions d'une banque. La banque, tout le monde en parle mais, tout compte fait, est-ce que l'on sait vraiment comment ça marche une banque ?

COMPÉTENCES

À l'issue de ce parcours, vous serez capable
- > de caractériser et d'analyser le rôle des institutions financières dans le financement de l'économie ;
- > de mettre en évidence les relations de complémentarité et d'interdépendance qui existent entre les banques et le marché financier dans le financement de l'économie et de la croissance.

1 Quel est le rôle des institutions financières dans le financement de l'économie ?

A Être le banquier des agents économiques

DOC 1 La banque : à quoi ça sert ?

1) Gérer les moyens de paiement. À ce jour, seules les banques peuvent rendre ce service [...].

2) Accorder des crédits. En France, l'activité de crédit est très encadrée et ne peut être exercée que par quelques établissements habilités et selon des modalités elles aussi contrôlées. [...]

3) Drainer l'épargne. Une partie de l'épargne sert à consentir des crédits. Une autre partie est placée pour votre compte dans des produits financiers. Les banques n'ont pas le monopole de cette fonction mais elles sont de plus en plus en présentes dans ce secteur [...].

4) Pour gérer votre épargne, la banque sert d'intermédiaire sur les marchés financiers. [...]

5) Le conseil. Il faut distinguer le conseil aux particuliers et le conseil aux entreprises [...]. Mais le conseil aux entreprises est une activité bien plus importante et lucrative.

www.lafinancepourtous.com

DOC 2 La banque est un intermédiaire financier spécifique

Les banques sont les établissements financiers qui collectent les dépôts du public (en particulier les dépôts à vue[1]) et qui accordent des crédits aux entreprises et aux ménages. Elles font partie, au même titre que les sociétés d'assurance et les organismes de placement collectif en Bourse, de ce que les économistes appellent les intermédiaires financiers. Ces derniers ont pour fonction de collecter l'épargne des agents économiques ayant une capacité de financement (la plupart des ménages et certaines entreprises) pour la distribuer aux agents ayant un besoin de financement (l'État, la plupart des entreprises et certains ménages). Mais les épargnants peuvent aussi investir directement sur les marchés financiers en achetant les titres émis par certains emprunteurs. Selon que ces agents prêteurs et emprunteurs se rencontrent ainsi directement sur le marché ou par le biais d'un intermédiaire financier, on parle de « financement direct » ou de « financement indirect ou intermédié ». Parmi les intermédiaires financiers, les banques (que l'on nomme aussi les établissements de crédit) sont les seules à détenir le pouvoir de création monétaire. Le système bancaire joue donc un rôle crucial dans le processus de création monétaire.

1. Les comptes bancaires de leurs clients.

E. Gabillon, J.-C. Rochet, in *Dictionnaire de l'Économie*, Encyclopaedia Universalis, 2007, www.touteconomie.org

DOC 3 La banque, un intermédiaire financier pour le crédit

La banque est un intermédiaire financier à part entière en ce sens qu'elle exerce la fonction de transformation financière en prêtant à moyen et long terme à partir de la collecte d'une épargne qui reste disponible. De plus, la banque est un intermédiaire financier spécifique parce qu'elle a le pouvoir de créer de la monnaie pour prêter. Alors que pour une institution financière (institution de crédit ; Sofinco, Cételem...) qui ne peut faire que de l'intermédiation ce sont les dépôts qui font les crédits, pour une institution financière bancaire ce sont les crédits qui font les dépôts.

Foucher, 2015

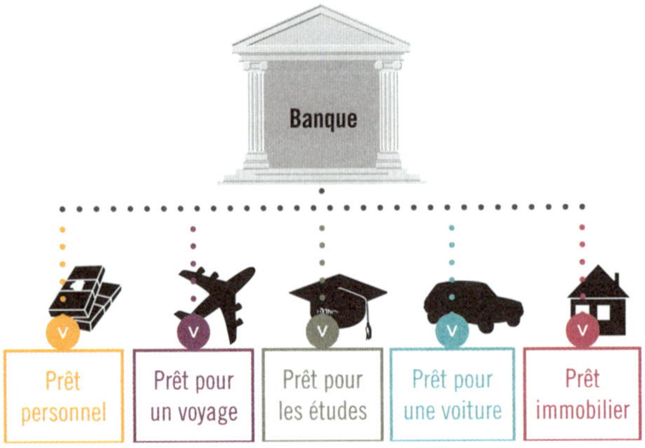

1 Présentez les principales missions d'une institution financière.

2 Expliquez pourquoi les intermédiaires financiers sont indispensables.

3 ACTIVITÉ

Proposez un schéma représentant le mécanisme de l'intermédiation financière.

B Être le financeur de l'activité économique

DOC 4

Un financement externe indirect peut-il être rentable pour une entreprise ?

L'objectif essentiel de l'entreprise est d'assurer sa pérennité à travers ses projets de croissance et de développement.

Par sa capacité à dégager de la rentabilité mais également par ses possibilités de recourir au financement extérieur par l'intermédiaire d'une banque, l'entreprise peut accéder au crédit bancaire pour investir ou innover. L'alternative que représente le financement externe indirect amène toujours à une réflexion approfondie sur d'une part la situation financière de l'entreprise et d'autre part sur l'impact de l'endettement pour la rentabilité de l'entreprise. L'endettement peut devenir un risque majeur mais aussi être un atout essentiel pour un développement de long terme pour l'entreprise et donc de sa rentabilité.

L'intérêt de recourir au financement externe

- Insuffisance d'autofinancement pour investir
- Un choix stratégique
- Financement des investissements de croissance
- Faire un juste milieu entre autofinancement et financement externe pour ne léser personne, notamment les actionnaires
- Le financement par les banques est souple, et accessible à tous

Foucher, 2015

DOC 5 **Le poids de l'intermédiation bancaire en 2013**

En milliards d'€

Crédits des banques aux sociétés non financières et aux ménages	2011	2012	2013
Crédits aux sociétés non financières	815,8	819,1	880,5
Crédits aux ménages	1 100,9	1 126,7	1 162,7

www.insee.fr

DOC 6 **Répartition par type de crédit en France en 2013**

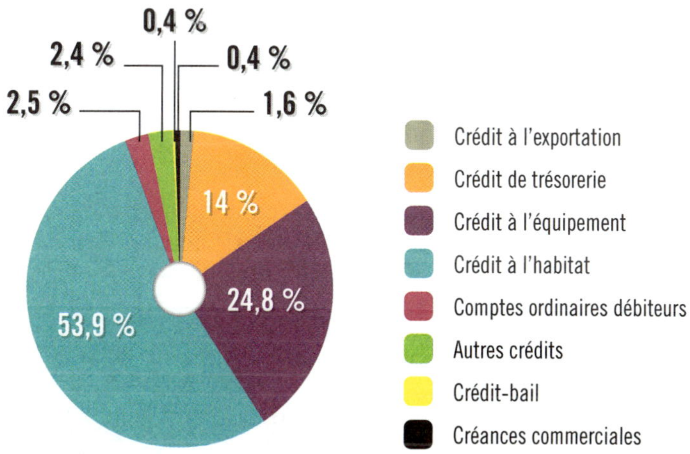

Banque de France, Centralisations financières territoriales, décembre 2013

4. Précisez pourquoi les entreprises choisissent le financement externe indirect.
5. Montrez, à partir du document 5, l'importance de l'intermédiation bancaire.
6. Présentez, par grandes catégories et par type d'acteur, les crédits accordés par les banques en 2013.

2 : Quelle est la spécificité de l'activité bancaire ?

A Le financement monétaire et non monétaire

DOC 7 Banques et création monétaire : qui fait quoi ?

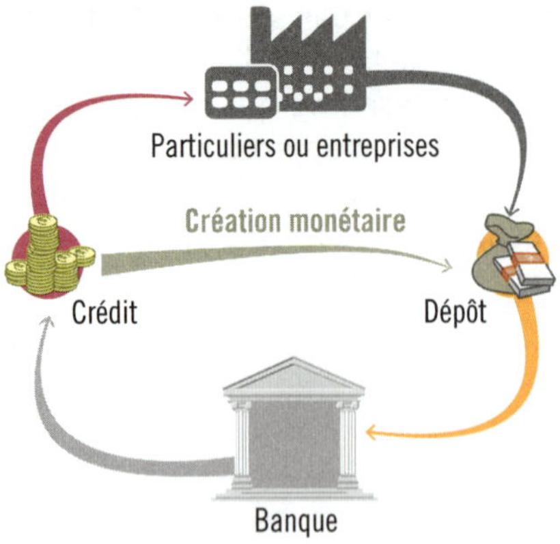

Le mécanisme de création de monnaie trouve son origine dans les crédits accordés par les banques. Le principe du crédit consiste à transformer des créances sur les agents non bancaires en moyens de paiement immédiatement utilisables. Concrètement, lorsqu'une banque consent un crédit à un client X, ce dernier dispose d'un dépôt à vue, dans cette banque, égal au montant M de la somme prêtée. De son côté, la banque acquiert en contrepartie une créance sur le client X. Il y a donc création de monnaie : la banque n'a pas ponctionné dans ses réserves pour prêter le montant M au client X ; elle a inscrit une créance dans son bilan. Mais lorsque le client X rembourse le crédit M, la banque efface la créance de son bilan : il y a donc à ce moment destruction de monnaie. La création de monnaie n'aura été que provisoire.

A. Fournier, www.lemonde.fr, 21 septembre 2011

DOC 8 Crédits des entreprises et des ménages en 2014

Prêts accordés par les banques aux entreprises

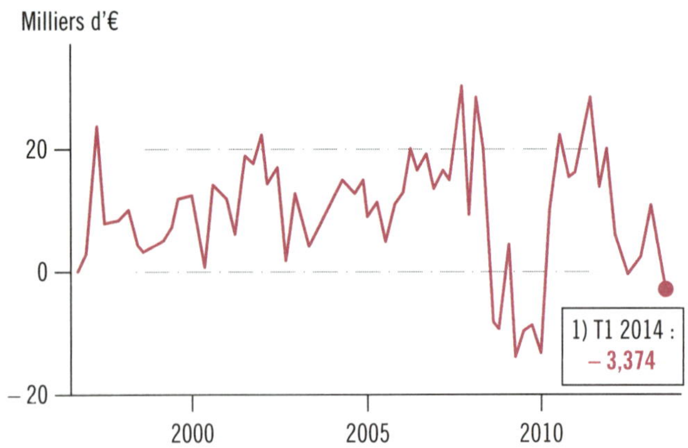

Prêts accordés par les banques aux ménages

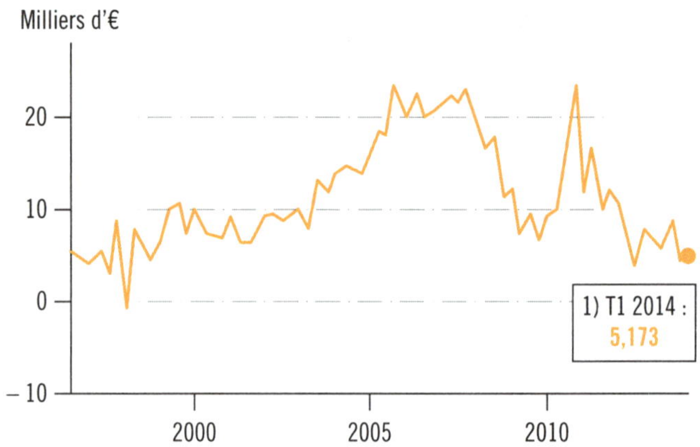

webstat.banque-france.fr

Ces deux graphiques représentent sur la période récente la volonté et le pouvoir des banques dans l'accession au crédit de ces deux acteurs de l'économie. La crise financière de 2008 a perturbé l'octroi de crédits aux entreprises alors qu'elle n'a pas eu d'effets marquants à la baisse pour les ménages.

Foucher, 2015

DOC 9 Le financement non monétaire

Lorsqu'une banque distribue des crédits en puisant dans une épargne préalablement collectée, elle réalise une simple transformation financière et prête de la monnaie qu'on lui a confiée. Ce type de financement, lié à des ressources préexistantes, est qualifié de financement non monétaire.

Foucher, 2015

1. **Rappelez le mécanisme de création monétaire par une banque.**
2. **Expliquez la spécificité du financement non monétaire opéré par une banque.**
3. **Commentez l'évolution des crédits accordés aux agents économiques entre 2010 et 2014.**

ITINÉRAIRE BIS

D'où provient l'argent des banques ?

VIDÉO 3'29 tinyurl.com/op7qv7u

Les banques font des crédits, elles accordent des prêts, les banques font confiance. Mais en réalité on peut se demander d'où vient tout cet argent que les banques prêtent.

a) D'où provient l'argent que prête une banque ?

b) Expliquez comment une banque crée de la monnaie.

c) Rappelez le rôle d'une banque dans le financement de l'économie.

B L'action du marché interbancaire dans le financement de l'économie

DOC 10 Le marché interbancaire

Le marché interbancaire est un marché réservé aux banques. L'offre émane des banques qui ont des liquidités disponibles, elles prêtent des liquidités aux autres banques. La demande émane des banques qui ont des besoins de financement, elles empruntent des liquidités aux autres banques. Une banque peut en même temps être prêteuse et emprunteuse sur le marché interbancaire [...].

www.economie.gouv.fr

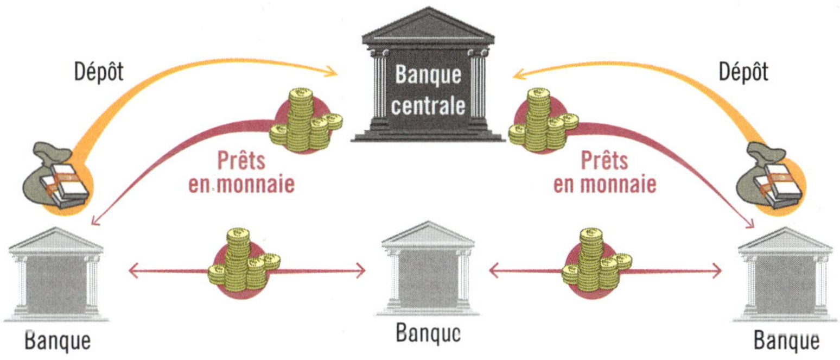

DOC 11 Les missions de la BCE

Si la BCE doit assurer la liquidité du marché interbancaire, elle doit aussi veiller à ce que la masse monétaire présente sur ce marché soit en quantité proportionnée à la production de richesse, et non pas en quantité illimitée. Dans le cas contraire, cela risquerait d'entraîner une augmentation générale des prix, tout aussi préjudiciable au bon développement de l'économie de la zone euro. La BCE est responsable de [...] la stabilité des prix (à un rythme annuel qu'elle a fixé à 2 % d'inflation). Sur un plan international, elle est la seule banque centrale au monde à défendre un tel objectif. Certains lui reprochent même de ne pas se soucier d'autres variables économiques, comme la croissance et l'emploi. La crise des années 2008-2012 a bouleversé les méthodes utilisées auparavant surtout dans la zone euro [par la BCE]. L'objectif n'est pas de venir en aide à une banque, à coup de plusieurs milliards, pour remonter la pente. Il s'agit au contraire d'assurer une surveillance préventive du système dans son intégralité (c'est ce qu'on appelle le contrôle prudentiel, ou contrôle bancaire), et permettre à une banque en difficulté de résoudre ses problèmes de manière ordonnée La BCE sera notamment chargée d'agréer les établissements de crédit, de faire respecter les exigences en matière de fonds propres, d'endettement et de liquidités, et d'une façon générale de veiller au respect de toute la réglementation relative au bon fonctionnement du système [bancaire].

N. Couturier, banque-notes.eu, 17 juillet 2013

4 Précisez comment fonctionne le marché interbancaire.

5 Exposez l'intérêt d'une régulation et d'un contrôle par les autorités monétaires.

6 ACTIVITÉ

Construisez deux diapositives présentant, pour la première, le rôle du marché interbancaire et son fonctionnement, pour la seconde, les missions des autorités monétaires en matière de contrôle de la stabilité financière.

3 : Quelles sont les relations économiques entre les banques et les marchés financiers ?

A Des relations complémentaires pour réduire les défaillances du marché envers les agents économiques

DOC 12 La banque de détail et la banque de marché sont complémentaires

Il ne faut pas caricaturer la banque de marché, sa fonction n'est pas la spéculation : c'est surtout une banque qui aide les grandes entreprises à financer leurs projets, leurs exportations, des grands projets (aéronautiques, autoroutiers, etc.), et les investisseurs à placer l'épargne. De même, quand un État veut émettre un emprunt, il s'adresse à des banques qui lui servent d'intermédiaires pour placer cette dette auprès des investisseurs. Ce sont des activités bancaires tournées vers le client, la banque de détail et la banque de marché sont complémentaires. Les banques françaises ne spéculent pas au travers de leurs activités de marché ; elles contribuent, par leurs activités d'intermédiation sur les marchés (placement, liquidité) au financement de l'économie réelle, en complément des crédits qu'elles allouent. Les activités de marché des banques sont aussi utiles aux entreprises pour se « couvrir » de certains risques, c'est-à-dire se protéger des variations de cours, de taux d'intérêt, de taux de change... défavorables à leurs activités [...].

www.toutsurlacrise.fr, 10 novembre 2011

DOC 13 Les institutions financières réductrices de risques

L'intermédiaire bancaire réduit les risques liés à un prêt : un épargnant qui désire placer ses capitaux court le risque de voir son emprunteur devenir insolvable. Le prêteur doit donc évaluer les risques présentés par les différents emprunteurs. Cependant, l'emprunteur peut cacher des informations au prêteur afin d'obtenir les capitaux. Compte tenu de ces informations, le prêteur court le risque de prêter des ressources à un emprunteur présentant des risques importants. Lorsque le risque est difficile à apprécier ou apparaît trop fort, le prêteur potentiel s'abstient de prêter ses fonds. L'acte de financement génère donc un risque que l'intermédiaire bancaire peut assumer à la place des épargnants. Il est plus à même d'apprécier le risque et, dans la mesure où il a de nombreux débiteurs, il peut compenser plus facilement l'insolvabilité de l'un d'eux.

Foucher, 2015

DOC 14 Le *mobile banking* en Afrique, la banque à portée de tous

Les institutions financières et les opérateurs de téléphonie mobile mettent en place des systèmes ingénieux pour intégrer les populations non bancarisées à l'économie formelle *via* le téléphone portable. Pour les banques commerciales, le principal atout de la téléphonie mobile réside dans sa capacité à pénétrer tous les milieux et à pouvoir être joint de n'importe où. Le *mobile banking* est un outil puissant permettant d'offrir des services d'épargne aux milliards de personnes dans le monde qui disposent d'un téléphone portable mais qui sont dépourvus de compte bancaire. Parce qu'il s'affranchit des contraintes géographiques, le *mobile banking* présente des avantages par rapport à la banque traditionnelle. Il est aussi immédiat, sûr et efficace. Il modifie par ailleurs le modèle économique du service, notamment en réduisant les coûts des transactions financières. C'est là toute sa force. Ce n'est donc pas étonnant que ce type de service progresse rapidement en Afrique subsaharienne.

P. Ondiege, economie.jeuneafrique.com, 5 juillet 2013

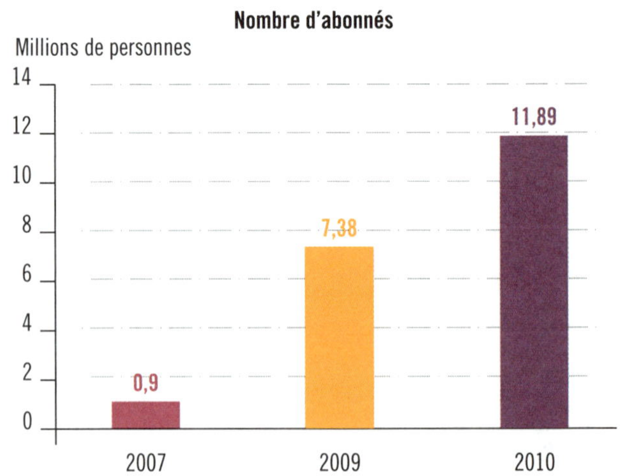

Banque africaine de développement, 2010

1. **Montrez la complémentarité entre la banque de détail et la banque de marché.**
2. **Présentez comment les institutions financières assument le risque lié aux opérations de prêt.**
3. **Expliquez la notion de *mobile banking* et montrez comment ce service réduit les défaillances du marché.**

B Un renforcement du rôle des banques sur le marché financier

DOC 15

Le développement des banques sur les marchés financiers

Les interventions des institutions financières sur les marchés financiers se sont développées. Les banques ne limitent pas leurs activités au crédit. Elles procèdent également à une intermédiation de marché sur titres. Certaines institutions sont devenues des investisseurs très actifs en prenant des participations dans le capital de nombreuses entreprises et en émettant des titres sur les marchés financiers. Le développement des marchés financiers n'a pas marginalisé les banques. Celles-ci ont réagi en multipliant les métiers : gestion d'actifs pour le compte de leurs clients, services sophistiqués pour les grandes entreprises, transformation de crédits bancaires en titres financiers (la marchéisation).

Foucher, 2015

DOC 16 Un exemple d'intermédiation dans le financement de marché

La plupart des entreprises qui souhaitent se développer [...] doivent alors emprunter et/ou trouver des fonds sur les marchés financiers. Mais au-delà de cette confrontation entre l'offre et la demande classique de capitaux, les banques ont également développé des activités nouvelles sur les marchés financiers.

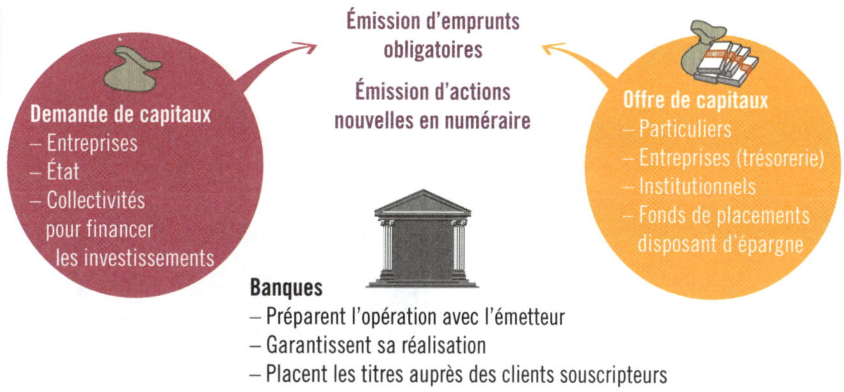

Pour aider les entreprises à lever des fonds, le rôle des banques est souvent essentiel. Elles interviennent en amont, pendant et en aval de l'opération. Leur fonction première est de conseiller la société sur le montage du dossier, notamment sur le choix des instruments financiers (actions, obligations), sur les conditions offertes (prix d'émission, durée de l'emprunt...). Elles ont ensuite un rôle de « placeur » auprès des particuliers, entreprises, institutionnels et fonds de placement désirant investir.

www.economie.gouv.fr

DOC 17 La banque d'investissement, une banque de marché

Pour comprendre ce qu'est une banque d'investissement, il faut d'abord savoir ce qu'elle ne fait pas. Elle ne reçoit pas les dépôts des particuliers [...]. La banque a bien des clients, mais il s'agit essentiellement d'entreprises et d'investisseurs qui recherchent, soit à se financer, soit à placer leurs liquidités. Ne recevant pas de dépôts des particuliers, les banques d'investissement indépendantes recherchent la liquidité auprès des autres banques, ou de la Banque centrale, ce qui explique en partie qu'en cas de crise de liquidité, elles soient les premières touchées. [Les] activités [de la banque d'investissement sont] lié[es] au financement des entreprises. Les banques d'investissement organisent les augmentations de capital, les introductions en Bourse, le lancement d'emprunts obligataires. [Elles] vise[nt] à trouver les placements financiers ou les couvertures les plus rentables [et] sert d'intermédiaire à ses clients sur les marchés financiers et sur les marchés des changes. Ces activités ont été extrêmement rentables ces dernières années, ce qui explique qu'en France, même les banques traditionnellement de détail s'y soient mises, au travers de filiales parfois distinctes, mais toujours rattachées à leur maison mère.

www.lafinancepourtous.com, 5 avril 2013

4 Distinguez intermédiation bancaire et intermédiation de marché.

5 Expliquez pourquoi les banques ont recours à l'intermédiation de marché.

6 Rappelez les activités des banques de marché et leurs risques.

7 ACTIVITÉ

Rédigez une note de synthèse montrant en quoi le marché financier et les institutions financières se complètent dans le financement des agents économiques.

Étape synthèse

Les institutions financières et leur rôle

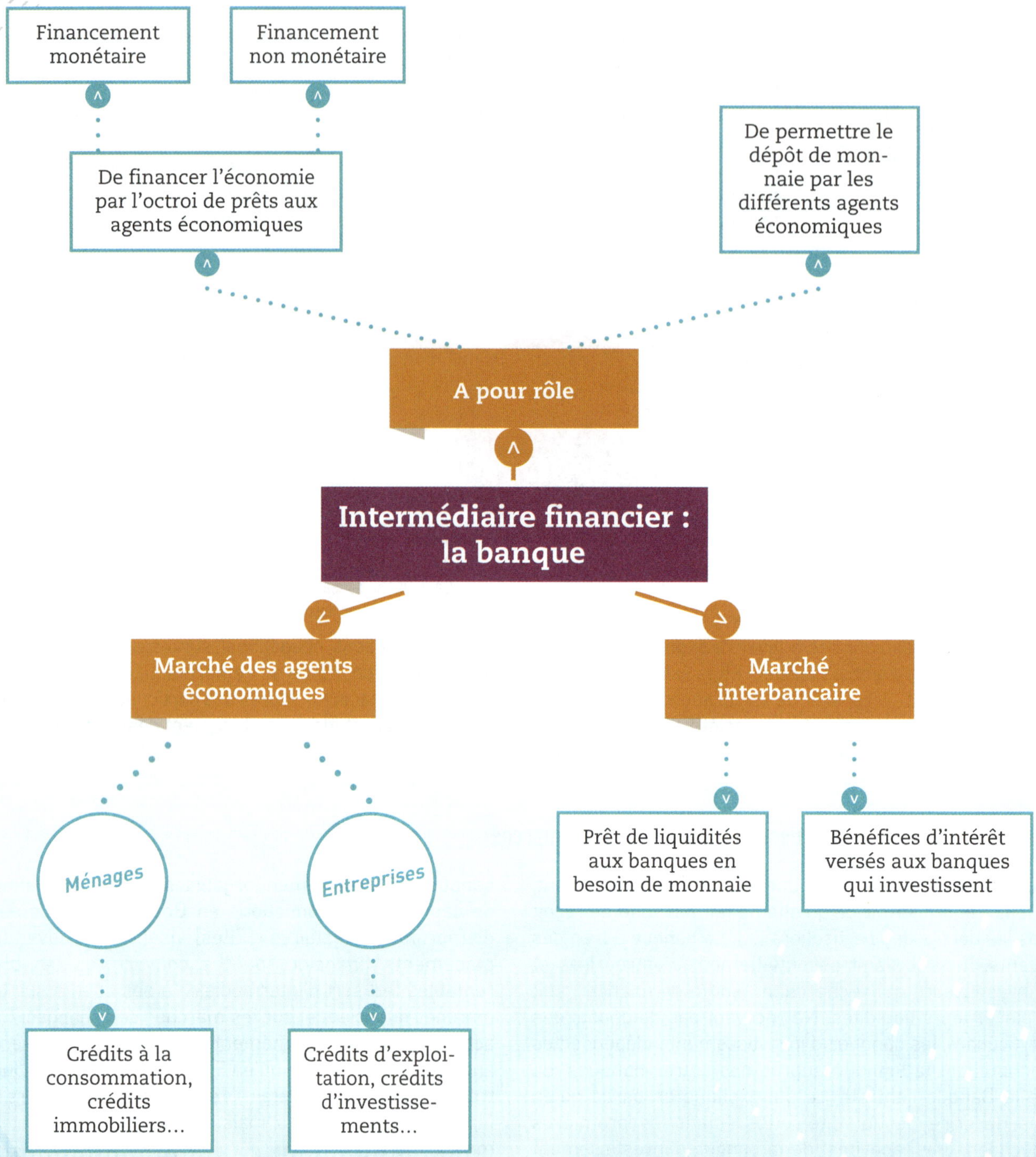

MOTS-CLÉS

▸ **Institution financière :** entreprise qui produit et vend des services financiers (banques, sociétés financières).

▸ **Intermédiation financière :** fonction des institutions financières qui établissent un lien entre les capacités de financement de certains agents et les besoins de financement d'autres agents.

▸ **Financement monétaire :** financement des agents économiques dû à la création monétaire assuré par les banques.

▸ **Financement non monétaire :** utilisation de l'épargne de certains agents à capacité de financement pour accorder des financements à d'autres agents en besoin de financement.

Parcours balisé

Les banques espagnoles face à la crise financière

DOC 1 Le besoin de financement des banques espagnoles

① INDICES

Les banques espagnoles se divisent principalement entre d'une part deux grands groupes bancaires de dimension internationale (Santander et BBVA) et d'autre part le secteur des caisses d'épargne. En s'appuyant sur la baisse des taux d'intérêt permise par la participation de l'Espagne à l'euro, les deux secteurs ont financé l'explosion des crédits des années 2000 stimulant la consommation mais surtout le secteur immobilier se transformant rapidement en véritable bulle. L'explosion de cette bulle et les contrecoups de la crise financière mondiale ont eu cependant des effets différenciés sur les banques espagnoles ① [...]. Les caisses d'épargne, qui ont grossi jusqu'à détenir près de la moitié du marché du crédit espagnol en 2009, ont été considérablement fragilisées compte tenu de leur spécialisation sur le marché espagnol et de leur concentration sur les activités liées à l'immobilier et à la construction. Face au déclenchement de la crise en 2008, le gouvernement espagnol a mis en place, comme les autres pays européens, un plan de sauvetage des banques et de soutien de l'activité économique. Mais les banques restent fragilisées par la sous-estimation des créances et actifs douteux du fait de l'ampleur de la récession et du marasme immobilier ①. Les besoins de recapitalisation et de restructuration persistent et sont d'autant plus importants que les banques espagnoles doivent se conformer aux exigences [budgétaires de Bruxelles].

www.lafinancepourtous.com, 21 juin 2012

Évolution mensuelle de l'encours des prêts bancaires aux ménages en Espagne

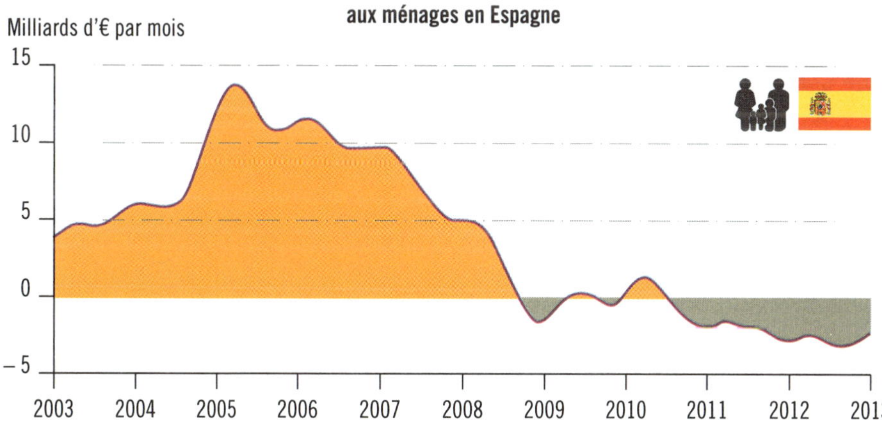

BCE

1 Expliquez globalement pourquoi les banques espagnoles sont en difficulté ①.

DOC 2 L'État espagnol peut-il sauver les banques ?

L'État espagnol ne peut pas sauver lui-même directement les banques parce que les marchés financiers ont des doutes sur la capacité de l'État espagnol à faire face à sa dette. En fait, la dette publique espagnole est de plus en plus souscrite par les banques espagnoles. Les taux d'intérêt exigés dépassent 6 % sur les obligations publiques à 10 ans alors que l'Espagne connaît une récession. Cela devient insupportable pour l'État espagnol. Dans la décennie précédente, l'Espagne a fondé son dynamisme économique sur la construction et l'immobilier ainsi que sur le tourisme et les transports. « Ces secteurs, très intensifs en main-d'œuvre, note l'économiste Thibault Mercier, ont été les principaux vecteurs de la croissance soutenue de l'emploi et de la baisse correspondante du taux de chômage (de 20,6 % en 1997 à 8,2 % en 2007). Leur développement s'est fait au détriment de l'industrie dont la part dans la valeur ajoutée s'est repliée de 18 % en 1995 à 12 % en 2007. » La crise frappe de plein fouet ce modèle de croissance. L'emploi dans la construction a massivement reculé, le chômage se retrouve à plus de 24 %. Les déficits publics et le déficit extérieur se sont creusés et ne se réduisent plus. La dette publique qui était de seulement 35 % du PIB en 2007 approche les 70 %. Les investisseurs ne voient pas de quelle façon ces déséquilibres pourraient être réduits y compris par une politique d'austérité. Ni le montant exact ni les modalités précises de l'aide ne sont encore connus. On sait cependant qu'il s'agira d'un prêt au Fonds public espagnol de restructuration bancaire qui est entièrement garanti par l'État espagnol. Il y aura en revanche une supervision de la restructuration du secteur bancaire par la Commission européenne [...]. Le plan de restructuration des banques [...] par le gouvernement espagnol a déçu les marchés.

www.lafinancepourtous.com, 25 juin 2012

Le grand écart : taux à 10 ans espagnols et allemands

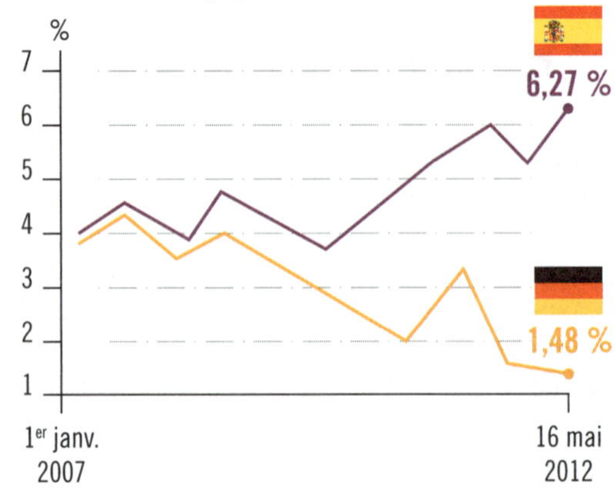

Bloomberg

2 Précisez pourquoi la **situation économique de l'Espagne** ② est inquiétante.

3 Pourquoi **l'État espagnol pourrait-il ne pas sauver les banques** ③ ?

② **MÉTHODE** Pour répondre, n'hésitez pas à exploiter l'ensemble des chiffres proposés par le document 2.

③ **MÉTHODE** Il faut comprendre que le sauvetage des banques est pris en charge par l'État espagnol en plus de son déficit budgétaire.

DOC 3 Les effets rassurants de la récente reprise économique

L'Espagne, rassurée par la reprise de son économie, a annoncé vendredi qu'elle commencerait dès maintenant à rembourser l'aide européenne de 41 milliards d'euros perçue en 2012 par ses banques, espérant donner ainsi un gage de « confiance » aux marchés et à ses partenaires. « L'Espagne remboursera 1,3 milliard d'euros (du programme) d'assistance financière car nous pouvons le faire et pour renforcer la confiance en l'économie », a déclaré la porte-parole du gouvernement, Soraya Saenz de Santamaria, à l'issue du Conseil des ministres. Les banques espagnoles, la plupart trop exposées au secteur immobilier sinistré, ont dû être renflouées en 2012 par une aide financière, calibrée pour atteindre 100 milliards d'euros mais qui s'est finalement élevée à 41 milliards. La quatrième économie de la zone euro, qui tablait au départ sur des besoins nets de 65 milliards d'euros [...], bénéficie de taux d'intérêt toujours plus bas ces derniers mois, ce qui lui permet d'avoir déjà couvert 57,7 % de son plan de financement annuel. Après une année 2012 marquée par de vives tensions sur les marchés, le pays profite en effet depuis 2013 d'une accalmie, les investisseurs ayant notamment été rassurés par l'aide européenne versée à ses banques et le soutien de la Banque centrale européenne, qui s'est engagée à racheter de la dette des pays de la zone euro en difficulté. L'Espagne, frappée en 2008 par l'éclatement de sa bulle immobilière au moment où débutait la crise financière internationale, est en effet sortie au troisième trimestre 2013 de sa deuxième récession en cinq ans [...].

AFP, 6 juin 2014

4 **Rédigez une synthèse** ④ présentant l'analyse de la situation des banques espagnoles en 2012, ses impacts sur l'économie et l'action de l'État espagnol pour réussir son pari de revenir à la croissance (30 lignes au maximum).

④ **MÉTHODE** Rédigez un travail en trois points distincts.
I) La situation de l'économie espagnole aujourd'hui.
II) Ses effets sur la croissance.
III) L'intervention de l'État espagnol pour enrayer la situation.

En savoir plus...

Vidéo sur les raisons de la crise espagnole

VIDÉO 2'39 **tinyurl.com/o3q69zw**

14

La globalisation financière et ses effets

> Qu'est-ce que le Trading Haute Fréquence ?

Le *High Frequency Trading*, ou Trading à haute fréquence (THF), est un type de trading où les transactions sont effectuées à grande vitesse par des logiciels informatiques se basant sur des algorithmes mathématiques. Les transactions étant automatisées, en cas de krachs, la chute est encore plus rapide comme ce fut le cas durant la crise financière de 2007.

Ce trading hautement informatisé présente plusieurs risques :

– risque de perte de contrôle de l'algorithme : dans des situations de stress, on peut imaginer que la vitesse du THF peut entraîner une chute des cours incontrôlée qui pourrait amener à une baisse disproportionnée des cours ;

– risque d'abandon des investisseurs humains : le THF est en forte augmentation. On peut imaginer que, si l'ensemble du marché, sous THF, pense plus vite que l'humain, ce dernier se sente impuissant pour lutter contre de tels acteurs ;

– risque de non-surveillance : la vitesse des transactions rend impossible le contrôle total du THF. On constate souvent des anomalies qui font perdre des milliards en quelques secondes au marché.

www.andlil.com

① Expliquez le THF, nouvelle technique de financement sur les marchés.

② Quels sont les principaux utilisateurs de cette technique ?

③ Présentez les risques liés à l'utilisation de cette technique.

ITINÉRAIRE BIS

Le cours de la Bourse : le Trading haute fréquence

VIDÉO 2'12 **tinyurl.com/nncrbh5**

La pratique du Trading haute fréquence a beaucoup fait parler d'elle lors du « flash crash » qui a fait plonger Wall Street le 6 mai 2010. Mais qu'est-ce au juste ?

COMPÉTENCES

À l'issue de ce parcours, vous serez capable

> d'identifier les effets attendus de la globalisation financière ;
> de caractériser et de repérer les principaux flux financiers internationaux ;
> d'identifier les risques financiers au niveau mondial.

1 Qu'est-ce que le processus de globalisation financière ?

A Le mécanisme et ses caractéristiques

DOC 1 La notion de mondialisation financière

La globalisation financière caractérise un processus d'intégration des marchés de capitaux internationaux sous le double impact de la libéralisation financière internationale des capitaux et de l'ouverture des économies nationales aux transactions internationales, aboutissant à la formation d'un unique marché mondial de capitaux. Les places financières sont interconnectées par les réseaux modernes de communication ; le système financier international fonctionne en continu, 24 heures sur 24, sur les places financières. Elle s'est produite en trois étapes : d'abord, la déréglementation, c'est-à-dire la disparition en 1971 du système des parités stables entre les monnaies, qui se mettent à flotter au gré de l'offre et de la demande ; ensuite, la désintermédiation, comme possibilité pour les emprunteurs privés de se financer directement sur les marchés financiers sans avoir recours au crédit bancaire ; enfin, le décloisonnement des marchés avec des frontières qui compartimentaient les différents métiers de la finance abolies, permettant aux opérateurs de jouer sur de multiples instruments financiers.

Foucher, 2015

DOC 2 Les acteurs de la globalisation financière

La globalisation financière est le fait de plusieurs types d'acteurs, parmi lesquels on trouve les firmes multinationales (FMN) [...]. [Elles] réalisent des investissements directs à l'étranger selon trois modalités : en achetant une entreprise locale, en créant une entreprise à l'étranger, en réalisant des opérations financières entre maison mère et filiales à l'étranger. Les investisseurs institutionnels (compagnies d'assurances, caisses de retraite et organismes de placement collectif) placent les fonds qu'ils collectent auprès d'une multitude de petits épargnants. [...] Les banques d'investissement financent la création et le développement de sociétés par le biais de placements à risque. Les Hedge funds sont des fonds spéculatifs non cotés, à la recherche de profits à court terme. Ils réalisent une multitude d'opérations sur les actifs financiers et les matières premières.

www.swissaid.ch

DOC 3 Les principales places financières et les flux financiers internationaux

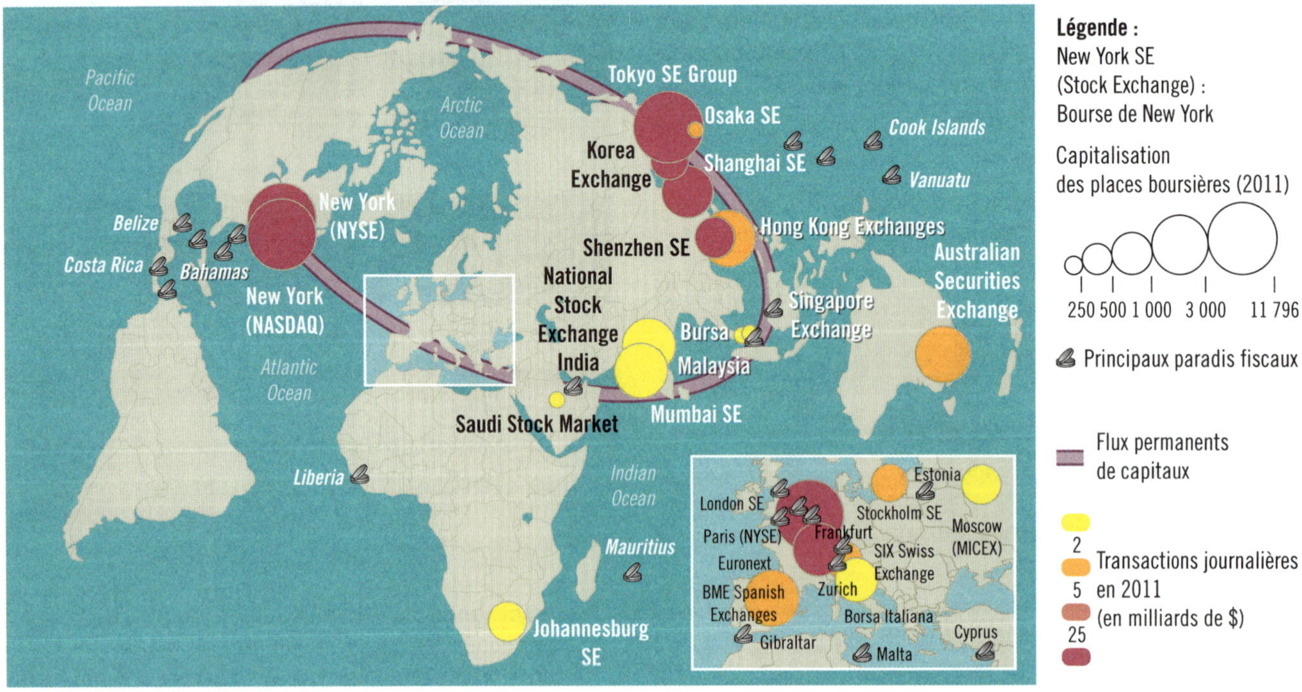

World Federation of Exchanges, octobre 2012

1. Définissez la notion de globalisation financière.
2. Expliquez le rôle des acteurs de la globalisation financière dans l'économie.
3. Répertoriez géographiquement les places principales et secondaires financières dans le monde.

B Les objectifs de la globalisation financière

DOC 4

La globalisation financière, un outil d'allocation de ressources

Le développement des mouvements de capitaux favorise la meilleure allocation mondiale des ressources, au plus grand profit des économies émergentes qui y ont vu là un moyen de financer leur développement. Les progrès technologiques considérables de ces dernières années, dans le domaine des télécommunications et de l'informatique, ont eu pour conséquences une très forte réduction des délais et des coûts des [échanges]. Par ailleurs, ils ont fluidifié la circulation de l'information, rendant meilleure les comparaisons internationales et l'exercice des arbitrages économiques et financiers. Tout ceci rend plus facile le financement des projets d'investissement, au meilleur coût pour le bénéficiaire et au moindre risque pour l'investisseur. L'intégration financière internationale exerce un effet positif sur le financement du développement des pays émergents. Comme l'écrit la Banque mondiale : « [...] on considère [...] que l'expansion des circuits financiers et notamment l'établissement de marchés boursiers performants, contribue fortement à la croissance future d'un pays, surtout grâce à une meilleure répartition des ressources. »

www.senat.fr, 2 février 2015

DOC 5 La globalisation financière, vers la croissance des pays émergents

La globalisation financière favorise le développement [...]. Par conséquent, l'État doit laisser libre cours aux forces du marché globalisé et les pays en développement doivent mettre en œuvre des politiques de libéralisation commerciale et financière pour attirer les investissements des firmes transnationales et les capitaux privés internationaux. Ainsi, bien que la mondialisation implique de nouvelles contraintes que seule une minorité de pays en développement a réussi à contourner, les gagnants de la mondialisation sont les pays qui n'en ont accepté que partiellement les règles [...]. Toutefois, [...] la mondialisation offre également de nouvelles opportunités en transformant la géographie de la production mondiale et des flux économiques et financiers sur les marges de manœuvre politiques des pays en développement qui ont réussi à assurer un équilibre entre les contraintes du système international et leur autonomie politico-économique [...]. La [mondialisation financière] a ainsi bénéficié à une poignée de pays émergents, essentiellement situés en Asie de l'Est, qui sont devenus les « ateliers » puis les « caissiers » de l'économie mondiale, en accumulant des réserves et en les plaçant dans [les pays de la Triade]. Une poignée d'autres pays émergents, comme le Brésil, l'Inde et l'Afrique du Sud, ont également tiré profit de ce contexte pour renforcer leur statut de puissance régionale et contribuer à faire évoluer le « système-monde » vers davantage de multipolarité.

A. Zacharie, www.cncd.be, 18 décembre 2013

HITEC City, campus de sièges des entreprises de haute technologie (Hyderabad, Inde).

4 Expliquez comment la mondialisation financière permet de financer plus facilement des projets d'investissement.

5 Dégagez les avantages de la globalisation en faveur de la croissance des pays émergents.

6 ACTIVITÉ

Dans un tableau, présentez la notion de globalisation financière et ses acteurs principaux et leurs rôles dans l'économie.

2 Quels sont les effets du processus de globalisation financière ?

A Les différents types de risques sur les marchés financiers

DOC 6 Les risques liés à la fluctuation des prix sur les marchés

Les risques sur les marchés de capitaux sont liés à la variation des cours ou des prix sur les biens, actifs et valeurs financières qui font l'objet des transactions sur ces marchés de capitaux.

Foucher, 2015

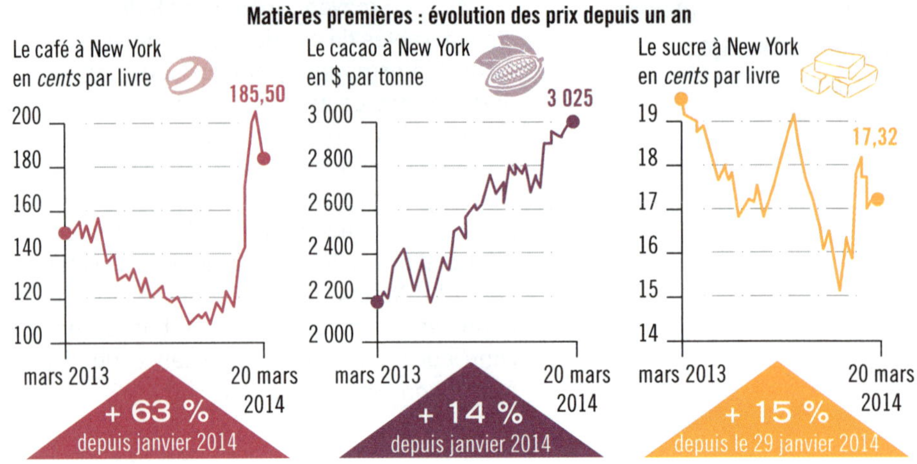

Bloomberg

DOC 7 Les autres types de risques sur les marchés

Le risque de liquidité concernant un débiteur est le risque de ne pas disposer des fonds nécessaires pour faire face à ses engagements à leur échéance. Il est associé à l'impossibilité de le vendre rapidement dans des conditions satisfaisantes. Le risque de crédit est le risque que le débiteur ne paie pas sa dette à l'échéance convenue… Le risque lié au mimétisme sur les marchés financiers est autre. Les acteurs se déterminent en fonction de l'évolution attendue des cours. Ce qui conduit les agents à acheter ou à vendre dépend étroitement de ce qu'ils pensent que les autres feront.

Foucher, 2015

DOC 8 Les produits dérivés, une couverture des risques sur les marchés financiers

À l'origine, un dérivé fonctionne comme une assurance pour se prémunir d'un risque. Exemple : je vais vendre ma récolte de blé dans un mois. Craignant une baisse des cours, je passe aujourd'hui un contrat pour pouvoir la vendre à un prix fixé à l'avance. Ce contrat est un produit financier […] et son prix varie selon les anticipations sur le prix du blé. Un produit dérivé évolue donc en fonction d'un actif, ici le blé. Peu à peu, les dérivés se sont développés dans d'autres domaines (changes, matières premières, actions, taux d'intérêt…). Avec une mise de départ limitée, les produits dérivés peuvent être utilisés pour se couvrir contre des risques de diverses natures. Si je pense que le prix du blé va baisser, j'ai intérêt à le vendre à quelqu'un qui fait le pari inverse. Mais là ou cela devient intéressant c'est que, au fur et à mesure que l'on s'approche de la date d'échéance, ce pari, si j'ai raison, peut valoir de plus en plus cher […] ; si en fait je ne suis qu'un « spéculateur » qui n'a aucune récolte en jeu, [je pourrai] le revendre avec un bénéfice très rapide. Ainsi, les dérivés sont de plus en plus utilisés à des fins spéculatives.

rue89.nouvelobs.com, 22 octobre 2008

1. **Présentez les différents risques auxquels sont confrontés les agents sur les marchés financiers.**
2. **Expliquez d'où provient le risque de volatilité des matières premières.**
3. **Pourquoi les comportements des agents économiques augmentent-ils les risques sur les marchés financiers ?**

B Le renforcement de l'instabilité de la sphère financière

DOC 9 L'ampleur de la crise financière de 2008

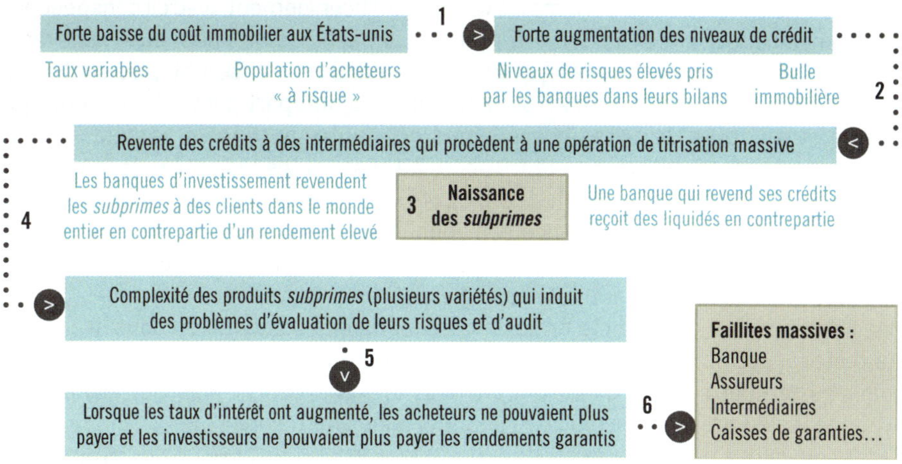

www.ilboursa.com

La crise financière mondiale qui a débuté en 2007 a constitué un véritable banc d'essai pour la globalisation financière. La panique sur les marchés financiers atteint son paroxysme entre l'automne 2008 et le printemps 2009, mais la crise ne s'arrêta pas là. Elle a en effet directement participé à la rapide expansion des prêts domestiques dans de nombreux pays en stimulant à la fois les facteurs d'offre et de demande de crédit.

Foucher, 2015

DOC 10 La propagation de la crise américaine à l'économie tout entière

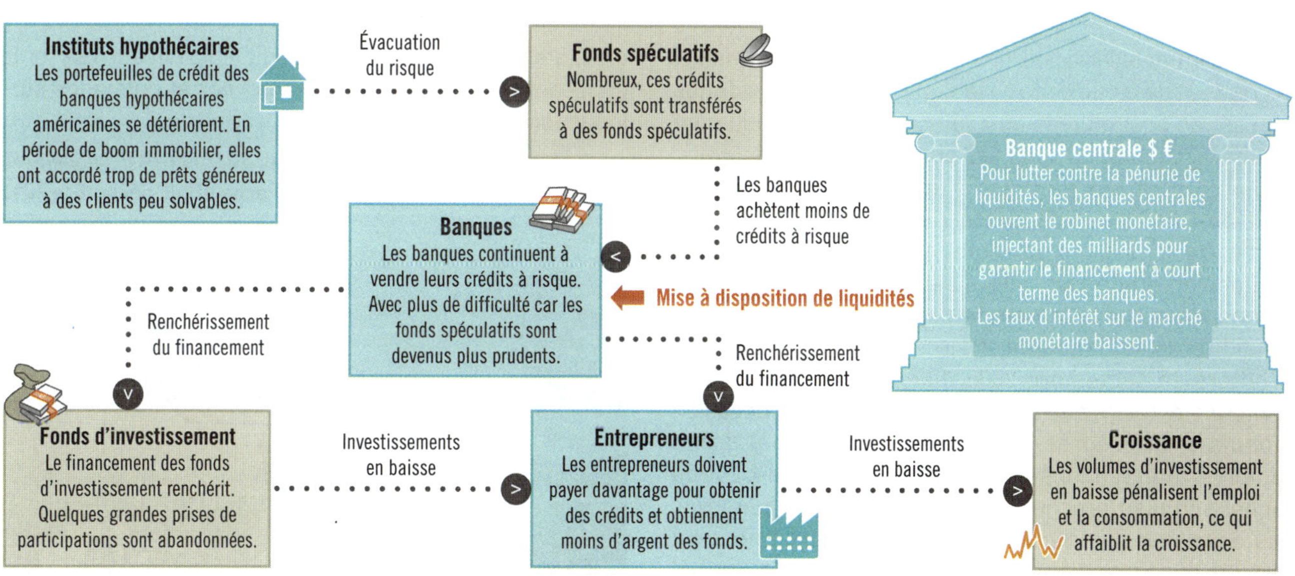

www.swissinfo.ch

ITINÉRAIRE BIS

Crise financière : « l'argent fou »

VIDÉO 4'45 tinyurl.com/l49g7zb

« La raison de cette crise, c'est l'argent fou, penser que l'on peut faire de l'argent sur l'argent. C'est être hors de la vraie vie. On est en train de découvrir aujourd'hui qu'il faut revenir sur la vraie économie. »

a. Expliquez comment les produits dérivés (crédits hypothécaires) peuvent être dangereux.

b. Pourquoi les banques doivent-elles arrêter de spéculer ?

c. Quels sont les acteurs qui ont « perdu » dans cette crise ?

4 Expliquez comment se manifeste l'instabilité sur les marchés financiers.

5 ACTIVITÉ

Dans un tableau, présentez les facteurs de cette instabilité financière ainsi que leurs causes.

3 : Quelles sont les conséquences économiques de cette instabilité financière aujourd'hui ?

A Les conséquences sur la croissance économique

DOC 11

La crise creuse le fossé entre les entreprises

Trois ans après que la crise financière a gagné le reste de l'économie, les entreprises en portent encore les stigmates. Elles sont en effet très loin d'avoir retrouvé leur niveau de marge d'avant la crise. Ce qui s'explique par le fait qu'elles ont manié le levier du licenciement avec circonspection. L'accès au crédit bancaire, qui s'était fortement restreint à partir de fin 2008, était redevenu plus aisé en 2010, ce qui a permis aux entreprises, prises dans leur ensemble, de continuer à s'endetter [...]. Cet endettement a pu servir deux finalités : d'une part, l'investissement, qui a été moins sacrifié qu'au cours de crises précédentes et, d'autre part, le versement, contre vents et marées, de dividendes importants à leurs actionnaires. Toutes les entreprises ne sont cependant pas logées à la même enseigne [...]. D'un côté, les grands groupes mondialisés et cotés en Bourse, qui vont chercher la croissance des débouchés là où elle est (c'est-à-dire dans les pays émergents), ont à peine senti la crise jusqu'ici, et entretiennent un lien de plus en plus lâche avec leur territoire d'origine. De l'autre, le tissu des petites et moyennes entreprises (PME), souvent confinées dans une zone de faible croissance et dans des relations de sous-traitance avec un donneur d'ordre. Les grands groupes dominent l'économie française mais en dépendent de moins en moins. La part des revenus qu'elles tirent des pays émergents est passée en huit ans de 21 % à 31 % et dépasse d'ores et déjà les 50 % pour certains champions [...].

M. Chevallier, *Alternatives Économiques*, HS n° 90, octobre 2011

DOC 12 Une crise immobilière devenue une crise économique et sociale

D'abord immobilière, puis financière et enfin économique, la crise est devenue celle de la dette publique. Les dettes excessives accumulées au cours des années 2000 sont en effet finalement retombées sur les épaules des États. À charge pour eux de répartir enfin les pertes. Depuis cinq ans, la crise n'a cessé de se métamorphoser. Partie, début 2007, d'un segment du marché du crédit immobilier américain, elle s'est d'abord transformée en une crise bancaire dont le paroxysme correspond à la faillite de la banque d'affaires américaine Lehman Brothers en septembre 2008. Elle débouche alors sur une crise économique majeure – la première récession mondiale de l'après-guerre –, combattue à grand renfort d'interventions publiques. Alors que le bout du tunnel semblait proche, la crise est entrée depuis trois ans dans une quatrième phase : l'œil du cyclone s'est déplacé des États-Unis vers l'Europe, des dettes privées vers les dettes publiques. Pendant près de trois ans, les Européens se sont enferrés dans cette triple impossibilité et ont laissé ce qui n'était qu'une crise localisée à de petits pays périphériques dégénérer en crise de la zone euro. Ils ont bricolé des compromis bancals associant un peu de renflouement, un peu de défaut. Ils ont voulu croire que l'austérité drastique à laquelle se soumettent les États calmerait les marchés. Elle n'a fait que casser la croissance et rendre les dettes privées et publiques plus insupportables encore.

S. Moati, *Alternatives Économiques*, Poche n° 58, décembre 2012

Site occupé par des SDF à Sacramento, suite à la crise des *subprimes* et l'augmentation du chômage (Californie).

1. **Expliquez les conséquences de la crise financière de 2008 sur les entreprises.**
2. **Présentez comment une crise d'origine financière se répercute sur l'activité économique.**
3. ACTIVITÉ **Présentez dans un schéma les conséquences de la globalisation financière sur la croissance économique.**

B Les conséquences sur le commerce international

DOC 13 La crise financière rattrape les pays émergents

Croissance du PIB en 2010, 2011 et 2012, en %

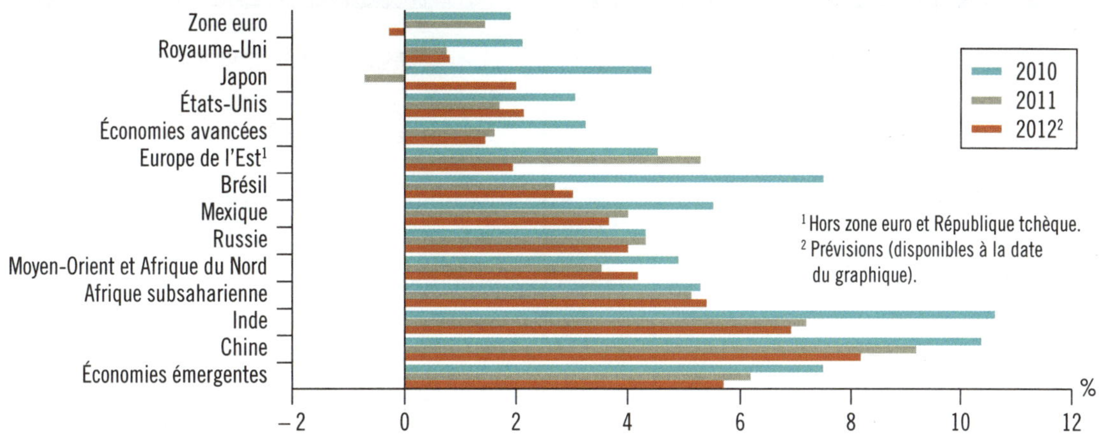

FMI

DOC 14 L'OMC revoit ses prévisions du commerce international en 2015

Les économistes de l'OMC ont réduit à 3,1 % (contre 4,7 % en avril) leur prévision de croissance du commerce mondial pour 2014 et ont abaissé de 5,3 % à 4,0 % leur estimation pour 2015. Cette révision à la baisse fait suite à une croissance du PIB plus faible que prévu et à l'atonie de la demande d'importations au premier semestre de 2014, notamment dans les régions exportatrices de ressources naturelles comme l'Amérique du Sud et l'Amérique centrale. Outre cette révision spécifique, les prévisions restent généralement à la baisse sous l'effet d'une croissance mondiale inégale et d'une accentuation des tensions et des risques géopolitiques. L'irrégularité de la croissance et la persistance des tensions géopolitiques continueront de représenter un risque pour le commerce et la production au second semestre [...]. La production a chuté au premier trimestre aux États-Unis (– 2,1 % en taux annualisés) et au deuxième trimestre en Allemagne (– 0,6 %), freinant la demande mondiale d'importation. En Chine, la croissance du PIB a aussi ralenti : de 7,7 % en 2013, elle a reculé à 6,1 % au premier trimestre de 2014 [...].

www.wto.org, 23 septembre 2014

Panneau indiquant le taux de change du rouble à Moscou. Suite aux sanctions de la BCE, le rouble a fortement chuté, aggravant la situation économique, déjà malmenée par la baisse du coût du pétrole et les tensions en Ukraine.

4. **Présentez comment les pays émergents ont été touchés par la crise financière.**
5. **Commentez les effets de la crise sur le PIB des économies émergentes et avancées.**
6. **Comment se porte le commerce international aujourd'hui face à la crise ?**

Étape synthèse

La globalisation financière et ses effets

Le processus de globalisation financière

Les objectifs

- Un meilleur fonctionnement des marchés
- Une croissance des pays en développement
- Une protection contre les risques financiers

La globalisation financière

- Déréglementation
- Désintermédiation
- Décloisonnement

Les acteurs sont

- Les FMN
- Les banques
- Les fonds d'investissement

Les risques de la globalisation financière

La multiplication des crises qui s'enchaînent les unes aux autres (immobilière, bancaire, de la dette, économique et sociale)

Les risques associés à cette globalisation (de crédit, financiers, de liquidité, de mimétisme...)

Les conséquences économiques de la globalisation financière

Sur le commerce international, des échanges (en baisse, en lien avec la croissance économique qui diminue)

Sur la croissance économique des pays (baisse de l'activité économique dans les pays développés et accroissement dans les pays émergents)

MOTS-CLÉS

▸ **Globalisation financière :** processus caractérisant l'intégration des marchés de capitaux internationaux sous le double impact de la libéralisation financière et l'ouverture des économies nationales aux échanges internationaux, aboutissant à la formation d'un marché unique mondial de capitaux.

▸ **Crise financière :** phénomène économique matérialisé par un dysfonctionnement des marchés de capitaux, principalement dû à des prises de risques mal maîtrisées et à la dégradation de la solvabilité de certains emprunteurs.

▸ **Marché des produits dérivés :** lieu de rencontre fictif entre l'offre et la demande de produits dérivés. Il regroupe les marchés à terme et les marchés de titres négociables.

Parcours *balisé*

La crise financière fait basculer le monde

DOC 1 La crise a brisé l'illusion des pays développés d'une croissance alimentée par le crédit

La crise financière et ses soubresauts récents, comme la crise de la dette publique au sein de la zone euro, tiennent à plusieurs types de causes : des enchaînements « classiques » communs à toutes les crises financières [...], à des facteurs spécifiques mais aussi à des évolutions lourdes de l'économie mondiale. Pour partie, la crise traduit en effet un basculement du centre de gravité de la planète depuis les pays dits « développés » ou « industrialisés » (encore que certains d'entre eux aient perdu une bonne part de leur industrie du fait des délocalisations) vers les pays émergents ①. Les limites atteintes désormais par l'endettement des pays riches entraînent cependant une forte incertitude sur la poursuite de la croissance économique au niveau mondial et la capacité des pays émergents à la tirer seuls. La crise a brisé l'illusion que la croissance pouvait s'alimenter sans fin à la dérive du crédit. Au-delà des États-Unis, de nombreux autres pays occidentaux avaient fait, à des degrés divers, le pari d'un modèle de croissance dopé par la dette privée et la hausse des prix de l'immobilier [...].

C. Demma, *Alternatives Économiques*, Poche n° 58, décembre 2012

1. Présentez le basculement de la crise ① des pays développés vers les pays émergents.
2. Expliquez pourquoi la crise a brisé l'idée d'une croissance basée sur des dettes ②.

① **INDICES**

② **MÉTHODE** Reprenez les idées du chapitre et retracez l'origine de la crise.

DOC 2 Une crise de la mondialisation

L'insertion de géants émergents, tels que la Chine, dans le commerce mondial inonde les marchés occidentaux de produits à bas coûts. Ce qui fait baisser les anticipations d'inflation, et donc les taux à long terme. Cette baisse est aussi favorisée par un « excès d'épargne mondial », lié aux importantes capacités de financement de la Chine et des pays exportateurs de pétrole depuis le tournant des années 2000.

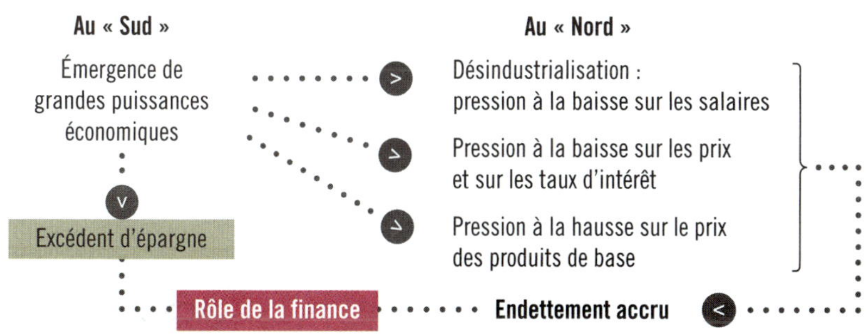

Les conditions d'emprunt favorables encouragent un endettement accru au Nord, d'autant que l'érosion de l'emploi industriel et la hausse des prix des produits de base entament le pouvoir d'achat des ménages. L'épargne excédentaire des pays du Sud converge principalement vers les États-Unis, à la fois parce que la plupart de ces pays souhaitent arrimer plus ou moins fortement leur monnaie au dollar, mais aussi parce que le marché américain offre un large éventail de placements liquides et sans risque adapté à leur demande.

Mais cet endettement croissant de l'Occident trouve aussi sa source dans un autre mécanisme, lui aussi intenable à long terme, à savoir le « bouclage » entre pays avancés et pays émergents. Contre toute logique apparente, les pays émergents, dont les besoins en investissements (pour les infrastructures, l'éducation...) devraient pourtant être massifs, dégagent depuis des années un excédent d'épargne et financent la consommation et la croissance de certains pays développés. Les premiers accumulent les excédents courants ainsi que les réserves en devises ; tandis que les seconds, du fait de leur désindustrialisation, empilent les déficits courants.

Évolution des balances courantes

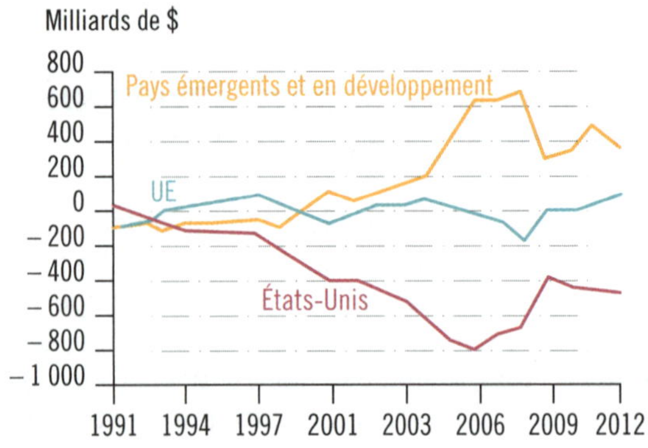

FMI

C. Demma, *Alternatives Économiques*, Poche n° 58, décembre 2012

3 **D'après le schéma ③, expliquez pourquoi il existe un excédent d'épargne chez les pays émergents.**

4 **Expliquez d'après le graphique ④ pourquoi les pays développés ont une balance courante déficitaire.**

③ MÉTHODE Pour comprendre le schéma, vous devez partir des pays émergents et comprendre les effets des politiques économiques menées sur les pays du Nord.

④ MÉTHODE Ce graphique présente, en milliards de dollars, l'excédent ou le déficit commercial de groupes de pays.

DOC 3 La crise comme révélateur d'une nouvelle mondialisation

La crise n'a donc pas été la cause du « basculement économique » du monde ; elle en est plutôt le révélateur. Ainsi, c'est en 2009 que la Chine est passée devant l'Allemagne comme première puissance exportatrice du monde. Pour autant, si la crise se prolonge dans les pays développés et que la demande y stagne durablement, les émergents peuvent-ils désormais tirer seuls la croissance mondiale en se passant de l'Occident comme d'une terre de débouchés pour leurs exportations ? Certes, les économies émergentes affichent de meilleurs résultats aujourd'hui que dans les années 1970 et 1980 après les récessions des pays développés. Mais, leur croissance est malgré tout de plus en plus corrélée à celle de l'Occident *via* leur intégration renforcée aux flux financiers et commerciaux mondiaux. [...] Au total, si les pays émergents ont mieux résisté à la récession mondiale de 2009 qu'on pouvait s'y attendre, il est peu probable à moyen terme que la demande intérieure soit suffisamment vigoureuse pour compenser l'affaiblissement de la demande dans les pays avancés.

C. Demma, *Alternatives Économiques*, Poche n° 58, décembre 2012

5 **Expliquez pourquoi la crise aujourd'hui a fait basculer la mondialisation. Rédigez une réponse argumentée en 20 lignes ⑤.**

⑤ MÉTHODE Votre réponse doit faire ressortir les grands points suivants : 1) la crise dans les pays développés ; 2) ses effets dans les pays émergents (positifs et négatifs).

En savoir plus...

Vidéo sur le tour du monde d'un jeans

VIDÉO 7'47 **tinyurl.com/n39b332**

ENTRAÎNEMENT

› Le financement des PME et des ETI

En 2011, la France comptait 3,14 millions d'entreprises marchandes non agricoles, dont 243 grandes entreprises, 5 000 ETI (entreprises de taille intermédiaire, 138 000 PME (hors micro-entreprises) et 3 millions de micro-entreprises. Les PME-ETI occupent une place importante dans l'économie puisqu'elles réalisent environ 45 % de la valeur ajoutée du pays, mais également dans l'emploi car elles représentent 50 % des salariés. Il est donc très important que ces entreprises puissent poursuivre leur développement économique en ayant notamment accès à des sources de financement. Or, depuis 2008, les PME, en particulier, subissent une conjoncture délicate rendant difficile la levée de fonds propres et l'accès aux crédits.

Vous êtes stagiaire à la CG-PME (Confédération générale des petites et moyennes entreprises) et votre responsable vous demande de rédiger un document sur le thème du financement des PME-ETI. Celui-ci sera inséré dans la lettre d'information envoyée par mail aux adhérents une fois par mois.

À l'aide du dossier joint et de vos connaissances, en veillant à préciser les principaux concepts utilisés et à exploiter les sources statistiques mises à votre disposition, vous devez concevoir une note argumentée et structurée dans laquelle :

- après avoir rappelé la notion de PME-ETI, vous exposerez les difficultés qu'elles rencontrent dans le financement de leurs activités ;
- vous expliquerez les différentes solutions de financement qui leur sont offertes ;
- enfin vous analyserez comment ont évolué les comportements des PME-ETI dans leurs choix de financement.

DOCUMENTS

Document 1 Le marché financier PME-ETI
Document 2 Les PME face à la jungle des outils de financement
Document 3 Taux des crédits aux entreprises, par taille
Document 4 L'introduction en Bourse des entreprises
Document 5 L'accès au financement des PME françaises
Document 6 Les entreprises reprennent le pouvoir

Le financement des PME et des ETI

Doc 1 Le marché financier PME-ETI

Le marché financier PME-ETI comprend les entreprises cotées sur le compartiment B du marché réglementé Euronext dont la capitalisation est comprise entre 150 millions d'euros et 1 milliard d'euros, les entreprises cotées sur le compartiment C du marché réglementé Euronext dont la capitalisation est inférieure à 150 millions d'euros et les entreprises cotées sur le [...] marché organisé Alternext.

Les PME-ETI répondent aux critères définis par l'article 3 du décret n° 2008-1354 du 18 décembre 2008 :

- la catégorie des petites et moyennes entreprises (PME) est constituée des entreprises qui occupent moins de 250 personnes et qui ont un chiffre d'affaires annuel n'excédant pas 50 millions d'euros ou un total de bilan n'excédant pas 43 millions d'euros ;
- la catégorie des entreprises de taille intermédiaire (ETI) est constituée des entreprises qui occupent moins de 5 000 personnes et qui ont un chiffre d'affaires annuel n'excédant pas 1 500 millions d'euros ou un total de bilan n'excédant pas 2 000 millions d'euros.

Depuis maintenant deux ans, le marché obligataire des PME-ETI connaît un développement sans précédent. Les levées de capitaux sur les marchés financiers par des entreprises peuvent prendre deux formes : le placement public et le placement privé.

Le « placement public » est une offre au public de titres, en l'occurrence des obligations. Cette offre au public nécessite l'élaboration d'un prospectus visé par l'AMF, permettant de faire appel à l'épargne des investisseurs, notamment les personnes physiques. La première plateforme de négociation d'obligations PME-ETI a été lancée en 2012 par Euronext dans le but de diversifier les instruments de financement de l'économie. À ce jour, 4 entreprises y ont levé 43 millions d'euros.

L'année est marquée par l'avènement du placement privé. Il consiste en un prêt à une entreprise, arrangé par un intermédiaire et financé par un ou des investisseurs professionnels. Ce financement a le plus souvent la forme d'un prêt obligataire, d'une durée de cinq à sept ans, amortissable *in fine* (en fin de prêt) et garanti selon la situation de l'entreprise. Ce placement de dette a permis à 20 ETI [d'emprunter] pour environ 1,2 milliard d'euros.

Créée en mai 2013, EnterNext est la nouvelle place de marché d'Euronext dédiée aux PME-ETI. [...] Relèvent du périmètre d'EnterNext les entreprises cotées sur Euronext et Alternext dont la capitalisation boursière est inférieure à 1 milliard d'euros.

Le lancement d'EnterNext témoigne de la volonté d'Euronext de positionner les marchés financiers comme source de financement des PME-ETI et d'apporter ainsi une solution au défi que constitue le financement de leur croissance.

Rapport annuel 2013, www.pme-bourse.fr

Doc 2 Les PME face à la jungle des outils de financement

Les sources de financement sont multiples pour les petites entreprises. Pourtant, aucune d'entre elles ne paraît très dynamique actuellement.

La banque

Sur les deux dernières années, le crédit a mieux résisté en France – avec des encours en légère baisse (– 1,2 %) – que la zone euro. Les PME sont moins touchées par le ralentissement de la distribution de crédits dans l'Hexagone que les entreprises de taille intermédiaire (ETI) ou les grandes entreprises, qui se sont tournées vers les marchés pour se financer. Tout ne va pourtant pas pour le mieux : le crédit de trésorerie patine, et les PME appartenant à un grand groupe payent le crédit beaucoup moins cher que les indépendantes.

Les marchés

La Bourse reste très peu utilisée par les PME-ETI. Sur une population totale d'environ 140 000 entreprises (hors micro-entreprises de moins 10 salariés), seule une minorité (0,4 %) est cotée en Bourse. L'année 2013 a toutefois été marquée par un net rebond des introductions en Bourse de PME-ETI : environ 1,2 milliard d'euros sur Enternext au niveau européen, soit plus de quatre fois plus qu'en 2012. Mais les volumes ont été avant tout portés par les cotations de grosses ETI.

Les autres entreprises

Le crédit interentreprises – c'est-à-dire les factures qui ne sont pas encore réglées – est l'une des principales sources de financement. Pour les PME, l'encours serait de 119 milliards d'euros. Le problème est qu'un tiers des entreprises se voient toujours payées au-delà de 60 jours. Et le recours à l'affacturage – qui permet de céder les créances afin de toucher immédiatement le paiement – reste encore trop limité.

Les introductions en Bourse des PME et ETI sur les quatre places Enternext
Capitaux levés, en millions d'€

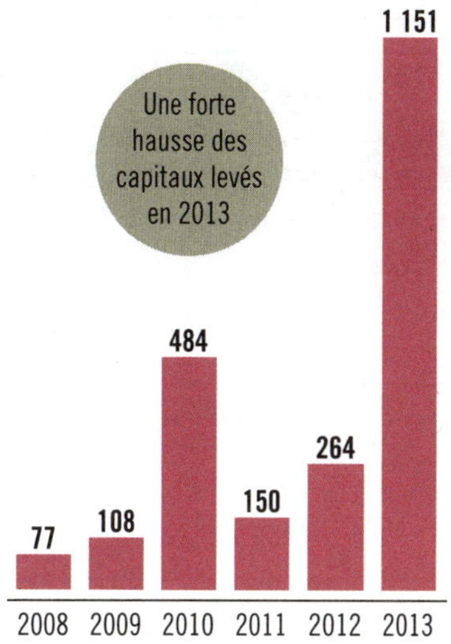

L'endettement des entreprises

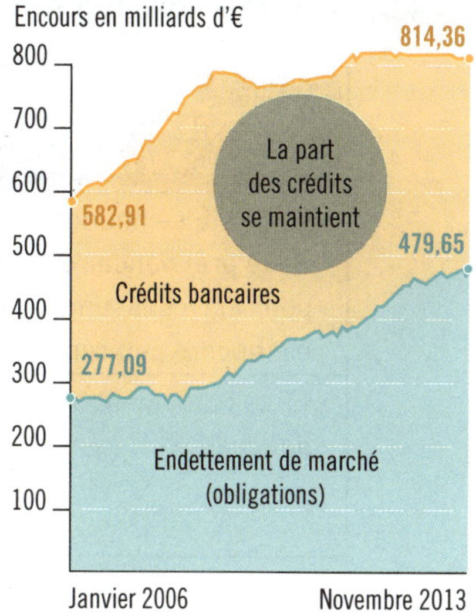

M. A., A. D. et E. Le., www.lesechos.fr, 21 janvier 2014

Doc 3 Taux des crédits aux entreprises, par taille

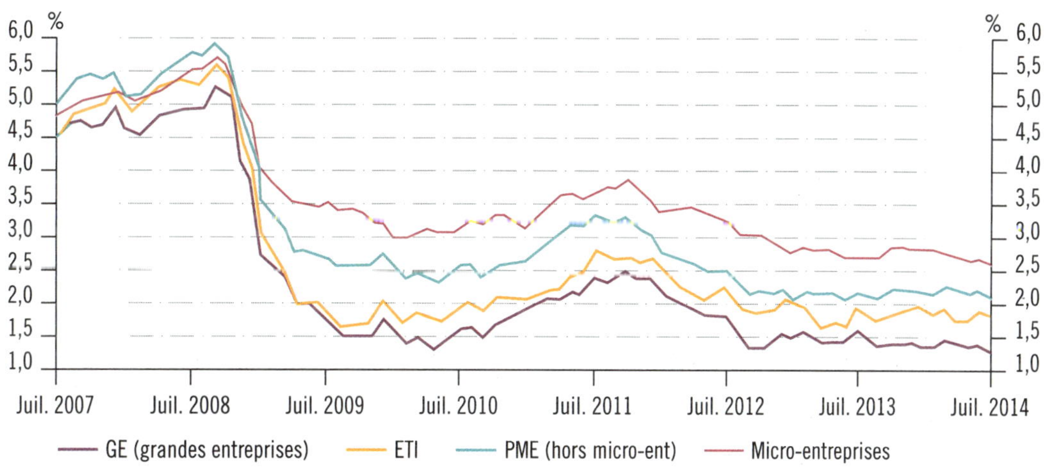

www.banque-france.fr, 17 décembre 2014

Doc 4 L'introduction en Bourse des entreprises

Pour remédier à leur insuffisance de ressources à long terme, que ce soit des fonds propres ou de la dette, les entreprises peuvent envisager de s'introduire en Bourse et en particulier sur Alternext.

Lorsqu'une entreprise s'introduit en Bourse, elle poursuit généralement plusieurs objectifs. L'opération permet à l'entreprise non seulement de trouver de nouveaux moyens de financer sa croissance mais aussi de diversifier ses sources de financement.

L'introduction en Bourse est une « campagne de publicité » permettant à l'entreprise d'accroître sa notoriété aux yeux des différentes parties prenantes et des investisseurs.

C'est aussi un moyen pour ses actionnaires de se désengager : dans la perspective d'une transmission, ou d'une cession. Elle favorise l'arrivée de nouveaux investisseurs, et avec la possibilité d'un contrôle des opérations par le marché. Elle permet de mettre en place des outils d'incitation tels que les plans d'options de souscription à destination des cadres de l'entreprise ou de plans épargne-entreprise à destination des salariés.

Rapport Alternext 2014

Le financement des PME et des ETI

Doc 5 L'accès au financement des PME françaises

En 2010 (d'après l'enquête Insee 2010 sur l'accès au financement des PME employant au moins 10 personnes)	En 2013 (d'après une enquête de conjoncture Epifrance auprès des PME)
• Les PME se financent principalement *via* le prêt bancaire, y compris pour l'investissement – l'ouverture au capital est encore peu répandue.	• Les trésoreries des PME sont exceptionnellement tendues.
• Elles obtiennent des prêts mais non sans difficulté.	• Les PME ont des difficultés à accéder au crédit de trésorerie ; les refus des établissements financiers sont principalement liés à la faiblesse d'activité des entreprises.
• Elles s'inquiètent davantage de l'état général de l'économie que des problématiques d'accès au financement.	• Les PME ont des difficultés à obtenir des crédits à des moments clés de leur vie pour financer leurs investissements.
En 2014, comme en 2013, les investissements des PME risquent de diminuer (abandon ou report de projets et/ou réduction de leur taille).	

Rapport de l'Institut de la gestion publique et du développement économique

Doc 6 Les entreprises reprennent le pouvoir

« C'est notre première opération de diversification par rapport à l'environnement bancaire », se félicite Bruno Poloniato, le directeur financier d'Idex. Et c'est un premier pas vers les opérations de marché. En avril, l'entreprise de taille intermédiaire (ETI) spécialisée dans la construction et la gestion d'installations énergétiques a effectué sa première émission obligataire. Aidée par Natixis, elle a levé pour 57 millions d'euros sur 7 ans sous forme de placements privés en euros, ces emprunts obligataires placés auprès d'un nombre restreint d'investisseurs qualifiés. [...]

Placements privés en euros ou en dollars, obligations publiques, recours à des fonds de prêts... Le financement désintermédié faisant appel directement aux investisseurs, les PME et les ETI y ont longtemps été étrangères. Même cotées, elles préféraient le crédit bancaire, plus facile à mettre en œuvre, plus accessible et, dans les bonnes périodes, moins cher. La crise de 2008 et le resserrement du crédit qui a suivi ont tout changé. [Avec le traumatisme dû à] la fermeture brutale des robinets du financement bancaire, après des années d'abondance, l'idée de diversifier les sources de financement s'est très vite imposée dans la plupart des entreprises. [...]

Ce mouvement vers la diversification des sources de financement rebat les cartes entre le client et sa banque. Les fonds de prêts à l'économie se multiplient, libre au chef d'entreprise d'aller y piocher, aidé de sa banque... ou pas. [...] « Le crédit bancaire restera prépondérant, assure Pierre-Yves Dréan, le président de la Banque Palatine. Mais nous devons assurer un rôle de conseil transversal pour le chef d'entreprise. Il n'y a pas de bons ou de mauvais financements, il y a un bon financement en fonction du projet. » Le banquier propose donc la palette des outils disponibles : placements privés, obligations cotées ou non, voire introduction en Bourse. [...]

Ces financements de marché ne remplacent pas totalement les lignes ouvertes à la banque. [...] Le crédit bancaire reste l'épine dorsale du financement des ETI, la tendance est de compléter par une part plus ou moins importante de dette désintermédiée. [...] Au chef d'entreprise d'analyser les conditions du financement. Les financements de marché restent plus coûteux que les prêts bancaires, dont les taux sont bas et qui constituent souvent des produits d'appel pour les banques. [...]

A. Dumas, *L'Usine nouvelle* n° 3389, 11 septembre 2014

15

L'appréciation de la situation économique

> État des lieux de l'Europe en 2013

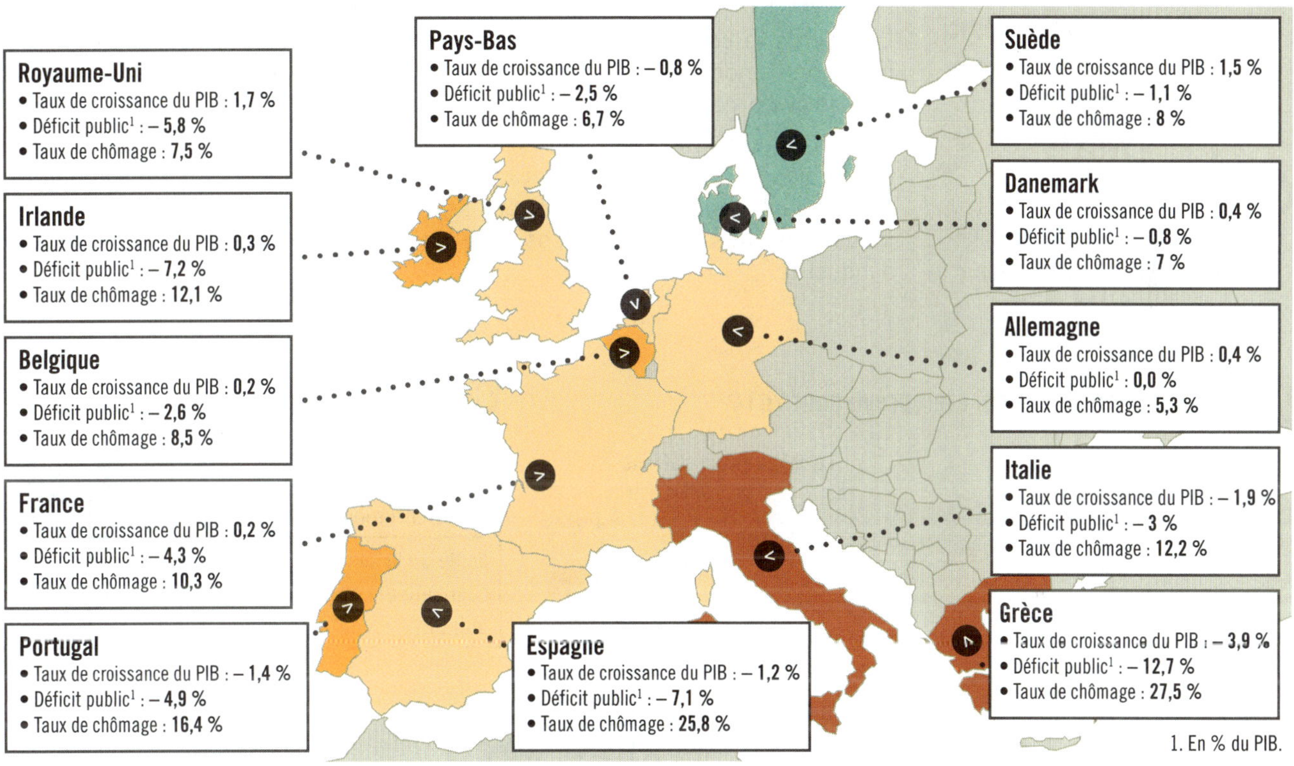

1. En % du PIB.

FMI, 2014

1. Relevez les indicateurs permettant d'apprécier la situation économique.
2. Indiquez l'utilité de ces indicateurs et explicitez-les.
3. Expliquez l'intérêt de ces indicateurs au niveau européen.

ITINÉRAIRE BIS

Le point de vue des économistes en vidéo – France : la morosité persiste

VIDÉO 2'42 tinyurl.com/kguse7j

La reprise est poussive en France. Quel est notre diagnostic conjoncturel pour le deuxième trimestre ? Les enquêtes Insee restent en demi-teinte depuis avril [2014]. L'indicateur du climat des affaires, qui est calculé à partir des réponses des chefs d'entreprise des principaux secteurs d'activité, est quasi stable, à 94 en mai, encore 6 points en deçà de sa moyenne de longue période. Les évolutions sont toutefois contrastées en fonction des secteurs.

COMPÉTENCES

À l'issue de ce parcours, vous serez capable
> d'exploiter une note de conjoncture ;
> d'analyser une situation économique donnée en distinguant les éléments conjoncturels des éléments structurels ;
> de comparer et d'interpréter des situations conjoncturelles nationales dans l'espace européen.

1 Quel est l'intérêt d'apprécier la situation économique ?

A Les indicateurs conjoncturels

DOC 1 Conjoncture : notion et enjeux

La notion de conjoncture recouvre les éléments constitutifs de la situation économique d'un secteur d'activité (agriculture, industrie, services, tourisme, secteur bancaire, etc.), d'une branche, d'une région ou d'un pays à un moment donné.

La conjoncture désigne en particulier ce qui est changeant ou susceptible de se modifier à court terme, et cette notion peut s'appliquer à d'autres domaines que l'économie : on parle ainsi également de conjoncture sociale, politique, etc.

Au plan économique, l'évolution de la conjoncture s'apprécie au moyen d'indicateurs statistiques, tels que le taux de croissance du PIB, le taux d'inflation, le calcul du taux de chômage, l'évolution de la balance commerciale, etc.

L'étude de la conjoncture a pour objectif la prévision et l'établissement d'une politique économique. [...] L'étude de la conjoncture est le fait des observatoires publics et d'organismes privés.

On peut citer pour la France l'Insee (Institut national de la statistique et des études économiques), l'OFCE (Observatoire français des conjonctures économiques), mais aussi la plupart des grands établissements financiers, des grands groupes industriels, des unions professionnelles et des chambres de commerce et d'industrie.

economie.trader-finance.fr

1. Précisez la notion de « conjoncture ».
2. Relevez les indicateurs de conjoncture présentés ici et consultez le site insee.fr pour mieux comprendre chacun d'entre eux.
3. Qui est chargé d'étudier la conjoncture et quels sont les enjeux de cette étude ?

DOC 2 Conjoncture : ce qui était prévu pour 2014

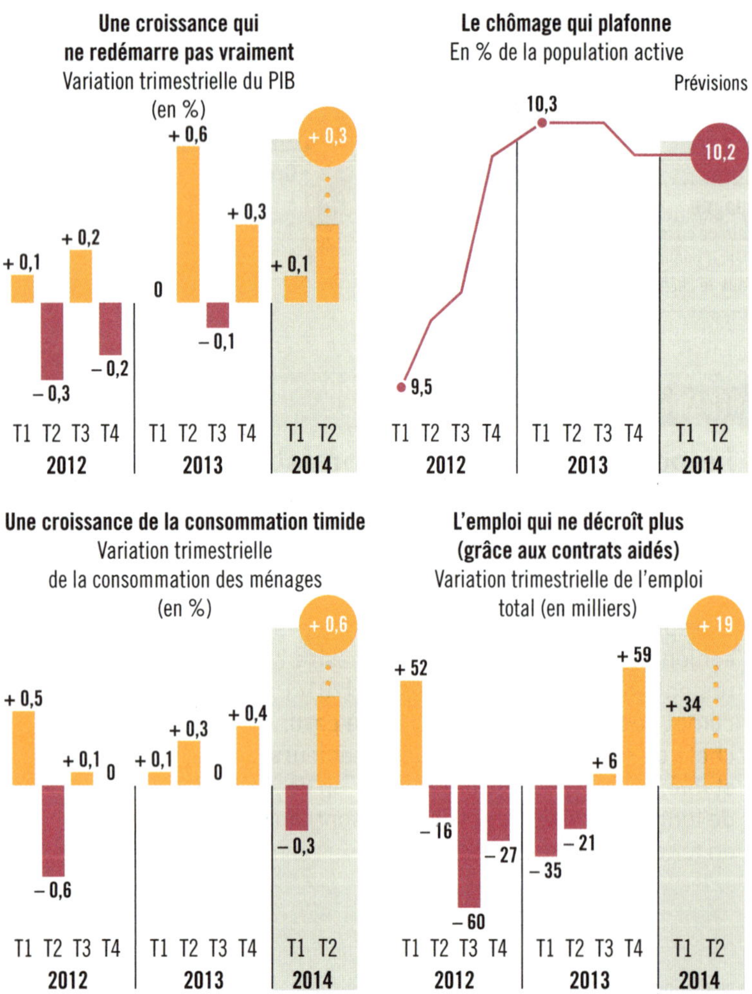

Prévisions Insee

DOC 3 Inflation et commerce extérieur

	2012	2013	2014
Taux d'inflation en %	2	0,9	0,1
Solde de la balance commerciale en milliard d'€ courants	– 50,5	– 40,8	– 53,8

www.insee.fr

4. Mettez en évidence les grandes tendances présentées et indiquez s'il s'agit de dégradations ou d'améliorations de l'économie française.
5. Expliquez les différents effets de chaque indicateur conjoncturel sur la croissance.

B Les indicateurs structurels

DOC 4 Une appréciation structurelle de l'économie française

Qu'est-ce qui explique le rebond de l'économie française ? [...] Les exportations françaises semblent tirer parti de l'accélération de la croissance chez nos partenaires commerciaux (Allemagne, Royaume-Uni). L'investissement des entreprises, qui a fortement progressé en fin d'année dernière, pourrait également surprendre à la hausse en début d'année, en bénéficiant des effets positifs du redressement de la demande et de l'amélioration de la situation financière des sociétés. Plus globalement, la France est davantage connue pour ses faiblesses structurelles[1] (déficit de compétitivité, finances publiques dégradées, marges des entreprises détériorées) que pour ses atouts majeurs. Pourtant, ces derniers existent. Les agents économiques sont solides, la productivité du travail est importante, la démographie est dynamique, de grands groupes font office de référence dans des secteurs de pointe. Toutefois, de nombreuses contraintes existent et vont limiter l'évolution des différentes composantes du PIB : l'appréciation passée de l'euro et le déficit de compétitivité vont limiter le rebond des exportations ; le taux de chômage élevé va brider l'évolution de la consommation et la profitabilité encore fragile des entreprises est un frein à la hausse de l'investissement ; enfin, l'ajustement budgétaire va se poursuivre. [...]

Notre scénario table sur un léger ralentissement de la croissance au premier trimestre. Des effets de correction et des facteurs temporaires ont soutenu l'activité au quatrième trimestre 2013, avec notamment des achats anticipés effectués par les ménages avant les hausses de taux de TVA et le durcissement du bonus/malus automobile au 1er janvier 2014.

Avec la disparition de ces effets, un léger freinage de la consommation, et donc de la croissance, est à attendre en début d'année.

1. Les indicateurs structurels sont des indicateurs de long terme qui reflètent les structures de l'économie, c'est-à-dire son organisation ou son mode de fonctionnement.

A. Eveno, www.lemonde.fr, 24 mars 2014

6. Distinguez les indicateurs structurels des indicateurs conjoncturels.

7. Repérez les faiblesses et les forces structurelles de l'économie française, et explicitez-les.

8. Montrez que la conjoncture économique a des effets sur les décisions des agents économiques.

C Des déséquilibres aux décisions des agents

DOC 5 L'Insee prévoit une croissance faible

▶ VIDÉO 1'14 tinyurl.com/mrwwmvx

L'Insee table sur une progression de 0,7 % et annonce une légère hausse du chômage d'ici à fin 2014. Le gouvernement, lui, ne revoit pas ses prédictions et prévoit toujours 1 % de croissance.

9. Identifiez et expliquez le déséquilibre économique qui est présenté dans la vidéo.

10. En quoi le comportement des agents économiques contribue-t-il à entretenir cette tendance ?

11 ACTIVITÉ

À l'aide des sources présentées ici et de vos connaissances, schématisez les conséquences de cette situation économique pour les agents.

DOC 6 Consommation des ménages en baisse

2 Comment l'interdépendance des économies agit-elle sur les conjonctures nationales dans l'UE ?

A Des situations conjoncturelles et structurelles européennes contrastées

DOC 7 Quelques indicateurs conjoncturels en 2013

	Taux de croissance annuel du PIB (en %)	Taux de chômage (en %)	Taux d'inflation (en %)	Solde commercial des biens (en milliards de $)
Allemagne	0,4	5,3	1,5	+ 266,67
France	0,2	10,3	0,9	– 100,49
Italie	– 4,9	12,2	1,2	+ 40,45
Grèce	– 3,9	27,5	– 0,9	– 25,80
Zone euro	– 0,4	12	1,3	+ 210,45
Union européenne	0,1	10,8	1,5	+ 168,81

ocde.fr

1. Comparez les situatio conjoncturelles des pays présentés à travers chaque indicateur.
2. Identifiez le pays européen qui a la situation conjoncturel la plus favorable. Justifiez votre répons

DOC 8 Population de 25 à 64 ans ayant terminé au moins le second cycle du secondaire en 2012

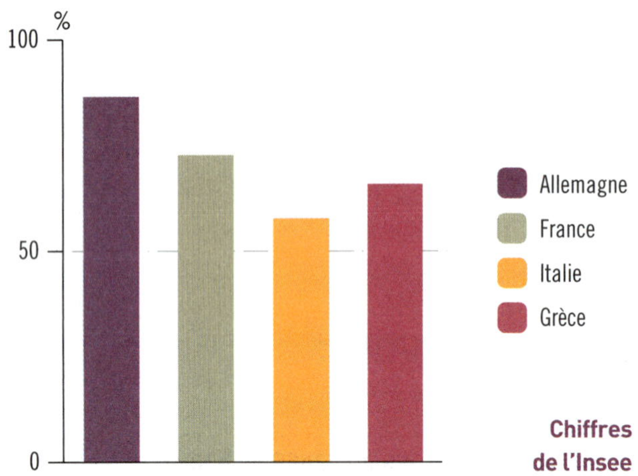

Chiffres de l'Insee

DOC 9 Dépenses en Recherche & Développement en % du PIB

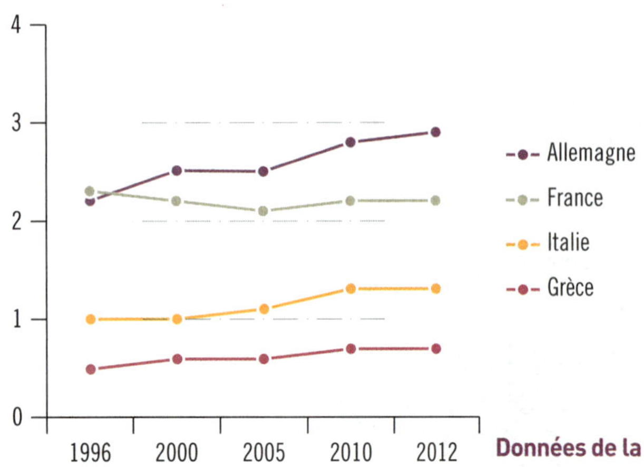

Données de la Banque mondiale

DOC 10 Qu'est-ce qui fait la force des entreprises allemandes ?

Les entreprises sont toujours incitées à facturer les prix les plus élevés pour maximiser leurs profits. Ce qui les en empêche, c'est la concurrence qui les force à réduire leurs prix. Le problème ne vient ainsi pas des entreprises françaises qui ne diffèrent pas des entreprises allemandes pour la recherche du profit, il résulte d'un environnement économique national, où gouvernement et citoyens sont réticents à l'augmentation de la concurrence.

[...] La concurrence est source évidente de gains de pouvoir d'achat. Elle génère également de l'emploi. [...]

L. Weill, 24 septembre 2013

DOC 11 Différents niveaux de vie en 2013

Pays	PIB/habitant ($)	IDH
Norvège	78 457	0,944
Allemagne	40 270	0,911
France	40 488	0,884
Italie	35 724	0,872
Grèce	28 695	0,853
Niger	353	0,337

hdr.undp.org

3. Identifiez le pays qui a la situation structurelle la plus favorable. Justifiez votre réponse.
4. Comment les indicateurs structurels présentés ici peuvent-ils expliquer les conjonctures européennes présentées dans le document 7 ?

B Les interdépendances entre économies dans l'espace européen

DOC 12 Conjoncture et interdépendances

Le PIB s'est rétracté de 0,2 % au deuxième trimestre, et cela après un très bon premier trimestre qui avait vu la croissance atteindre 0,4 %. Le moteur économique de l'Europe n'avait pas connu de croissance négative depuis le début de l'année 2013. [On peut expliquer] ce mauvais chiffre par un « effet de rattrapage » après un « hiver extrêmement doux » qui a boosté prématurément le secteur du bâtiment. Autres raisons avancées : les risques géopolitiques, au Proche-Orient, en Russie et en Ukraine, qui influent négativement sur cette nation exportatrice. Ainsi, si la Russie ne compte que pour 3 % des exportations allemandes, celles-ci ont chuté de 15 % durant les cinq premiers mois de l'année. Cette chute devrait s'accélérer lors du troisième trimestre avec l'embargo décrété par Moscou sur les produits alimentaires européens. À ces crises géopolitiques s'ajoutent les mauvaises performances en zone euro de pays tels que la France, l'Italie et l'Espagne. Conséquence, les exportations ont augmenté moins vite que les importations [...]. Quant au moral des investisseurs allemands, il est en berne, comme l'[a confirmé] la chute des investissements.

Pour le quotidien *Frankfurter Allgemeine Zeitung*, cette « mauvaise nouvelle » est toutefois « un signal d'alarme tiré au bon moment pour l'économie et la politique allemandes » mais ne constitue « pas un drame ». « Il ne faut pas paniquer », écrit le quotidien de Francfort qui rappelle que « l'économie allemande est totalement saine », avec un chômage faible, des salaires et une consommation en hausse et, pour la première fois depuis 1950, une dette publique en baisse en 2013. « Si les foyers de crise restent sous contrôle et si la situation économique s'améliore dans la zone euro, l'économie allemande devrait de nouveau croître de manière rapide », estime Ferdinand Fichtner, de l'Institut de recherche DIW.

D. Nerbollier, www.letemps.ch, 15 août 2014

5 **Relevez les facteurs explicatifs de la croissance négative en Allemagne et expliquez-les.**

DOC 13 Quelles interdépendances ?

Interdépendances économiques

Déséquilibres économiques et sociaux

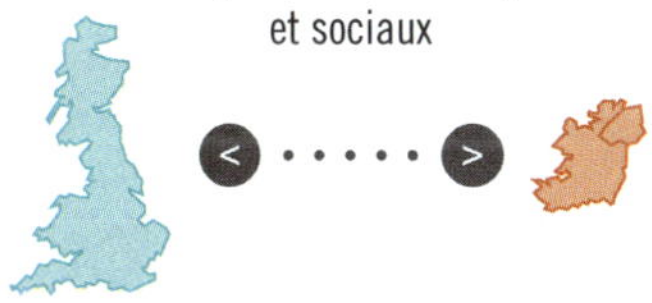

Interdépendance commerciale *via* les échanges commerciaux → Transmission de la croissance et de l'inflation

Interdépendance financière *via* les taux d'intérêt et les taux de change → Rendement des actifs et transmission des chocs financiers

Foucher, 2015

6 **Montrez que les conjonctures européennes sont interdépendantes.**

7 ACTIVITÉ

À partir de l'ensemble des supports, rédigez en une dizaine de lignes un petit paragraphe expliquant la notion d'« interdépendance économique » et les principaux mécanismes économiques mis en évidence.

ITINÉRAIRE BIS

L'économie française est-elle devenue le maillon faible de l'Europe ?

VIDÉO 1'05 tinyurl.com/oe5fmly

Christian Parisot, chef économiste chez Aurel BGC, était l'invité du 12/14 ce jeudi [5 juin 2014] sur LCI. Alors que la Banque centrale européenne (BCE) tient conseil, il a décrypté l'état de l'économie française actuelle.

a Expliquez pourquoi les conjonctures des économies européennes sont « homogènes ».

b Quel déséquilibre conjoncturel est le plus craint aujourd'hui ? Expliquez ses causes et conséquences sur le comportement des agents économiques.

c Montrez que les économies européennes sont interdépendantes.

Étape synthèse

L'appréciation de la situation économique

Appréciation de la situation économique

Par qui ?
- Insee, OCDE, BCE, FMI

Comment ?
- Indicateurs conjoncturels
- Indicateurs structurels

Pour quoi ?
- – Signaler des déséquilibres (récession, chômage, inflation, déficit)
  – Comprendre les conséquences sur…
  - - Prix
    - Valeur de la monnaie
    - Finances publiques
    - Emploi
    - Revenus
    - Commerce extérieur
    - - Consommation
      - Épargne

En Europe ?
- Situations économiques conjoncturelles et structurelles différentes entre pays
- Interdépendances croissantes

MOTS-CLÉS

▸ **Analyse conjoncturelle :** analyse de court terme à partir d'indicateurs conjoncturels (taux d'inflation, taux de croissance, taux de chômage, solde de la balance commerciale).

▸ **Analyse structurelle :** analyse de long terme à partir d'indicateurs structurels (structure des marchés, niveau d'éducation, chômage de longue durée, niveau de vie, dépenses en R & D, niveau de compétitivité, degré d'ouverture internationale).

▸ **Interdépendances :** les liens entre économies rendent les conjonctures nationales très sensibles aux conjonctures des grands partenaires économiques.

Parcours *balisé*

La situation économique de la France

DOC Note de conjoncture

La croissance revient mais ne décolle pas

Alors que fin 2013 l'amélioration du climat des affaires annonçait une consolidation de la reprise dans les économies avancées, le début d'année 2014 a été plutôt décevant. À l'exception notable de l'Allemagne, l'activité a été dans l'ensemble moins dynamique que prévu dans les économies avancées alors que le ralentissement annoncé dans les économies émergentes s'est, lui, confirmé ①. Le commerce mondial s'est nettement contracté, pour la première fois depuis 2009. En conséquence, les exportations françaises ont fortement ralenti, notamment celles à destination de nos partenaires extra-européens. La faiblesse de l'activité dans nombre de pays résulte en partie de facteurs ponctuels. Ainsi, l'économie américaine a été handicapée par les rigueurs de l'hiver. De même les pays émergents ont souffert d'un nouveau retrait des capitaux étrangers. En France, l'activité a stagné au premier trimestre avec, outre la contraction de la demande mondiale, des facteurs qui lui sont propres : en particulier le contrecoup d'achats anticipés de véhicules fin 2013 et la baisse des dépenses d'énergie, du fait d'un hiver particulièrement doux.

1 **Quelle tendance ② caractérise la situation de l'économie ① selon cette note de conjoncture ?**

2 **Quels facteurs conjoncturels ③ peuvent expliquer cette tendance ? Expliquez-les ④ en mettant en évidence les interdépendances entre économies.**

① **INDICES**

② **MÉTHODE** Identifiez une tendance, c'est-à-dire un mouvement général d'évolution de l'économie.

③ **MÉTHODE** Revoyez dans votre cours la notion de « facteurs conjoncturels ».

④ **LEXIQUE** Expliquer signifie montrer en quoi les économies sont liées : les facteurs conjoncturels de certaines économies influencent les conjonctures des principaux partenaires.

DOC (suite)

Au printemps 2014, la dissipation de ces facteurs ponctuels défavorables permettrait un léger rebond. En France, comme dans la zone euro, la reprise de l'activité serait toutefois modeste (+ 0,3 % au deuxième trimestre) car des facteurs persistants continuent d'en limiter l'ampleur. Le pouvoir d'achat des ménages s'améliore certes, mais trop modestement pour conduire à une franche accélération de leur consommation, et pour empêcher l'investissement en logements neufs de continuer de se replier. Confrontées à une demande qui ne décolle pas, et avec un taux de marge qui se redresse mais reste bas, les entreprises ne sont pas enclines à investir. Enfin, les exportations françaises ne profiteraient pas pleinement de l'accélération attendue du commerce mondial, pénalisées notamment par l'appréciation passée de l'euro. Ainsi, le climat des affaires retracé dans les enquêtes de conjoncture, qui a cessé de s'améliorer depuis neuf mois, reste à un niveau inférieur à son niveau moyen de longue période.

3 **Repérez ⑤ et expliquez ⑥ les facteurs conjoncturels qui expliquent la trop « modeste reprise » du printemps 2014.**

⑤ **LEXIQUE** Repérer implique de trouver dans le texte certains éléments, en l'occurrence les facteurs conjoncturels de la « modeste reprise ».

⑥ **LEXIQUE** Expliquer signifie montrer en quoi les facteurs contribuent à limiter la reprise, ce qui peut avoir des effets sur les comportements des agents économiques et donc sur la conjoncture.

DOC (suite)

Au second semestre 2014, la croissance en France se consoliderait, mais elle resterait modeste (+ 0,3 % par trimestre). En moyenne sur l'année, le PIB croîtrait de 0,7 % en 2014 après + 0,4 % en 2012 et 2013. Au sein de la zone euro, l'Italie sortirait lentement de récession, alors que la reprise serait plus vigoureuse en Espagne. Pour ces deux pays, le secteur de la construction souffre comme en France d'un climat dégradé. Ce secteur est en revanche dynamique en Allemagne et au Royaume-Uni, ce qui contribue à la meilleure orientation conjoncturelle de ces deux pays. La faiblesse de la croissance en France ne permet pas d'anticiper de franche amélioration sur le front de l'emploi ; la légère hausse attendue de l'emploi total proviendrait exclusivement de la montée en charge de l'emploi aidé dans les administrations publiques. Cela ne suffirait pas pour absorber la hausse de la population active, et le taux de chômage augmenterait légèrement d'ici la fin de l'année, à 10,2 % sur l'ensemble de la France.

⑦ **MÉTHODE** Revoyez dans votre cours la notion de « facteurs structurels ».

⑧ **MÉTHODE** Réfléchissez à partir d'éléments mis en évidence dans le texte pour construire une réponse logique. Il ne s'agit pas seulement de « souligner » la réponse dans le texte, mais de la reformuler à partir des connaissances.

4 **Mettez en évidence les facteurs structurels ⑦ qui peuvent expliquer ⑧ les conjonctures favorables ou défavorables de certaines économies.**

DOC (suite)

Le principal aléa repose sur la trajectoire d'inflation. Le scénario retenu suppose que le retour de la croissance et la baisse du chômage qui en résulte dans la zone euro permettront une stabilisation de l'inflation. Il est possible que les facteurs qui expliquent la diminution plus rapide que prévu de l'inflation ces derniers mois continuent de la pousser vers le bas. À l'inverse, l'inflation pourrait croître à nouveau, notamment si les mesures annoncées par la BCE début juin permettent de faire baisser l'euro. Par ailleurs, le scénario d'activité dépendra de la réaction des entreprises vis-à-vis des nouvelles mesures de politique économique annoncées par le gouvernement. Enfin, les incertitudes sont également importantes autour du comportement d'épargne des ménages européens. L'hypothèse retenue est que la baisse récente de leur taux d'épargne n'est pas soutenable dans la durée et donc qu'elle s'atténuerait progressivement ; mais l'amélioration du marché du travail qui se dessine pourrait continuer à favoriser la diminution de l'épargne de précaution. À l'inverse il est également possible que les ménages tirent profit de l'amélioration de leurs revenus pour commencer à reconstituer leur épargne et réduire leur endettement.

www.insee.fr, décembre 2014

⑨ **LEXIQUE** Schématiser signifie réaliser un support visuel montrant les liens entre différentes composantes.
La notion de « scénario » suppose une méthodologie :
1. repérer le ou les éléments de départ du scénario ;
2. imaginer les causes ou/et conséquences de ce ou ces éléments ;
3. positionner causes et conséquences dans un schéma logique en utilisant des éléments visuels (cadres, flèches…).

5 **Schématisez ⑨ le scénario relatif à l'inflation en montrant que les décisions des agents conditionnent la conjoncture.**

En savoir plus...

Texte sur les indicateurs de la conjoncture hebdomadaire

RESSOURCE tinyurl.com/ozrr5zf

16

Les politiques économiques

> Politique économique, le changement s'impose-t-il ?

Au second trimestre 2014, l'Italie est entrée de nouveau en récession et l'activité a stagné en France mais cela a aussi été le cas en Allemagne : les trois principales économies de la zone euro sont à l'arrêt. Toute la zone euro est désormais menacée par la déflation et une stagnation prolongée comme le Japon des années 1990. Six ans après la faillite de Lehman Brothers, il est plus que temps de prendre […] acte de l'échec total des politiques anticrises engagées en Europe. Depuis 2012, François Hollande a annoncé à maintes reprises sa volonté de réorienter ces politiques, sans jamais passer à l'acte pour l'instant. S'il ne se décide pas à engager enfin cette bataille, c'est la démocratie et l'intégration européenne qui risquent d'être mises à bas.

G. Duval, www.lemonde.fr, 14 août 2014

En Espagne, grâce à une légère reprise de la croissance, le taux de chômage est passé de 26,3 % en 2013 à 25,1 % en 2014. Cependant les mesures d'austérité et la pénurie de crédits pourraient peser sur cette amélioration.

1. Expliquez pourquoi il est nécessaire de mettre en place des politiques économiques cohérentes au niveau européen.
2. Identifiez les types de réformes envisagées et explicitez les effets attendus.
3. Quels sont les enjeux de ces politiques au niveau européen ?

ITINÉRAIRE BIS

Cameron critique la politique économique française

VIDÉO 1'07 tinyurl.com/o6xs6u8

Dans le *Times*, le Premier Ministre britannique a critiqué ouvertement la politique économique menée par François Hollande. Il a émis des doutes quant à la volonté de la France de mener les réformes nécessaires pour un retour à l'équilibre économique.

COMPÉTENCES

À l'issue de ce parcours, vous serez capable
- > d'interpréter les mécanismes à l'œuvre dans les politiques économiques ;
- > d'analyser les conséquences de mesures de politique économique sur la situation économique.

1 : Qu'est-ce qu'une politique économique ?

A Un ensemble interdépendant d'objectifs, d'instruments, d'outils de contrôle

DOC 1

Politique économique : à la recherche d'une nouvelle boussole

Comment apprécier aujourd'hui la situation de l'économie française et les voies d'action possibles des autorités publiques ? Il ne suffit évidemment pas de constater que la plupart des voyants sont au rouge : faible croissance, hausse du chômage, aggravation des déficits. Il faut compléter l'analyse pour trouver les bons remèdes. Première observation : nous sortons d'une récession de bilan. Dans cette situation, la phase d'atonie de l'économie qui suit est d'autant plus longue et marquée que les déséquilibres initiaux sont importants et que les rigidités structurelles sont anciennes. [...] Comment sortir de cette impasse ? Il faut [...] annoncer et planifier les réformes en leur associant des objectifs de réduction de charges [...], comme le fait toute entreprise ou organisation qui se restructure. Pour nous aider dans cette tâche, il est souhaitable d'organiser une relance coordonnée à l'échelle de l'Europe. [...]

G. Pauget, panoranews.com, 10 septembre 2014

DOC 2

Le Fonds monétaire international (FMI) a révisé à la baisse ses perspectives pour la croissance mondiale

Le FMI a, une nouvelle fois, révisé ses prévisions de croissance à la baisse. [...] Tout ceci a amené le chef économiste du FMI, Olivier Blanchard, à qualifier la reprise de « faible et inégale », et à insister sur les dynamiques spécifiques à [chaque] pays. Dans la zone euro en particulier, il a opposé, au centre, l'économie allemande, relativement robuste, et la France où la croissance est très faible, et, à la périphérie, l'Espagne, où la reprise se consolide et un des rares pays pour lequel le Fonds a revu ses prévisions à la hausse, à l'Italie, encore en récession cette année. D'un point de vue agrégé toutefois, l'appréciation de la situation de la zone euro dans son ensemble est de plus en plus médiocre. Outre la révision à la baisse des perspectives de croissance, les économistes du FMI ont développé des indicateurs du risque, pour chaque grande zone économique, de subir une récession ou d'entrer en déflation dans les trimestres à venir. [...]

F. Cerisier, www.journaldunet.com, 13 octobre 2014

1. **Identifiez les éléments permettant de définir la notion de « politique économique ».**
2. **Montrez qu'il est nécessaire de mettre en œuvre une politique économique en France, en Europe et au niveau mondial.**

B Des finalités économiques

DOC 3 **Qu'est-ce que le carré magique de Kaldor ?**

Le carré magique de Kaldor est une théorie économique développée par Nicholas Kaldor. Ce quadrilatère a pour sommets les quatre objectifs de la politique économique d'un État : le taux de croissance, le solde de la balance commerciale, le taux d'inflation et le taux de chômage. En reliant les quatre points situés sur chacun des axes, on obtient un quadrilatère : plus la surface de celui-ci est grande, plus la santé économique du pays considéré est importante. [...] Ce carré est qualifié de « magique » car, selon Kaldor, il est impossible de réaliser ces quatre objectifs simultanément. [...]

C. Larue, les-yeux-du-monde.fr, 27 mai 2013

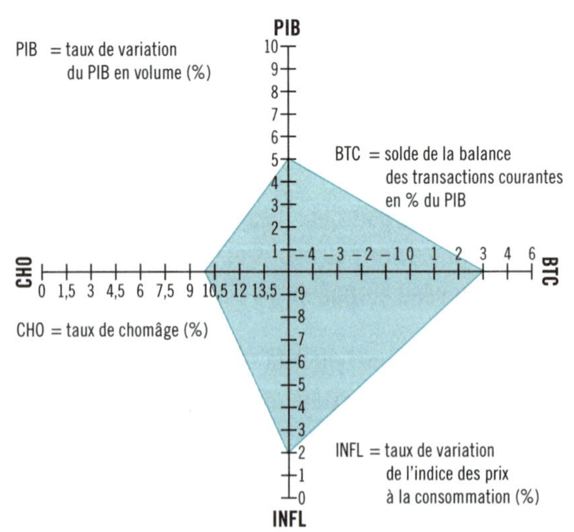

3. **Repérez les quatre objectifs de toute politique économique et explicitez-les.**
4. **Dans le graphique proposé en exemple, analysez la situation de l'économie en appréciant chacun de ces objectifs.**

5 ACTIVITÉ

Recherchez sur Internet les chiffres de l'économie française pour construire le carré magique de cette économie et apprécier sa situation.

2 Quelles sont les principales politiques économiques ?

DOC 4 Politique conjoncturelle ou structurelle ?

Les actions entamées par les administrations publiques peuvent être dirigées pour résoudre des dysfonctionnements à court terme et dans ce cas on parle de la politique économique conjoncturelle. Tandis que la mise en place de dispositifs destinés à influencer le fonctionnement d'une économie donnée à moyen et long terme est plus de l'essor de la politique économique dite structurelle [...].

Politique économique conjoncturelle

Il s'agit de l'ensemble des mesures entamées par les pouvoirs publics visant à régulariser l'évolution globale de l'économie, en agissant sur les grands équilibres économiques à savoir : la stabilité des prix, l'emploi et l'équilibre extérieur. [...] Pour mesurer la politique conjoncturelle, on peut suivre l'évolution du solde budgétaire ou les taux d'intérêt sur les marchés financiers.

Politique économique structurelle

Elle agit sur les structures de l'économie et [...] souvent sur un ou plusieurs secteurs d'activité (agriculture, industrie, commerce extérieur...). Généralement la politique structurelle intervient à travers : la nationalisation ou la privatisation, la réglementation de l'environnement, la politique de l'emploi, la politique territoriale, la politique de lutte contre l'inflation, entre autres. De telles mesures sont appliquées à moyen et long terme et visent principalement à accroître la croissance économique du pays. Elles peuvent viser à soutenir un secteur en adoptant une tactique défensive ou encourager la recherche et l'innovation à travers une tactique offensive.

S. Baillargeon, www.terrepolitique.com, 24 novembre 2012

Quelques exemples de mesures de politique économique :

- mise en place du CIR (Crédit impôt recherche) pour favoriser l'innovation des PME ;
- allégement des cotisations salariales pour les revenus entre 1 et 1,3 SMIC ;
- maintien de taux d'intérêt bas par la BCE (Banque centrale européenne) ;
- mesures favorisant les pôles de compétitivité français ;
- mise en place d'allocations familiales en fonction des conditions de ressources.

Foucher, 2015

1. **Repérez dans le texte les éléments caractérisant les politiques conjoncturelles ou structurelles.**
2. **Dans les exemples proposés, présentez la nature des mesures envisagées (structurelle ou conjoncturelle) et les effets attendus de ces mesures.**

DOC 5 Classification en fonction des objectifs visés

Des politiques économiques...		... qui utilisent différents instruments
	Politique budgétaire	Actions par le budget de l'État à travers des recettes issues de la fiscalité et des dépenses publiques
	Politique monétaire	Actions sur l'offre de monnaie principalement grâce aux taux d'intérêt
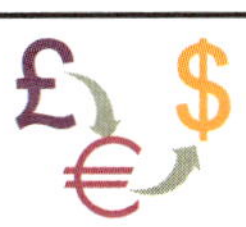	Politique de change	Actions sur la monnaie grâce au taux de change
	Politique industrielle	Actions sur les structures productives et la recherche
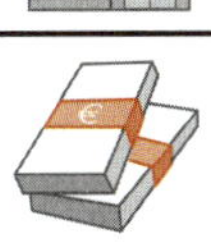	Politique de revenus	Actions sur les rémunérations
	Politique de concurrence	Actions sur les pratiques anticoncurrentielles

Foucher, 2015

Aux objectifs strictement économiques, constitutifs du carré magique, peuvent être ajoutés des objectifs sociaux touchant à l'inégalité des revenus et des conditions de vie, à la santé publique ou à l'indépendance nationale. Pour atteindre ces objectifs, l'État met en œuvre différentes politiques économiques qui utilisent des instruments.

3. **Les objectifs de la politique économique se limitent-ils aux équilibres économiques ? Justifiez votre réponse.**
4. **Explicitez les instruments de politique économique présentés ici en fonction des objectifs économiques visés.**
5. **Donnez des exemples concrets de mesures pour illustrer chaque instrument et sa finalité.**

3 Les mesures nationales sont-elles nécessaires et suffisantes ?

A Les limites à l'efficacité des politiques nationales

DOC 6 Les interactions entre politiques économiques

Les interactions entre les deux politiques monétaire et budgétaire sont fortes et souvent contradictoires. Ces deux politiques s'opposent en apparence. La politique budgétaire est avant tout une politique visant à agir sur la dépense (augmentation ou diminution), envisagée dans le cadre du budget annuel du gouvernement ; principalement sur du court terme. À l'inverse, la politique monétaire est une politique de moyen ou long terme dont les actions ne s'envisagent que sur la durée avec des objectifs visant au maintien de grands équilibres. En situation d'endettement public, les hommes politiques, préoccupés par des objectifs de court terme, peuvent préférer des actions budgétaires à effets immédiats, au détriment d'une visée à long terme relevant d'une politique monétaire. Ainsi, la séparation des pouvoirs budgétaire et monétaire a accru les risques de discordances, voire de cacophonie, avec les hommes politiques aux logiques et aux horizons temporels si différents.

Foucher, 2015

1. **Relevez et expliquez les contradictions entre politique budgétaire et politique monétaire.**
2. **Pourquoi est-il nécessaire de coordonner ces politiques au niveau national ?**

DOC 7 Les acteurs de la coordination des politiques économiques

La politique monétaire dépend, pour la zone euro, de la BCE[1] dont l'objectif principal est la stabilité des prix : maintenir une inflation qui ne peut être supérieure à 2 %. [...] La limitation de l'inflation s'effectue par le contrôle étroit de la masse monétaire. Les objectifs secondaires concernant l'emploi et la croissance ne peuvent être poursuivis qu'à la condition de ne pas empêcher la réalisation de l'objectif prioritaire. [...] La politique budgétaire est celle qui est, par essence, du domaine du choix national. [...] Ainsi, la politique budgétaire demeure aux mains des gouvernements mais elle apparaît strictement encadrée par le PSC[2] (1997) et, à partir du 1er janvier 2013, par le pacte fiscal qui accroît la discipline budgétaire. [...] Les pays de la zone euro doivent encore plus coordonner leurs politiques économiques.

www.ue2008.fr, 17 décembre 2013

1. La BCE (Banque centrale européenne) est une institution indépendante des États qui a pour mission de déterminer la politique monétaire à adopter au sein de la zone euro.

2. Le PSC (Pacte de stabilité et de croissance) désigne un ensemble de critères que les États de la zone euro se sont engagés à respecter pour coordonner leurs politiques budgétaires nationales afin d'éviter les déficits excessifs.

3. **Quel paradoxe existe-t-il entre les politiques européenne et nationale dans la zone euro ?**
4. **Repérez la contrainte qui en découle pour les États.**

DOC 8 La coordination des politiques économiques

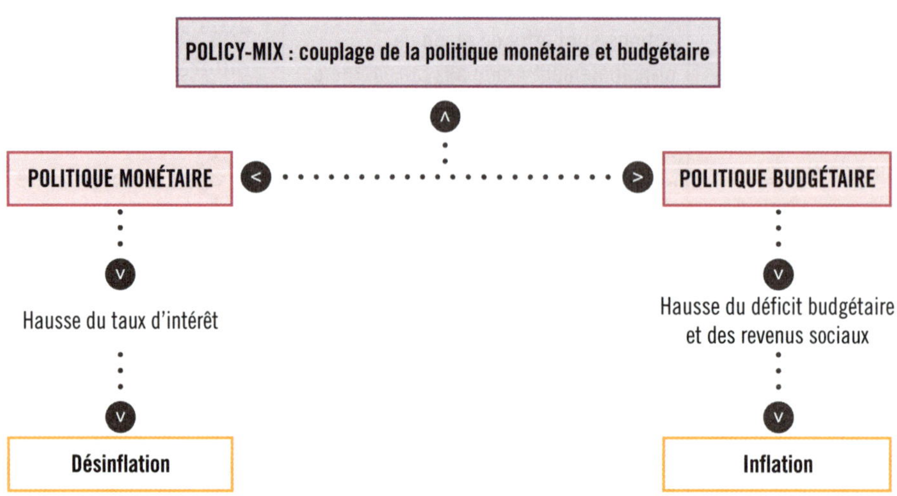

Foucher, 2015

5. **Montrez en quoi le « policy-mix » présenté ici est contradictoire.**

B La nécessaire coordination européenne

DOC 9 Les contraintes de la politique économique

La coordination des politiques économiques et budgétaires est particulièrement nécessaire entre les États membres de l'UE. Sans elle, des déséquilibres macroéconomiques pourraient fragiliser l'UE dans son ensemble et la zone euro en particulier. La coordination économique concerne tous les États membres, mais elle est renforcée pour les [19] pays qui font partie de la zone euro. Il existe donc des outils différents s'appliquant à la fois aux pays qui utilisent l'euro et aux autres. La base législative de la coopération économique remonte au traité de Maastricht qui introduit des règles budgétaires (déficit annuel pas supérieur à 3 % du PIB, dette publique inférieure à 60 % du PIB), mais aussi économiques, concernant la stabilité des prix, les taux de change et les taux d'intérêt à long terme. Ce traité a été renforcé en 1997 par l'adoption du Pacte de stabilité et de croissance, et en 2012 par le Pacte budgétaire européen.

www.touteleurope.eu, 5 janvier 2015

Les chefs d'État européens se rencontrent au sommet de l'UE pour prendre des mesures de relance économique (octobre 2014).

ITINÉRAIRE BIS

Les contraintes liées à l'UEM

VIDÉO 2'29 tinyurl.com/lkzwvzq

Les objectifs de l'UEM impliquent une organisation des différents marchés et des différentes politiques économiques nationales. Les États sont amenés à prendre des décisions communes et à harmoniser leurs politiques économiques vers une plus grande libéralisation des marchés.

a. Pourquoi les États sont-ils contraints de coopérer dans le cadre européen ?

b. Relevez les éléments qui illustrent la volonté des États de coopérer au niveau économique.

6. Repérez les enjeux de la coordination des politiques économiques en Europe.

7. Relevez et explicitez les contraintes qui pèsent ici sur la politique économique.

DOC 10 Les contraintes internationales

La coordination internationale des politiques économiques constitue un objectif primordial dans une économie où les interdépendances sont désormais très fortes (flux commerciaux, flux financiers, décomposition internationale des processus productifs, migrations internationales) : il s'agit d'une mise en ordre concertée des politiques économiques nationales afin de promouvoir une meilleure gouvernance à l'échelle mondiale. [...] Dans la mesure où il représente 85 % du PIB mondial, le G20 constitue un cadre institutionnel privilégié pour assurer la coordination des politiques économiques, à court terme, notamment en cas de survenue d'un choc commun. À plus long terme, il doit être en mesure de promouvoir une croissance forte, durable et équilibrée et de réduire les grands déséquilibres macroéconomiques, qui pourraient être mesurés par des indicateurs communs.

« Quels axes pour une réforme du système monétaire international ? », cache.media.eduscol.education.fr

8. Expliquez les enjeux de la coordination des politiques économiques au niveau international.

9. Quelles institutions peuvent contribuer à cette coordination ?

10. ACTIVITÉ

Grâce à vos recherches Internet, élaborez un court diaporama exposant l'argumentaire des autorités chinoises et américaines au G20 pour défendre leurs intérêts nationaux.

Étape synthèse

Les politiques économiques

Une politique économique est caractérisée par...

- **Des objectifs** → « Carré magique » de Kaldor (PIB, BTC, INFL, CHO)
- **Des finalités et des outils différents** → Politique monétaire, budgétaire...
- **Des outils de mise en œuvre et de contrôle** → Indicateurs de dispositions fiscales, lois, règlements, décrets...

Elle se concrétise par différentes actions...

- **de type conjoncturel** → Actions à court terme
- **de type structurel** → Actions à long terme

Qui interagissent et nécessitent une coordination face à différentes contraintes

- **Sur le plan national** → Policy-mix
- **Sur le plan européen** → Traité de Maastricht, PSC, traité de Lisbonne (UE)
- **Sur le plan international** → G20, OMC, FMI

MOTS-CLÉS

▸ **Politiques économiques :** ensemble des moyens mis en œuvre par les pouvoirs publics pour atteindre des objectifs de stabilisation de la conjoncture d'une part et des objectifs de long terme (croissance durable) d'autre part.

▸ **Politiques conjoncturelles :** ensemble des mesures mises en œuvre par les pouvoirs publics pour régulariser l'évolution globale de l'économie en agissant sur les grands équilibres économiques.

▸ **Politiques structurelles :** ensemble des mesures appliquées à moyen et long terme sur les structures de l'économie pour favoriser une croissance durable.

▸ **Coordination des politiques économiques :** ensemble des actions visant à harmoniser les différentes politiques économiques et à gérer leurs interactions.

Parcours **balisé**

Contexte difficile pour les politiques économiques européennes

DOC 1 Les contraintes pesant sur les politiques économiques

Dans un cadre international, les politiques économiques sont interdépendantes. Ainsi, en France, les autorités publiques doivent prendre en compte les contraintes imposées par les États-Unis à travers le dollar et celles relevant de l'appartenance à l'Union européenne.

Foucher, 2015

DOC 2 Draghi demande un effort commun pour éviter la récession

Le président de la Banque centrale européenne (BCE) Mario Draghi a exhorté vendredi les chefs d'État et de gouvernement de la zone euro à un effort commun combinant réformes structurelles, investissement, discipline budgétaire et stimulation de la demande ① pour éviter une « rechute en récession ». Un porte-parole de la BCE, citant les divers points évoqués par Mario Draghi, a dit que ce dernier avait souligné la nécessité de la fidélité aux règles budgétaires définies par l'Union européenne (UE) afin d'ancrer la confiance des marchés envers la zone euro et qu'il avait estimé que les pays jouissant d'une situation budgétaire saine devaient songer à stimuler la demande pour relancer la croissance. « En 2011-2012, nous avons évité l'effondrement de la zone euro grâce à un effort commun. Nous devrions à nouveau nous atteler à agir en commun pour éviter une rechute en récession », a observé le président de la BCE. Ce dernier a exhorté tous les pays de la zone euro à présenter un calendrier national de réformes économiques structurelles d'ici le prochain sommet européen des 18 et 19 décembre. Enfin, a poursuivi le porte-parole, la BCE se tient prête à employer d'autres outils non conventionnels si nécessaire pour atteindre son but de stabilité des prix et, si Mario Draghi s'est dit préoccupé des effets éventuels d'une inflation basse prolongée sur la fixation des prix et des salaires, il n'a pas employé le terme de « déflation ». La chancelière allemande Angela Merkel a dit qu'elle avait remercié Mario Draghi d'avoir insisté sur le rôle que doivent jouer les États dans la relance de la zone euro et ajouté qu'ils avaient la ferme intention de s'exécuter. Reuters avait fait mention jeudi de tensions entre le président de la BCE et la chancellerie allemande.

① INDICES

« La politique monétaire peut faire certaines choses, c'est le travail d'une BCE indépendante. Mais si la politique budgétaire ne réagit pas simultanément, si nous n'améliorons pas notre politique économique, notre compétitivité et nos conditions d'investissement, alors nous ne sortirons pas de cette situation insatisfaisante », a expliqué Merkel, lors d'une conférence de presse suivant le Conseil européen de Bruxelles. Interrogé plus particulièrement sur les relations de Berlin avec Draghi, Angela Merkel a répondu : « La BCE travaille de façon indépendante et pour l'Allemagne, c'est très important ; mais je le dis très clairement : j'apprécie vraiment la manière dont Mario Draghi participe aux discussions concernant le développement à venir de la zone euro et qu'il ait dit aujourd'hui qu'il était prêt à coopérer en matière de coordination plus étroite des politiques économiques. Je compte sur une bonne coopération avec la BCE dans les domaines qui me concernent moi et nous tous. »

P. Taylor, N. Barkin, M. Martin, W. Exbrayat, M. Joanny, Reuters, www.boursorama.com, 24 octobre 2014

DOC 3 La coordination économique à travers le « semestre européen »

Introduit en janvier 2011, le semestre européen est un outil de coordination économique et budgétaire. Durant le premier semestre de l'année, chaque État membre dresse et approuve son programme de réformes, qui doit tenir compte des recommandations publiées par la Commission européenne et par le Conseil européen.

En janvier et février, le Conseil de l'UE « débat de l'examen annuel de la croissance, formule des orientations et adopte des conclusions ». [...] En mars, « sur la base de l'examen annuel de la croissance et de l'analyse des conclusions du Conseil de l'UE, le Conseil européen formule des orientations politiques ». En parallèle, la Commission publie également les bilans détaillés relatifs aux déséquilibres macroéconomiques des États membres. Ces derniers devront tenir compte de ces éléments dans l'élaboration de leurs programmes [...] de réforme. Pour le 15 avril, les États membres « soumettent leurs programmes d'action » sur leur stratégie budgétaire à moyen terme et sur les réformes structurelles prévues, particulièrement celles visant à servir la croissance et l'emploi. En mai, la Commission européenne évalue ces programmes d'action et présente ses recommandations aux États membres. En juin, c'est au tour du Conseil de l'UE d'examiner le projet et de fixer des recommandations définitives. Ces dernières doivent, in fine, être validées par les chefs d'État et de gouvernement. C'est à partir du mois de juillet que démarre la phase de mise en œuvre. Les États membres intègrent les recommandations émises par les institutions européennes dans leurs projets de loi de finances respectives pour l'exercice suivant.

www.touteleurope.eu, 5 janvier 2015

1. Identifiez ② les mesures ① de politique économique encouragées par Mario Draghi et précisez leurs mécanismes et objectifs ③.
2. Relevez ② les contraintes européennes ④ et internationales qui pèsent sur les politiques économiques et explicitez-les ④.
3. Montrez en quoi ⑤ la coordination des politiques économiques est décisive.
4. Schématisez la procédure de coordination mise en œuvre dans le cadre du « semestre européen ».

En savoir plus...

Texte sur la coopération économique dans l'UE

RESSOURCE **tinyurl.com/oubbx9h**

② **LEXIQUE** Identifier comme relever signifient que vous devez repérer les éléments d'information dans les documents.

③ **MÉTHODE** Explicitez comment les instruments permettent d'atteindre les objectifs de politique économique.

④ **MÉTHODE** Expliquez en quoi les contraintes pèsent sur les politiques économiques.

⑤ **MÉTHODE** Précisez ici les « enjeux » de la coordination des politiques économiques.

17

Les politiques conjoncturelles

> La France plus gros déficit public de la zone euro en 2016 ?

Le déficit public de la France va s'aggraver et devenir le plus important de la zone euro en 2016, à 4,7 %, selon les prévisions de la Commission européenne. Par ailleurs la France ne tiendra pas ses objectifs budgétaires en 2015, a estimé ce mardi la Commission, qui table sur un déficit public à 4,5 % du PIB (l'objectif de la France était de 4,3 %). Le scénario d'un retour sous les 3 % en 2017 s'éloigne.

lexpansion.fr, 4 novembre 2014

> Prévisions de déficit public du ministère des Finances

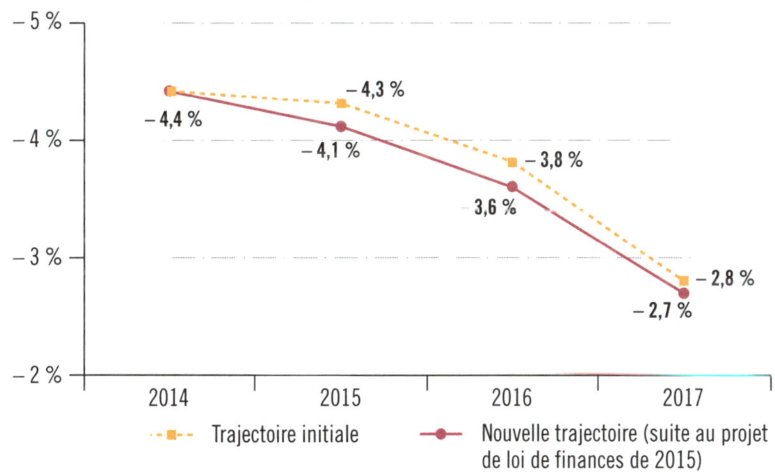

Ministère des Finances

1. Décrivez la situation budgétaire de la France en 2014.
2. Quelles sont les limites à la politique budgétaire française ?
3. Comment expliquer la « clémence » de l'UE concernant la situation budgétaire de la France ?

ITINÉRAIRE BIS

L'UE plutôt clémente sur la politique budgétaire française

VIDÉO 2'28 tinyurl.com/p5emb72

La Commission européenne a émis des doutes sur le déficit français qu'il paraît impossible de ramener à 3 % du PIB pour l'instant. Mais Jose Manuel Barroso a néanmoins félicité la France pour ses efforts de politique économique.

COMPÉTENCES

À l'issue de ce parcours, vous serez capable

> d'interpréter les mécanismes à l'œuvre dans les politiques économiques ;
> de repérer les limites des politiques économiques nationales ;
> d'analyser les conséquences de mesures de politique économique sur la situation économique ;
> d'identifier les effets d'une politique annoncée sur l'activité de l'entreprise.

1 Comment les politiques budgétaire et monétaire impactent-elles l'activité économique ?

A Les effets de la politique budgétaire sur l'activité économique

DOC 1 **Une nouvelle conception de la politique budgétaire**

La politique budgétaire constitue, avec la politique monétaire, l'un des principaux leviers de la politique économique de l'État. Elle consiste à utiliser certains instruments budgétaires (dépenses publiques, endettement public, prélèvements fiscaux) pour influer sur la conjoncture économique. Jusqu'à la crise des années 1930, la gestion des finances publiques a eu pour principal objectif d'assurer le financement des services publics. Le volume des dépenses de l'État n'était alors pas considéré comme une variable susceptible d'influencer le niveau d'activité de l'économie. L'analyse de l'économiste britannique John Maynard Keynes a modifié cette conception en soulignant l'impact de la politique budgétaire sur le niveau d'activité économique d'un pays. Par conséquent, la plupart des pays développés ont mené depuis les années 1930 des politiques de relance budgétaire lors des périodes de récession ou de moindre croissance.

À compter de la crise consécutive au choc pétrolier de 1973, les théoriciens néoclassiques ont cependant souligné les limites de la politique budgétaire et, notamment, les effets néfastes des déficits et de la dette publique.

www.vie-publique.fr, 6 juin 2013

DOC 2 **Le budget de l'État**

Le budget de l'État correspond à l'ensemble de ses ressources et de ses dépenses. L'essentiel des ressources provient des impôts et des taxes payées par les citoyens et les entreprises. Les dépenses correspondent à l'argent que l'État utilise pour financer l'action publique : police, justice, recherche, éducation... Depuis plus de trente ans, les dépenses sont plus élevées que les ressources ; le budget de l'État est en déficit. Pour financer son déficit qui se creuse un peu plus chaque année, l'État est obligé d'emprunter et donc de s'endetter.

Foucher, 2015

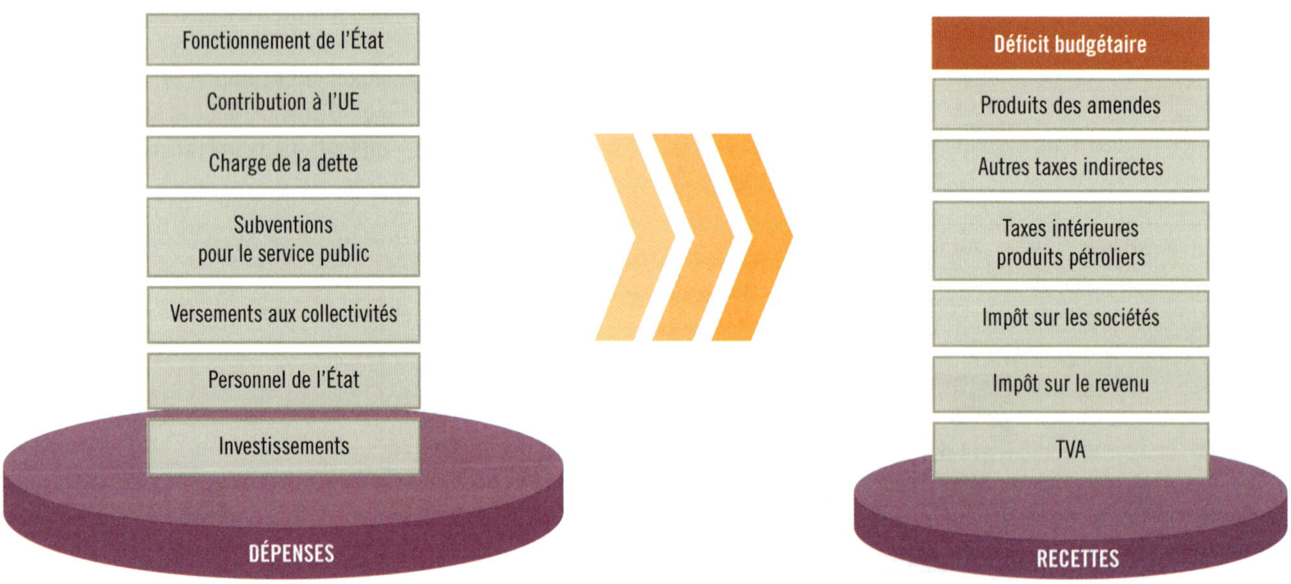

www.performance-publique.budget.gouv.fr

1. Identifiez les enjeux de la politique budgétaire dans les économies contemporaines.
2. Repérez et expliquez les instruments mis en œuvre dans le cadre de la politique budgétaire.
3. Identifiez la finalité du budget de l'État dans les politiques budgétaires.
4. Distinguez les notions de « déficit budgétaire » et de « dette publique ».

DOC 3 La dépense publique

Les dépenses de l'État comprennent des dépenses de personnel, de fonctionnement, d'intervention (ex. : aides économiques), d'investissement (ex. : construction des routes) ainsi que le remboursement des intérêts de la dette.

Aujourd'hui, le budget de l'État propose une présentation des dépenses par « destination » (missions, elles-mêmes déclinées en programmes), permettant au citoyen de bien comprendre à quelle politique publique ou « mission » est affecté l'argent de ses impôts.

www.performance-publique.budget.gouv.fr, 20 mars 2014

Dépenses par missions en 2014

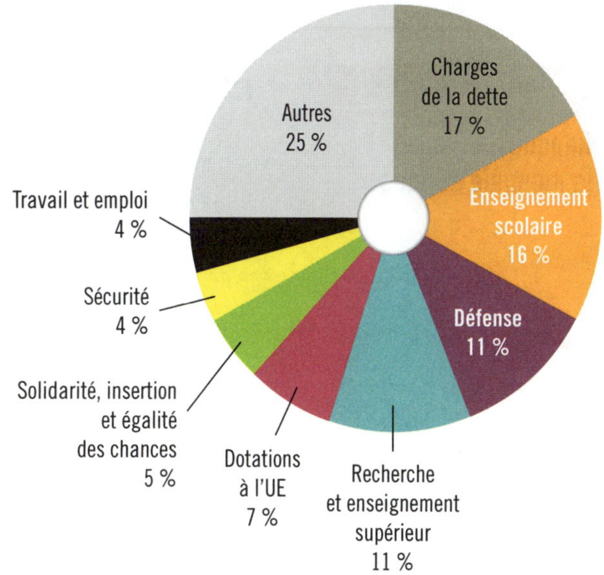

IEFP sur base de la loi de finance initiale 2014

5. Caractérisez les principales dépenses de l'État et justifiez leur importance.
6. Comment les dépenses de l'État impactent-elles l'activité économique ?

DOC 4 La fiscalité

Les recettes de l'État sont l'ensemble des ressources à sa disposition pour la mise en œuvre des politiques publiques. Chaque année, elles sont synthétisées dans le budget de l'État. L'essentiel de ces ressources vient des recettes fiscales – soit plus de 90 % du total des recettes – constituées d'impôts directs ou indirects prélevés à la fois sur les citoyens et les entreprises. Ses autres recettes proviennent de recettes non fiscales telles que le produit des amendes ou des jeux.

Répartition des recettes nettes de l'État

En milliards d'€

Impôt net sur le revenu	74,4
Impôt net sur les sociétés	38,9
Taxe intérieure de consommation sur les produits énergétiques	13,3
Taxe sur la valeur ajoutée nette	139,5
Autres recettes fiscales nettes	18,4
Recettes non fiscales	13,8

Base de la loi de finances initiale 2014.

www.performance-publique.budget.gouv.fr

7. D'où proviennent majoritairement les dépenses de l'État ?
8. Quelles influences la fiscalité exerce-t-elle sur l'activité économique ?

ITINÉRAIRE BIS

Cyber Budget : quand la maîtrise budgétaire est un jeu...

RESSOURCE : tinyurl.com/q5d4owe

Ce jeu sérieux propose de découvrir le fonctionnement du budget de l'État.

- **Devenez ministre du Budget et prenez les reines des finances publiques en réalisant les différentes missions proposées.**

B L'impact de la politique monétaire sur l'activité économique

DOC 5

Banque de France : la monnaie et nous

VIDÉO 10'26 tinyurl.com/m479lda

À travers cette vidéo, la Banque de France explique le fonctionnement de la monnaie et le rôle de la politique monétaire.

9. **Identifiez le rôle des banques dans la création monétaire.**
10. **Rappelez les risques d'une trop forte création monétaire.**
11. **Expliquez le rôle des banques centrales dans le contrôle de la masse monétaire.**
12. **Repérez l'objectif principal de la politique monétaire et expliquez-en les enjeux.**
13. **Précisez comment sont mises en œuvre les décisions de politique monétaire.**

DOC 6 **La notion de politique monétaire**

La politique monétaire est l'ensemble des moyens mis en œuvre par une banque centrale pour agir sur l'activité économique par la régulation de sa monnaie. Cela passe donc par la définition d'un ou plusieurs objectifs et par celle des instruments qui permettront de les atteindre. [...]

Dans le cas de la Banque centrale européenne (BCE), l'objectif est celui de la stabilité des prix à la consommation. Il a été considéré que cet objectif, s'il était réalisé, permettrait aussi de maîtriser les anticipations d'évolution des prix. La BCE a défini cet objectif à 2 % (plus précisément au-dessous mais proche de 2 %). [...] La BCE n'a pas d'objectif explicite sur la croissance ni sur la parité de l'euro. La BCE ne peut donc pas agir directement sur la valeur de la monnaie vis-à-vis du dollar ou d'autres monnaies. Cet objectif unique pour la BCE part du constat que trop de volatilité dans l'évolution des prix à la consommation est pénalisant pour la croissance. [...] Pour limiter le risque de voir l'inflation s'accélérer, la banque centrale doit augmenter ses taux d'intérêt tant que cela est nécessaire afin de réduire le risque de surchauffe. Inversement, lorsque l'activité s'étiole, ou en cas de récession, la politique devient beaucoup plus accommodante pour faciliter la reprise. Au regard des chiffres présentés plus haut, cela a plutôt bien fonctionné.

Pourtant, cela ne fonctionne plus aussi bien. [...] La BCE a réduit ses taux d'intérêt, et pourtant l'activité économique ne repart pas. Le choc subi par la zone euro a été tel que l'effet de la politique monétaire telle qu'elle était définie avant la crise n'était plus suffisant pour retrouver le chemin de la croissance. Ce n'est pas spécifique à la zone euro. Aux États-Unis et au Royaume-Uni, les banques centrales ont abaissé leurs taux d'intérêt très rapidement au début de la crise. Mais, face au constat de l'inefficacité de cette stratégie, elles ont apporté des liquidités supplémentaires (ce qui a été appelé le Quantitative Easing). Cela correspondait à l'idée que, les taux d'intérêt ne pouvant passer sous le seuil de 0 %, il fallait un autre instrument pour contourner cette contrainte.

P. Waechter, www.lefigaro.fr, 5 août 2014

14. **Identifiez l'objectif de la politique monétaire et les moyens d'action de la BCE pour l'atteindre.**
15. **Expliquez l'instrument utilisé par la BCE pour contrôler la masse monétaire.**

Ville de Francfort, siège de la BCE.

DOC 7 L'objectif de la politique monétaire

La stabilité des prix est un facteur essentiel du maintien du pouvoir d'achat des ménages. L'inflation entraîne une amputation régulière du pouvoir d'achat alors que la stabilité des prix contribue au maintien du niveau de vie. La valeur de l'épargne est préservée quand les prix sont stables.

La stabilité des prix est favorable à l'emploi. L'expérience des dernières années montre que ce sont les pays dont le taux d'inflation est le plus faible qui présentent les taux d'intérêt comparativement les plus bas, et une dynamique d'investissement et de création d'emplois plus forte. La stabilité des prix est une condition nécessaire mais pas suffisante pour une croissance saine et durable, et pour combattre le chômage.

La stabilité des prix soutient la compétitivité à l'exportation parce que les prix des biens exportés évoluent moins vite que ceux des concurrents. Un pays inflationniste tend à perdre des parts de marché.

La stabilité des prix contribue à la cohésion sociale et à la stabilité politique. Cas extrême d'inflation, l'hyperinflation est un danger potentiel pour l'économie et la démocratie : elle ruine et déstabilise les classes moyennes et les salariés. C'est ce qui s'est passé en Allemagne en 1923. De plus, les personnes les plus démunies ne peuvent se prémunir contre l'inflation.

www.touteconomie.org

Une Allemande brûle ses coupures de billets inutilisables pour faire chauffer son poêle durant la crise de l'inflation (1923).

16 Repérez les enjeux de maintenir une stabilité des prix.

17 Expliquez l'impact de la stabilité des prix sur les objectifs du « carré magique ».

DOC 8 Les instruments de la politique monétaire

La politique monétaire unique est une politique de taux d'intérêt, qui passe par le réglage de la liquidité bancaire en euro et par un pilotage des taux à très court terme sur le marché monétaire de l'euro.

Pour piloter les taux d'intérêt à court terme, l'Eurosystème dispose d'une série d'instruments de politique monétaire.

www.banque-france.fr

INSTRUMENTS DE LA POLITIQUE MONÉTAIRE

Opérations d'open market	Facilités permanentes	Réserves obligatoires
Achats et ventes de titres par la banque centrale sur le marché interbancaire	Facilités de prêts pour obtenir des liquidités ou facilités de reprise de dépôts pour placer les excédents de trésorerie	Constitution de réserves par les établissements de crédit auprès des banques centrales nationales
• Augmentation des liquidités en cas d'achats • Baisse des liquidités en cas de ventes	Fournir ou retirer des liquidités centrales au jour le jour	Stabiliser les taux d'intérêt

Foucher, 2015

18 Expliquez en quoi la politique de taux d'intérêt influence la liquidité bancaire.

19 ACTIVITÉ

Grâce à vos réflexions et à vos recherches Internet, expliquez en quelques lignes les instruments de la politique monétaire.

2 Quelles sont les grandes orientations des politiques conjoncturelles ?

A Les politiques de relance

DOC 9 Les politiques conjoncturelles et la relance

L'analyse keynésienne a montré comment les politiques budgétaire et monétaire peuvent être utilisées pour réguler le niveau de la demande globale. Une hausse des dépenses publiques [...] représente une hausse de la demande effective, qui conduit les entreprises à augmenter la production et l'emploi. Cette hausse initiale déclenche un processus [...] d'augmentation des revenus, de la demande et de la production [...]. Une politique monétaire expansionniste prenant la forme d'une augmentation de la quantité de monnaie [...] a les mêmes effets car elle stimule l'investissement et, éventuellement, la consommation en incitant les ménages à épargner moins ou même à s'endetter pour augmenter la consommation.

Pourtant, la demande n'est pas le seul déterminant de la production et de l'emploi. Le côté offre intervient aussi [...]. Si l'offre [...] ne peut réagir rapidement à l'augmentation de la demande, la politique de relance a pour effet principal une hausse des prix, sans gains en production [...].

A. d'Autume, « Macroéconomie - Politique économique », *Encyclopædia Universalis*, 2 février 2015

1. **Construisez un schéma montrant comment les politiques conjoncturelles peuvent contribuer à la relance de l'activité.**
2. **Identifiez et expliquez la limite à la politique de relance présentée ici.**

DOC 10 Les multiplicateurs

Le multiplicateur budgétaire

La théorie keynésienne montre qu'il existe un effet multiplicateur des dépenses publiques pour justifier le recours à l'accroissement de la dépense publique. Cela aurait pour effet d'augmenter les revenus, les salaires versés aux travailleurs, les profits perçus par les entreprises ou encore les intérêts. Selon cette théorie, une part de ces revenus est consommée, le reste, épargné. Les entreprises vont ainsi pouvoir augmenter leurs investissements et augmenter le niveau d'embauche car la demande augmente. [...] Si les dépenses augmentent, les revenus augmenteront en parallèle et le supplément de revenu permettra d'accroître la consommation. Ainsi, en période de sous-emploi, augmenter les dépenses publiques va permettre de faire redémarrer ce cycle. Le supplément de revenu créé par l'État est supérieur aux dépenses qu'il a faites au départ : le coefficient d'accroissement constitue le multiplicateur budgétaire. L'augmentation de la demande peut être concrétisée par l'augmentation des taux d'imposition, ou par le recours à l'emprunt. Mais, dans le premier cas, l'effet multiplicateur ne sera qu'une impulsion initiale. Dans le second cas en revanche, l'emprunt sera *a priori* rapidement remboursé car la reprise de l'activité générera d'importantes rentrées d'argent ; mais pour y parvenir l'État doit donc s'endetter. [...]

Le multiplicateur fiscal

L'État peut décider de diminuer ses recettes fiscales pour relancer l'activité économique. Le multiplicateur fiscal exprime donc l'augmentation de revenu résultant de la diminution des prélèvements. [...] Le multiplicateur fiscal et le multiplicateur budgétaire peuvent être combinés : l'État peut augmenter ses recettes et ses dépenses. Ainsi, l'accroissement du revenu national est égal à la hausse des dépenses publiques.

www.lemondepolitique.fr

Travaux de rétablissement du caractère maritime du Mont Saint-Michel (juin 2014).

3. **Identifiez les effets positifs des multiplicateurs sur l'activité des entreprises et sur les ménages.**
4. **Expliquez comment l'endettement de l'État peut être réduit par une politique de relance.**

B Les politiques d'austérité

DOC 11 La politique d'austérité et ses conséquences

Les politiques de rigueur se multiplient en Europe afin de réduire les déficits et de juguler la dette des États. Mais de quoi s'agit-il précisément ? [...] Une politique d'austérité, aussi appelée politique de rigueur, est une politique qui vise à assainir la gestion d'un État. Ce terme désigne très souvent une politique budgétaire restrictive où les recettes fiscales augmentent tandis que les dépenses publiques sont limitées. En d'autres termes, la rigueur budgétaire consiste pour un État à « se serrer la ceinture ». Cette vision s'oppose aux politiques de relance destinées à favoriser la croissance. Cette politique économique a généralement pour but de ralentir l'inflation ou de réduire les déficits publics et la dette globale de l'État. [...] Sur le moyen et long terme, une politique de rigueur a pour objectif de restaurer la confiance dans l'économie et d'améliorer la compétitivité économique. Pour y parvenir, un État peut utiliser différents leviers :

- la hausse des taux d'intérêt ;
- le blocage des salaires ;
- l'augmentation des impôts et/ou des cotisations sociales ;
- la diminution des dépenses publiques.

www.infinance.fr, 24 octobre 2012

5 **Identifiez les objectifs d'une politique d'austérité.**

6 **Expliquez les différents « leviers » de la politique d'austérité.**

DOC 12 La politique d'austérité est-elle efficace ?

Au regard des résultats obtenus par la politique de réduction des dépenses publiques, l'austérité est-elle efficace pour écarter le risque récessif ? [...] Sauf que cela risque d'être trop tard. La France a encore perdu 10 % de ses capacités industrielles ces cinq dernières années. De grands groupes comme des entreprises de taille intermédiaire sont menacés. Les 40 milliards d'aides aux entreprises que le gouvernement finance par une amputation équivalente des dépenses publiques et sociales ne peuvent tenir lieu de politique industrielle. L'austérité ne résout pas les problèmes pour une raison toute simple : ce n'est pas l'excès de dépenses qui a provoqué les déficits et l'endettement mais la moindre croissance de la richesse produite qui a limité les recettes publiques et sociales. La politique d'austérité budgétaire nous coûte entre 0,5 % et 1 % de croissance par an. Même si les taux d'intérêt sont plus faibles qu'il y a quelques années, comme le taux de croissance est encore plus bas, la finance continue à mordre sur l'économie réelle. La dette continuera de croître. Seules les institutions financières qui prêtent de l'argent à l'État y trouveront leur compte.

P. Chaillan, www.humanite.fr, 14 novembre 2014

DOC 13 Les risques de l'austérité

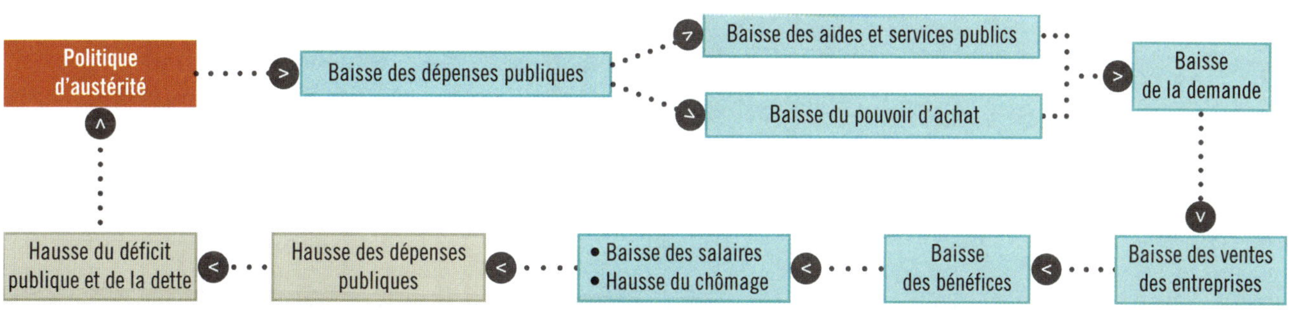

Foucher, 2015

7 **Expliquez les effets d'une politique d'austérité sur les entreprises.**

8 **Démontrez que la politique d'austérité peut ne pas atteindre ses objectifs.**

9 ACTIVITÉ

Expliquez en quelques lignes comment un État peut choisir entre ces deux types de politiques.

DOC 14 Dessine-moi l'éco – Austérité ou relance, comment ça marche

VIDÉO 2'28 tinyurl.com/oysy6z8

Cette vidéo explique les enjeux d'une politique d'austérité et d'une politique de relance.

3 : Quelles sont les limites des politiques conjoncturelles ?

A Les limites des politiques budgétaires

DOC 15 Les limites techniques à l'efficacité de la politique budgétaire

Une politique budgétaire volontariste peut néanmoins avoir des effets défavorables sur l'activité économique. C'est d'ailleurs en raison de ces effets défavorables qu'elle tend aujourd'hui à être de plus en plus critiquée.

- Ainsi, les besoins de financement liés à l'accroissement des dépenses publiques provoquent généralement une hausse des emprunts de l'État et, du fait de cette demande supplémentaire adressée aux marchés de capitaux, des taux d'intérêt. Or, cette hausse des taux décourage une partie des achats des consommateurs financés par l'emprunt, et réduit les investissements des entreprises, lorsque leur rentabilité est insuffisante au regard du coût de financement par l'emprunt.
- De plus, la demande supplémentaire permise par l'augmentation des dépenses publiques doit s'adresser en priorité aux producteurs nationaux. Or, compte tenu de l'ouverture croissante des économies, l'effet du « multiplicateur keynésien » s'est réduit au cours des dernières décennies profitant désormais davantage aux producteurs étrangers.
- Par ailleurs, l'accumulation des déficits budgétaires vient gonfler l'encours de dette publique et augmente les charges futures de l'État. Or, plus un État est endetté, plus la charge de cette dette est élevée. Celle-ci pèse d'autant plus sur son budget qu'un niveau de dette important entraîne des taux d'intérêt élevés lorsque l'État veut contracter de nouveaux emprunts. À terme, le poids de la dette peut ainsi devenir insoutenable par rapport au niveau des recettes de l'État.
- En outre, les délais liés à la prise de décision politique font que les effets de la politique budgétaire peuvent être inadaptés à la conjoncture au moment où ils affectent les décisions des agents économiques.
- De plus, certaines dépenses publiques sont particulièrement rigides, et donc difficilement réversibles en cas de retournement de la conjoncture.

www.vie-publique.fr, 6 juin 2013

1 Relevez les limites à l'efficacité de la politique budgétaire et expliquez-les.

DOC 16 Les contraintes de financement et de l'endettement public

Budget 2015 : les grands chiffres

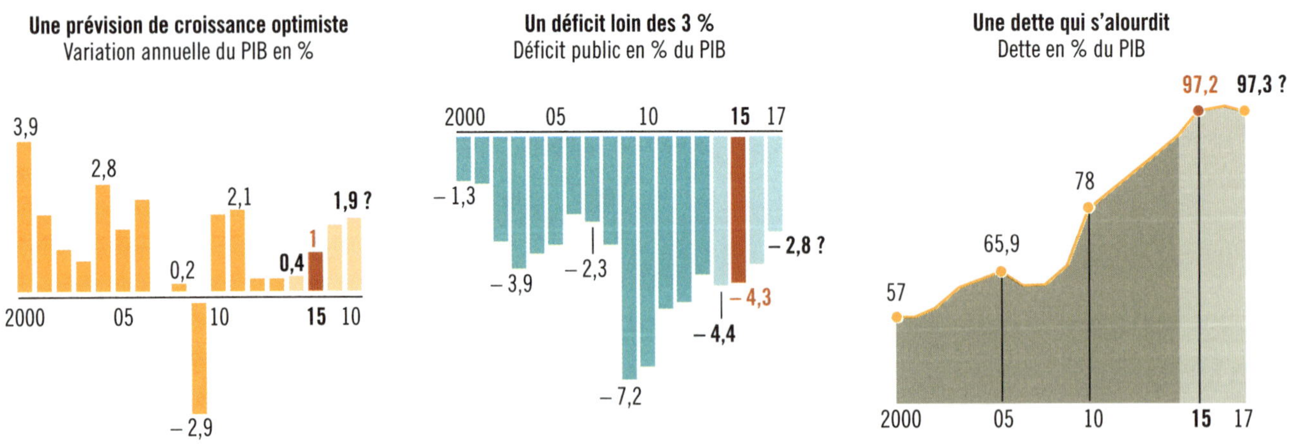

Insee, gouvernement

Le niveau de croissance influence le déficit public. Ainsi une forte croissance accroît les recettes publiques et contribue à la diminution des dépenses publiques, ce qui réduit le déficit. Inversement, une faible croissance aggrave le déficit public. Par ailleurs, l'accroissement du déficit public pèse sur la dette publique qui s'alourdit.

Foucher, 2015

2 Commentez la situation budgétaire de la France en 2015.

3 En quoi cette situation peut-elle constituer une contrainte pour la politique budgétaire française ?

DOC 17

Les contraintes de la zone euro

4 **Identifiez les contraintes pesant sur la politique budgétaire du fait de l'appartenance à l'UE.**

5 ACTIVITÉ

Schématisez les effets économiques d'un déficit budgétaire trop important.

La politique budgétaire est celle qui est, par essence, du domaine du choix national : qui reste dans les mains des gouvernements. Cependant, [...] la construction européenne s'est faite à partir d'une certaine mise sous tutelle de la politique budgétaire des pays de la zone euro. Ainsi, la politique budgétaire [...] apparaît strictement encadrée par le PSC[1] (1997) et, à partir du 1er janvier 2013, par le pacte fiscal qui accroît la discipline budgétaire en demandant aux pays de maintenir leur « déficit budgétaire structurel » sous les 0,5 % [...]. Le PSC est justifié par la crainte d'une fragilisation de l'ensemble de la zone euro due au comportement de « passager clandestin » que pourrait avoir un pays membre. Tel est le cas lorsqu'un pays membre adopte un déficit budgétaire trop important : ce dernier pourrait provoquer un « effet de débordement » qui se traduirait par une pression inflationniste (du fait de l'augmentation de la demande de biens et de services) ainsi que des tensions à la hausse des taux d'intérêt (poussées par l'augmentation de la demande de financement). Finalement, cela pourrait se traduire par une perte possible de la valeur de l'euro.

1. PSC : pacte de stabilité et de croissance.

www.ue2008.fr, 17 décembre 2013

B Les limites des politiques monétaires

DOC 18 Les choix de politique monétaire de la BCE

Le président de la Banque centrale européenne (BCE) a annoncé un programme de rachat d'actifs publics et privés de 60 milliards d'euros par mois, de mars 2015 jusqu'à fin septembre 2016 au plus tôt. Ces rachats d'actifs constituent une version moderne de la planche à billets, avec pour objectif de stimuler l'économie de la zone euro et faire repartir la croissance. Déjà utilisé par la Banque centrale du Japon et la Fed américaine, ce dispositif monétaire consiste à injecter des liquidités pour peser sur les taux d'intérêt, afin de relancer l'activité économique par le biais du crédit, et faire remonter les prix [...]. Jusqu'à présent la BCE avait pris des mesures qui se sont révélées insuffisantes. Les taux ont été ramenés au plus bas (0,05 %) sans que cela provoque de réactions significatives.

www.sudouest.fr, 22 janvier 2015

DOC 19

Des politiques monétaires contraintes

La politique monétaire a deux objectifs principaux souvent incompatibles : la lutte contre l'inflation et la croissance. Ainsi, une politique de taux d'intérêt bas visant à soutenir la croissance provoque une création monétaire excessive qui engendre de l'inflation. De même, une politique de taux d'intérêt élevé favorise d'une part une contraction des crédits qui freine l'investissement et la consommation, et d'autre part une appréciation de la monnaie qui pénalise les exportations. Cette politique pénalise donc la croissance. La politique monétaire en Europe est particulière puisque la BCE mène une politique commune pour les 19 pays de la zone euro. Les économies étant très hétérogènes, il est donc difficile pour la BCE de mener une politique adaptée à chacun des pays composant la zone. Par ailleurs, l'internationalisation des capitaux pèse fortement sur l'autonomie des politiques monétaires. En effet, le niveau des taux d'intérêt fixés par les banques centrales influence fortement les mouvements de capitaux entre les différents marchés financiers.

Foucher, 2015

DOC 20 Politique monétaire et comportements des agents

Les anticipations des agents privés concernant les décisions futures de politique monétaire jouent un rôle clef dans la transmission de la politique monétaire par leur influence sur les taux de long terme, les prix d'actifs et le taux de change. C'est pourquoi la crédibilité de la politique monétaire, définie comme le degré de confiance des agents privés dans la détermination et la capacité de la banque centrale à suivre la politique monétaire et atteindre les objectifs qu'elle a annoncés, est au premier rang des préoccupations des banques centrales.

O. Loisel, www.banque-france.fr, mai 2006

6 **Identifiez les politiques monétaires mises en œuvre par la BCE.**

7 **Expliquez et justifiez ces choix de politiques monétaires.**

8 **Dans les documents 19 et 20, repérez et expliquez les limites de ces choix.**

Étape synthèse

Les politiques conjoncturelles

Mise en œuvre des politiques conjoncturelles

Politique budgétaire

Utilisation de la dépense publique et de la fiscalité

Politique monétaire

Contrôle de la masse monétaire pour assurer la stabilité des prix

Des orientations différentes

Politique de relance

Politique de soutien de la demande

Politique d'austérité

Politique d'assainissement de la gestion d'un État

Des limites respectives

Concernant la politique budgétaire

- Effet d'éviction
- Anticipation des agents
- Contraintes d'endettement public (PSC)

Concernant la politique monétaire

- Crédibilité
- Élasticité au taux d'intérêt

MOTS-CLÉS

▸ **Politique budgétaire :** politique économique consistant à utiliser le budget de l'État comme instrument de régulation conjoncturelle.

▸ **Politique monétaire :** politique économique consistant pour une autorité monétaire à mettre en œuvre des moyens pour agir sur l'activité économique par la régulation de la masse monétaire.

▸ **Dépense publique :** dépense réalisée par les administrations publiques.

▸ **Fiscalité :** pratiques utilisées par un État ou une collectivité pour percevoir les impôts et autres prélèvements obligatoires.

▸ **Effet d'éviction :** effet par lequel l'État prélève une partie de l'épargne nationale dans le but de financer son déficit budgétaire, ce qui pénalise la consommation et l'investissement privé.

Parcours *balisé*

Budget 2015 : quelle orientation économique ?

DOC 1 Budget 2015 de l'État : plus de déficit, un peu moins d'impôt, autant de rigueur

① INDICES

Le budget de l'État pour 2015, présenté mercredi, peine à faire diminuer dette et déficits malgré les efforts sur la dépense, et ne réduit guère les prélèvements obligatoires ① en dépit du geste annoncé pour l'impôt sur le revenu.

La France « tient impeccablement les dépenses » et a « pris ses responsabilités », a plaidé le ministre des Finances, Michel Sapin, imputant le dérapage du déficit à la mauvaise conjoncture et renvoyant la balle à l'Europe pour soutenir l'activité. « L'Europe doit elle aussi prendre ses responsabilités dans toutes ses composantes », a lancé le ministre lors d'une conférence de presse. [...] Le projet de loi de finances (PLF) 2015 doit être validé par le Conseil des ministres, deux jours après l'annonce du budget de la Sécurité sociale, déjà marqué par plusieurs annonces de rigueur, notamment sur la politique familiale.

21 milliards d'euros d'économies

Le texte confirme la volonté de discipliner les autres aspects de la dépense publique ① : 7,7 milliards d'euros d'économies sont demandés à l'État et à ses agences (soit un peu plus que les 7 milliards annoncés le 10 septembre par Michel Sapin) et 3,7 milliards sur la dotation versée aux collectivités locales. Au total, la France doit réaliser l'an prochain 21 milliards d'euros d'économies ① – et 50 milliards sur trois ans – ce qui permettra de limiter la hausse des dépenses publiques à 0,2 % par an, alors que sa « progression spontanée », si ces économies n'avaient pas été faites, aurait été de 1,7 %. « La France n'a jamais fait un effort de cette ampleur », a affirmé M. Sapin. Bercy fait du respect de ces montants d'économies le dernier rempart de la crédibilité budgétaire française. Car, pour le reste, la France avait dès le 10 septembre reconnu que son déficit public ne reculerait que très faiblement l'an prochain, à 4,3 % du PIB, après 4,4 % en 2014 et 4,2 % en 2013. Le retour dans les clous européens ne devrait s'effectuer qu'en 2017, alors que Paris promettait initialement de revenir dès l'an prochain au seuil de 3 %. [...]

« Pas d'efforts supplémentaires demandés aux Français »

Le gouvernement a prévenu qu'aucun effort supplémentaire ne serait fait pour contenir le dérapage, synonyme d'une dette qui grossit rapidement, à plus de 2 000 milliards d'euros désormais. « Il ne sera pas demandé d'efforts supplémentaires aux Français. Car si le gouvernement assume le sérieux budgétaire pour redresser le pays, il se refuse à l'austérité », lit-on dans le dossier de presse détaillant le budget. Pourtant des hausses dans le porte-monnaie sont déjà annoncées [...]. Selon le Premier ministre, Manuel Valls, il n'est pas question de renoncer aux mesures promises l'été dernier aux ménages, pour soigner le « haut-le-cœur fiscal » dont souffrent les Français, mais aussi pour répondre aux demandes d'une partie des députés socialistes. Une réforme de l'impôt sur le revenu doit bénéficier à 9 millions de contribuables, pour un montant de 3,2 milliards d'euros. Par ailleurs les dispositifs de soutien aux entreprises vont continuer à monter en puissance, en particulier le Crédit d'impôt pour la compétitivité et l'emploi (CICE). Le budget 2015 scelle aussi une baisse de certaines taxes pesant sur les sociétés et concrétise les promesses de relance du secteur du logement faites récemment par M. Valls. Au total, le taux de prélèvements obligatoires en France ne devrait que peu évoluer d'ici 2017 : les impôts, taxes et cotisations sociales des ménages et entreprises devraient atteindre 44,6 % du PIB l'an prochain, après 44,7 % cette année et rester quasi stables à 44,5 % et 44,4 % en 2016 et 2017.

www.midilibre.fr, 1er octobre 2014

DOC 2 Les risques de l'austérité

DOC 3 Austérité et pouvoir d'achat

1. Repérez et expliquez les objectifs ① du projet de loi de finances pour 2015.
2. Identifiez la politique conjoncturelle à laquelle le texte fait référence et déterminez son orientation principale.
3. Identifiez et expliquez les contraintes et risques de ce choix de politique conjoncturelle.
4. Repérez des mesures qui devraient permettre de limiter ces risques.

① INDICES

En savoir plus...

Texte sur le projet de loi de finances 2015

RESSOURCE tinyurl.com/pbad76e

18

Les politiques structurelles

> Infrastructures et croissance

Selon la Banque mondiale, « [...] le développement des infrastructures est essentiel pour la croissance économique. Des routes et des ponts en bon état génèrent plus d'opportunités commerciales, réduisent les coûts des marchandises et des services et permettent aux pays de mieux exploiter leur capacité de production. Le développement de la Chine n'aurait pas eu lieu si le pays n'avait pas investi massivement dans l'infrastructure routière. »

Retours sur investissements[1] générés par les projets d'infrastructure soutenus par la Banque mondiale

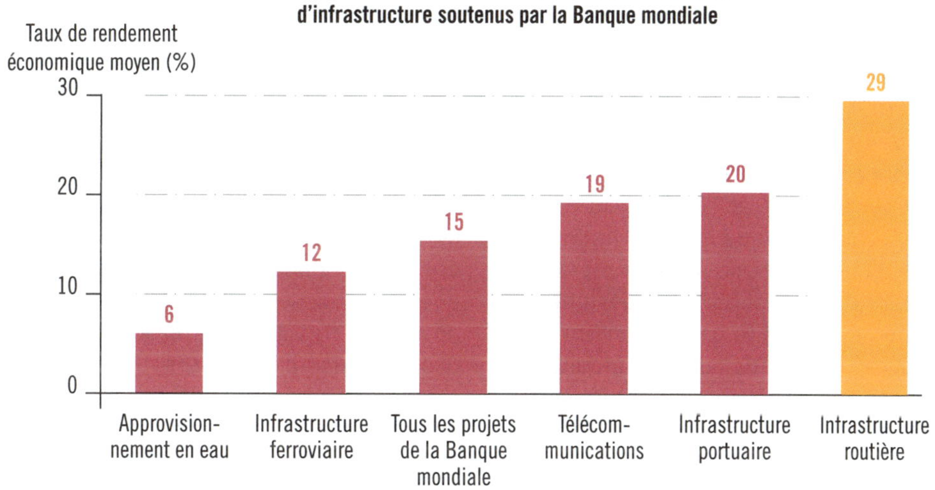

1. Le retour sur investissement (ou rentabilité du capital investi) désigne un ratio financier qui mesure le montant d'argent gagné ou perdu par rapport à la somme initialement investie dans un investissement.

www.iru.org

1. Repérez les domaines dans lesquels peuvent être mises en place des réformes structurelles.
2. Justifiez la nécessité des réformes structurelles pour l'activité économique.
3. Dans la vidéo, relevez d'autres exemples de réformes structurelles et présentez leurs enjeux pour la croissance économique.

ITINÉRAIRE BIS

Mario Draghi : « pas de croissance sans réformes structurelles »

VIDÉO | 1'17 | tinyurl.com/m77mmkz

Le président de la BCE l'a rappelé : la BCE « ne peut pas à elle seule produire la croissance ».

COMPÉTENCES

À l'issue de ce parcours, vous serez capable

> d'interpréter les mécanismes à l'œuvre dans les politiques économiques ;
> de repérer les limites des politiques économiques nationales ;
> d'analyser les conséquences de mesures de politique économique sur la situation économique ;
> d'identifier les effets d'une politique annoncée sur l'activité de l'entreprise.

1 Comment une politique structurelle influence-t-elle l'activité économique ?

A Les mécanismes induits par les politiques structurelles

DOC 1 Les finalités des politiques économiques

Contrairement aux politiques conjoncturelles (actions économiques et sociales à court terme), les politiques structurelles ont des effets à plus long terme qui concernent les structures de l'économie, c'est-à-dire l'ensemble des institutions et des relations entre acteurs économiques qui offrent une certaine permanence. Elles sont destinées à agir sur les structures de la société : il s'agit de faire évoluer progressivement les structures socio-économiques du pays de façon à améliorer durablement l'efficience de l'appareil productif et de consolider les performances macroéconomiques. Toutefois, de nombreuses interventions publiques de nature structurelle nécessitent la mise en œuvre de politiques économiques conjoncturelles adaptées. Ainsi, dans l'Union européenne, l'adhésion à l'union monétaire (politique structurelle) a nécessité l'adoption de politiques budgétaires rigoureuses (réduction des déficits et de l'endettement public). Mais des politiques structurelles peuvent soutenir des actions conjoncturelles. En France, en 1993, les ressources de privatisations (action structurelle) ont permis de faire face à des dépenses budgétaires accrues pour répondre à la récession.

Foucher, 2015

DOC 2 Qu'entend-on par politique structurelle ?

L'économie peut se dérégler [...]. Les responsables économiques peuvent [...] y remédier de plusieurs façons, selon la nature des problèmes. Lorsque [...] les prix grimpent trop vite et que les consommateurs et les entreprises dépensent à un rythme supérieur à la capacité de production de biens et services du pays – autrement dit, lorsque la demande globale augmente trop rapidement –, les gouvernants peuvent entreprendre de freiner la demande. De même, en période de ralentissement économique, [...] le gouvernement peut essayer de les encourager à sortir leur portefeuille ou engager des dépenses publiques pour compenser le repli des dépenses privées. C'est ce qu'il est convenu d'appeler les politiques de gestion de la demande ou de stabilisation. Il arrive que les problèmes économiques soient plus profonds et durables qu'un excédent ou déficit de la demande [...]. Pour y remédier, il faut transformer le tissu économique, ce qui requiert des réformes structurelles (ex. : politique industrielle pour favoriser la compétitivité de l'industrie, politique de l'emploi pour générer une meilleure organisation du travail, politique de recherche pour dynamiser l'innovation...). [...] Des réformes structurelles sont nécessaires pour redresser l'offre globale [...]. À la suite des récentes crises de la finance et des dettes souveraines, les appels se sont multipliés en faveur de réformes structurelles énergiques dans plusieurs pays de la zone euro, tandis que le ralentissement de la croissance de nombre de pays développés et en développement a rendu nécessaires des réformes budgétaires, financières, institutionnelles et réglementaires pour rehausser la productivité et dynamiser la croissance et l'emploi. Les politiques structurelles non seulement favorisent la croissance économique, mais elles préparent aussi le terrain aux mesures de stabilisation.

K. Abdel-Kader, « L'ABC de l'économie », *Finance et Développement*, www.imf.org, mars 2013

1. Identifiez les éléments qui caractérisent une politique structurelle et repérez ses finalités.
2. Expliquez en quoi les politiques structurelles et conjoncturelles (ou de stabilisation) sont interdépendantes.
3. Montrez en quoi le contexte économique justifie la mise en place de politiques structurelles.

ITINÉRAIRE BIS

Politiques structurelles et politiques conjoncturelles

VIDÉO 4'13 tinyurl.com/nzt7urg

On distingue deux grands types de politiques économiques qui présentent des caractéristiques spécifiques : les politiques structurelles et les politiques conjoncturelles.

a. Repérez la finalité de la politique structurelle et expliquez ses principaux instruments.

b. Expliquez les effets de ces instruments sur l'activité économique.

c. Dans un bref développement structuré, montrez comment la politique conjoncturelle peut impacter l'activité économique.

B Les effets des politiques structurelles

DOC 3 Des mesures structurelles au service de la compétitivité

Suppression de la loi sur les 35 heures

Construction d'une ligne TGV

Ouverture des magasins le dimanche

Privatisation des services publics

Création de pôles de compétitivité

Augmentation des aides financières à l'agriculture biologique

DOC 4 Les moyens d'intervention de l'État inhérents aux politiques structurelles

En matière de politique structurelle, les moyens d'intervention de l'État sont multiples. Ils permettent aux gouvernements d'agir sur les facteurs de la croissance.

L'État peut générer un secteur public productif par la constitution de sociétés ou par la nationalisation. Le secteur public productif français représente près de 30 % de l'activité économique. Il est en diminution du fait des différentes privatisations effectuées par les gouvernements de droite et de gauche depuis 1986. La planification a également permis à l'État de prévoir et d'accompagner certains domaines de l'activité économique. [...] La politique économique menée dans de nombreux domaines (soutien à l'agriculture, à l'industrie ou aux services, lutte contre le chômage ou l'inflation) et l'utilisation de la réglementation juridique (loi sur les 35 heures, réforme du droit des sociétés ou droit de la concurrence pour limiter les concentrations, par exemple) sont également des moyens d'intervention importants. Dans cette optique, la politique industrielle oriente certaines activités vers des domaines très productifs dans lesquels le pays possède des avantages concurrentiels (par exemple, le luxe ou l'aéronautique pour la France). La politique de formation, qui passe par l'éducation, a pour but de mettre à la disposition des entreprises des salariés compétents et qualifiés. La politique d'aide aux ménages par la redistribution permet de maintenir un certain niveau de demande et par conséquent de consommation, qui garantit la production. Les commandes publiques, voire la mise en œuvre de grands travaux (infrastructures), constituent d'autres types d'interventions de l'État. Enfin, la politique de lutte contre l'inflation, menée essentiellement par l'intervention de la Banque centrale européenne, a pour but de stabiliser les prix, mais elle ne relève plus, dans l'Union Européenne, de la souveraineté des États nationaux.

© Éditions Rue des écoles, www.assistancescolaire.com

4 Expliquez les effets attendus des différentes mesures structurelles envisagées.

5 ACTIVITÉ

À l'aide du document 4, élaborez un schéma présentant les finalités, les moyens et les exemples de mesures de politiques structurelles envisagées dans les documents.

2 Comment les politiques structurelles sont-elles mises en œuvre ?

A Les politiques structurelles mises en œuvre dans le cadre national

DOC 5

La politique structurelle : une nécessité nationale

La France est l'une des cinq premières économies mondiales par son PIB, notamment grâce à certains secteurs à forte intensité technologique (défense, secteur manufacturier [...], aéronautique, nucléaire). Certaines branches industrielles ont un avantage technologique durable dans le monde. La France est aussi un pays au modèle social particulièrement développé, qui a des acquis indéniables. Le niveau d'éducation de la population a fortement augmenté au cours des trois dernières décennies, et le niveau d'inégalité de revenus est relativement bas par rapport aux autres pays de l'OCDE grâce aux mécanismes de redistribution. Par ailleurs, ce niveau d'inégalité a été relativement stable sur le long terme. La France obtient enfin de bons résultats dans de nombreux indicateurs de bien-être. Néanmoins, aujourd'hui, 6 ans après le début de la crise économique, la croissance française reste faible – 0,4 % cette année et au mieux 1 % en 2015 d'après les dernières prévisions de l'OCDE. Par ailleurs, la croissance potentielle [...] sur 2008-2013 est estimée à 1,25 %. La France fait donc face actuellement au défi considérable de devoir améliorer de façon importante sa compétitivité et sa croissance potentielle à moyen terme, et de transformer ses outils économiques et sociaux pour préserver ses « acquis » dans un contexte de fortes pressions sur les finances publiques. [...]

Les études convergent pour montrer que les réformes prioritaires à engager en France pour améliorer la compétitivité des entreprises relèvent de quatre domaines :
- optimiser la concurrence sur le marché des biens et services [...] ;
- améliorer le fonctionnement du marché du travail [...] ;
- assurer que la structure de la fiscalité dans son ensemble limite les distorsions [...] ;
- simplifier l'organisation territoriale de la France [...].

Depuis 2012, le gouvernement a engagé ou annoncé des réformes importantes dans les quatre domaines concernés. À cet égard notamment, les mesures prises afin de réduire le coût du travail et la fiscalité introduites dans le cadre du Pacte de responsabilité et de solidarité[1], en sus du Crédit d'impôt pour la compétitivité et l'emploi (CICE)[2], devraient avoir des effets significatifs. L'assouplissement des contraintes administratives qui pèsent sur les entreprises, la concurrence et la productivité va également dans le bon sens. De même, la formation professionnelle, l'apprentissage et la formation permanente font aujourd'hui l'objet de réformes qui doivent être continuées pour assurer que les dispositifs soient efficaces. Enfin, les réformes territoriales actuellement engagées, et en particulier la création des métropoles, pourraient aussi avoir des effets positifs sur la croissance si elles sont menées de façon à favoriser la productivité de bassins d'emplois cohérents.

www.oecd.org, octobre 2014

1. Annoncé le 31 décembre 2013, le Pacte de responsabilité consiste en un ensemble d'aides aux entreprises en vue de stimuler l'embauche et la croissance. Le volet « Solidarité » prévoit des mesures en faveur des ménages modestes.

2. Le CICE est un avantage fiscal qui concerne les entreprises employant des salariés. Il a pour but de redonner aux entreprises des marges de manœuvre pour investir, innover, favoriser la recherche et recruter.

1. Relevez les forces structurelles de la France.
2. Appréciez la nécessité de mettre en place des réformes structurelles en France et précisez quel acteur économique les met en œuvre.
3. Repérez les réformes engagées au niveau national et expliquez leurs effets attendus sur l'activité économique.

DOC 6 Taux de chômage des jeunes par niveau de formation en France

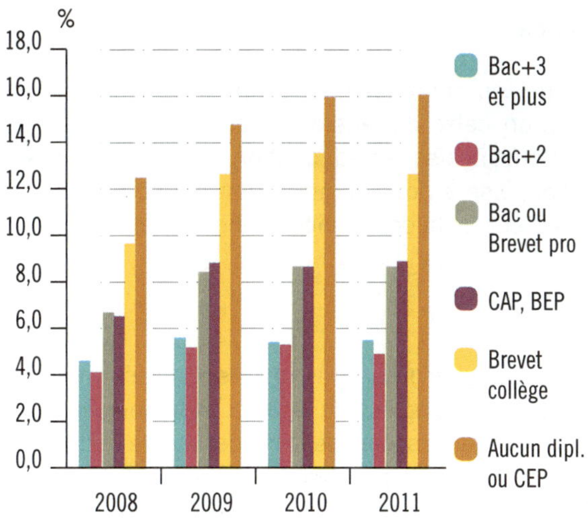

BIT

DOC 7 Durées effectives moyennes de travail des salariés à temps plein dans l'UE en 2013

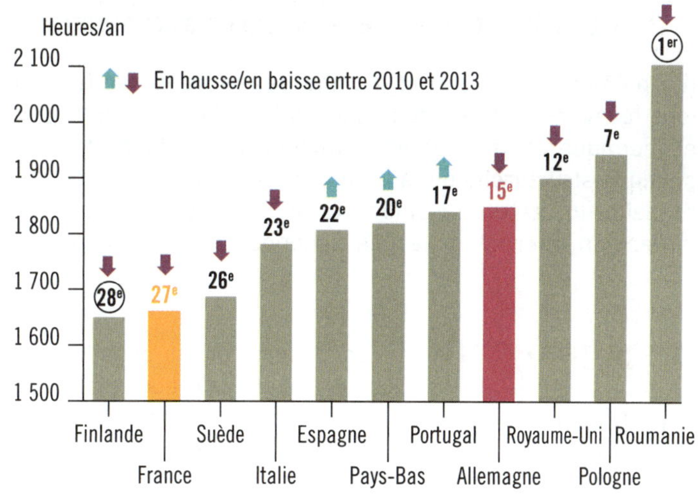

Eurostat

DOC 8 Évolution de la dépense intérieure de recherche et développement[1] (DIRD)/PIB

La DIRD en France stagne depuis 2002 alors qu'elle progresse fortement dans d'autres pays. 7e en 1995, la France chute en 15e position en 2011.

1. La DIRD correspond aux travaux de R&D sur le territoire national quelle que soit l'origine des fonds.

OCDE

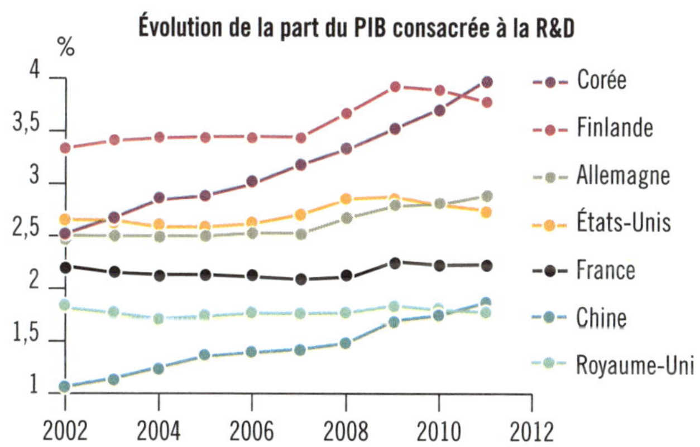

4 **Commentez les grandes tendances mises en évidence dans les documents 6 à 8 pour apprécier la situation structurelle de la France.**

DOC 9 Réformes structurelles en France : ce qu'il faudrait faire

On connaît bien maintenant les facteurs de blocage de la croissance en France. Il s'agit d'abord de la faiblesse des marges bénéficiaires et de la capacité d'autofinancement, de la rentabilité du capital physique, surtout dans l'industrie, ce qui décourage l'investissement. [...] Il s'agit ensuite de l'insuffisance des compétences de la population active. [...] On sait que le coût du travail peu qualifié est élevé en France [...]. Il nous semble donc que la situation économique de la France va s'améliorer si des réformes suivant trois principes sont mises en place. Soutenir l'offre (en quantité et en qualité, par exemple avec la modernisation du capital productif) en ce qui concerne le travail (compétences accrues de la population active), les biens et les services, l'immobilier résidentiel, et non la demande. Rendre plus compétitifs les marchés qui ne le sont pas : travail peu qualifié (rigidité du smic), services protégés, immobilier résidentiel (excès chronique de demande). Concentrer les transferts publics sur les ménages aux revenus les plus faibles afin de dégager des marges de manœuvre budgétaires et de compenser les effets sur le pouvoir d'achat de la baisse du salaire minimum.

P. Artus, www.lepoint.fr, 11 septembre 2014

5 **Relevez et expliquez les moyens d'action de l'État français dans le cadre de ses politiques structurelles pour soutenir la croissance et la compétitivité de l'économie nationale.**

B Leur mise en œuvre dans le cadre communautaire

DOC 10 La politique structurelle : une nécessaire ouverture européenne

[La politique structurelle] planifie ses moyens sur le long terme en se fixant des objectifs, dont la croissance économique et la création d'emplois. L'objectif de la politique structurelle de la France ne peut être dissocié de celle du reste de l'Union européenne. En effet, la dimension internationale des échanges économiques impose que les choix faits en la matière prennent en considération cette dimension. À ce jour, la politique structurelle française, en adéquation avec celle du reste de l'Europe, vise à doper l'innovation qui se positionne comme vecteur de la croissance économique.

© Éditions Rue des écoles, www.assistancescolaire.com

DOC 11 La politique structurelle et la stratégie « Europe 2020 »

Les mesures prises dans le cadre des politiques structurelles touchent directement au quotidien et aux préoccupations des citoyens, qu'il s'agisse de la protection sociale, de la question des retraites, de la préservation d'un modèle social, de la recherche de l'efficacité économique ou bien encore de la législation du travail. Ces politiques relèvent des domaines d'intervention des États, qui doivent engager des réformes parfois difficiles à accepter pour la population, et du domaine privilégié pour l'action de la Commission européenne, qui poursuit ainsi le projet d'intégration et d'approfondissement de l'Union. Pour surmonter les graves difficultés du moment, l'Union a adopté la stratégie « Europe 2020 » qui vise à « améliorer la situation de l'emploi, développer la recherche et l'innovation, combattre le changement climatique, augmenter le niveau d'éducation et lutter contre la pauvreté et l'exclusion sociale ».

Foucher, 2015

6 Relevez les grands objectifs des politiques structurelles au niveau européen et expliquez leurs enjeux pour les agents économiques.

7 Expliquez pourquoi la politique structurelle doit être envisagée au niveau européen.

DOC 12 Les politiques structurelles de l'UE

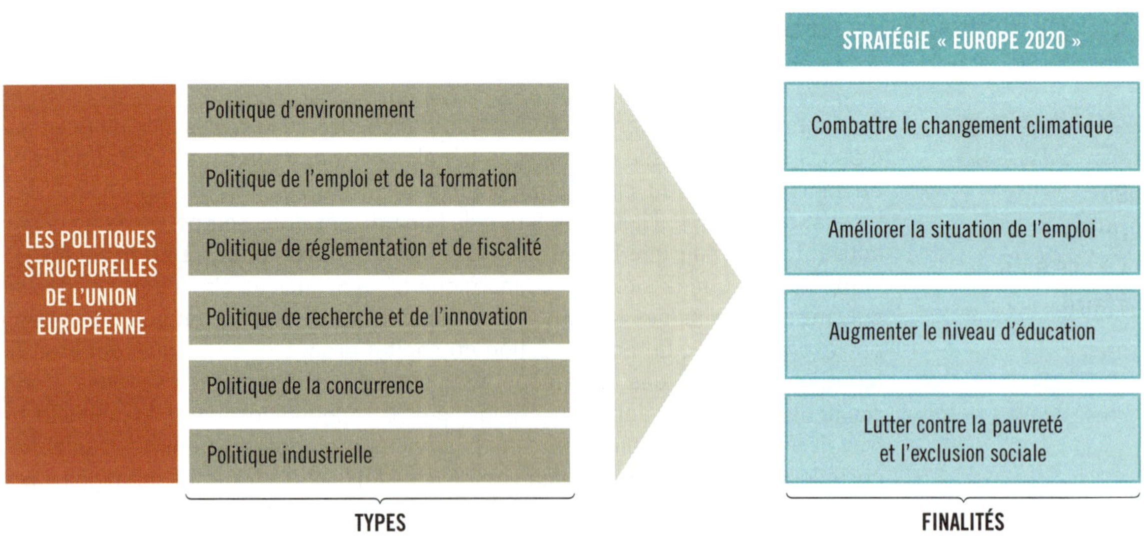

Foucher, 2015

8 Expliquez le schéma présenté.

9 ACTIVITÉ

Recherchez sur Internet quelques exemples de mesures illustrant les différentes politiques structurelles envisagées au niveau de l'Union européenne.

DOC 13 Les instruments des politiques structurelles de l'UE

Des disparités socio-économiques importantes existent entre les régions de l'Union européenne. Par exemple, le Produit intérieur brut (PIB) par habitant du Luxembourg est deux fois plus élevé que celui de la Grèce. De même, Hambourg est la région la plus riche d'Europe avec un revenu par habitant quatre fois supérieur à celui de l'Alentejo. Ces disparités entre les régions sont préjudiciables à la cohésion de l'Union. La cohésion économique et sociale est, de ce fait, un des objectifs prioritaires de l'Union. Afin de mener à bien l'effort de cohésion économique et sociale, la Commission a créé des instruments financiers : les fonds structurels et le Fonds de cohésion dont l'utilisation par les États membres est étroitement réglementée.

Fonds structurels

Quatre types de fonds structurels ont été mis en place au fur et à mesure de la construction européenne :

- le Fonds européen de développement régional (FEDER) contribue essentiellement à aider les régions en retard de développement, celles en reconversion économique et en difficulté structurelle ;
- le Fonds social européen (FSE) intervient essentiellement dans le cadre de la stratégie européenne pour l'emploi ;
- le Fonds européen d'orientation et de garantie agricole (FEOGA) section « orientation » contribue au développement et à l'ajustement structurel des zones rurales en retard de développement en améliorant l'efficacité des structures de production, de transformation et de commercialisation des produits agricoles et sylvicoles ;
- l'Instrument financier d'orientation de la pêche (IFOP) soutient les évolutions structurelles du secteur de la pêche.

www.melchior.fr

DOC 14 Les politiques structurelles et de cohésion : des outils puissants

Pour surmonter la crise actuelle, pour créer de l'activité et des emplois, et d'une manière plus générale pour améliorer la vie des citoyens, l'Union européenne dispose des politiques structurelles et de cohésion. Ces politiques communes sont des outils puissants, qui concourent au développement de secteurs dans lesquels l'Europe excelle et qui illustrent au mieux la fameuse « valeur ajoutée communautaire » :

- l'agriculture, le développement rural et la pêche constituent un secteur économique et un enjeu stratégique d'importance croissante avec l'augmentation de la population mondiale, et sont directement reliés aux grandes problématiques environnementales et énergétiques du moment ;
- la promotion de la cohésion économique, sociale et territoriale est un facteur de développement économique et de lutte contre l'exclusion sociale [...] ;
- les politiques en matière de culture et d'éducation [...] ;
- de la même façon, le tourisme est à la fois un secteur économique d'importance et un vecteur de développement individuel et d'intégration européenne ;
- enfin, les transports sont vitaux pour l'économie et la société dans son ensemble. [...] Les politiques structurelles et de cohésion sont des leviers économiques importants, particulièrement indispensables pour vaincre les difficultés du moment, et qui doivent être renforcées pour contribuer efficacement à la réussite de la stratégie « Europe 2020 » dont elles recouvrent tous les objectifs.

Le Parlement européen pourra jouer un rôle décisif dans ce renforcement puisque toutes ces politiques relèvent désormais de la procédure législative ordinaire.

www.europe-en-france.gouv.fr

10 Justifiez les enjeux des politiques structurelles pour la cohésion de l'Union européenne.

11 Relevez les instruments prévus pour financer ces politiques.

12 Expliquez les effets de ces politiques communes sur la « valeur ajoutée communautaire ».

Étape synthèse

Les politiques structurelles

Mise en œuvre de politiques structurelles

- Politique d'environnement
- Politique de l'emploi et de la formation
- Politique de réglementation et de fiscalité
- Politique de la concurrence
- Politique de recherche et de l'innovation
- Politique industrielle

… Pour modifier les structures socio-économiques

- Améliorer l'efficience de l'appareil productif
- Consolider les performances macroéconomiques

… Aux niveaux national et européen

- Au niveau national → Mises en œuvre par les États membres
- Au niveau européen → Mises en œuvre par les autorités communautaires

MOTS-CLÉS

▸ **Politique structurelle :** politique économique de moyen et long terme qui vise à mettre en place des mécanismes pour transformer les structures de l'économie, afin de favoriser durablement la croissance et la compétitivité de l'économie.

Parcours *balisé*

Des politiques structurelles au secours de la croissance européenne

DOC 1 35 heures, flexibilité, salaires : les propositions chocs suggérées à Bercy

Un rapport plaiderait pour un assouplissement des 35 heures. Paris et Berlin préparent des annonces pour relancer l'investissement. [...] Le rapport commandé par les gouvernements français et allemand aux économistes Jean Pisani-Ferry et Henrik Enderlein pour stimuler la croissance des deux côtés du Rhin contiendrait des mesures chocs.

Selon *Der Spiegel*, les deux experts, qui doivent présenter leur rapport jeudi, plaideraient en faveur d'un gel des salaires en France pendant trois ans, d'une flexibilité accrue du marché du travail et d'un assouplissement des 35 heures ①. [...]

S'il contient un message sur l'exigence d'une flexibilité accrue du marché du travail français, le rapport se focalisera plutôt sur la nécessaire relance de l'investissement, tant en France qu'en Allemagne. D'ailleurs, la presse allemande affirme que le rapport conseillerait au gouvernement d'Angela Merkel de doubler son initiative en matière d'investissements, à 20 milliards d'euros, d'ici à 2018. Avec un problème : cela détériorerait les finances publiques. Or, la CDU, le parti de la chancelière, est très attachée à l'équilibre budgétaire. [...]

Enfin, s'agissant de la modération salariale en France, elle est soutenue *de facto* par le gouvernement. En mettant en œuvre le Crédit d'impôt pour la compétitivité et l'emploi (CICE) et le pacte de responsabilité, qui entraîneront une baisse des charges sociales pour les entreprises d'environ 41 milliards d'euros, le but du gouvernement est d'améliorer la compétitivité. Si les baisses de charges passent en hausses de salaires, alors l'objectif ne sera pas atteint. [...] Mais il paraît difficile de geler les salaires. Le rapport final plaidera pour une simple modération.

G. de Calignon, www.lesechos.fr, 23 novembre 2014

① INDICES

DOC 2 Renoncer aux 35 heures pour sortir de la crise ?

VIDÉO 1'39 tinyurl.com/kem7you

Le rapport des économistes franco-allemands a fuité. Il préconise aux gouvernements et surtout à l'État français de geler les salaires et de renoncer aux 35 heures. Et pourquoi pas continuer d'augmenter les salaires en travaillant plus ?

DOC 3 Projet de loi Macron : quels effets sur l'économie française ?

Le projet de loi Macron arrive à l'Assemblée. Ce texte, qui vise à libérer la croissance et relancer l'activité, est présenté comme l'un des plus importants du quinquennat. Il prévoit notamment l'extension du travail le dimanche, la remise à plat des tarifs des professions réglementées, la libéralisation du transport par autocar ou encore la simplification du permis de conduire.

Le gouvernement espère des effets concrets dès l'été prochain. L'extension du travail le dimanche, par exemple, vise à accroître l'activité, avec, à la clef, des créations de postes ou la hausse du nombre d'heures travaillées. Mais, dans un rapport, la commission chargée d'évaluer le projet de loi apporte un bémol. En limitant à 12 dimanches par an l'ouverture des magasins, et sous réserve du feu vert des élus locaux, l'impact pourrait être moins important que prévu.

L'autre mesure dont le gouvernement attend beaucoup, c'est l'ouverture de lignes d'autocars entre les villes françaises. Cette offre, presque inexistante aujourd'hui, s'adresse aux jeunes et à tous ceux qui n'ont pas les moyens de prendre le train. Selon la commission, une telle mesure pourrait créer 22 000 emplois. À condition, toutefois, de développer et réorganiser le réseau des gares routières.

Il y a aussi tout ce qui concerne les professions réglementées, comme les notaires. Le gouvernement explique que sa loi permettra de baisser les tarifs, ce que contestent les intéressés.

S. Lemoine, www.franceinfo.fr, 26 janvier 2015

Ce que dit la loi Macron

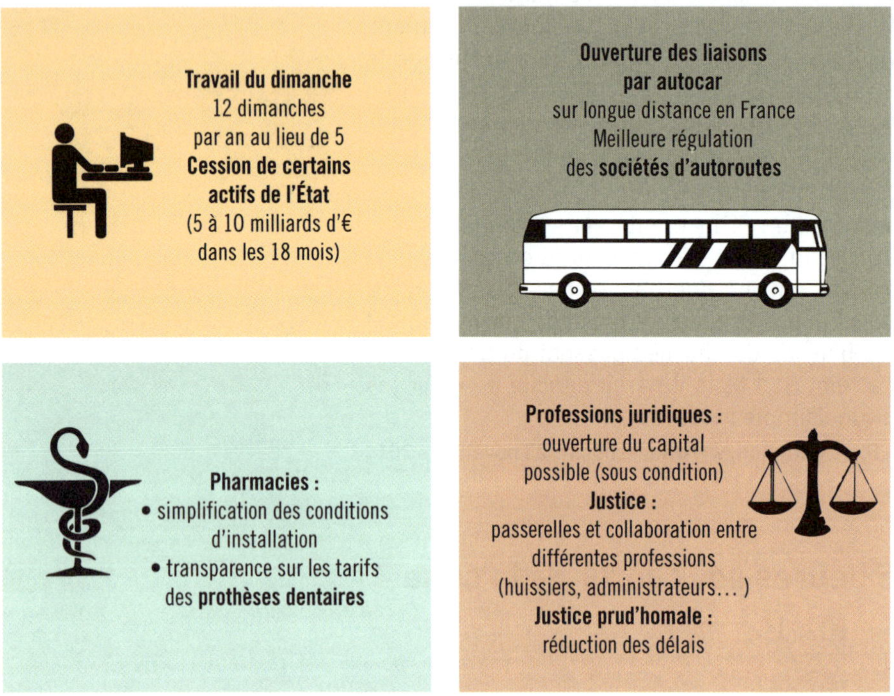

1 Repérez les mesures structurelles ① prévues par le rapport franco/allemand et expliquez comment elles sont mises en œuvre dans chaque pays.

2 Relevez et expliquez les effets attendus de ces mesures ②.

3 Commentez les limites de ces mesures ③.

En savoir plus...

Texte sur les réformes, l'investissement et la croissance de l'Europe

RESSOURCE tinyurl.com/krr2dq3

① **INDICES**

② **MÉTHODE** Expliquez les mécanismes mis en œuvre dans le cadre de ces mesures pour atteindre les objectifs structurels visés.

③ **MÉTHODE** Identifiez les limites puis émettez un avis quant à ces limites.

ENTRAÎNEMENT

› L'économie grecque : vers une nouvelle dynamique ?

Dans le cadre de la politique européenne, la Troïka est chargée d'apprécier la situation économique des pays membres de la zone euro.

Entre 2010 et 2013, quatre pays de la zone euro ont demandé un plan d'aide pour renflouer leurs caisses : l'Irlande, le Portugal, Chypre et la Grèce. Pour obtenir des prêts, les gouvernements ont dû négocier avec les représentants de la BCE, du FMI et de l'Union européenne en engageant des mesures conjoncturelles et structurelles importantes.

La Troïka est intervenue pour la première fois en Grèce en 2010. Le pays, confronté à une crise sans précédent, a demandé un soutien financier aux institutions internationales. La Commission européenne, la BCE et le FMI ont donc proposé un programme de prêts en échange d'un premier protocole d'accord prévoyant des mesures sur les retraites, les salaires, les impôts, les licenciements et les privatisations.

La Grèce est marquée par des changements politiques récents qui remettent en question les mesures prises et qui redéfinissent les contours de nouvelles politiques économiques.

Avec ses activités de conseil, de financement et d'assistance technique, le FMI est très présent en Europe. Il travaille de manière indépendante, dans les pays de l'Union européenne et en coopération avec les institutions européennes. En tant que créancier de la Grèce, cet organisme analyse particulièrement les évolutions de la conjoncture du pays.

Vous travaillez au FMI et êtes chargé(e) par votre supérieur de rédiger un rapport sur la situation de l'économie grecque. Ce document servira de support lors de la réunion des partenaires de la Troïka prévue le mois prochain.

À l'aide du dossier joint et de vos connaissances, en veillant à préciser les principaux concepts utilisés et à exploiter les sources statistiques mises à votre disposition, vous devez concevoir un rapport argumenté et structuré dans lequel :

- vous analyserez la situation de l'économie grecque en 2011 aux niveaux conjoncturel et structurel ;
- vous repérerez les mesures de politiques économiques mises en œuvre en 2012 et apprécierez leurs conséquences sur l'amélioration de la situation économique grecque ;
- vous justifierez les nouvelles mesures annoncées par le gouvernement grec et expliciterez leurs limites.

DOCUMENTS

Document 1	Les chiffres clés de la dette
Document 2	Austérité en Grèce : les chiffres du désastre
Document 3	Forces et faiblesses de l'économie grecque
Document 4	Grèce, les 10 nouvelles mesures de rigueur
Document 5	Trois chiffres pour comprendre l'ampleur de la crise en Grèce
Document 6	Grèce : les chiffres progressent mais les problèmes persistent
Document 7	Les nouvelles mesures anti-austérité

L'économie grecque : vers une nouvelle dynamique ?

Doc 1 Grèce : les chiffres clés de la dette

Le nouveau Premier ministre Alexis Tsipras réclame une restructuration de la dette.

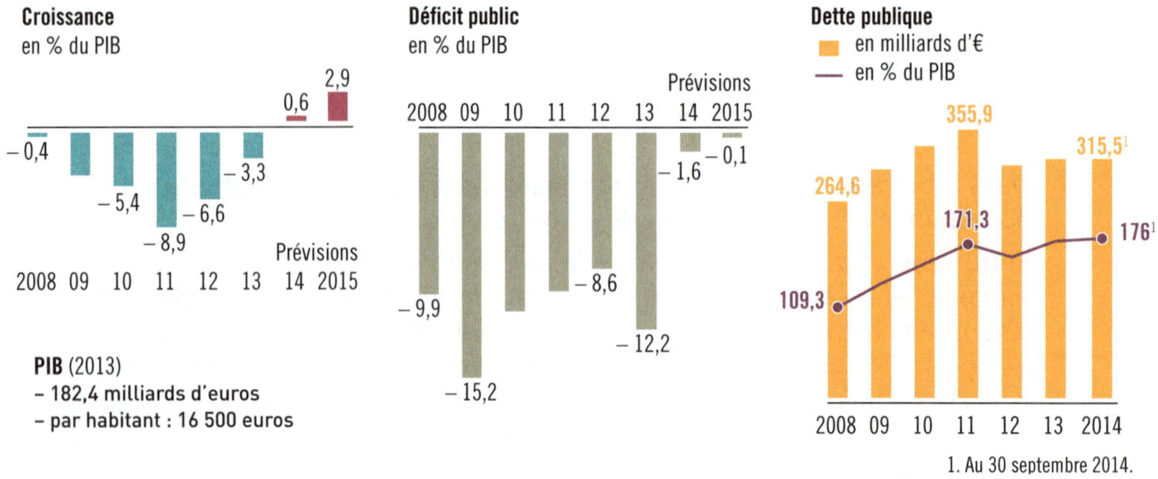

OCDE, Eurostat, Commission européenne, ministère grec des Finances, Natixis

Doc 2 Austérité en Grèce : les chiffres du désastre

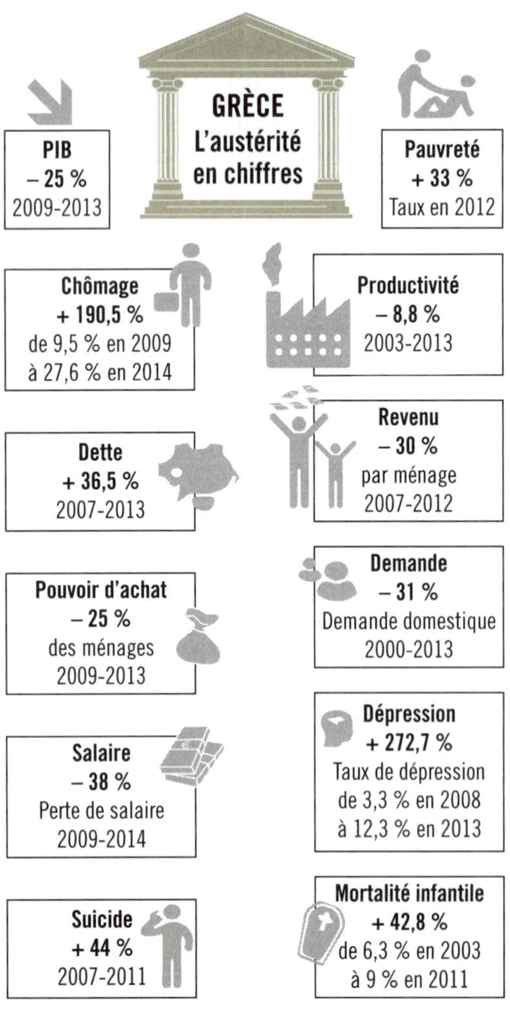

www.regards.fr

Doc 3 Forces et faiblesses de l'économie grecque

Le dérapage des finances publiques continue [...], l'évasion fiscale reste un sport national et la dette ne devrait pas diminuer avant de nombreuses années. [...] Mais si le pays repartait de zéro, sur quoi pourrait-il compter ? Depuis 1981 et son intégration à l'Union européenne [...], la Grèce a bénéficié de nombreuses aides qui lui ont permis de connaître une croissance soutenue. [...] En dehors des plans de sauvetage mis en place depuis 2009 afin d'éviter la faillite du pays, Bruxelles apporte chaque année 3 % du PIB grec sous forme de subventions et de soutien au développement.

L'agriculture représente toujours une part non négligeable de l'activité en Grèce. Quelque 12 % de la population y travaillent, essentiellement pour produire du coton, des céréales et des olives. À ce titre, le pays est d'ailleurs l'un des principaux bénéficiaires de la politique agricole commune de l'Europe, qui a permis de moderniser considérablement les installations. [...]

L'orientation de l'économie vers l'agriculture se retrouve jusque dans l'industrie. La transformation alimentaire et la production de tabac comptent parmi les secteurs les plus développés, derrière le transport maritime. [...]

Comme beaucoup de pays méditerranéens, la Grèce tire une grande partie de ses revenus du tourisme mondial. Chaque année, 18 millions de personnes viennent visiter les monuments antiques et faire la fête dans les îles méditerranéennes. D'après l'OCDE, ils contribuent à hauteur de 18 % à la richesse produite dans le pays. [...] Le secteur emploie 7 % de la population totale. À côté de ce triptyque agriculture-transport-tourisme, la Grèce souffre d'un véritable problème d'économie parallèle, qui gangrène tout le pays. En 2010, 639 millions d'euros de pots-de-vin ont été versés par les entreprises, qui échappent ainsi au contrôle du fisc. Au total, la fraude fiscale représente 4 à 5 % du PIB du pays. [...]

archive.francesoir.fr, 5 novembre 2011

Doc 4 Grèce, les 10 nouvelles mesures de rigueur

Pour recevoir une nouvelle aide de l'Union européenne et du Fonds monétaire international, le Parlement grec doit adopter une nouvelle batterie de mesures de rigueur. [...]

Flexibiliser le marché du travail

> Pour enrayer la chute du chômage et améliorer la compétitivité de la Grèce, l'Union européenne et le Fonds monétaire international exigent une baisse de 22 % du salaire minimum. Pour les moins de 25 ans, la baisse sera de 32 %. Le coût du travail doit baisser, de façon globale, de 15 % d'ici 2015. [...]

Économies dans le budget de l'État

> Réduction des frais de dépense des médicaments, pour 1,076 milliard d'euros. Le système de santé grec est très largement déficitaire, une réforme est en cours depuis 2010.

> Baisse du budget de la Défense de 300 millions d'euros. [...]

Renforcer le fisc

> La Grèce doit adopter une réforme d'ampleur des services des impôts. Elle va notamment recruter de nouveaux contrôleurs, multiplier les vérifications fiscales, informatiser son système de collecte. Un plan anti-corruption sera mis en place cette année. La fraude fiscale est estimée à 13 milliards d'euros.

Poursuite du programme de privatisations

> La Grèce doit vendre, durant la première moitié de 2012 quatre entreprises d'État (gaz, eau, jeux, pétrole). Gain attendu : un peu moins de 4,5 milliards d'euros. [...]

Fonction publique

> Athènes va placer 15 000 fonctionnaires dans une « réserve de main-d'œuvre ». Ils seront payés à 60 % de leurs salaires. [...]

© lefigaro.fr, 13 février 2012

Doc 5 Trois chiffres pour comprendre l'ampleur de la crise en Grèce

Malgré le plan d'aide européen, la Grèce n'est pas sortie de la crise. Celle-ci est si profonde que le pouvoir est quasiment promis au parti de gauche radicale Syriza, qui veut renégocier la dette. La preuve en chiffres. [...]

Un PIB qui a perdu 25 %

Le PIB de la Grèce est passé de 287 milliards d'euros en 2009 à 220 milliards d'euros en 2014. « C'est une chute de 25 % depuis le début de la crise, malgré les 240 milliards qui ont été prêtés par l'Europe », relève pour *L'Expansion* Stathis Kouvelakis, professeur de théorie politique au King's College de Londres et membre du comité central de Syriza. « Notre production industrielle a chuté de plus de 30 % et nos exportations ont reculé. La recette européenne pour redresser notre économie a été un désastre ».

Une croissance anémique de + 0,4 %

Mais la timide croissance de + 0,4 % prévue en 2014 est trop faible pour créer des emplois, relancer l'activité et les recettes fiscales. [...]

En conséquence de cette stagnation, la dette grecque s'élève maintenant à 177,2 % du PIB, alors que les économistes s'accordent à dire qu'une dette publique au-dessus de 120 % du PIB est insoutenable. [...]

50 % de chômage chez les jeunes

50,6 % des jeunes de moins de 25 ans étaient au chômage en Grèce en juillet 2014, alors que le taux dans l'ensemble de la population active atteint 25 %. Le taux de chômage baisse cependant depuis 2013, où il avait atteint près de 60 % chez les jeunes et près de 28 % dans la population. « 200 000 jeunes grecs se sont expatriés depuis 2010, souvent parmi les plus diplômés. Le pays s'est vidé de sa matière grise, il est détruit pour l'avenir », déplore Stathis Kouvelakis. Toute la population souffre. Des chercheurs britanniques ont établi un lien entre la politique d'austérité et l'augmentation du nombre des suicides. [...]

L. Martinet, lexpress.fr, 25 janvier 2015

› L'économie grecque : vers une nouvelle dynamique ?

Doc 6 Grèce : les chiffres progressent mais les problèmes persistent

Avec un double excédent des comptes courants et du budget, le gouvernement grec se gargarise de l'amélioration des données macroéconomiques du pays, espérant une sortie de crise, mais les experts restent inquiets des blocages persistants du modèle économique.

[...] La Grèce a enregistré un excédent des comptes de 1,2 milliard d'euros (0,7 % du PIB) en 2013 contre un déficit de 4,6 milliards (2,4 % du PIB) en 2012, essentiellement grâce à la baisse du déficit commercial et à l'augmentation de l'excédent des transactions et services, surtout celui du tourisme. Cette performance [...] est de bon augure pour la reprise de l'économie en 2014 [...]. Dimanche, le Premier ministre grec Antonis Samaras a indiqué que la Grèce avait dépassé les attentes de la Troïka. [...] La réalisation de l'excédent des comptes courants est due à la réduction des déficits du secteur public après sa restructuration, à la baisse de la demande intérieure, mais aussi à l'amélioration de la compétitivité.

Du tourisme aux médicaments génériques

[...] Lionel Zinsou, président du fonds d'investissement français PAI Partners, avait vanté la plateforme « logistique unique » que représente la Grèce, « l'augmentation des dépenses de recherche et développement des PME », « la baisse des salaires nominaux ». L'américain Hewlett-Packard, la multinationale de la consommation Unilever, l'industriel du tabac Philip Morris, l'entreprise de téléphonie Nokia ont annoncé ces derniers mois d'importants investissements en Grèce, mais le mouvement reste à confirmer. Moins optimiste, l'Organisation de coopération et de développement économiques (OCDE) prévoit la poursuite de la contraction du PIB de 0,4 % en 2014 et pointe la persistance des entraves à la libre concurrence surtout dans « le tourisme, les matériaux de construction, les produits alimentaires et le commerce de détail » qui limitent les perspectives de croissance.[...] Une étude conduite par le cabinet McKinsey en 2011 avait identifié parmi les « étoiles montantes » de l'économie grecque la production de médicaments génériques, l'aquaculture, le tourisme médical, les soins aux personnes âgées, le traitement des déchets. Deux ans plus tard, dans une économie encore sonnée par les mesures d'austérité, les coupes de salaires, les fermetures d'entreprises, le manque de liquidités bancaires, le développement de ces secteurs reste embryonnaire ou fragile. [...]

www.leparisien.fr, 19 février 2014

Doc 7 Les nouvelles mesures anti-austérité

Plusieurs projets de privatisation stoppés

Le nouveau gouvernement grec va stopper le processus de privatisation du port du Pirée lancé par la majorité précédente. [...]

Le gouvernement prévoit également de suspendre le projet de privatisation de PPC [...]. Le précédent gouvernement avait adopté l'an passé un texte de loi visant à scinder une partie des activités de PPC et à la privatiser dans le cadre d'un programme de libéralisation du marché de l'énergie.

[...] Mercredi également, interrogé sur les chaînes de télévision Mega et Skaï, le ministre de l'Énergie Panayotis Lafazanis avait fait part de l'intention du gouvernement de ne pas privatiser, comme c'était prévu, le principal opérateur public d'électricité DEI. [...]

Suite à l'annonce de l'arrêt de ces privatisations, la Bourse d'Athènes reculait de quelque 8 % mercredi vers 15 heures (heure de Paris), tombant à un nouveau creux historique. [...]

Hausse du salaire minimum sur le feu

À l'issue de cette première réunion du gouvernement, d'autres mesures devraient être annoncées. Ainsi, une loi rehaussant de 580 euros à 751 euros le salaire minimum pourrait être mise sur la table. [...] Il prévoyait également, comme mesure d'urgence, de laisser des facilités de paiement à ceux qui ne peuvent pas payer leurs arriérés d'impôts.

Autres décisions d'urgence : Alexis Tsipras souhaite accorder l'électricité gratuite et des bons d'alimentation aux plus démunis, et d'en finir avec l'obligation de « mobilité et d'évaluation » dans les services publics, largement imposée par les créanciers du pays, la fameuse Troïka (UE, BCE, FMI).

[...]

En outre, le nouveau gouvernement grec de gauche radicale Syriza veut négocier la dette avec les créanciers du pays, BCE, UE et FMI, dans la perspective de trouver « une solution viable, juste et mutuellement utile », a indiqué mercredi le Premier ministre Alexis Tsipras. [...]

www.latribune.fr, 28 janvier 2015

19 La régulation du marché mondial des biens et des services

> L'Opep semble dépassée par le marché

Le ministre de l'Énergie des Émirats arabes unis enjoint les pays non-membres à se coordonner avec la réalité du marché pour enrayer la chute du pétrole. Il estime que, compte tenu du développement du pétrole de schiste, désormais, l'Opep est impuissant face à la chute des cours du brut.

www.latribune.fr, 13 janvier 2015

> Un prix du baril très volatil

prixdubaril.com, 14 janvier 2015

> Les conséquences de l'absence de régulation

La volatilité rend les décisions d'investissement difficile. Elle risque de remettre en cause les programmes indispensables de réduction de consommation et rentabilité des énergies renouvelables en brouillant les perspectives de prix.

G. Darmois, www.tnova.fr, 15 juillet 2009

1. Caractérisez la volatilité sur le cours du pétrole.
2. Déterminez les conséquences d'une absence de régulation sur les acteurs du marché pétrolier.
3. L'Opep est-elle un régulateur performant du marché pour déterminer les prix du baril ?

ITINÉRAIRE BIS

Le secteur pétrolier se fait massacrer après la réunion de l'Opep

VIDÉO 3'09 tinyurl.com/mqnt7nk

Comment les décisions de l'Opep influencent-elles les acteurs mondiaux ?

COMPÉTENCES

À l'issue de ce parcours, vous serez capable
- > d'identifier les instruments de régulation du commerce mondial ;
- > d'identifier et d'analyser les limites de l'OMC dans la gouvernance de l'économie mondiale ;
- > d'analyser un litige commercial et son règlement par l'ORD.

1 Pourquoi la régulation s'est-elle imposée au niveau mondial ?

A La libéralisation de l'économie, condition nécessaire pour développer le commerce mondial

DOC 1 Libéralisation et croissance du commerce, une réalité

Au cours des dernières décennies, l'économie mondiale a connu une croissance rapide. Cette croissance a été en partie alimentée par la progression encore plus rapide du commerce international. La croissance du commerce, quant à elle, résulte à la fois d'évolutions technologiques et d'efforts concertés pour réduire les obstacles aux échanges. Certains pays en développement ont ouvert leurs économies afin de tirer pleinement parti des chances de développement économique offertes par le commerce, mais nombreux sont ceux qui s'en sont abstenus. La poursuite de la libéralisation des échanges, en particulier dans ces domaines, par les pays tant industrialisés qu'en développement, aiderait les plus pauvres à sortir de l'extrême pauvreté tout en bénéficiant également aux pays industrialisés eux-mêmes. [...]

Les politiques qui ouvrent une économie au commerce et aux investissements du reste du monde sont indispensables à une croissance économique soutenue. Sur ce point les faits sont établis. Depuis plusieurs décennies, aucun pays n'a connu la réussite économique, manifestée par l'augmentation substantielle des niveaux de vie de sa population, sans être ouvert sur le reste du monde. Inversement, l'ouverture aux échanges – ainsi qu'à l'investissement direct étranger – a constitué un élément important de la réussite économique de l'Asie orientale où, au cours des 20 dernières années, la moyenne des droits d'importation est tombée d'un niveau de 30 % à 10 %.

FMI, www.imf.org

DOC 1 2 400 milliards de dollars pour l'économie mondiale

Sur le papier, l'idée d'une gigantesque zone de libre-échange en Asie a pourtant de quoi séduire. Elle pourrait apporter 2 400 milliards de dollars supplémentaires (1 927 milliards d'euros) à l'économie mondiale, selon le Pacific Economic Cooperation Council (PECC), un *think tank* promouvant les intérêts de la région.

Une autre étude, publiée en 2013 par trois économistes sud-coréens, parvient aux mêmes résultats. Selon les auteurs, « La FTAAP (Free Trade Area for the Asia Pacific) a un grand potentiel pour améliorer le bien-être des économies de l'APEC (groupement de 21 États de la région Asie-Pacifique) ». En réalité, ce sont surtout les pays du Sud-Est asiatique qui bénéficieront le plus de la suppression totale des droits de douane en Asie, déjà passés de 16,9 % en 1989 à 5,8 % en 2010. Le Vietnam serait notamment le grand gagnant avec 5 % de PIB en plus. De son côté, la Chine obtiendrait, selon la même étude, 0,27 % de PIB supplémentaire. Le gain est certes maigre, mais Pékin, dont la croissance dépend beaucoup des exportations vers ses voisins asiatiques, espère soutenir l'économie de ses principaux clients.

www.contexte.com

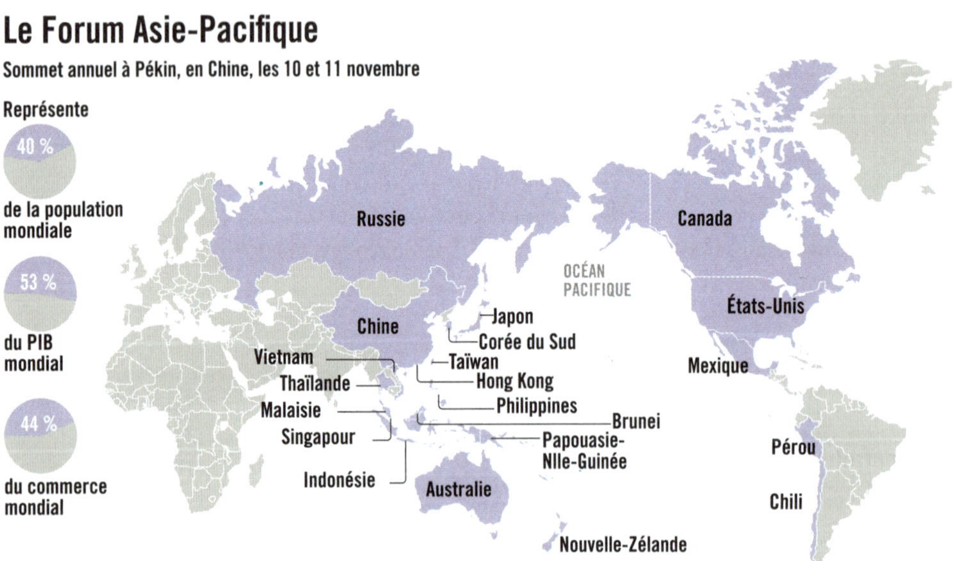

AFP

1. Caractérisez les effets positifs de l'ouverture d'un pays au commerce mondial.
2. Expliquez le mécanisme qui relie l'ouverture de l'économie au commerce mondial et l'augmentation de la croissance économique du pays.
3. L'ouverture des économies au marché mondial est-elle bénéfique de façon équivalente pour tous les agents économiques ?

B La nécessité d'une régulation mondiale

DOC 3 Les effets de l'absence d'une régulation du marché

Sur le marché mondial se confrontent les offres et les demandes des biens ou des services afin de déterminer les prix d'équilibre et les quantités échangées. Cette confrontation s'effectue entre agents économiques qui ont des moyens financiers propres ou qui sont aidés par les États (aides financières ou réglementaires), de manière différente selon les pays. Un marché mondial d'un bien spécifique contrôlé par ses acteurs et dans le cadre de réglementations nationales spécifiques peut créer de fortes inégalités économiques et sociales. Par exemple, que peut faire un producteur de bananes au Burundi face aux producteurs antillais français protégés juridiquement par la France ?

L'absence d'une régulation mondiale équitable d'un marché peut avoir de nombreux effets négatifs :

- les offreurs peuvent avoir un pouvoir énorme et acheter des produits à des prix très bas aux producteurs. Ces derniers peuvent être contraints à vendre au-dessous de leur coût de revient et se trouver en grande difficulté ;
- la finance mondiale sans régulation est vectrice de crises incontrôlées. En 2008, la crise financière a plongé l'économie mondiale dans la récession sans que les gouvernements ou les institutions internationales n'aient les moyens d'intervenir. De nombreuses personnes ont perdu leurs emplois, d'autres ne pouvaient pas rembourser leurs dettes...
- les prix varient en fonction de la spéculation et des intérêts économiques des acteurs. Il est ainsi très difficile pour une organisation privée ou pour un État de faire des prévisions sereines de chiffre d'affaires ou de rentrées fiscales. L'absence de visibilité handicape les stratégies des acteurs.

L'absence de régulation des marchés nuit donc aux acteurs économiques, en particulier les plus faibles (y compris les pays). Les plus forts peuvent laisser faire le marché car ils le contrôlent, l'impactent dans leurs décisions, tandis que les plus faibles subissent le marché. On est loin des théories libérales qui admettaient comme hypothèse la concurrence pure et parfaite et le même pouvoir aux acteurs sur le marché.

Foucher, 2015

DOC 4 Une régulation nécessaire pour le commerce

L'augmentation régulière du volume des échanges et de leur complexité ont sensiblement modifié le cadre opérationnel des acteurs du commerce international ces dernières années. Ce phénomène souligne également les conséquences négatives des procédures aux frontières inefficaces pour les gouvernements, les entreprises et, en définitive, pour le client et l'économie dans son ensemble. Les gouvernements peuvent être confrontés à des problèmes de contrebande, de fraude et de sécurité nationale, coûteux pour les finances publiques, tandis que les entreprises paient le prix d'une livraison lente et imprévisible, de formalités douanières onéreuses et même d'opportunités commerciales perdues. Finalement, tous ces coûts renchérissent les biens pour le consommateur.

Ces coûts « dissimulés » des échanges sont si élevés (ils peuvent parfois représenter jusqu'à 15 % de la valeur des marchandises) que, selon certaines études, des procédures douanières plus efficaces pourraient rapporter autant à de nombreux pays qu'une baisse de leurs droits de douane en termes de bien-être.

Toutes les nations commerçantes sont concernées et la facilitation des échanges revêt une importance toute particulière pour les pays en développement. Les études réalisées montrent que ces pays tireront le plus avantage de procédures commerciales plus efficaces, même s'ils ont peut-être plus de difficultés que les pays développés à les mettre en œuvre. Mais une réduction même modeste du coût des échanges aurait un impact positif sur le commerce pour les pays développés, comme pour les pays en développement.

Les synthèses de l'OCDE, www.oecd.org, novembre 2005

4 Caractérisez les effets négatifs d'un marché non régulé pour les acteurs économiques.

5 Expliquez de quelles façons la régulation étatique est nécessaire mais pas toujours efficiente pour améliorer le commerce des pays.

6 ACTIVITÉ

Faites une synthèse de 10 lignes sur les avantages et les inconvénients pour les pays de la régulation du commerce mondial.

2 Quels sont les modalités et les instruments de régulation ?

A Du GATT à l'OMC

DOC 5 L'évolution du GATT

- **1947** — Création du GATT par 23 pays qui a pour objectif d'obtenir des accords entre pays membres afin de relancer le commerce mondial en baissant les droits de douane.
- **1949** — Deuxième cycle de négociation qui aboutit à 147 nouveaux accords tarifaires signés par 33 pays.
- **1947 à 1994** — 8 cycles de négociation au total entre les pays membres (ex. : le Kennedy Round), ont permis de faire baisser les droits de douane entre les pays.
- **1994** — Signature de l'Uruguay Round entre 112 pays dans de nouveaux domaines : l'agriculture, le textile, les services, les produits sanitaires.

Foucher, 2015

DOC 6 Le GATT : un « provisoire » qui a duré près d'un demi-siècle

Malgré son caractère provisoire et son domaine d'action limité, le GATT a incontestablement réussi, pendant 47 ans, à promouvoir et à assurer la libéralisation d'une grande partie du commerce mondial. Les réductions continues des droits de douane, à elles seules, ont contribué à entretenir une expansion très dynamique des échanges mondiaux. En outre, l'élan acquis par le mouvement de libéralisation a contribué à un accroissement du commerce constamment supérieur à celui de la production pendant toute l'existence du GATT. L'afflux de nouveaux membres pendant le Cycle d'Uruguay a démontré que le système commercial multilatéral était reconnu comme un pilier du développement et un instrument de réforme économique et commerciale. Mais tout n'était pas parfait...

La réduction très considérable des droits de douane obtenue par le GATT, conjuguée à une série de récessions économiques dans les années 70 et au début des années 80, a conduit les gouvernements à mettre au point d'autres formes de protection pour les secteurs exposés à une concurrence accrue de l'étranger. Des taux de chômage élevés et les fermetures constantes d'usines ont, en Europe occidentale et en Amérique du Nord, amené les gouvernements à négocier des accords bilatéraux de partage des marchés avec les concurrents et à se lancer dans une course aux subventions pour conserver leurs parts du marché des produits agricoles. Ces deux évolutions ont compromis la crédibilité et l'efficacité du GATT. Le problème ne se limitait pas à la dégradation du climat en matière de politique commerciale. Au début des années 80, il est apparu clairement que l'Accord général n'était plus aussi adapté aux réalités du commerce mondial qu'il l'avait été dans les années 40. D'abord, les échanges mondiaux étaient devenus beaucoup plus complexes et importants que 40 ans auparavant. La globalisation de l'économie mondiale progressait, le commerce des services – qui n'était pas couvert par les règles du GATT – commençait à présenter un intérêt majeur pour de plus en plus de pays. [...]

www.wto.org

1. Déterminez le rôle et les modalités de fonctionnement du GATT.
2. Rappelez la réussite puis les difficultés de fonctionnement du GATT entre 1948 et 1994.
3. Pourquoi le commerce des services apparaît-il comme un thème important pour les acteurs économiques ?

B Un système basé sur la concertation

DOC 7 L'OMC remplace le GATT en 1994

Principe général : les pays membres de l'OMC adoptent par consensus des règles pour que le commerce soit aussi libre que possible

Principes de non-discrimination

- **Clause de la nation la plus favorisée** : Chaque pays doit étendre à tous les pays membres de l'OMC les concessions qu'il a pu faire à l'un d'entre eux.
- **Clause du traitement national** : Les produits importés et les produits de fabrication locale doivent être traités de manière égale.

Principes de réduction des obstacles aux échanges

- Baisse des droits de douane
- Limitation des restrictions quantitatives (quotas) et qualitatives (normes)
- Interdiction des subventions aux exportations et du *dumping*

Dans certains cas, l'OMC préconise le maintien de mesures restrictives au commerce

- **Mesure de sauvegarde** : Restriction des importations d'un produit quand la branche de production nationale pourrait subir des dommages du fait des importations.
- **Mesure anti*dumping*** : Droit de douane supplémentaire pour les produits importés dont le prix est considéré comme inférieur aux coûts de production.
- **Dérogation à la clause de la nation la plus favorisée** : Disposition autorisant les pays développés à accorder aux pays en développement un traitement plus favorable à celui accordé aux autres membres de l'OMC.
- **Autre type d'obstacle au commerce** : Le commerce de certains produits peut être limité lorsqu'il s'agit de protéger le consommateur (produit dangereux, risque de propagation d'une maladie, etc.).

Foucher, 2015

DOC 8 La banane : la fin d'une guerre qui soulève des inquiétudes majeures

Le 4 février 2011, le Parlement européen a ratifié un accord obtenu en décembre 2009 entre l'UE et les pays producteurs de bananes en Amérique latine pour mettre fin à la « guerre » sur ce produit qui dure depuis plusieurs années. Depuis plusieurs années, les échanges commerciaux sur la banane font l'objet d'un litige entre l'UE et les producteurs américains de banane. L'objet de ce litige est le régime commercial entre l'UE et les pays ACP (Asie-Caraïbes-Pacifique). En effet, la notion de non-réciprocité était un des principes fondamentaux de cette relation commerciale. La banane qui occupe une part importante dans les échanges commerciaux entre l'UE et ses anciennes colonies échappait ainsi au principe sacro-saint en matière d'échanges commerciaux qui est la concurrence pure et parfaite traduite par le principe de la clause de la Nation la plus favorisée (NPF) du droit de l'OMC.

www.ictsd.org, 23 mars 2011

4. Expliquez chacun des principes de l'OMC en prenant l'exemple d'un accord possible entre l'UE et les pays ACP sur le commerce de la banane.
5. Caractérisez le problème juridique et les enjeux pour les pays de la guerre de la banane.
6. Quels sont l'avantage et l'inconvénient d'adopter les décisions par consensus de l'OMC ?
7. ACTIVITÉ

Faites un diaporama en 3 parties sur le rôle de l'OMC relatif aux enjeux pour les États, les consommateurs et les entreprises.

ITINÉRAIRE BIS

Le cycle de Doha

VIDÉO 7'21 tinyurl.com/nuvgdlx

Cette vidéo propose une analyse du fonctionnement et des raisons de l'échec du cycle de Doha.

a. Définissez le cycle de Doha et les différentes raisons de son échec.
b. Comment les USA ont-ils été mis en défaut sur le dossier du coton ?
c. Quel bilan peut-on faire de l'OMC, 20 ans après sa création ?

3 : Quelles sont les limites de cette gouvernance mondiale ?

A L'augmentation des litiges

DOC 9 Le règlement des différends commerciaux

Le règlement des différends constitue la clé de voûte du système commercial multilatéral et la contribution à la stabilité de l'économie mondiale :

Les membres de l'OMC sont convenus de recourir au système multilatéral de règlement des différends au lieu de prendre des mesures unilatérales s'ils estiment que d'autres membres enfreignent les règles commerciales.

> Désormais, les décisions sont adoptées automatiquement sauf s'il y a consensus pour les rejeter. Ainsi, un pays désireux de bloquer une décision doit amener tous les autres membres de l'OMC (y compris la partie adverse dans le différend) à partager ses vues.

1. La consultation entre les parties	Les parties entament des consultations au sein de l'OMC qui doivent donner lieu à un accord dans les 60 jours.
2. Le panel	Si la consultation a échoué, les parties se mettent d'accord sur un panel de trois (éventuellement cinq) experts venus de pays différents, qui examinent le différend. Ils décident qui a tort et qui a raison et présentent des conclusions sur le litige.
3. La mise en œuvre des conclusions	Les parties appliquent les décisions du panel ou peuvent faire appel auprès de l'organe d'appel composé de sept membres permanents. Les conclusions de l'organe d'appel sont automatiquement adoptées. La mise en œuvre des conclusions doit se faire dans un délai raisonnable (total environ 1 an et 3 mois). Le plaignant peut exercer des mesures de rétorsion commerciales à l'égard de la partie adverse en attendant la mise en conformité des règles ou des mesures commerciales.

Foucher, 2015

DOC 10 Droits de douane sur les véhicules importés en Russie : l'UE demande à l'OMC de trancher

L'Union européenne a demandé vendredi à l'OMC de trancher le litige l'opposant à la Russie concernant les droits de douane antidumping imposés par Moscou sur les importations de véhicules utilitaires légers allemands et italiens. L'UE a fait cette annonce lors d'une réunion de l'Organisation mondiale du commerce à Genève, demandant la mise en place d'un panel d'experts chargés de statuer sur la question.

Selon l'UE, les droits de douane de 23 % et 29,6 % imposés respectivement sur les véhicules allemands et italiens « étouffent » les exportations européennes de véhicules légers vers la Russie.

Ces droits de douane ont été imposés en 2013 sur les importations de véhicules en Russie, au Belarus et au Kazakhstan. Seule la Russie a été saisie par l'UE, les deux autres pays ne faisant pas partie de l'OMC. La Russie s'est, sans surprise, opposée à la requête de Bruxelles. Selon les règles de l'OMC, le pays incriminé peut empêcher l'établissement du panel d'experts une première fois, mais, lors d'une deuxième réunion de l'Organe de règlement des différends (ORD) de l'OMC, il n'est plus possible d'y faire opposition. Selon des déclarations faites en mai par le responsable des négociations commerciales au ministère russe de l'Économie, Maxime Medvedkov, la mesure prise par Moscou concernant les véhicules utilitaires allemands et italiens « correspond pleinement » aux obligations de la Russie à l'OMC. Mais, pour Bruxelles, les mesures prises par Moscou sont « incompatibles avec les règles de l'OMC ».

www.lepoint.fr, 26 septembre 2014

1. Qualifiez le litige entre la Russie et l'UE.
2. Repérez à quel moment se situe ce conflit dans le cadre de l'ORD.
3. Comment le litige peut-il se régler entre l'UE et la Russie et dans le cadre de l'ORD ?

B Le développement des accords en dehors de l'OMC

DOC 11 L'entité de Genève doit affronter une balkanisation des échanges

Face à l'inertie de l'Organisation mondiale du commerce (OMC), les États trouvent d'autres moyens de lever leurs barrières commerciales mutuelles. Ils s'y prennent en mode bilatéral ou régional. Voilà un fait accompli, particulièrement observable en Asie, championne de l'intégration commerciale à l'échelle du continent. Le directeur de l'entité basée à Genève, Roberto Azevêdo, le dit lui-même : il apparaît plus simple de s'accorder sur des principes de libéralisation des échanges à deux, voire à une poignée d'acteurs centrés sur un périmètre d'influence commun, plutôt qu'entre 160 partenaires. Ce d'autant plus si ces derniers sont tiraillés par leurs inégalités et où le veto d'un seul peut tout faire échouer.

La prolifération d'accords dits préférentiels, par opposition aux textes conclus sous l'égide de l'OMC, fait partie des phénomènes les plus fulgurants de l'histoire récente du commerce mondial. De moins d'une vingtaine en 1960, ils sont aujourd'hui passés – officiellement début 2014 – à plus de 250. Cette déferlante d'alliances plus rapidement conçues et souvent plus abouties fait de l'ombre à l'OMC. Quand bien même cette dernière a toujours accordé à ces textes une valeur de complémentarité au système multilatéral.

D. Nikolic, app.letemps.ch, 12 novembre 2014

DOC 12 Poutine en Inde pour nouer des accords commerciaux et dans l'énergie

Le président russe Vladimir Poutine rencontre jeudi le Premier ministre indien Narendra Modi avec l'ambition de renforcer ses liens commerciaux avec le géant asiatique au moment où la Russie souffre des sanctions occidentales.

Poutine devrait évoquer le renforcement de la coopération dans le nucléaire, le pétrole, le gaz naturel et le secteur diamantaire à l'occasion de sa première visite en Inde depuis l'accession au pouvoir de Modi en mai.

Poutine « veut montrer au monde qu'il n'est pas isolé et, dans une certaine mesure, il ne l'est pas puisqu'il a toujours les BRICS (Brésil, Inde, Chine, Afrique du Sud en plus de la Russie) », estime Nandan Unnikrishnan, expert de la Russie.

T. Harris, www.lepoint.fr, 11 décembre 2014

DOC 13 Entre l'Europe et l'Afrique de l'Ouest, un libre-échange à sens unique

Les ministres des Affaires étrangères européens paraphent ce vendredi un « partenariat économique » avec les 15 États de la Cedeao (Communauté économique de l'Afrique de l'Ouest) et la Mauritanie qui supprime 75 % des droits de douane sur les importations en provenance de l'UE et réduit la marge de manœuvre des États africains pour leur politique commerciale.

En juillet 2014, à l'issue de mois de chantage et de pression de la Commission européenne, les Accords de partenariat économique, dits APE, entre l'Union européenne et l'Afrique de l'Ouest, l'Afrique australe et l'Afrique de l'Est ont finalement été paraphés. Ces accords, malheureusement méconnus, visent, selon le sacro-saint dogme de la Commission européenne, à « développer le libre-échange » entre l'Union européenne et les pays dits ACP (Afrique, Caraïbes, Pacifique). L'UE maintenait jusqu'alors avec ces pays – ses anciennes colonies – des préférences commerciales unilatérales : elle acceptait qu'ils continuent à frapper de droits de douane leurs importations venant de l'UE tout en bénéficiant de l'accès au marché européen sans en payer. Elle leur impose désormais la suppression de leurs droits de douane sur 80 % des exportations européennes.

M. Rivasi *et al.*, www.liberation.fr, 12 décembre 2014

4. **Distinguez les accords multilatéraux et les accords préférentiels.**
5. **Montrez les avantages et inconvénients d'accords préférentiels pour les pays.**
6. **Pourquoi l'OMC est-elle inquiète de la prolifération de ces types d'accords ?**

7 ACTIVITÉ

Faites un tableau récapitulant les points forts et les points faibles de l'OMC.

Étape synthèse

La régulation du marché mondial des biens et des services

La régulation du commerce mondial

Ensemble de procédures prises par des organisations et des États qui ont pour objectif d'encadrer le marché mondial tout en facilitant les échanges entre les pays

OMC

- L'OMC créée en 1994 a pour objectif de faciliter des accords entre pays pour diminuer les barrières tarifaires sur les marchandises, les services et la propriété intellectuelle
- Les décisions sont prises par consensus entre les 160 membres de l'OMC
- Traitement national : égalité de traitement pour les produits étrangers et les produits nationaux
- Clause de la nation la plus favorisée (NPF): égalité de traitement pour les autres pays
- L'Organe de règlement des différends (ORD) au sein de l'OMC permet de régler des conflits sur les différends commerciaux entre les membres

Les États signent des accords commerciaux en dehors de l'OMC

- Les accords peuvent être bilatéraux, ou au sein de l'ALENA, de l'UE, du MERCOSUR

MOTS-CLÉS

▸ **GATT (General Agreement on Tariffs and Trade) :** l'accord général sur les tarifs douaniers et le commerce en 1947 avait pour objectif le développement du libre-échange en permettant au cours des cycles de négociation de faire baisser les droits de douane des pays dans différents secteurs économiques. Il a été remplacé par l'OMC en 1994.

▸ **Cycle de négociation :** périodes de rencontres orchestrées par le GATT pendant lesquelles les pays membres négocient afin de trouver des accords pour baisser leurs droits de douane. Il y a eu 8 cycles dont l'Uruguay Round (septembre 1986 à avril 1994) qui a vu augmenter le nombre de pays signataires et, en même temps, s'étendre le champ des négociations notamment sur des mesures non tarifaires.

▸ **Barrières tarifaires et non tarifaires :** protections décidées par les États contre les produits importés en augmentant les taxes à l'entrée afin que leurs prix soient globalement équivalents aux produits nationaux. Les barrières non tarifaires correspondent aux normes de sécurité, d'hygiène, prises par les gouvernements pour se protéger.

Parcours *balisé*

Une remise en question du multilatéralisme

DOC Un enjeu majeur, le Traité transatlantique

La mondialisation est une réalité, et les inégalités qu'elle porte ne sont pas une fatalité : son encadrement et sa régulation sont alors indispensables pour permettre une mondialisation juste et efficace. Le Traité transatlantique, bien qu'étant une alternative aux règles commerciales multilatérales, doit être l'occasion de repenser l'architecture de la gouvernance multilatérale commerciale.

La mondialisation a besoin d'un cadre économique et financier stable et protecteur. Certes, des institutions telles que les Nations unies ou l'Organisation mondiale du commerce (OMC) remplissent ce rôle, mais celles-ci semblent difficilement s'adapter aux enjeux d'un monde soumis à de nouveaux rapports de force ①. Au moment où la grande négociation commerciale de Doha censée dynamiser la croissance du monde est paralysée dans les instances de l'OMC, tous les ingrédients semblent réunis pour constater une poussée de protectionnisme et un ralentissement de la croissance des échanges mondiaux.

① INDICES

Dès lors, la panne de la gouvernance commerciale mondiale a vu fleurir les négociations bilatérales dans les pays qui défendent le fait que la croissance dépend de leur capacité à exporter. Nécessaires, celles-ci discriminent aussi les pays y étant exclus et contredisent le principe de non-discrimination, un des piliers des règles de l'OMC. Les accords bilatéraux doivent ainsi être complémentaires au multilatéralisme pour permettre de réguler et d'encadrer une mondialisation commerciale porteuse d'inégalités.

Bien que nécessaire et ambitieux, le Partenariat transatlantique pour le commerce et l'investissement, actuellement en cours de négociation entre les États-Unis, le Canada et l'Union européenne, doit être l'occasion de redéfinir le cadre multilatéral indispensable à la régulation et l'encadrement des échanges mondiaux.

Le Traité transatlantique est une nécessité pour permettre de tirer la croissance par les exportations.

Le Traité transatlantique s'inscrit dans cette dynamique et entend stimuler les échanges des deux principales puissances commerciales, soit 40 % des échanges mondiaux. L'ampleur du commerce entre l'Union européenne et l'Amérique du Nord est telle que toute réduction des obstacles à leurs échanges aurait des effets significatifs sur leurs économies et le commerce international dans son ensemble. Aussi, alors qu'une baisse des tarifs douaniers aurait un faible impact sur les échanges puisque déjà suffisamment modérés en moyenne, la diminution des barrières non tarifaires aurait un réel impact positif.

En effet, les quotas d'importation, les différentes réglementations, les normes nationales, les règles des marchés publics, les certifications contradictoires accroissent le coût des exportations étrangères et limitent l'accès au marché domestique, garantissant des rentes aux firmes nationales.

Le Traité transatlantique se présente comme une alternative aux dysfonctionnements du multilatéralisme.

Ce projet de libéralisation des échanges se révèle donc être une opportunité en pleine crise : la perspective d'un gain supplémentaire annuel de 0,4 à 0,7 point du PIB européen est alléchante. [...] La volonté pour des pays européens, pourtant fervents défenseurs du multilatéralisme, d'aboutir à un accord régional est le fruit des dysfonctionnements de l'OMC.

En effet, le programme de Doha, qui devait initialement être conclu le 1er janvier 2005, se trouve dans une impasse ① et l'abandon de nombreux sujets de négociation n'ont pas permis d'obtenir des avancées. L'agriculture et la baisse des droits de douane sur les produits non agricoles continuent d'être au cœur des conflits entre les États membres de l'OMC, en particulier entre les États-Unis et la Chine, le Brésil et l'Inde. Par ailleurs, l'obtention d'un consensus devient de plus en plus difficile devant la formation de nombreuses coalitions. Le Traité transatlantique, accord régional par excellence, se présente donc comme une alternative pour répondre aux objectifs de l'OMC, à savoir l'amélioration des conditions du commerce international grâce à la réduction des barrières tarifaires et non tarifaires, et *in fine* le bien-être mondial.

La mondialisation financière et commerciale a besoin d'un cadre de régulation multilatéral.

Pourtant, de nombreux problèmes, d'ordre systémique, ne peuvent être résolus par des accords bilatéraux. D'ailleurs, encore 85 % des normes du commerce international sont régies par l'OMC, même si le Traité transatlantique a l'ambition de fixer la norme pour le commerce et les investissements transatlantiques et à travers le monde. [...]

Le Traité transatlantique doit être l'occasion de réinventer la supervision multilatérale de la globalisation commerciale.

L'essor du régionalisme doit donc s'affirmer comme complémentaire de l'encadrement multilatéral. Le concept de « régionalisme ouvert », popularisé par l'Asia Pacific Economic Council (APEC), constitue une étape intermédiaire vers le libre-échange généralisé et un équilibre stable du jeu entre unions douanières. L'application de la clause de la Nation la plus favorisée et l'élimination en parallèle des barrières au niveau multilatéral peuvent rendre bénéfiques les accords régionaux en complétant et approfondissant les résultats des négociations multilatérales.

La gouvernance commerciale multilatérale est donc nécessaire même si ses principes fondateurs doivent être repensés. En effet, la fin de l'OMC aurait un coût élevé, car ses États membres seraient en mesure de remonter leurs droits de douane à leur montant consolidé. En revanche, des décisions à la majorité qualifiée au lieu de l'unanimité permettraient de redynamiser les négociations de cette enceinte plus que nécessaire à un moment où la mondialisation a besoin d'être régulée.

P.-A. Binet, www.lesechos.fr, 2 juillet 2013

1 Recherchez les raisons de l'échec ① de l'OMC.

2 Recensez les risques d'un affaiblissement de l'OMC à la suite du cycle de négociation de Doha.

3 Quels sont les avantages et les inconvénients de signer un accord de libre-échange avec les USA ?

4 Le Traité transatlantique est-il une opportunité ou un échec de la régulation du commerce mondial dans le cadre de la gouvernance mondiale ?

① **INDICES**

En savoir plus...

Vidéo présentant le Traité transatlantique

VIDÉO 4'18 **tinyurl.com/pmjnotc**

Thème 6
La gouvernance de l'économie mondiale

20

Les biens publics mondiaux

> Accès à l'eau : de la réalité à l'enjeu économique

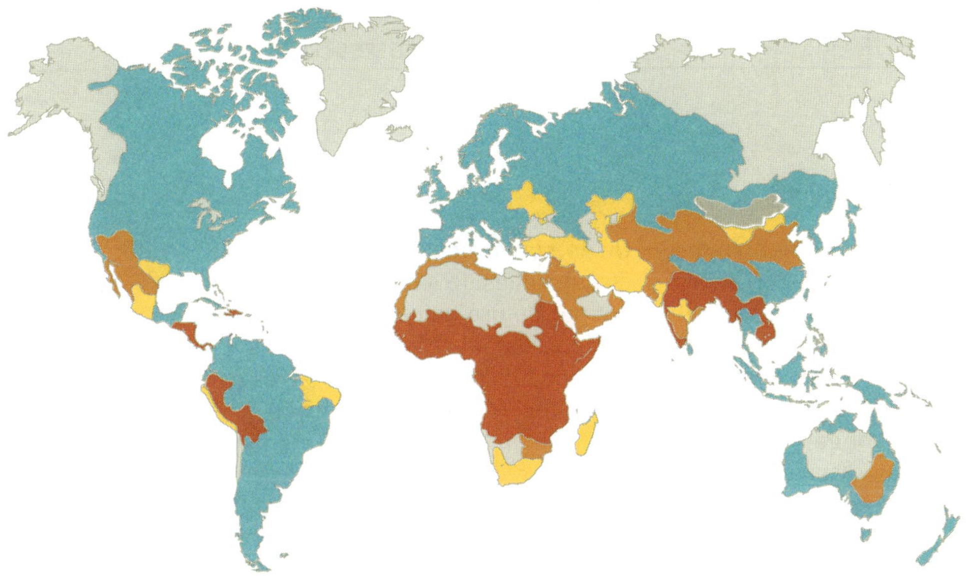

Pénurie économique d'eau (régions ne disposant pas des infrastructures nécessaires pour exploiter l'eau des rivières)

Pénurie physique d'eau (**+ de 75 %** des eaux de rivières prélevés pour les besoins humains)

Pénurie d'eau imminente (**+ de 60 %** des eaux de rivières prélevés pour les besoins humains)

Peu ou pas pénurie d'eau (**– de 25 %** des eaux de rivières prélevés pour les besoins humains)

Analyse d'IWMI pour l'évaluation globale de la gestion de l'eau en agriculture (selon modèle Watersim)

« On s'est battu au XIXe siècle pour l'or, on s'est battu au XXe siècle pour le pétrole ; on se battra au XXIe siècle pour l'eau. » Ainsi s'exprimait le frère du roi Hussein de Jordanie dans les années 1990 [...].
On exprime la même idée quand on identifie l'eau à « l'or bleu » : la relative raréfaction de cette ressource susciterait des tentatives d'appropriation privative, et il conviendrait d'en faire un « bien public mondial », aussi bien que l'air, afin d'en garantir l'accès à l'humanité entière. La notion de bien public mondial n'est d'ailleurs pas claire, puisqu'un bien public implique une gestion par un État et qu'il n'existe pas d'État mondial [...].

B. Barraqué, www.pourlascience.fr, janvier-mars 2008

1. Caractérisez la situation mondiale de l'accès à l'eau.
2. Identifiez la caractéristique commune à l'or, au pétrole et à l'eau.
3. Relevez l'intérêt de considérer l'eau comme un bien public mondial.

ITINÉRAIRE BIS

L'eau : bien public ou valeur marchande

VIDÉO | 2'46 | tinyurl.com/m98wdhy

Considérer l'eau comme un bien public ou comme un bien privé n'a pas les mêmes conséquences pour la satisfaction des besoins de la population mondiale.

COMPÉTENCES

À l'issue de ce parcours, vous serez capable
- > de caractériser un bien public mondial ;
- > d'analyser les modes de gestion associés à ces biens et leurs impacts sur l'activité économique ;
- > d'analyser les actions mises en œuvre par les organisations économiques internationales.

1 Quels sont les enjeux inhérents aux biens publics mondiaux ?

A Une notion strictement délimitée

DOC 1 Les caractéristiques des biens publics

Caractéristiques	Non-rivalité	Non-exclusion
Notion	Sa consommation par un individu ne prive pas un autre individu de le consommer de la même manière.	Personne ne peut être privé de la consommation de ce bien.
Explications	Les individus ne sont pas en compétition, en concurrence pour la consommation de ce bien.	Une fois produit, le bien peut être consommé par l'ensemble des agents. Il est, de ce fait, impossible de faire payer l'usage de ce bien.

Foucher, 2015

DOC 2 Le caractère mondial des biens publics

Si Internet permet d'interconnecter la planète, des pirates informatiques peuvent également l'utiliser pour propager des virus causant des dégâts considérables partout dans le monde. Les pluies acides issues des émissions de soufre et d'oxydes d'azote ignorent, elles aussi, les frontières. Les particules rejetées dans l'air pouvant se déplacer pendant une semaine avant de se déposer. Le réchauffement planétaire, l'appauvrissement de la couche d'ozone et l'instabilité des marchés financiers constituent autant de menaces pour un monde toujours plus intégré. [...]

Qu'ils soient bons ou mauvais, de tels effets peuvent être qualifiés de « biens publics » dans la mesure où ils ont par nature un caractère très étendu. Toute avancée décisive dans le traitement du sida, ou toute réduction de la pollution par le soufre et les oxydes d'azote auront ainsi des retombées positives à l'échelle mondiale. Inversement, si un attentat chimique ou biologique est perpétré dans le métro d'une grande ville, on prend tout à coup conscience d'un conflit politique à l'autre bout du globe qui réclame l'adoption de mesures extrêmement coûteuses pour parer cette menace.

T. Sandler, www.observateurocde.org

DOC 3 Notion de biens publics mondiaux

Charles Kindleberger, l'un des auteurs pionniers en la matière, définit les biens publics mondiaux comme « l'ensemble des biens accessibles à tous les États qui n'ont pas nécessairement un intérêt individuel à les produire ». Cette définition souligne le caractère universel de ces biens. Elle indique également que les biens publics mondiaux soulèvent une difficulté supplémentaire par rapport aux biens publics « nationaux », celle de la coordination entre États.

www.senat.fr

DOC 4 Les biens publics purs et impurs

Les biens publics sont, au sens strict, ceux qui répondent au double critère de non-rivalité et de non-exclusion. Mais on emploie souvent l'expression de « biens publics impurs » pour désigner des biens qui ne répondent qu'à un seul de ces critères :

- les biens qui respectent le critère de non-exclusion, mais qui sont des biens rivaux (par exemple : les ressources halieutiques), sont généralement qualifiés de « biens communs » ; on ne peut restreindre aisément l'accès à ces biens, mais ils s'épuisent quand ils sont consommés ;
- les biens non rivaux mais dont on peut interdire l'accès sont des « biens clubs » ; des infrastructures comme le canal de Suez ou le canal de Panama sont des exemples de biens clubs, puisque l'on peut réserver l'accès à ces biens à ceux qui paient.

www.senat.fr

1. Relevez les caractéristiques des biens publics.
2. Expliquez en quoi la lutte contre le réchauffement planétaire est un bien public mondial.
3. Rapprochez la définition des biens publics mondiaux de Kindleberger avec le financement d'un traitement contre le virus du sida.

ITINÉRAIRE BIS

Maroc – La centrale solaire thermique à concentration de Noor-Ouarzazate, un bien public

VIDÉO 2'38 tinyurl.com/ljkrs5e

Cette vidéo présente les enjeux de l'installation d'une centrale électrique solaire au Maroc. Les conséquences sont multiples et conduisent à s'interroger sur sa qualification en bien public mondial.

a Expliquez en quoi l'installation de la centrale peut être considérée comme un bien public mondial.

b Identifiez les conséquences positives de cette centrale pour l'économie du Maroc.

B Des enjeux multiformes

DOC 5 La stabilité économique est un bien public mondial

L'interdépendance des économies (échanges de marchandises, de services, de capitaux, de technologies...) lie la situation économique des pays entre eux. La crise de 2008 a montré que tous les pays, à différents degrés, ont été impactés. La Chine a vu ses exportations baisser du fait du ralentissement de la demande américaine et européenne. Ainsi la stabilité économique présente des externalités internationales ; un ralentissement économique dans un pays peut avoir des effets sur l'économie des pays voisins. À l'inverse, de nombreux pays profiteront d'une économie mondiale dynamique. Ainsi, les institutions internationales (FMI, G20, OMC...) considèrent parfois dans leurs intentions la stabilité économique, l'absence de crise, comme un bien public mondial.

Lutter contre le chômage, réduire la pauvreté, favoriser la production de richesses, initier une répartition plus équitable sont des actions qui conduisent à stabiliser la situation économique dans la majeure partie du monde et profitent à tous les pays.

Foucher, 2015

Regagner confiance et stabilité dans un contexte multiple et complexe. Tel était le défi que s'est lancé le 45e Forum économique mondial à Davos (janvier 2015).

DOC 6 L'enjeu économique des biens publics mondiaux

L'expression « révéler sa préférence » ne peut se comprendre que par la maîtrise des concepts essentiels du fonctionnement du marché, lieu d'échanges. Cela revient, pour les demandeurs, à exprimer le prix auquel il serait prêt à consommer le produit. Puisqu'aucun agent ne peut être exclu de la consommation et que les agents ne sont pas en compétition, chacun a tout intérêt à ne pas proposer un prix pour la consommation. Autrement dit : pourquoi payer pour les autres ?

Cette problématique se retrouve dans la production des biens publics mondiaux : aucun pays n'a intérêt à agir seul, à payer seul, pour le maintien ou l'amélioration d'une situation (la protection de l'environnement, l'éradication d'une maladie, la stabilité économique...) si tous les autres pays en bénéficient.

Foucher, 2015

4 Identifiez ce que génère le ralentissement ou la stabilité économique d'un pays pour l'économie des autres pays.

5 Qualifiez l'eau et la stabilité économique à partir de leur caractère pur ou impur.

6 ACTIVITÉ

Sur un schéma, vous présenterez les enjeux économiques des biens publics mondiaux.

2 : Comment gérer les biens publics mondiaux ?

A Les acteurs

DOC 7 Les institutions internationales

C'est une réalité de notre temps : la mondialisation implique l'émergence et le développement des biens publics mondiaux. Le problème dans le système économique international actuel de gouvernance sans gouvernement est qu'il n'existe pas de moyens efficaces pour collecter les ressources nécessaires au financement de ces biens publics mondiaux. Le besoin des institutions internationales telles que le FMI, la Banque mondiale et l'OMC n'a jamais été aussi grand, mais la confiance qui leur est accordée n'a jamais été aussi faible. Comment mettre la mondialisation politique au niveau de la mondialisation économique ?

J. Stiglitz, www.ofce.sciences-po.fr, 2012

DOC 8 Les États

La coopération internationale au service de la lutte contre la fraude fiscale se renforce. 51 États ont signé à Berlin un accord en faveur de la mise en place d'un échange automatique d'informations financières à des fins fiscales à partir de 2017. Cet accord a été établi sous l'égide de l'OCDE.

« Cette signature est une étape décisive et irréversible dans la lutte contre la fraude fiscale. C'est un changement d'époque. Aujourd'hui marque la fin du secret bancaire en Europe, et même au-delà », a déclaré Michel Sapin. Le ministre a par ailleurs insisté sur la nécessité de lutter également contre l'optimisation fiscale des multinationales : « Il faut rester mobilisé pour agir contre l'optimisation fiscale des grandes sociétés, c'est l'autre combat que nous portons au niveau européen et au niveau mondial pour une stabilité morale et financière indispensable à nos pays. »

www.gouvernement.fr, 28 novembre 2014

DOC 9 Le G20 et les biens publics mondiaux

Les chefs d'État des pays du G20[1], qui représentent près de 90 % du PIB mondial, se réunissent [...] pour discuter de la crise économique et des solutions pour y remédier. La crise économique que nous traversons actuellement n'est pas seulement un problème pour les marchés financiers ; c'est aussi une crise des millions de personnes qui perdent leur emploi ou même qui doivent lutter au quotidien pour accéder à l'énergie, la nourriture et l'eau nécessaires à leur survie. [...]

Le sommet du G20 est également l'occasion de repenser en profondeur le mode de fonctionnement de nos économies stagnantes, sous perfusion d'approvisionnement en énergies fossiles polluantes et provoquant des perturbations inacceptables pour les écosystèmes et les êtres humains.

Sommet du G20 à Brisbane (novembre 2014).

En parvenant à un accord sur les taxes sur les transactions financières et en taxant les émissions de CO_2 provenant des secteurs maritime et aérien, le G20 a l'opportunité de dégager un potentiel d'investissements massifs dans les emplois verts et les solutions innovantes en faveur d'une économie durable.

1. Le G20 est un groupe composé de 19 pays et de l'Union européenne.

J. Leape, www.lemonde.fr, 3 novembre 2011

1. **Identifiez les acteurs de la production ou de la préservation des biens publics mondiaux.**
2. **Relevez les biens publics mondiaux concernés par ces acteurs.**
3. **Distinguez s'il s'agit de créer de nouveaux biens ou de supprimer ou limiter certains maux.**

B Les moyens et les outils

DOC 10 La nécessité de la coopération

On dit souvent que, lorsqu'une entreprise est un succès, il se trouve au moins 1 000 personnes pour en réclamer la paternité. Ce cliché pourrait parfaitement s'appliquer au protocole de Montréal relatif à des substances qui appauvrissent la couche d'ozone, car les efforts déployés pour réglementer puis éliminer ces substances sont marqués par les histoires de centaines d'individus et institutions visionnaires qui ont pris des mesures novatrices et souvent courageuses pour lutter contre un problème grave et pressant qui menace la vie sur terre.

Jusqu'à présent, les résultats de ces efforts sont pour le moins spectaculaires. En 2006, les 191 parties qui ont ratifié le Protocole de Montréal avaient dans l'ensemble réduit d'environ 95 % la consommation de substances qui appauvrissent la couche d'ozone. Malgré de nombreux obstacles, les pays en développement sont parvenus à une réduction de plus de 72 % et ont atteint la plupart des objectifs du Protocole bien avant la fin des délais prévus. Le Protocole et son Fonds multilatéral novateur ont soutenu la création et le fonctionnement d'unités nationales pour l'ozone dans 140 pays ainsi que la conception et la mise en œuvre de plus de 5 000 projets et activités évalués à plus de 2 milliards de dollars.

Protocole de Montréal 20, ozone.unep.org

DOC 11 Les modalités de la production des biens publics mondiaux

Les solutions pour la production des BPM sont multiples et dépendent donc beaucoup de la nature du BPM envisagé. Dans le cas du réchauffement climatique, la stratégie adoptée dans le cadre du Protocole de Kyoto a été de s'entendre collectivement sur une quantité d'émissions de gaz à effet de serre à ne pas dépasser et de se répartir ensuite cette quantité sous forme de permis d'émission potentiellement échangeables. En quelque sorte, la communauté internationale a instauré un droit d'usage, incitant ainsi les émetteurs de gaz à effet de serre à limiter leurs émissions, par exemple en adoptant ou en finançant le développement de technologies moins polluantes. Dans le cas de la lutte contre les maladies contagieuses, il s'agit de financer, *via* l'Organisation mondiale de la santé (OMS), l'aide publique au développement, les fondations et les organisations non gouvernementales, la capacité des pays les plus pauvres à mettre sur pied des programmes de vaccination, ainsi qu'un système de veille et de prise en charge des personnes infectées. Enfin, des biens publics globaux comme la bonne gestion de l'espace aérien pour l'aviation civile exigent avant tout des efforts d'harmonisation des règles nationales.

S. Thoyer, encyclopedie-dd.org

DOC 12 La fiscalité

L'outil fiscal comporte un certain nombre d'avantages pour le financement de biens collectifs. Ce n'est pas un hasard si nos systèmes nationaux ont traditionnellement recours à cet instrument pour financer les biens (ou « services ») publics tels que la justice, la recherche ou la collecte des déchets. [...] Le passage par l'autorité publique permet en effet de résoudre le problème du passager clandestin[1]. Face aux besoins de financement conséquents de certains biens collectifs, il permet également d'atteindre des seuils déterminants dans la mobilisation de ressources, auxquels un financement décentralisé ne pourrait parvenir.

1. Le passager clandestin est l'agent qui profite d'un avantage (dans ce cas, qui consomme un bien) sans en avoir payé le prix

www.afd.fr

4. **Justifiez la nécessité d'une coopération entre États.**

5. **En quoi le financement par l'impôt permet-il de réduire le passager clandestin ?**

6. ACTIVITÉ

Construisez un support visuel (schéma, diapositive...) regroupant les différents moyens de produire ou préserver les biens publics mondiaux.

3 Quelles sont les limites dans la gestion des biens publics mondiaux ?

A Les limites liées au financement des biens publics

DOC 13 Les problèmes de financement

Les difficultés budgétaires de la France l'ont rendue avare de ses deniers et son aide publique au développement (APD) s'en est ressentie et a régressé de 9,8 % en 2013.

Certes, selon les chiffres publiés mardi 8 avril par l'Organisation de coopération et de développement économiques (OCDE), elle demeure le cinquième donateur mondial derrière les États-Unis, le Royaume-Uni, l'Allemagne et le Japon.

Mais sa contre-performance en matière de générosité envers les pays moins développés est soulignée par le niveau historique atteint l'année dernière par le total de l'APD au plan mondial : 134,8 milliards de dollars, soit une hausse de 6,1 % par rapport à 2012, après deux années de recul.

Le mauvais score de la France est d'autant plus surprenant que d'autres pays ont fait preuve d'un volontarisme budgétaire méritoire en période de difficultés budgétaires.

« Le Royaume-Uni s'était donné des objectifs très ambitieux et son APD a progressé de 27,8 % », souligne Yasmin Ahmad, chargée de statistiques à l'OCDE. L'Italie, qui avait coupé dans ses lignes budgétaires en 2012, progresse de 13,4 %.

Cette situation inquiète les ONG françaises. « L'OCDE vient contredire directement les autorités françaises qui, au moment du vote des budgets, ne cessent d'argumenter sur la "stabilisation" des crédits d'APD. Or, ils sont en baisse, et très fortement, entraînant des répercussions pour les populations les plus vulnérables », déclare Christian Reboul d'Oxfam France. Il ajoute : « Plus de ministre du développement, forte baisse des budgets : nous assistons à une dépriorisation de la solidarité internationale dans l'action gouvernementale. Changement climatique, sécurité alimentaire, crises humanitaires, développement des services publics... la France baisse-t-elle les bras ? »

A. Faujas, www.lemonde.fr, 8 avril 2014

Réfugiés du Sud Soudan dans le camp de Kule. L'Éthiopie a dépassé le Kenya et regroupe désormais le plus grand nombre de réfugiés en Afrique (près de 629 000 à la fin de juillet 2014).

DOC 14 La limite inhérente à la définition d'un bien public

Y a-t-il aujourd'hui un consensus sur ce que recouvre le terme de biens publics mondiaux ?

S'il n'y a pas de discussions pour y inclure la paix et la sécurité mondiales, la stabilité financière internationale ou la lutte contre la pandémie du sida, il y a davantage de débats s'agissant de la stabilité politique internationale (les partisans du changement s'opposent aux défenseurs du *statu quo*), la sécurité alimentaire des pays à déficit vivrier (les pays exportateurs estiment que le marché peut résoudre tous les problèmes) ou la protection sociale des individus.

Ces difficultés montrent que l'identification de ce qu'on retient comme biens publics résulte de choix de société qui n'ont pas nécessairement une vocation universelle. Ce sont des constructions sociales (« social constructs » du PNUD) porteuses de valeurs éthiques ou politiques. Ceci implique que la notion de bien public est nécessairement évolutive, car elle dépend de l'évolution des valeurs internationales et nationales. Ceci implique également qu'il existe un risque que les discussions internationales privilégient, parmi les biens publics mondiaux, ceux que les pays les plus influents privilégient par rapport à leurs propres valeurs, ce qui conduirait à imposer ces valeurs aux autres pays.

www.diplomatie.gouv.fr

1. **Relevez une des origines du problème de financement des biens publics mondiaux.**
2. **Existe-t-il une seule conception à l'échelle du monde d'un bien public mondial ?**

B Les limites liées à la coordination internationale

DOC 15 Les difficultés de la coordination

Dix-huit mois de discussions et toujours aucun aboutissement : la taxe sur les transactions financières tarde à voir le jour. [...]

La campagne en faveur d'une taxe sur les transactions financières sur actions et dérivés, également dénommée taxe Tobin ou « taxe Robin des Bois », a enregistré un regain de popularité à la suite de la crise financière de 2007-2008. Cependant, quatre ans plus tard, face à son rejet par les Anglo-Saxons, les participants du G20 – réunis à Cannes en 2011 – n'arrivent pas à se mettre d'accord sur l'opportunité d'une telle taxe et cette dernière n'est même pas mentionnée dans le communiqué final.

L'expérience suédoise entre 1984 et 1990 ayant démontré l'inefficacité et les effets pervers (fuite de capitaux) d'une telle taxe mise en place par un seul pays, la seule coordination possible se reporte donc sur la Commission européenne qui fait une proposition d'une taxe harmonisée au niveau de l'Union européenne dès septembre 2011. [...] Hélas, en 2012, les ministres des Finances de l'Union européenne, lors de leur rencontre ECOFIN, reconnaissent qu'il sera impossible de s'entendre unanimement sur une telle taxe. [...] D'où la nouvelle proposition d'une directive de coopération renforcée par la Commission européenne en février 2013 de taxer à hauteur de 0,1 % tous les instruments financiers et de 0,01 % les dérivés.

C. Lubochinsky, www.boursorama.com, 22 décembre 2014

DOC 16 Vers une coopération internationale renforcée

1 000 milliards d'euros par an, c'est le coût budgétaire évalué de la fraude et de l'évasion fiscale à l'échelle de l'UE. C'est une part de recettes qui manquent aux budgets des États membres (EM) et de l'UE. [...] Certains acquittent moins d'impôts que d'autres et obtiennent donc un gain (au niveau individuel) économique, voire concurrentiel, s'agissant d'entreprises. Cette « économie » réalisée par certains contribuables est une perte pour les ressources budgétaires (au niveau collectif), qui affecte l'équité fiscale et, par ricochet, la confiance des contribuables et des citoyens. [...] La juxtaposition de régimes fiscaux nationaux, en l'absence de coordination et de coopération, rend possible le développement de comportements (ou de stratégies) permettant l'application, pour un contribuable donné, du régime fiscal le plus avantageux pour lui, et donc le moins disant. Cela se fait aux dépens des autres régimes fiscaux nationaux et en particulier de celui ou de ceux qui, à défaut d'une telle stratégie, auraient été applicables. [...]

Au niveau international, l'Organisation de coopération et de développement économiques (OCDE) ainsi que le G8 et le G20, en particulier, traitent de la lutte contre la fraude et l'évasion fiscales. Le Forum mondial sur la transparence et l'échange de renseignements à des fins fiscales constitue une enceinte dédiée à la coopération fiscale réunissant 120 États dont ceux membres de l'OCDE. Elle promeut la transparence et l'échange d'informations fiscales dans un cadre multilatéral... [...]

Le plan d'action de l'UE pour renforcer la lutte de l'Union contre la fraude et l'évasion fiscales, présenté par la Commission européenne en décembre 2012, comprend une trentaine d'actions pouvant être menées à court terme et moyen terme. Il porte sur la bonne gouvernance fiscale [...] et la transparence fiscale, la lutte contre les pratiques dommageables... [...] Faisant suite à ce plan d'action, la Commission a créé en avril 2013 une plateforme pour la bonne gouvernance fiscale. [...]

Enfin, l'UE se dote de dispositions concernant l'échange d'informations fiscales (notamment en matière d'épargne) et la coopération fiscale et procède à la mise à jour d'accords fiscaux avec des pays tiers, frontaliers en particulier (Suisse, Monaco, Andorre, Liechtenstein et Saint-Marin).

epthinktank.eu, 28 mars 2014

3. **Identifiez les difficultés d'une coordination entre les différents acteurs.**

4. **Relevez les moyens mis en œuvre pour lutter contre la fraude et l'évasion fiscales et justifiez de la nécessité d'une coopération entre États.**

5 ACTIVITÉ

Représentez, sur un schéma, les enjeux qui lient l'origine, les conséquences, les solutions de gouvernance de la lutte contre l'évasion fiscale considérée comme un bien public mondial.

Étape synthèse

Les biens publics mondiaux

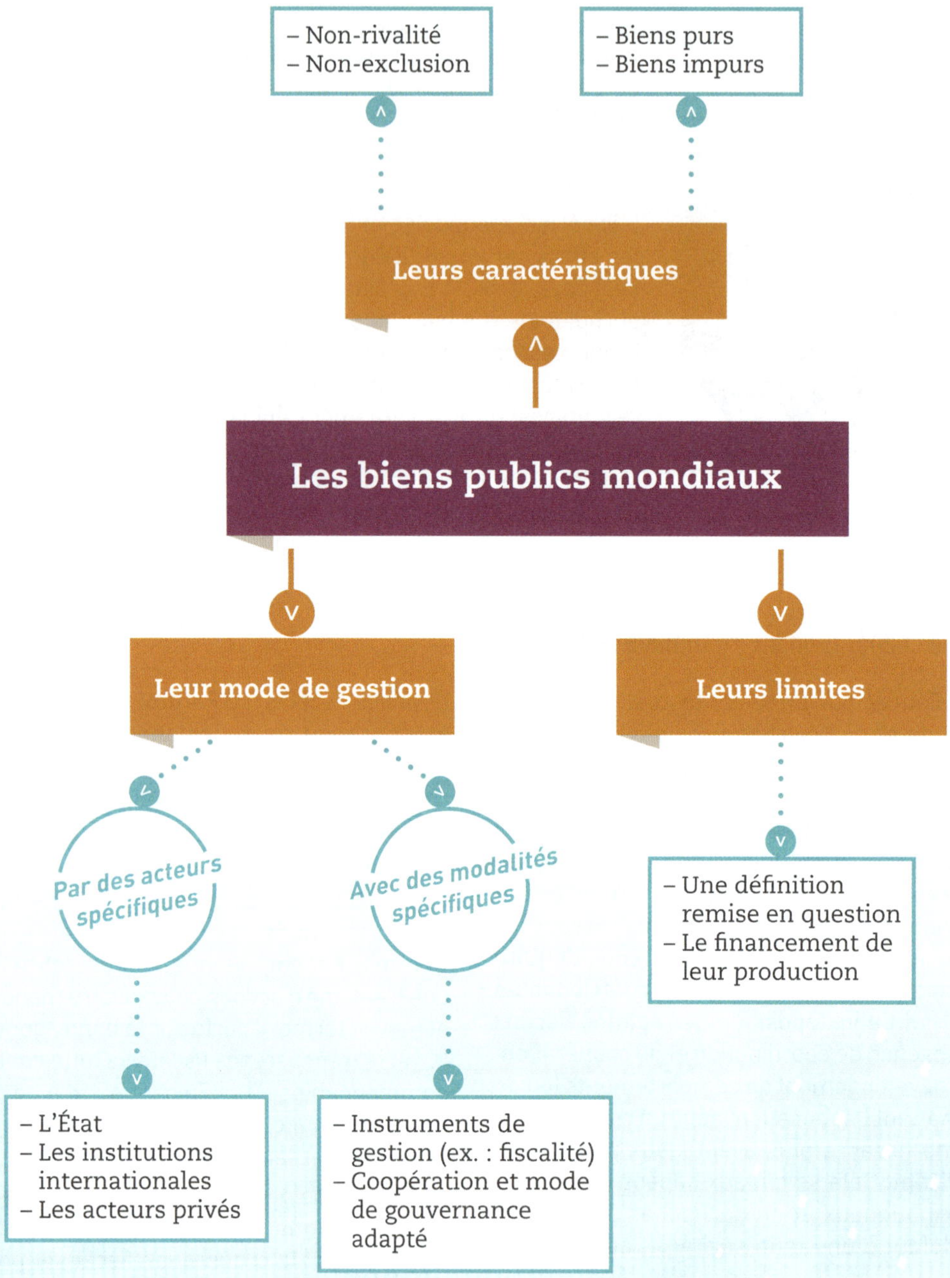

MOTS-CLÉS

- **Bien public mondial :** bien accessible à tous les États qui n'ont pas nécessairement un intérêt individuel à le produire.
- **Passager clandestin :** agent économique qui consomme un bien sans en avoir payé le prix.
- **Gouvernance mondiale :** mode de régulation confiée à un ou plusieurs acteurs qui édictent des règles d'organisation à l'échelle de la planète.

Parcours **balisé**

La gouvernance d'un bien public mondial : la santé

DOC 1 L'OMS : pilier de la gouvernance de la santé

Le rôle de l'OMS dans la gouvernance de l'action sanitaire mondiale est une expression concrète de sa fonction définie comme suit dans la Constitution : « Agir en tant qu'autorité directrice et coordonnatrice, dans le domaine de la santé ①, des travaux ayant un caractère international ». [...]

La gouvernance de l'action sanitaire mondiale repose sur l'idée fondamentale que les ressources à la disposition du monde pour améliorer la santé des populations pourraient être déployées de manière plus efficace et plus équitable. La gouvernance de l'action sanitaire suppose « l'utilisation par les États, les organisations intergouvernementales et les acteurs privés des institutions, des règles et des processus officiels ou non pour s'atteler aux problèmes de santé dont la résolution efficace nécessite une action collective transfrontalière. »

Rôle de l'OMS dans la gouvernance de l'action sanitaire mondiale, apps.who.int, 18 janvier 2013

① INDICES

1. **Identifiez le rôle de l'OMS ① dans la gouvernance mondiale de l'action sanitaire mondiale.**
2. **Relevez ses principaux objectifs.**
3. **Justifiez la santé comme bien public mondial.**

DOC 2 Les contraintes liées à cette gouvernance

La protection de la santé des citoyens du monde entier requiert un investissement à long terme dans l'OMS et sa mission étendue. Mais les bailleurs de fonds[1] visent des objectifs précis à court terme, donnent l'impulsion d'une grande partie des activités de l'OMS, et les nouveaux partenariats axés sur des maladies ou problèmes spécifiques se multiplient. Il devient pourtant de plus en plus évident qu'il faut renforcer les systèmes sanitaires – le personnel, les organisations et les ressources qui permettent d'assurer les soins – pour compléter les efforts consacrés à des maladies spécifiques. [...]

Cependant, l'OMS n'est plus l'unique institution sanitaire mondiale et fait face dans certains domaines à une rude concurrence de nouveaux acteurs, tels que le Fonds mondial de lutte contre le sida, la tuberculose et le paludisme (le Fonds mondial), l'Alliance mondiale pour les vaccins et l'immunisation (Alliance GAVI) et la Bill & Melinda Gates Foundation, qui est la plus grande fondation privée dédiée à la cause de la santé dans le monde. Au cours des cinquante dernières années, la Banque mondiale a aussi acquis une influence croissance dans le domaine de la santé mondiale. [...]

Du fait de cette évolution, l'OMS rencontre des difficultés de financement et de gouvernance. Si ses ressources totales n'ont pas diminué, elles n'ont guère augmenté non plus ces dernières années. Son budget 2012-2013 était de 3,95 milliards de dollars, celui de 2014-2015 de 3,97 milliards (OMS, 2013). Mais le cœur du problème est l'ensemble de contraintes qui pèsent sur la manière dont cet argent peut être dépensé. Environ 80 % de son budget provient de contributions « volontaires » de bailleurs de fonds qui ont une affectation spécifique et ne peuvent servir aux besoins généraux. Le manque de fonds sans restrictions est l'un des facteurs qui ont empêché l'OMS de réagir efficacement à la récente épidémie d'Ebola. [...]

Ces dernières années, les pays émergents ont réclamé une place plus importante dans les institutions multilatérales – du FMI aux Nations unies. Cette nouvelle affirmation de leur puissance se retrouve dans le domaine de la santé mondiale, où les grands pays émergents jouent un rôle à la mesure de leurs besoins et de leurs contraintes internes. [...]

Il est difficile de savoir si ces courants d'évolution vont renforcer l'OMS – les organismes régionaux relayant en grande partie son action – ou grignoter son autorité. Il est notable que les questions de santé publique sont éclipsées par d'autres dossiers, tels que la politique financière et la sécurité nationale, en Chine, en Inde et en Russie.

Le conseil d'administration du Fonds mondial exhorte sans cesse les pays émergents à prendre en charge une partie de la charge financière de la lutte contre le VIH/sida, la tuberculose et le paludisme, mais le Brésil, qui a reçu des dons totalisant 45 millions de dollars, n'a contribué que 200 000 dollars. Même schéma pour les autres BRIC. L'Inde a reçu 1,1 milliard de dollars et déboursé 10 millions de dollars seulement ; la Chine a reçu 2 milliards de dollars et n'a versé que 16 millions de dollars. La Russie a fait mieux : pour 354 millions reçus, elle a déboursé 254 millions de dollars.

Pendant la crise financière mondiale, les pays avancés durement éprouvés ont réduit ou stoppé leurs contributions au Fonds mondial. Les BRIC ont surmonté la crise mieux que beaucoup de pays avancés. Le fait qu'ils n'ont pas accru leurs versements au Fonds mondial depuis la fin de la crise amène à s'interroger sur leur volonté à long terme de mener le combat pour la santé mondiale.

Pendant combien de temps les BRIC, qui sont les quatre plus grands pays émergents, doivent-ils continuer à recevoir de l'aide sur le plan sanitaire ? L'Inde est le premier bénéficiaire des dons extérieurs pour la santé, la Chine est au dixième rang, et le Brésil au quinzième. La question est de savoir si l'aide doit continuer à subventionner des pays qui ont assurément les moyens de fournir à leurs citoyens les soins de base et qui ont de plus en plus intérêt sur le plan économique à stopper l'avancée des maladies infectieuses, qu'il s'agisse de vieux fléaux tels que la tuberculose ou de nouvelles menaces telles que la grippe aviaire.

Mais, en dépit de leur statut de pays à revenu intermédiaire, le Brésil, la Chine et l'Inde restent relativement pauvres en termes de revenu par habitant et doivent axer leurs efforts sur la croissance économique. Parce qu'ils sont aussi confrontés à d'énormes problèmes sanitaires, les bailleurs de fonds[1] estiment encore qu'une aide sanitaire se justifie. Mais les institutions multilatérales et les donateurs bilatéraux devraient réexaminer la question : les pays à revenu intermédiaire doivent-ils continuer à recevoir une aide qui pourrait être utilisée à meilleur escient dans les pays plus pauvres ?

1. Le bailleur de fonds est celui qui apporte les capitaux.

D. Sridhar et C. Clinton, www.imf.org, décembre 2014

4 Qualifiez les contraintes qui fragilisent la gouvernance de l'action sanitaire mondiale par l'OMS.

5 Établissez si ces contraintes remettent en cause la gouvernance de l'OMS.

En savoir plus...

Texte sur l'organe essentiel de la gouvernance interne de l'OMS

RESSOURCE tinyurl.com/mdnad3z

ENTRAÎNEMENT

Le changement climatique

Le changement climatique impose un grand défi à relever pour la communauté internationale. En s'appuyant sur les résultats de nombreuses publications scientifiques, le Groupe d'experts intergouvernemental sur l'évolution du climat (GIEC) a conclu que le réchauffement du système climatique de la planète est « sans équivoque » et que les activités humaines en sont « très probablement » la cause.

Les gaz à effet de serre restant longtemps dans l'atmosphère, leur présence continuera de perturber les systèmes naturels pendant plusieurs centaines d'années, même si leurs émissions sont réduites ou stoppées dès aujourd'hui. Une action coordonnée et efficace de la communauté internationale se fait donc chaque jour plus urgente. On sait déjà que les effets du changement climatique devraient toucher, sous des formes variées (inondations, ouragans, sécheresse, montée des eaux...), la plupart des secteurs de l'économie mondiale et ils auront souvent des répercussions sur les activités commerciales.

L'association Aime la Terre propose un service d'information aux entreprises et aux établissements d'enseignement s'intéressant aux questions environnementales. Au sein du département Économie de cette association, vous êtes chargé(e) d'actualiser le dossier « Changement climatique ».

À l'aide du dossier joint et de vos connaissances, en veillant à préciser les principaux concepts utilisés et à exploiter les sources statistiques mises à votre disposition, vous devez concevoir une note argumentée et structurée dans laquelle :

- vous expliquerez l'impact du changement climatique sur la croissance et le développement ;
- vous montrerez, après avoir caractérisé la notion de bien public mondial, pourquoi la gestion du changement climatique se pose comme une question de gouvernance mondiale ;
- vous présenterez des mécanismes économiques mobilisables pour lutter contre certaines défaillances de marchés contribuant au changement climatique.

DOCUMENTS

Document 1	Les effets du changement climatique
Document 2	Les évolutions possibles du PIB entre 2005 et 2100
Document 3	L'historique des négociations sur le changement climatique
Document 4	Climat : la conférence de Lima se solde par un accord minimal
Document 5	La prise en compte des coûts environnementaux des émissions de gaz à effet de serre
Document 6	L'OMC et la mise en place des moyens de lutte contre le changement climatique

ENTRAÎNEMENT

> Le changement climatique

Doc 1 Les effets du changement climatique

À mesure que les émissions de gaz à effet de serre et les températures augmentent, les effets du changement climatique devraient se diffuser largement et s'intensifier. Par exemple, même avec une faible hausse de la température moyenne, on s'attend à ce que les phénomènes météorologiques extrêmes (ouragans, typhons, inondations, sécheresses, tempêtes, etc.) deviennent plus variés, plus fréquents et plus intenses. Toutefois, leur répartition devrait varier considérablement entre les régions et les pays et leurs effets dépendront dans une large mesure de la vulnérabilité des populations et des écosystèmes.

D'une manière générale, les pays en développement, et en particulier les catégories les plus pauvres et les plus marginalisées de leur population, seront à la fois les plus durement touchés par les changements climatiques à venir et les plus vulnérables à leurs effets parce que leur capacité d'adaptation est moindre que celle des pays et des populations des régions développées. En outre, les risques liés au changement climatique aggravent les problèmes auxquels ces pays sont déjà confrontés, comme la lutte contre la pauvreté, l'amélioration des soins de santé, le renforcement de la sécurité alimentaire et l'accès aux sources d'énergie. Par exemple, on s'attend à ce que le changement climatique limite l'accès à l'eau et réduise la qualité de l'eau pour des centaines de millions de personnes, ce qui aggravera les problèmes sanitaires.

Même s'ils dépendent du lieu et du niveau de développement, les effets du changement climatique devraient toucher la plupart des secteurs de l'économie mondiale et ils auront souvent des répercussions sur le commerce. Par exemple, trois secteurs liés au commerce sont jugés particulièrement vulnérables au changement climatique.

- L'agriculture, considérée comme l'un des secteurs les plus vulnérables au changement climatique, est aussi un secteur clé pour le commerce international [...]. Suivant le lieu, l'agriculture souffrira aussi du manque d'eau dû à la diminution de la quantité d'eau de fonte des glaciers et des précipitations et aux sécheresses.
- Le tourisme est un autre secteur qui pourrait être particulièrement vulnérable au changement climatique – notamment en raison de la modification de la couverture neigeuse, de la dégradation des côtes et des phénomènes météorologiques extrêmes [...].
- Enfin, le changement climatique affectera tout particulièrement les infrastructures et les routes commerciales [...]. Les installations portuaires, ainsi que les bâtiments, les routes, les voies ferrées, les aéroports et les ponts seront gravement menacés par la hausse du niveau de la mer et par la fréquence accrue des phénomènes météorologiques extrêmes, comme les inondations et les ouragans.

Commerce et changement climatique, Rapport établi par l'OMC et le PNUE, 2009
www.wto.org

Doc 2 Les évolutions possibles du PIB mondial entre 2005 et 2100

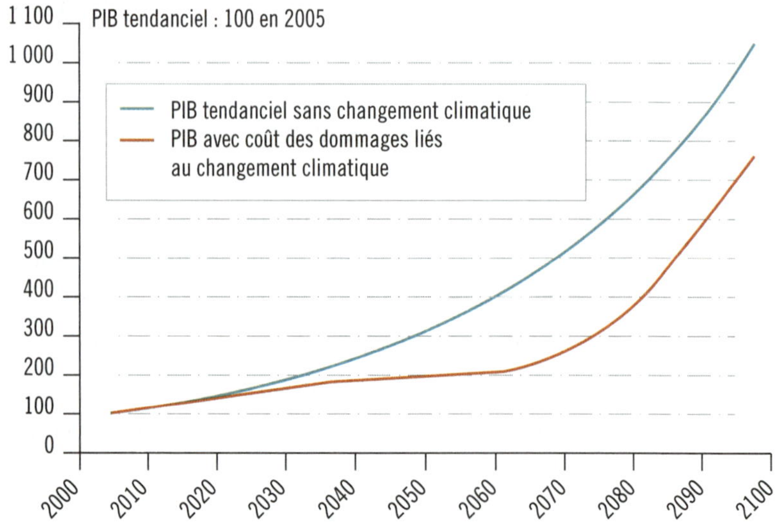

Hallegatte et Hourcade, Étude pour l'Institut Veolia Environnement, 2007

Doc 3 L'historique des négociations sur le changement climatique

Le protocole de Kyoto, signé en 1997 et entré en vigueur en 2005, constitue à l'heure actuelle le seul dispositif contraignant mis en place [...] dans le cadre de la Convention Cadre des Nations unies sur les changements climatiques [de 1992]. Selon [ce] texte [...], « *le caractère planétaire des changements climatiques requiert de tous les pays qu'ils coopèrent le plus possible et participent à une action internationale, efficace et appropriée, selon leurs responsabilités communes mais différenciées, leurs capacités respectives et leur situation sociale et économique* ». Seuls les pays industrialisés ayant ratifié ce Protocole se sont engagés sur des objectifs chiffrés de réduction de leurs émissions de gaz à effet de serre pour la période 2008-2012.

Toutefois du fait que les États-Unis (qui représentent 16 % des émissions globales) n'ont pas ratifié le protocole de Kyoto et que 54 % des émissions globales de CO_2 sont imputables [à des pays qui ne figurent pas sur la liste des pays industrialisés], il était essentiel de trouver un accord qui implique les principaux pays émetteurs (États-Unis, Chine, Inde, etc.).

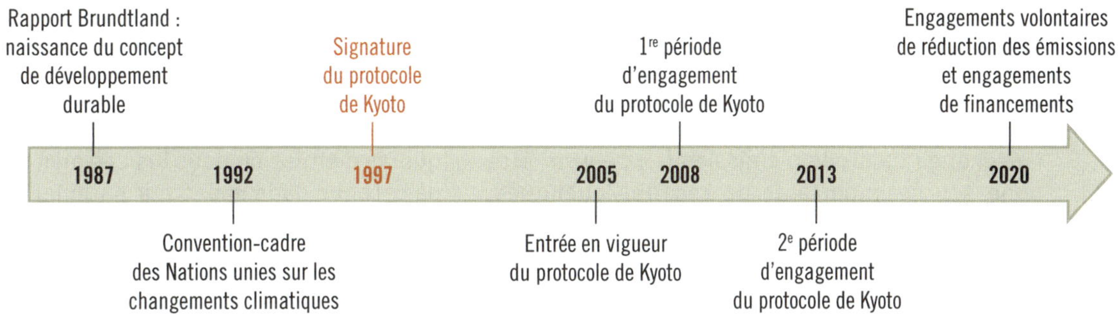

Le protocole de Kyoto devait initialement prendre fin en 2012 pour laisser place à un nouvel accord plus ambitieux et engageant l'ensemble des États à réduire leurs émissions. Cependant, les négociations internationales sur le climat n'ont pas abouti en ce sens. Les États ont fini par accepter une prolongation du Protocole pour une deuxième période allant de 2012 à 2020 et en même temps ils se sont accordés à signer, avant 2015, un accord contraignant pour toutes les parties pour la période post-2020.

www.codatu.org, 8 octobre 2014

Doc 4 Climat : la conférence de Lima se solde par un accord minimal

Les négociateurs du climat avaient le choix entre la sécurité d'une route balisée et les risques d'un chemin cabossé. C'est la deuxième voie qu'ils ont choisi d'emprunter pour préparer la conférence de Paris, en décembre 2015, où il est prévu de signer le premier accord mondial engageant pays industrialisés et pays en développement dans une action commune contre le réchauffement climatique. Le compromis auquel sont parvenus les 195 États membres de la Convention des Nations unies sur le changement climatique, dimanche 14 décembre [2014] à Lima, après deux semaines de tractations et près de trente-six heures de prolongation, n'est pas celui auquel on pouvait s'attendre. [...]

« Les gouvernements à Lima ont fait le strict minimum pour garder le processus de négociations multilatéral en vie, mais ils n'ont pas fait assez pour convaincre que le monde est prêt à adopter un accord sur le climat ambitieux et équitable l'an prochain à Paris », a déploré Mary Robinson, envoyée spéciale des Nations unies pour le climat. [...]

Le ministre de l'Environnement de Singapour, Vivian Balakristan, après avoir tenté de jouer les médiateurs pendant près de neuf heures, n'a pu échapper à ce constat : « Nous partageons tous le sens de l'urgence [à agir contre le réchauffement], mais nous n'avons pas confiance les uns dans les autres », a-t-il reconnu en séance plénière samedi matin, avant que la séance ne soit à nouveau suspendue pour un nouveau round de consultations. [...]

Dans cette bataille, la Chine, comme les autres pays émergents, ont fait front uni avec les autres pays en développement. [...] Le principe d'« une responsabilité commune, mais différenciée », gage d'un traitement distinct pour les pays en développement, a été réaffirmé. [...] De même, la question des efforts supplémentaires de réduction d'émissions d'ici à 2020, c'est-à-dire avant que n'entre en vigueur le futur accord, ne trouve aucune réponse concrète. [...]

L. Caramel, www.lemonde.fr, 14 décembre 2014

Le changement climatique

Doc 5 La prise en compte des coûts environnementaux des émissions de gaz à effet de serre

Une mesure environnementale essentielle, souvent utilisée par les autorités de réglementation pour provoquer un changement de comportement, consiste à attribuer un prix à la pollution. [...] Deux types de mécanismes de prix [sont] utilisés pour réduire les émissions de gaz à effet de serre : les taxes et les systèmes de plafonnement et d'échange des droits d'émission. [...]

La fixation d'un prix pour le carbone impose un coût additionnel aux producteurs et/ou aux consommateurs et les incite à limiter l'utilisation de combustibles et de produits à forte intensité de carbone, à réduire les émissions et à utiliser des sources d'énergie et des produits à faible intensité de carbone. De plus, les taxes et les systèmes d'échange de droits d'émission [...] peuvent être une source importante de recettes publiques, qui peuvent ensuite être « recyclées » dans les industries les plus touchées par ces mécanismes de prix. Par exemple, ces recettes peuvent être utilisées pour financer des programmes qui aident les industries à adopter des méthodes de production à faible émission de carbone, ou pour réduire la charge imposée par d'autres taxes [...].

Le développement du système d'échange de droits d'émission en Europe [...] ont suscité de nombreux débats sur la façon dont on pourrait concevoir un instrument qui serait le moins coûteux possible pour l'économie, tout en contribuant efficacement à l'atténuation du changement climatique.

On s'est demandé en particulier dans quelle mesure la compétitivité internationale des secteurs industriels énergivores serait affectée par les politiques nationales visant à réduire les émissions de carbone. En ce qui concerne l'incidence possible sur la compétitivité, la question de la « fuite de carbone » (c'est-à-dire le risque de voir les industries énergivores s'installer dans les pays qui n'ont pas de réglementation climatique) a également reçu une grande attention. [...]

Cependant, les allègements et les exonérations pourraient ne pas suffire ; il faut donc se demander si les préoccupations au sujet de la fuite de carbone et de la compétitivité peuvent justifier l'adoption, par les pouvoirs publics, de mesures qui imposent des coûts similaires aux producteurs étrangers par le biais d'ajustements à la frontière. Ces ajustements pourraient consister, par exemple, en l'obligation pour les importateurs d'un produit donné d'acquérir des quotas d'émission dans les cas où il y a une fuite de carbone dans le secteur national concurrent.

L'application de mesures à la frontière soulève deux difficultés : comment justifier clairement lesdites mesures (c'est-à-dire comment évaluer précisément la fuite de carbone et la perte de compétitivité) et comment déterminer un prix « équitable » pour les produits importés afin de tenir compte du coût, au niveau national, du respect du système d'échange de droits d'émission. Les discussions qui ont eu lieu à ce jour sur ces mesures ont montré combien il serait difficile d'appliquer un mécanisme d'ajustement à la frontière qui réponde aux préoccupations des industries nationales tout en contribuant à la réalisation de l'objectif plus vaste d'atténuation du changement climatique mondial.

Commerce et changement climatique, Rapport établi par l'OMC et le PNUE, 2009
www.wto.org

Doc 6 L'OMC et la mise en place des moyens de lutte contre le changement climatique

Un certain nombre de règles de l'OMC[1] peuvent avoir un rôle à jouer pour les taxes carbone ainsi que pour les systèmes de plafonnement et d'échange de droits d'émission [par le biais des ajustements fiscaux à la frontière qui en découlent]. L'objectif des ajustements fiscaux à la frontière est d'égaliser les conditions de concurrence entre les industries nationales qui sont taxées et les concurrents étrangers qui ne le sont pas, en faisant en sorte que les taxes intérieures soient sans effet sur le commerce.

L'approche générale adoptée dans le cadre des règles de l'OMC consiste à reconnaître qu'un certain degré de restriction des échanges peut être nécessaire pour atteindre [des] objectifs de politique générale pour autant que certaines conditions définies avec soin soient respectées [...]. [Sous ces conditions], les règles de l'OMC ne l'emportent pas sur les prescriptions environnementales.

1. L'Organisation mondiale du commerce (OMC) s'occupe des règles régissant le commerce international entre les pays avec pour but principal de favoriser l'ouverture commerciale. Pour cela, l'OMC veille à réduire les obstacles au libre-échange comme, par exemple, les tarifs douaniers.

Commerce et changement climatique, Rapport établi par l'OMC et le PNUE, 2009
www.wto.org

SUJET D'EXAMEN

Le Brésil, un pays à la traîne du groupe des BRICS

Avec ses 200 millions d'habitants, le Brésil est le plus grand État d'Amérique latine. Il représente un peu moins de la moitié de la superficie de l'Amérique du Sud (47,3 %) et est le 5e plus grand pays du monde. Ancienne colonie portugaise, il est indépendant depuis 1825, mais la langue officielle reste le portugais. La population brésilienne présente une importante diversité ethnique et culturelle, avec 47,7 % de race blanche, 43,1 % de métis et 7,6 % de noirs.

En termes économiques, le Brésil fait partie des dix premières puissances mondiales et est considéré comme un pays émergent. Il appartient aux groupes du Mercosur (marché commun du Sud), du G20 (groupe composé de 19 pays plus l'Union européenne et représentant 85 % du commerce et 90 % du PIB mondial) et des BRICS (Brésil, Russie, Inde, Chine, Afrique du Sud). Tout comme la Chine ou l'Inde, le Brésil fait partie des quelques pays à posséder un réel potentiel pour devenir un jour une superpuissance. Mais, malgré la puissance de son économie, le Brésil reste un pays où les inégalités sociologiques et économiques sont parmi les plus importantes du monde.

Vous travaillez au sein de la Chambre de commerce et d'industrie de Paris avec Mme Pelesko, conseillère économique. Elle reçoit régulièrement des chefs d'entreprise qui envisagent d'installer des relations commerciales avec le Brésil. Pour répondre à leurs questions, elle va organiser une conférence-débat au cours de laquelle elle souhaite faire une présentation économique et sociale du pays. Elle vous charge de préparer son intervention à l'aide du dossier documentaire qu'elle vous confie.

À l'aide du dossier joint et de vos connaissances, en veillant à préciser les principaux concepts utilisés et à exploiter les sources statistiques mises à votre disposition, vous devez concevoir une note argumentée et structurée dans laquelle :

- vous analyserez la situation actuelle du Brésil, aux niveaux économique et social ;
- vous identifierez les facteurs de croissance et de développement du Brésil (vous montrerez notamment le rôle joué par l'État).

DOCUMENTS

Document 1	Bilan des réformes
Document 2	L'étoile pâlissante du Brésil
Document 3	Du miracle économique à la panne brésilienne
Document 4	Les difficultés sociales du Brésil

SUJET D'EXAMEN

Le Brésil, un pays à la traîne du groupe des BRICS

Doc 1 Bilan des réformes

Pendant les années 1990, le Brésil engage un changement de cap fondamental. L'abaissement des droits de douane et l'élimination de nombreuses restrictions aux importations, les privatisations et l'élimination des monopoles publics (télécommunications, hydrocarbures), l'encouragement au développement du secteur privé ont entraîné de profondes transformations. Des pans entiers de l'économie ont été transférés au secteur privé : sidérurgie, télécommunication, mines (CVRD), construction aéronautique (Embraer), banques régionales, distribution d'électricité...

Le Brésil a su conduire les réformes avec pragmatisme et prudence, en gardant par exemple une présence publique dans certaines entreprises privatisées. [...]

Les principales conséquences de cette mutation [sont] le renforcement du secteur privé dans l'économie ; les privatisations et la stratégie de réformes permettent l'émergence de véritables champions mondiaux comme la compagnie minière Vale (deuxième compagnie minière mondiale) ou le constructeur d'avions Embraer (numéro un pour les avions régionaux). Pour la première fois dans l'histoire économique du Brésil, la montée en puissance de ces nouveaux groupes est associée à une stratégie d'internationalisation basée sur des investissements à l'étranger, principalement en Amérique du Sud. [...]

[À son arrivée au pouvoir en 2003] le président Lula maintient la politique économique et financière de son prédécesseur, basée sur l'indépendance de la Banque centrale du brésil (BCB), la libre fluctuation de la monnaie brésilienne, le real, et une politique monétaire dont l'objectif principal est la lutte contre l'inflation. [...]

La principale préoccupation du président Lula, réélu en 2006, consiste à favoriser l'amélioration du niveau de vie des couches les plus défavorisées par le biais des programmes d'inclusion sociale (*bolsa familia*) et une hausse du salaire minimum supérieure à l'inflation. [...]

En janvier 2011, Dilma Roussef succède à Lula. Tout en poursuivant la politique d'inclusion sociale, la nouvelle présidente donne une nouvelle impulsion aux réformes structurelles. [...] La présidente est soucieuse de muscler le tissu industriel brésilien et d'améliorer sa compétitivité. Elle n'hésite pas à prendre des mesures interventionnistes. Dans la mesure où l'État ne contrôle désormais qu'un nombre limité d'entreprises publiques, essentiellement dans le secteur de l'énergie, le gouvernement recourt à une large palette d'instruments : appui à la recherche et développement et à l'innovation ; réductions d'impôts ; transfert d'une partie des charges sociales sur la fiscalité ; réduction des tarifs de l'électricité ; etc. L'idée de base est que l'État doit intervenir à la fois pour soutenir la demande et pour épauler les entreprises en agissant sur les coûts et en facilitant les financements. L'objectif final est de relancer le taux d'investissement. [...]

L'une des conséquences les plus immédiates de cette « nouvelle politique industrielle » est la résurgence spectaculaire des chantiers navals brésiliens. [...] Parfois, le gouvernement n'hésite pas à prendre des mesures ouvertement protectionnistes dans un but de développement industriel. Ainsi la décision prise en 2011 d'accroître la taxation des voitures importées contribue, conjointement avec la croissance de la demande intérieure, à la hausse substantielle de la production d'automobiles. [...]

Si elle a eu un effet positif dans certains secteurs, la « nouvelle politique industrielle » n'a pas permis de remplir les objectifs annoncés. Les économistes mettent l'accent sur la faiblesse de la croissance brésilienne. [...] C'est surtout la situation de l'industrie qui inquiète. [...] Globalement la production stagne depuis 2008. De l'avis des experts, l'industrie brésilienne est confrontée à un véritable problème de compétitivité. [...]

Si la production stagne, ce n'est pas la faute d'une demande qui a continué de croître. Le Brésil est donc confronté à une vraie crise de l'offre. Les milieux d'affaires mettent en avant un environnement des affaires peu propice à l'investissement et à la prise de risque. [...]

Quelques données sur les freins à la croissance : le Brésil se situe au 129e rang (sur 148) pour la qualité de l'éducation primaire, et la qualité de l'éducation brésilienne est l'un des principaux obstacles à l'augmentation de la productivité des travailleurs. [...]

Problèmes économiques n° 2099, novembre 2014

Indicateurs de croissance et d'investissement au Brésil (variation en %)

	2008	2009	2010	2011	2012	2013
PIB	5,2	- 0,3	7,5	2,7	1	2,3
Production manufacturière	3	- 8,7	10,1	0,1	- 2,4	1,9
Investissements	13,6	- 6,7	21,3	4,7	- 4	6,3
Investissements/PIB	19,1	18,1	19,5	19,3	18,2	18,4
Production de biens d'équipement	14,3	- 17,4	20,9	3,2	- 1,8	13,3

Évolution du déficit des échanges de produits manufacturés (en milliards de dollars)

	2008	2009
Importations	132,5	198,1
Exportations	92,7	93,1
Solde	- 39,8	- 105

Problèmes économiques n° 2099, novembre 2014

Doc 2

L'étoile pâlissante du Brésil

L'essor des classes moyennes est, avec le recul de la pauvreté, l'un des acquis majeurs des années Lula. Entre 2002 et 2012, près de 40 millions de Brésiliens sont sortis de la pauvreté absolue, c'est-à-dire que leur revenu quotidien est passé au-dessus des 2 dollars par personne. Dans la même période, quelque 35 millions de personnes accédaient à un niveau de vie caractéristique de la classe moyenne, défini au Brésil par un revenu familial compris entre 1 050 et 5 800 dollars par mois. Ce mouvement, soutenu jusqu'en 2010 par la progression rapide de l'emploi, des revenus et des transferts sociaux, semble aujourd'hui remis en cause. [...] La progression du revenu par habitant, qui atteignait 3,5 % par habitant sur la période 2003-2010, est revenue à 1,1 % par an de 2011 à 2013 et sera négative en 2014. [...]

Entretenue par les pressions salariales, l'inflation côtoie désormais la limite supérieure fixée par les autorités (6,5 %) et pèse sur le pouvoir d'achat. Elle oblige la banque centrale à relever son taux d'intérêt, qui est passé de 7,25 % à 11 % en un an. Or la croissance rapide des revenus jusqu'en 2010 s'est accompagnée pour nombre de ménages d'un recours croissant au crédit. La dette des ménages est ainsi passée de 20 % de leur revenu disponible brut en 2005 à 46 % aujourd'hui. Dans ces conditions, la remontée des taux pratiqués par les banques pèse lourdement sur les finances des ménages. [...] De quoi plomber la consommation privée qui constitue de loin le moteur principal de l'activité depuis 2004. Selon le Fonds monétaire international (FMI), elle serait à l'origine de 80 % de la croissance du PIB réalisé au cours de la décennie écoulée. Les 20 % restants sont pour l'essentiel le fait de l'augmentation de la consommation publique, elle-même tirée par les transferts sociaux.

L'investissement, aussi bien privé que public, est le grand absent de la croissance brésilienne, avec une progression pratiquement nulle depuis 2008.

Distribution de la population par classes de revenus des ménages brésiliens (en dollars au prix de 2011)

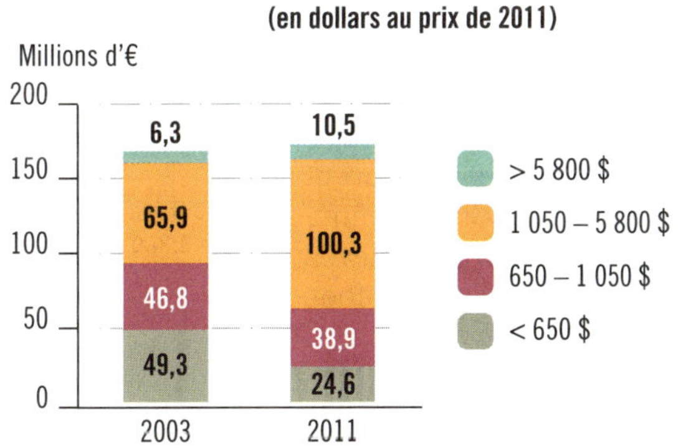

Alternatives Économiques, octobre 2014

› Le Brésil, un pays à la traîne du groupe des BRICS

Doc 3 Du miracle économique à la panne brésilienne

Dans un pays où le football est roi, il faut prendre très au sérieux une révolte prétextée par l'organisation de la Coupe du monde. Avec leur caractère démesuré et orgueilleusement visible, les dépenses dues au Mondial 2014, ainsi que celles occasionnées par les Jeux olympiques de 2016, apparaissent comme des signes extérieurs de richesse insupportables à une masse significative de la population, qui se voit subitement pressurée alors qu'elle venait fraîchement de sortir de la pauvreté.

Depuis plus d'un an, les experts économiques s'inquiétaient de voir l'économie brésilienne connaître une panne qui, au fil des mois, est devenue la plus préoccupante au sein des pays du BRICS. Derrière le miracle des performances, qui a permis à cette nation aux dimensions d'un continent de s'ériger en nouvelle puissance mondiale, on a assisté à un effondrement de la croissance, avec un taux de 0,9 % en 2012, qui se situe en queue des BRICS et au dernier rang de l'Amérique latine. De nombreux indicateurs s'affolent : la part de l'industrie recule de manière continue, les services (fortement importateurs) sont en hypertrophie, les investissements sont insuffisants (18 % du PIB, contre 47 % en Chine) et les dépenses de l'État ont augmenté plus fortement que celles des ménages. Résultat, la compétitivité du Brésil diminue de manière inquiétante par rapport à l'Asie et la baisse du real (moins 50 % entre 2006 et 2010) n'a pas servi de compensation, pas plus que différentes mesures protectionnistes.

Pour des dizaines de millions de Brésiliens, dont le niveau de vie a suivi l'expansion des années 2000, la déconvenue est sévère. L'inflation est de 6,5 % sur un an et celle des produits alimentaires de 13 %. Dans ce contexte, les hausses des tarifs publics destinées à financer les infrastructures conçues pour la Coupe du monde ont jeté de l'huile sur le feu qui couvait : l'augmentation d'un simple ticket de bus aura servi de cri de ralliement à des couches sociales par ailleurs très disparates. Cette mesure, promptement annulée, a mis en pleine lumière la corruption et la qualité désastreuse des services publics auxquels, précisément, une population ascendante estime avoir droit : transports, santé, éducation, sécurité sont autant de domaines dans lesquels l'État s'est montré gravement incapable.

www.lexpress.fr, 26 juin 2013

Doc 4 Les difficultés sociales du Brésil

Le système public primaire et secondaire est médiocre. Ses enseignants sont mal payés, ce qui n'attire pas les talents. Les résultats des élèves aux tests effectués dans le cadre d'enquêtes internationales ne sont pas concluants. Quant aux écoles privées, elles sont trop onéreuses pour la plupart des familles. Le système public de santé est affecté des mêmes maux. Ces insuffisances sont d'autant plus surprenantes que la dépense publique représente près de 40 % du PIB, ce qui est élevé pour un pays émergent. Cela conduit à s'interroger sur l'efficacité des dépenses publiques. [...]

Malgré leur réduction, les inégalités demeurent importantes. Le coefficient de Gini[1], même s'il s'est amélioré, reste l'un des plus élevés des pays émergents. Les 10 % les plus riches perçoivent 45 % des revenus. Alors que les 10 % les plus pauvres doivent se contenter de 1 %. Les inégalités existent à la fois dans le secteur privé et dans la fonction publique où certains hauts fonctionnaires ont des revenus supérieurs à ceux de leurs homologues des pays avancés. Une large part (38 % en 2012) des prélèvements obligatoires (TVA, charges sociales) n'est pas progressive, et même régressive pour la première. Et les plus pauvres profitent peu du programme de logement social (*minha casa minha vida*), ce qui explique que 11 millions de personnes habitent toujours dans des favelas. [...]

1. Coefficients de Gini : Brésil 0,519 ; Chine 0,610 ; Inde 0,368 ; France 0,306 ; États-Unis 0,408.

Problèmes économiques n° 3085, mars 2014,
www.statistiques-mondiales.com

Lexique

A

Agent à besoin de financement : agent dont l'épargne est inférieure aux dépenses d'investissement (les entreprises et États).

Agent à capacité de financement : agent dont l'épargne est supérieure aux dépenses d'investissement (les ménages).

Analyse conjoncturelle : analyse de court terme à partir d'indicateurs conjoncturels (taux d'inflation, taux de croissance, taux de chômage, solde de la balance commerciale).

Analyse structurelle : analyse de long terme à partir d'indicateurs structurels (structure des marchés, niveau d'éducation, chômage de longue durée, niveau de vie, dépenses en R & D, niveau de compétitivité, degré d'ouverture internationale).

Appréciation (ou dépréciation) du taux de change : augmentation de la valeur de la monnaie sur le marché des changes (baisse dans le cas de la dépréciation).

Avantage comparatif : théorie selon laquelle chaque pays a intérêt à se spécialiser dans la fabrication des produits pour lesquels il possède un avantage, en matière de productivité ou de dotation en facteurs de production, par rapport aux autres pays.

B

Barrières tarifaires et non tarifaires : protections décidées par les États contre les produits importés en augmentant les taxes à l'entrée afin que leurs prix soient globalement équivalents aux produits nationaux. Les barrières non tarifaires correspondent aux normes de sécurité, d'hygiène, prises par les gouvernements pour se protéger.

Bien public : bien dont la consommation par un usager n'entraîne aucune réduction de la consommation des autres usagers (bien non rival), et pour lequel il est impossible d'exclure quiconque de la consommation (bien non exclusif).

Bien public mondial : bien accessible à tous les États qui n'ont pas nécessairement un intérêt individuel à le produire.

C

Capital humain : ensemble des compétences, qualifications et expériences acquises par un individu qui contribuent à améliorer qualitativement le facteur travail.

Club de Paris : organisation non gouvernementale créée en 1956 composée de 19 membres permanents qui étudient la faisabilité de réduire ou d'annuler la dette publique de certains pays pauvres.

Commerce interbranche et intrabranche : le commerce interbranche porte sur des produits issus de branches différentes, le commerce intrabranche sur des produits similaires.

Compétitivité prix et hors prix : la compétitivité-prix est la capacité à produire à des prix inférieurs à ceux des concurrents, la compétitivité hors prix est la capacité à imposer ses produits indépendamment de leur prix (qualité, image, différenciation des produits).

Compte des transactions courantes : il retrace les flux de biens, services, revenus primaires et revenus secondaires entre la France et le reste du monde.

Concurrence : rivalité sur un marché entre les offreurs et les demandeurs d'un même bien et/ou service.

Coordination des politiques économiques : ensemble des actions visant à harmoniser les différentes politiques économiques et à gérer leurs interactions.

Crise financière : phénomène économique matérialisé par un dysfonctionnement des marchés de capitaux, principalement dû à des prises de risques mal maîtrisées et à la dégradation de la solvabilité de certains emprunteurs.

Croissance : augmentation de la production de biens et de services marchands et non marchands sur une période donnée.

Cycle de négociation : périodes de rencontres orchestrées par le GATT pendant lesquelles les pays membres négocient afin de trouver des accords pour baisser leurs droits de douane. Il y a eu 8 cycles dont l'Uruguay Round (septembre 1986 à avril 1994) qui a vu augmenter le nombre de pays signataires et, en même temps, s'étendre le champ des négociations notamment sur des mesures non tarifaires.

D

Décollage économique : terme associé à une situation économique et sociale qui se traduit par des indicateurs positifs (taux de croissance, investissement, taux du chômage, taux d'inflation) qui offrent l'opportunité de passer d'une économie sous-développée à un statut d'économie en développement.

Délocalisation : transfert d'une activité industrielle ou de service d'une entreprise dans un autre lieu afin d'obtenir des conditions plus favorables.

Dépense publique : dépense réalisée par les administrations publiques.

Développement : ensemble des transformations de la société qui accompagne la croissance destinées à améliorer les conditions de vie des individus.

Différenciation : stratégie par laquelle une entreprise va différencier ses produits afin de se démarquer de ceux de la concurrence.

Division (ou fragmentation) international du processus productif (DIPP) : procédé de production qui consiste en une dispersion de la production dans plusieurs pays.

E

Effet d'éviction : effet par lequel l'État prélève une partie de l'épargne nationale dans le but de financer son déficit budgétaire, ce qui pénalise la consommation et l'investissement privé.

Externalités : effet de l'activité d'une personne sur le bien-être d'un tiers qui ne paie ou ne reçoit rien en contrepartie ; cet effet sur le tiers peut être défavorable (externalité négative) ou favorable (externalité positive).

F

Financement direct : procédure de financement par émission de titres sur le marché financier.

Financement indirect : procédure de financement intermédié, en ce sens qu'elle nécessite l'intervention d'institutions financières.

Financement monétaire : financement des agents économiques dû à la création monétaire assuré par les banques.

Financement non monétaire : utilisation de l'épargne de certains agents à capacité de financement pour accorder des financements à d'autres agents en besoin de financement.

Firme multinationale (FMN) : entreprise constituée d'une maison mère et de filiales implantées à l'étranger, qui développe son activité à l'échelle mondiale.

Fiscalité : pratiques utilisées par un État ou une collectivité pour percevoir les impôts et autres prélèvements obligatoires.

G

GATT (General Agreement on Tariffs and Trade) : l'accord général sur les tarifs douaniers et le commerce en 1947 avait pour objectif le développement du libre-échange en permettant au cours des cycles de négociation de faire baisser les droits de douane des pays dans différents secteurs économiques. Il a été remplacé par l'OMC en 1994.

Globalisation financière : processus caractérisant l'intégration des marchés de capitaux internationaux sous le double impact de la libéralisation financière et l'ouverture des économies nationales aux échanges internationaux, aboutissant à la formation d'un marché unique mondial de capitaux.

Gouvernance mondiale : mode de régulation confiée à un ou plusieurs acteurs qui édictent des règles d'organisation à l'échelle de la planète.

I

Impôt progressif : on parle de « progression » parce que les taux d'imposition augmentent avec la valeur de l'assiette taxée. Plus le revenu progresse, plus le pourcentage de prélèvement augmente et donc l'impôt à payer. C'est le cas notamment de l'impôt sur le revenu.

Indicateur synthétique du climat des affaires : perception positive ou négative qu'ont les dirigeants d'entreprise de la conjoncture économique.

Institution financière : entreprise qui produit et vend des services financiers (banques, sociétés financières).

Interdépendances : les liens entre économies rendent les conjonctures nationales très sensibles aux conjonctures des grands partenaires économiques.

Intermédiation financière : fonction des institutions financières qui établissent un lien entre les capacités de financement de certains agents et les besoins de financement d'autres agents.

Investissements directs à l'étranger (IDE) : investissements internationaux par lesquels des entités résidentes d'une économie (entreprises, États...) acquièrent ou ont acquis un intérêt durable dans une entité résidente d'une économie autre que celle de l'investisseur.

L

Liquidité des titres financiers : capacité pour un agent à acheter et à vendre des titres rapidement sur le marché financier et de manière peu coûteuse.

M

Marché des produits dérivés : lieu de rencontre fictif entre l'offre et la demande de produits dérivés. Il regroupe les marchés à terme et les marchés de titres négociables.

Marché financier : marché des capitaux où sont émis et changés des titres financiers entre émetteurs et investisseurs.

Marché primaire : marché sur lequel les nouveaux titres financiers sont émis et souscrits par des investisseurs. On parle de marché du neuf.

Marché secondaire : marché où les agents économiques se revendent et s'achètent des actifs financiers déjà existants et émis sur le marché primaire. On parle de marché de l'occasion.

Marché : lieu de rencontre entre une offre et une demande qui aboutit à la formation d'un prix d'équilibre.

Masse monétaire : quantité de monnaie en circulation dans l'économie.

Monnaie : ensemble des moyens de paiement utilisés sur un territoire donné.

O

Ouverture d'une économie : possibilité pour une économie d'échanger librement avec d'autre pays, l'ouverture est d'autant plus grande que la part du commerce international dans le produit intérieur brut du pays est importante.

P

Passager clandestin : agent économique qui consomme un bien sans en avoir payé le prix.

Pays émergents : groupe de pays (Afrique du Sud, Argentine, Brésil, Chine, Fédération de Russie, Inde et Indonésie, etc.) constitué par les grandes économies du monde. Elles représentent environ un cinquième du PIB mondial et près de la moitié de la population de la planète.

PIB : somme de la richesse créée (par les ménages, entreprises, administrations de même nationalité ou étrangères) et de toutes les valeurs ajoutées produites, par année dans un pays donné.

PMA : pays moins avancés ; 48 pays à revenus faibles confrontés à de graves problèmes structurels et qui ne se développent pas, ou très lentement.

Politique budgétaire : politique économique consistant à utiliser le budget de l'État comme instrument de régulation conjoncturelle.

Politique monétaire : politique économique consistant pour une autorité monétaire à mettre en œuvre des moyens pour agir sur l'activité économique par la régulation de la masse monétaire.

Politique structurelle : politique économique de moyen et long terme qui vise à mettre en place des mécanismes pour transformer les structures de l'économie, afin de favoriser durablement la croissance et la compétitivité de l'économie.

Politiques conjoncturelles : ensemble des mesures mises en œuvre par les pouvoirs publics pour régulariser l'évolution globale de l'économie en agissant sur les grands équilibres économiques.

Politiques économiques : ensemble des moyens mis en œuvre par les pouvoirs publics pour atteindre des objectifs de stabilisation de la conjoncture d'une part et des objectifs de long terme (croissance durable) d'autre part.

Politiques structurelles : ensemble des mesures appliquées à moyen et long terme sur les structures de l'économie pour favoriser une croissance durable.

Progrès technique : amélioration des techniques de production ou apparition de nouveaux produits.

Revenu disponible : pour un ménage, le revenu disponible comprend les revenus d'activité, les revenus du patrimoine, les revenus mixtes et les prestations sociales, nets des impôts directs et des cotisations sociales. Quatre impôts directs sont généralement pris en compte : l'impôt sur le revenu, la taxe d'habitation, les contributions sociales généralisées (CSG) et la contribution à la réduction de la dette sociale (CRDS).

R

Revenu primaire : revenu que les ménages tirent de leur contribution à l'activité économique, soit directement, soit indirectement. Il n'inclut donc pas les prestations sociales ; c'est un revenu avant redistribution.

Revenu secondaire : les revenus de transfert sont issus des mécanismes de redistribution. Les prestations sociales (ou transferts sociaux) sont des transferts versés (en espèces ou en nature) à des individus ou à des familles, afin de réduire la charge financière que représente la protection contre divers risques sociaux comme la vieillesse, la maladie, la maternité, le chômage, la pauvreté.

S

Sécurité sociale : organisation reposant sur des mécanismes de transfert du type contribution/rétribution. Les travailleurs versent une cotisation qui est fonction de leur revenu, et s'ouvrent ainsi un droit « objectif » sur la société en termes de chômage, de retraites, de soins médicaux, de famille et d'accidents du travail. On parle de redistribution horizontale.

Système d'assistance : système reposant sur la solidarité envers les ménages qui ne bénéficient pas de la Sécurité sociale ou qui n'ont jamais les moyens suffisants de vivre décemment. Elle s'effectue par des transferts monétaires ou en nature. On parle de redistribution verticale, c'est-à-dire grâce à l'intervention de l'État ou des collectivités territoriales.

T

Taux de change : valeur d'une monnaie nationale ou devise par rapport à celle d'un autre pays. Il représente la quantité d'une devise étrangère que l'on peut acquérir avec une unité d'une autre monnaie.

Crédits photographiques

p. 9 © la Ville d'Evry
p. 10 ph© Hamilton/REA (hg)
p. 10 ph© Tartrat/Colorise (hd)
p. 10 ph©Pascal Sittler/REA (bg)
p. 10 ph© Christopher Gregory/The New York Times-REDUX-REA (bd)
p. 11 ph© Jean Claude Moschetti/REA
p. 14 ph© Lydie Lecarpentier/REA
p. 15 © www.antoinechereau.fr
p. 21 © Philippe Tastet
p. 23 © Service infographie du Figaro/lefigaro.fr /17.04.2014
p. 24 ph© Laurent Cerino/REA (hd)
p. 24 ph© Matton (hg)
p. 24 ph© Wikimedia Commons (mg)
p. 24 ph© Alexander Klein/AFP Photo (md)
p. 24 ph© Andrew Harrer/Bloomberg via Getty Images (bg)
p. 24 ph© Pierre Rousseau/CIT'images (bd)
p. 25 © RATP/© Publicis Conseil
p. 37 ph© Photaki
p. 40 ph© Photodune
p. 42 ph© Matton
p. 43 ph© Mahfuzul Hasan Bhuiyan/ZUMA/REA (g)
p. 43 ph© Jose Giribas/ROPI-REA (d)
p. 45 © Deligne/Iconovox
p. 55 ph© William West/AFP Photo
p. 58 ph© Joao Marcos Rosa/NITRO-REA
p. 59 ph© Ami Vitale/Panos-REA
p. 68 ph© Olivier Chouchana/Gamma Rapho
p. 70 ph© Lydie Lecarpentier/REA
p. 75 ph© Pierre Bessard/REA
p. 78 © Paris Région Entreprises/Okédito/Götz Göppert
p. 79 ph© Baptiste Fenouil/REA
p. 89 ph© Franck Fife/AFP Photo
p. 91 © Miss Lilou
p. 97 © Fondation Abbé Pierre, photo Eugenio Recuenco (g)
p. 97 ph© Serge Attal/CIT'images (d)
p. 98 ph© L'Humanité/Keystone-France
p. 99 ph© Photononstop/Jacques Loïc
p. 102 ph© G.M.B. Akash/Panos Pictures-REA
p. 121 ph© Dan Dunkley/Science Photo Library/ Cosmos (g)
p. 121 ph© Matton (3 photos)
p. 121 ph© Juice Images - www.agefotostock.com (m)
p. 124 ph©Baptiste Fenouil/REA
p. 131 ph© Todd Heisler/The New York Times-REDUX-REA
p. 133 ph© Xinhua/ZUMA/REA
p. 136 ph© Christian Hartmann/Reuters
p. 141 ph© Arleta Chojnacka/CIT'images
p. 142 ph© Serge Attal/CIT'images
p. 151 ph© Glowimages/Bildagentur RM
p. 153 ph© Andrea Kuenzig/LAIF-REA
p. 156 ph© Max Whittaker/Reuters
p. 157 ph© Sergei Karpukhin/Reuters
p. 167 © Hub
p. 173 ph© Sergio Perez/Reuters
p. 177 ph© John MacDougall/AFP Photo
p. 179 © Stephff
p. 181 ph© Pascal Lebrun/CIT'images
p. 184 ph© Rainer Unkel/REA
p. 185 ph© Ullstein Bild/Roger-Viollet
p. 186 ph© Thomas Jouanneau/Signatures
p. 192 ph© Marta Nascimento/REA (h)
p. 192 © Faujour/Iconovox (b)
p. 195 ph© Daniel Janin/AFP Photo (hg)
p. 195 ph© Guillaume Souvant/AFP Photo (hm)
p. 195 ph© Lydie Lecarpentier/REA (hd)
p. 195 ph© Franck Crusiaux/REA (bg)
p. 195 ph© Gilles Rolle/REA (bm)
p. 195 ph© Lydie Lecarpentier/REA (bd)
p. 207 ph© AFP Photo/STR
p. 208 ph© AFP
p. 219 ph© Fabrice Coffrini/AFP Photo
p. 220 ph© Pool/Xinrhua-REA
p. 221 © undp.org
p.222 ph© Jiro Ose/REDUX-REA
p.223 © Deligne/Iconovox

FOUCHER
s'engage pour l'environnement
en réduisant l'empreinte carbone
de ses livres.
Celle de cet exemplaire est de :
1,8 kg éq. CO_2
Rendez-vous sur
www.editions-foucher-durable.fr

PAPIER À BASE DE
FIBRES CERTIFIÉES

Couverture et maquette intérieure : PRIMO&PRIMO
Composition et infographies : STDI
Iconographie : Sophie Suberbère
Illustrations : Yves Perron

ÉDITIONS FOUCHER – MALAKOFF – AVRIL 2015 – 01 – SB-CSM/EP

IMPRIMÉ EN ITALIE PAR LEGO